红军长征遗踪

下

罗开富／著

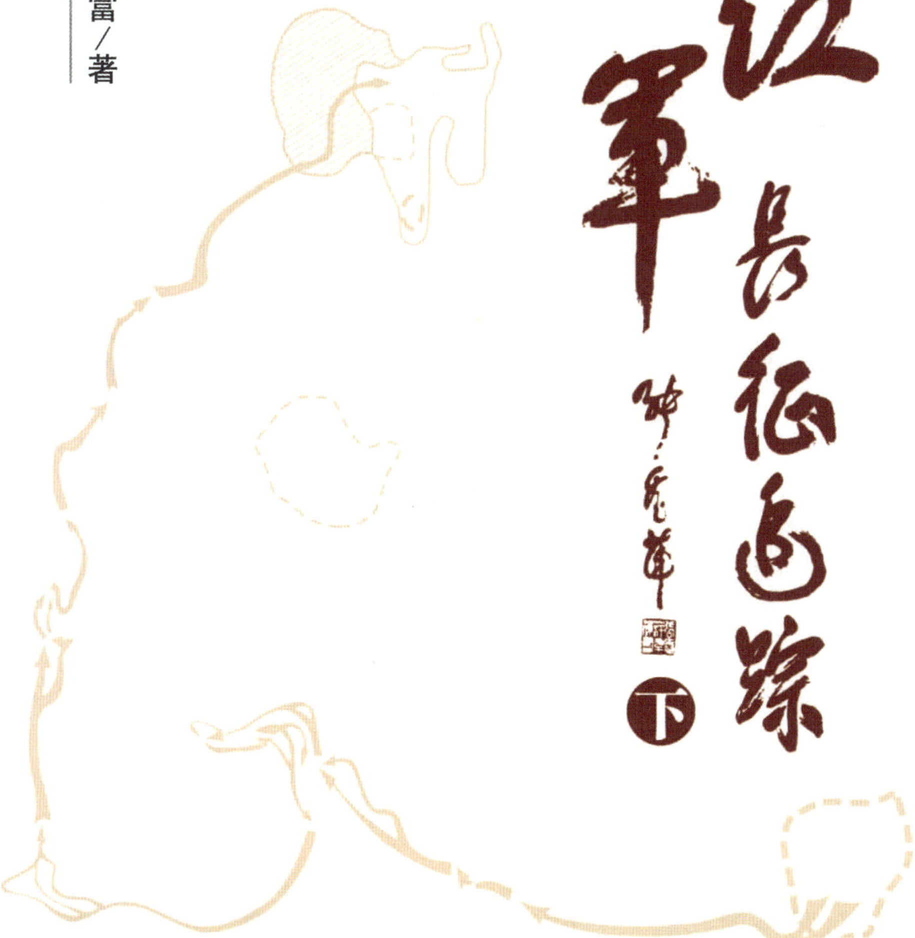

经济日报出版社

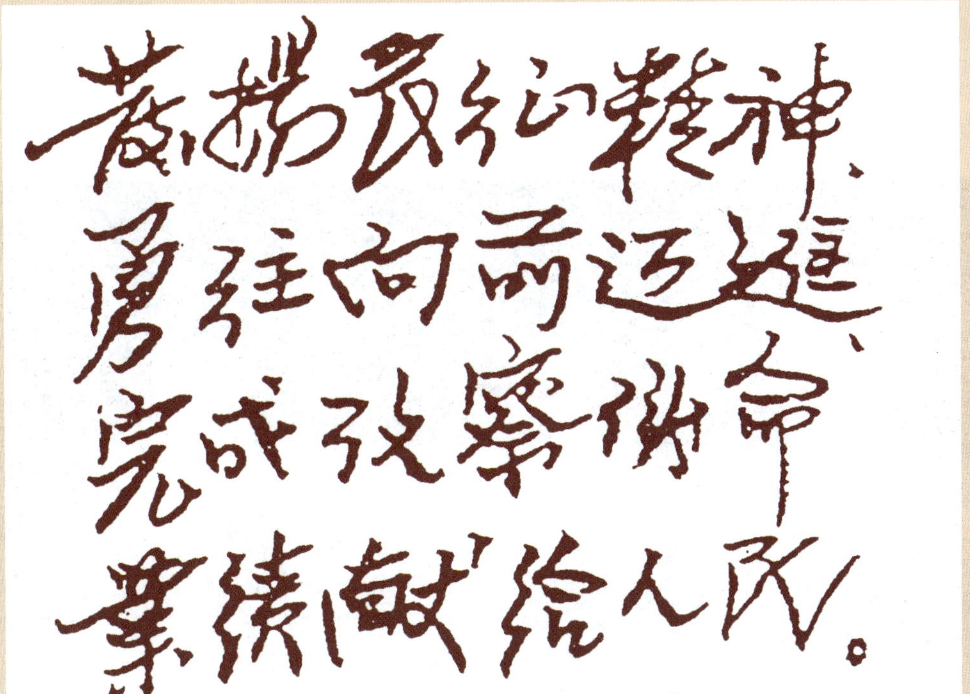

中国人民解放军原副总参谋长何正文为罗开富同志题词。

作者向老红军耿飚（左一）及全国人大常委会原副委员长陈慕华（左三）汇报长征路上的情况。

作者在四川泸定采访老红军杨成武（左二），经济日报原总编辑安岗（左一）在座。（杨新华　赵宏摄）

曾任经济日报总编辑、现任中宣部副部长的庹震同志（左一）与作者在一起。庹震同志在罗开富同志整个徒步长征采访的全过程中，经常等到凌晨收到并处理好稿件才下班，他当时是经济日报记者部负责人。

目录（下册）

1985年5月3日~1985年10月19日

1985年5月3日~5月31日

四川省

会理县/414　德昌县/441　西昌县/441　冕宁县/453
石棉县/463　泸定县/472

1985年6月1日~8月8日

川西北（雪山）

泸定县/486　康定县/488　泸定县/490　天全县/491
芦山县/497　宝兴县/504　小金县/518
马尔康县/542　阿坝州/553　马尔康县/555
红原县/562　阿坝州/571　黑水县/574　松潘县/597
茂县/599　黑水县/607　松潘县毛儿盖/612

1985年8月9日~9月6日

川　北（草地）

松潘县毛儿盖/616　叉沟/618　涅尼郎/619
后河/621　红原色地/623　邛溪/626
玛曲（甘肃省）/627　一棵树/630　日干乔/632
拉十才/634　麦曲河/637　敏至玛/640　三江口/642
小坡/644　一块石/645　班佑寨/648
达扎寺镇/652　热尔大草地/656　若尔盖/657

1985年9月7日~10月4日

甘肃省

迭部县/678　宕昌县/699　岷县/702　宕昌县/704
岷县/715　武山县/719　通渭县/726　静宁县/735

宁夏回族自治区

1985 年 10 月 5 日~10 月 9 日

隆德县/740 固原县/747 彭阳县/751

甘肃省

1985 年 10 月 10 日~10 月 16 日

镇原县/756 环县/757 华池县/768 老爷山/769

陕西省

1985 年 10 月 17 日~10 月 19 日

吴旗县/774 吴起镇/780

附录 /787

一、社会反响——部分媒体文章转载 /788

二、读者反馈——部分信件信函摘录 /804

第三版后记 /817

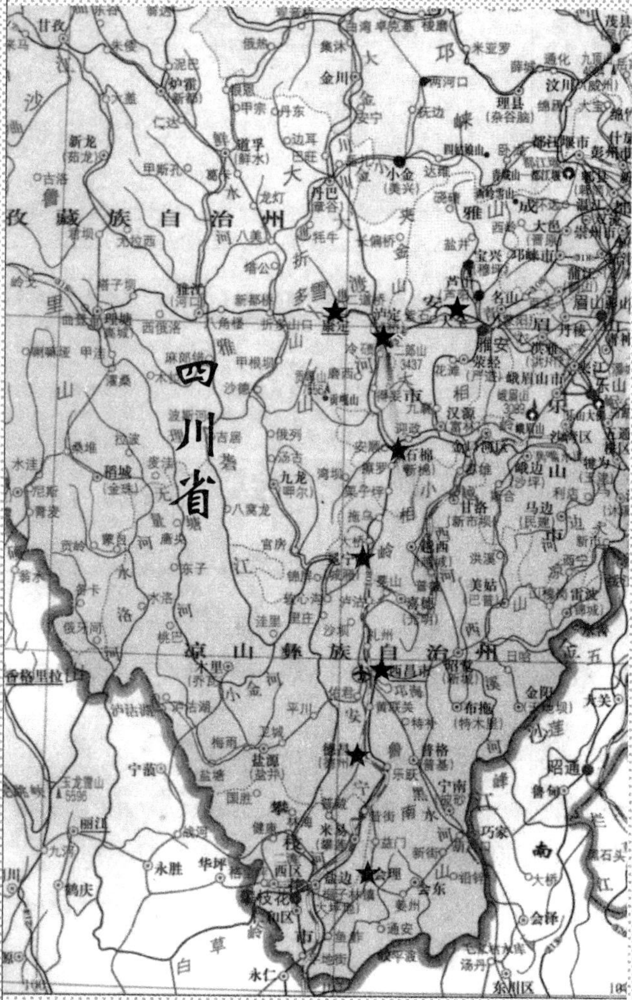

四川省

1985 年 **5** 月 **3** 日—**1985** 年 **5** 月 **31** 日

会理县　德昌县　西昌县　冕宁县　石棉县　泸定县

1985 年 5 月 3 日　晴

四川会理县中武村

1935年5月3日拂晓前，毛泽东、周恩来、朱德和干部团第四营营长韦国清一道乘一只小木船，从皎平渡过了金沙江。50年后的同一天清晨，我也在同一渡口过了江，乘的是一只机动小渡船。

金沙江穿行在川滇边界的深山峡谷间，是长江的上游。长江发源于青海，在西藏、云南境内，均称为金沙江，流至四川宜宾后始称长江。皎平渡是云南禄劝县与四川会理县交界的渡口，我今天过了渡，就从云南进入了四川。江面水流湍急，约 300 米宽。两岸都是山，但看不到树木，连草也看不到，大都是沙砾，间有岩石。从岸上到江边，走了 4 个小时，越走越热，走到江边已口干舌燥。

这时我顿觉筋疲力尽，向导们也大多如此。他们说这里的气候有点怪：5 月的天气很凉爽，在岸上，中午还要穿毛衣；但越往江边走越热，而热又热不出汗。我们剥得只剩下一件汗衫，还是热得想剥。是气压关系？还是别的什么原因？谁也说不清。心里只觉得烦，感到有点渴，但又喝不下水。这时，我忽然想起诸葛亮“五月渡泸，深入不毛”的记载，当地的同志告诉我，“五月渡泸”说的就是这里。金沙江古称泸水，“不毛”不就是连草也不长的地方么？我想，蜀国战将马岱的兵士涉水 2000 人，据说中毒死了 1500 人，看来不一定是被水毒死的，很可能是因为气候太恶劣的缘故。过了江，就觉得胸口舒服多了。个中原因，我想，随着科学的发展，也许会有人来弄清的。

从目前我掌握的一些材料来看，中央红军渡金沙江共分三路、四个主要渡口。而从行军现场和人们目前较一致的说法来看，又主要是两路和两个渡口。但分三路、四个渡口说法的确有根据，当时只是由于江水上涨、水急浪大、浮桥被冲垮等原因，另两个渡口分别只过去了一个红十三团和一个医院。

1935年4月29日，**在中央军委于云南寻甸县鲁口哨村发出《关于我军速渡金沙江在川西建立苏区根据地的指示》的当晚，毛泽东亲自对部队过金沙江作了部署，当时的确是分三路、四个渡口：**

第一路是红九军团。他们原在乌江北岸牵制敌人，掩护主力红军南渡乌江，迂回云南去四川。在完成任务后，他们于4月25日从贵州盘县的江上村进入云南富源县的龙口场和沾益县的乐利村。本可以三四天时间追上主力红军，后接到中央军委指示，令其继续单独行动，遂从主力红军的东北侧翼牵制追敌，经宣威、会泽，由东川的树桔渡过金沙江。

第二路是红一军团，在中央军委纵队左侧翼。他们派少量部队佯攻昆明，连克禄劝、武定、元谋等县城后，向当时川滇的主要通道龙街渡疾进。

第三路是红三军团、中央军委直属纵队和殿后的红五军团。到禄劝县后，又兵分两路：一路由禄劝县的九龙经中屏、撒营盘，到洪门渡（也称驿江渡）；另一路由禄劝县的九龙，经翠华、团街，去皎平渡。

皎平渡南距昆明400多里，北距会理140多里。距这个渡口东约5里的洪门厂村，也有一个渡口。这两处都不是通向四川的主要渡口，敌人防

皎平渡至通安之间的隘口狮子山，是红军长征战斗过的地方，山高路险，5月份的炎热气候爬此山实有“火焰山”之感。图为作者在狮子山上。（李应权摄）

守薄弱。第三路中的红三军团当时曾赶到洪门渡后架了浮桥。后因晚上江水上涨，水急浪大，浮桥被冲垮。幸好军委干部团抢先控制了皎平渡。

干部团第二营是夺取皎平渡的先遣支队，该营第五连担任前卫连。在该连到达皎平渡口前，敌人已在金沙江几百里的防线上控制了所有大小渡口，而且把全部渡船掠到北岸。皎平渡北岸是川敌驻防，为了探查情况，敌人不断派便衣过江。5 月 1 日黄昏时刻，红五连的先头部队在连长肖应棠率领下到达皎平渡口，见江边停着一只船。经打听得知，原来这是川军探子划过来的，此时人不知跑哪里去了，船和船夫遂被红军俘获。

第三路兵分两路，原定在两个渡口过江的计划没有能完全实现：洪门渡只过去了红三军团的一个团，即十三团，其他的都是在皎平渡过的江。

第二路是红一军团，原定在中央军委纵队左侧 80 多里的川滇主要渡口龙街渡过江的计划也因情况有变，未能实现。最后除一个野战医院在一个名叫绞车渡的地方过江，其余的部队也都是在皎平渡过的江。

我了解到上述情况后，又想弄清下一个问题：**毛泽东和他的战友们过了江后，为什么停留在江边的山洞里，坚持指挥了三天三夜才离开呢？**过去我在书上见到过“巧渡金沙江”的说法，看来这个“巧”字大有文章。

◀1935 年 5 月 3 日，红军长征巧渡金沙江，中央机关在皎平渡渡口过江。作者也于 50 年后的同一天和当年帮助红军划船的老船工张朝满（右一）一起上岸。（李应权摄）

1985年5月4日　晴

会理县通安镇

“蜀道之难，难于上青天”，进四川的第一天，不得不使我们回忆起古人的诗句。这是曾担任中央红军干部团政治处主任的莫文骅在回忆长征时写下的感慨。当年红军告别云南禄劝县，从皎平渡渡过金沙江后，攀登会理中武山，夜宿通安镇。这里就是莫文骅想起古人诗句的地方。

50年后的今天，我攀越的也是这条路线。莫文骅在回忆长征所写的《五一的前后》一文中，对这条山道的艰险是这样描述的：“瞧，闪电形的石山路只可容一人，曲折盘旋，崎岖险恶。”他们当时为了抢登山顶，以免被敌人先机占领，虽“用了十分的劲向上爬”，也花了近3个小时。而我今天是咬紧牙关向上爬，竟用了近4个小时。我觉得最难的不是“只容一人，曲折盘旋”，而是路太陡，简直就是挂在砂砾石崖上。不少地段是75度左右的陡坡，个别地段甚至是垂直的，叫人发晕。碰到这种路段，我更觉体力不济，精神不振。要不是四川同志的帮助，我很难爬上去。这使我忽然想起了今早川滇两省为我交接的情景。

到了四川，我就要和云南的同志告别了。当云南禄劝县人大常委会主任纳思颐一行陪我过了江，到了中武村，把我交给四川会理县的同志时，会理县的领导和向导都用惊奇的眼光看着我。他们问纳主任：“这位就是罗记者？”纳主任点着头说：“是啊。”停了一会儿，纳主任似乎悟到了什么，连忙说：“你们看他已瘦得没有人样了吧？他的工作太辛苦了，得每天走，每天写，只好请四川同志多关照，多操心了。”

四川的同志对我确实很关照：今天爬山，我身上只带了照相机和军用水壶，其他物品都由他们分担了。爬到陡壁处，江中涌起的旋风把我们的衣服刮得呼呼响，会理县委宣传部长郭昌祯就提议，让我腰间系根绳子。我明白他的意思：此刻我虽被拥在可容一人攀登的石路中间，但他仍不放心，怕我体力不支，站不稳，被旋风刮下去。说实话我心里这时也觉得有点发虚，但想到他们这么真诚，又是头一天同他们行走，无论从情感上还是面子上来讲，我都应当坚强，所以我咬紧牙关谢绝了。

好不容易登上了中武山顶，再望金沙江，只是一条蜿蜒曲折的飘带了，从江底上来的小路也成了一条弯弯的细线。在“飘带”的北岸，有一排在砾崖石壁上开凿成的山洞，这时虽然已隐约在江雾中难于看清，但其状其貌在我心中已格外清晰。

今晨，我在离开金沙江边的中武村时，专程去看了这排山洞。一进去，顿觉阴暗潮湿，异味冲鼻。据说这排山洞是过江的百姓多少年来不间断且自发挖成的。像样的山洞有 5 个，最大的约 10 平方米，小的六七平方米。当年中央红军渡江指挥部就设在这些山洞里。毛泽东住在西边水流方向的第一个洞子，周恩来、朱德、刘伯承、陈云、蔡树藩等分别住在东边的几个山洞内。

中央红军自1934年10月16日傍晚渡过江西于都河开始长征以来，突破的大江大河有潇水、清水江、湘江、赤水、北盘江和乌江等。不论哪一次，中央和中央军委的领导过了河以后，都立即随主力急速行军，从不在江边停留的。为什么毛泽东、周恩来、朱德等在5月3日凌晨过了金沙江后，直到5日上午，还停留在山洞里，与作战部门的孔石泉、王辉、吕黎平等研究战况并指挥渡江呢？这几天我从在云南、四川的采访中找到了答案：当时情况万分危急，中央军委纵队虽然靠几条小船陆续登上北岸，但中央红军的大部分仍在南岸。尤其严重的是：林彪、聂荣臻率领的红一军团从 5 月 4 日深夜起已同中央失去联系。按计划，他们此时应已奔袭到皎平渡西近百里外的龙街渡，情况究竟如何，不得而知；彭德怀、杨尚昆率领的红三军团在洪门渡因江水太急，架设的浮桥被冲垮，渡江也受阻；董振堂、李卓然率领的殿后部队

▲毛泽东曾在金沙江皎平渡口的这个山洞（左一）里指挥红军抢渡金沙江。（李应权摄）

▲周恩来、朱德、刘伯承在金沙江边指挥渡江和住宿的山洞。（李应权摄）

红五军团，此时还正在南岸的禄劝石板河与尾追之敌激战；罗炳辉、何长工率领的红九军团离得更远，正离开云南的东川，边打边走，向金沙江桔树渡口奔袭。

红军长征以来，打得蒋介石丢盔卸甲、狼狈不堪。老蒋此时已自感无颜，唯一还能吹牛的，就是把红军阻隔在长江南岸。如果红军过了金沙江，不仅会使他丢尽脸面，也会使红军赢得战略主动权，这是蒋介石绝对不想看到的。所以蒋介石调动了当时在川、黔、滇能调动的所有部队，共计20多万人正向金沙江全力围堵，妄图阻止红军渡江。此时对红军来说，时间就是胜利，指挥得当，就是红军的生存。毛泽东和他的战友们在这危急关头，决定停留在金沙江北岸山洞里，目的就是指挥红军胜利渡江，转危为安。

毛泽东和中央军委究竟是怎样指挥部队渡江、使中央红军脱离险境的？这又成为我想了解的一个问题。时间不早，只好明天再记。

▼红军“巧渡金沙江”的主要渡口——皎平渡全景。（李应权摄）

1985年5月5日　晴

会理县彰冠乡

今天傍晚走到彰冠乡。

彰冠乡是一个小集市，街上除了四五家小烟摊，只有五六家小食摊还亮着灯。今天忘了买烟，凌晨一点半时，抽完了最后一支烟。我估计街上肯定找不着开门的小店了，只好苦熬着。那种难受的滋味只有自己清楚。

我找了盆冷水，抹了一把脸，又抓了一把茶叶，边嚼边稳定情绪，开始写昨晚没有写完的日记。

前些天，我的日记里已写到，中央红军原计划是从桔树渡、龙街渡、洪门渡（也称驿江渡）、皎平渡四个渡口过江。

▲陈赓

夺取皎平渡的先遣任务是陈赓、宋任穷率领的干部团，该团第二营是夺取皎平渡的先遣支队，二营第五连是前卫连。前卫连在连长肖应棠的率领下，化装成国民党军队，于4月29日从云南禄丰的柯渡出发，在崇山峻岭中的崎岖山路上，日行百里，从敌人的缝隙中穿插过去，于5月1日夜抵达皎平渡口。在张朝寿等三位船工帮助下，缴获了敌人一只船，又捞起一只船。连长肖应棠当夜率领一、二排战士，分乘两只船渡到对岸，用计俘虏了守渡口的川敌一个正规连和三四十名保安队员。干部团后续部队乘胜追击，控制了渡口，夺取通安，为中央军委纵队和红军主力北渡金沙江铺平了道路。

当军委纵队从皎平渡过江的时候，军委获悉红一、二军团在龙街渡和洪门渡过江遇到了意想不到的困难，立即电令一、三军团改从皎平渡过江。

这一决定无疑是十分正确的：此时敌人已从四面八方压向金沙江两岸，我军必须争取时间。但渡江时遇到的困难很多，其中最突出的难题是两个：一是船只不够，到5月3日止还只有两只小船，每船每次只能渡15人左右。当时除红九军团远在桔树渡过江外，红一、三、五共3个军团2万多人都将从皎平渡过江，仅靠这两只小船，肯定会延误时间，必须迅速找船工寻船；即使找到了更多的船，但由于空中有敌机轰炸，要是组织不严密，敌人击我于半渡之中，损失将不堪设想。为此，**自中央红军长征以来，毛泽东渡江过河后第一次停留下来，亲自指挥。**

5月3日，我在江边见到了50年前帮助红军抢渡金沙江的两名船工：72岁的张朝满和74岁的陈月清，他们身板清瘦而硬朗。我从他们口中了解到：红军先后找到7只渡船和36位汉、彝、傣族船工，分成两班，人歇船不歇，日夜抢渡。我问他俩，当时是否知道山洞里住着毛泽东、朱德、周恩来等中央领导？他们都说："哪个晓得！我们只顾划船，人息船不息，到下班，累得只想躺下，身子刚挨着地，就睡死了。"不过张朝满告诉我，那时船工心中也都有数，晓得那些个山洞里有能人，了不得。我们船工当时有两个发愁：一是部队那么多人，要是抢着上船，非把船搞翻不可；二是坐骑和运弹药、粮食的马匹多，船小，经不起马匹又蹦又跳。张朝满像故意卖关子似的问我："你格晓得最后是怎么对付的？"我摇了摇头，请他讲。张朝满不无自豪地说："就是因为山洞里那些人指挥得好，谁上船，谁不许上；谁看天上的飞机，谁搞地上的搬运，都听山洞里的指挥，一点不乱。"他告诉我，骡、马过江的困难也是山洞里来了一个命令，就全部解决了：把它们赶到水里，缰绳拴在船帮上。人从船上过，骡、马跟着船泅水过去，这办法解决了当时的大问题，也让我们开了眼，50年来，大牲口过江我们还用这个办法哩。

今天我才基本搞清：红三军团奉命从洪门渡过江，以第十三团为前卫去夺船只，架浮桥。后因水流太急，浮桥没有架成就被冲毁了；而船只则早被敌人收走或凿沉，费了很大的劲，只找到一只小船。因水急浪高，费了好多时间，只过去了一个十三团，而这时红三军团的主力正在向洪门渡

◀帮助红军巧渡金沙江的老船工张朝满。

▲当年帮助红军巧渡金沙江的老船工张朝满在介绍红军渡江的情景。（罗开富摄）

全速前进。军委得悉这个情况，急令红三军团第十一团由后卫改为前卫，赶往皎平渡过江。

红一军团虽然夺取了远在元谋县的大渡口龙街，但因找不到渡船，而江面又太宽，架桥器材一时难找，况且两岸山势平缓，敌机不断骚扰，即便找到器材架桥的难度也较大。因此，军委也命他们火速赶往皎平渡过江。由于军情紧急，红一军团还未译完电报，更来不及回电，就出发了。这可急坏了正在山洞里指挥的毛泽东、周恩来、朱德等领导，他们急命已从皎平渡过江的红十一团轻装出发，沿金沙江北岸的羊肠小道西进，寻找红一军团。在张爱萍带领下，红十一团冒着大雨走了大半夜，终于见到对岸的一长串火把，经判断，确定是红一军团的部队。由于江面太宽，江水奔腾，雨又下得大，相互之间无法通话。只好集中全团的司号员一起吹号、再用集体喊话的办法，把军委要他们“务必不顾疲劳”迅即赶往皎平渡过江的命令传达过去。

就这样，在毛泽东亲自指挥下，中央军委纵队和 3 个军团依靠 7 只小船，从 5 月 1 日起到 9 日中午止，不漏一人一马，全部渡过了金沙江；红九军团也于 5 月 7 日从桔树渡全部过了江。

两天后，敌人的大队人马才赶到江边，但我军已经毁船封江，无影无踪了。蒋介石气得暴跳如雷。红军一过金沙江，云南军阀龙云大大松了口气：只要红军不攻昆明，不留云南，就是天大的喜事。但龙云又深恐蒋介石降罪于己，为了开脱责任，取巧卖乖，于红军渡江完毕的5月9日夜里致电蒋介石："匪已过江无疑，闻讯之后五中如焚，……实职之调度无方，各部队追剿不力，尚何能尤人，惟有请钧座将职严行议处，以谢党国。"发出电报后，龙云想到贵州军阀王家烈的下场，还是恐慌不已，就又赶紧以作战不力的名义，处死了几个县长"以谢党国"，为自己开脱责任。四川军阀也学龙云，逮捕了江防大队长汪保澄。

1985年5月6日　晴

会理铁厂村

今早告别彰冠乡，经南阁，走60里到了会理县城，稍休息，又走十多里，到达城郊的铁厂。

会理，是中央红军渡过金沙江、进入四川后的第一个县，铁厂是个地名。今天我一直在琢磨两个问题：一是红军从1935年5月8日开始包围会理城，5月16日主动撤离。我想，**在7天7夜的攻城中，红军为什么不把会理城打下来？是围而不攻，还是别有原因？**第二个问题是关于铁厂的。铁厂是个大地名，包括好几个村子。1935年5月12日，党中央在铁厂召开了政治局扩大会议。我从资料上得知，**中央红军虽然过了江，但处境仍然危急：蒋介石不甘心失败，于5月12日急急飞到昆明，就近调动军队，继续围追堵截红军，还派飞机到会理上空盘旋侦察。红军为什么不马上前进，却要停下来休整呢？党中央又为什么急着开会呢？**

今夜我先记述第一个问题。

会理地处四川最南端，北距成都一千多里，今属凉山州。县城二万多人，六七条大街。会理市面很繁华，是我自离开遵义以来见到的最有生气的县城：店铺挤满了每条街道，有的小店门口，辣椒、柿子、蒜头等一串一串，从屋檐直挂到地上；不论是老人还是小孩，都穿得十分整洁，给人以勤劳、质朴的印象。据介绍，50年前的会理只有一条直街，两条横街，三千多人口。据当年云南日报1935年7月9日的一条消息记述，会理"百姓流离失所，啼饥号寒，风餐露宿，目击心伤"。川敌旅长刘元瑭的"婴城固守"的政策，更使会理遭受了一场浩劫。

红军干部团第五连在肖应棠连长率领下，5月1日深夜最先渡过金沙江，随后干部团陆续过江。5月3日，部队继续北进，击溃阻敌刘元塘部，占领通安，经爱民、彰冠，抵达会理城郊。继而红三军团过江，以同样路线赶到会理，接替干部团，包围会理县城。红一军团继红三军团之后也到了会理，但未停留，继续北进。红五军团在中央军委直属纵队和红一、三军团渡江时，一直在江南岸的云南禄劝石板河一线以一当十地顽强阻敌。胜利完成掩护任务后，他们及时甩脱了追敌，于5月9日过了江，继续担任殿后任务。

会理当时是敌川康边防军第一旅旅部所在地，旅长刘元瑭。该旅一部在金沙江边中武村阻挡红军过江，惨遭失败，退守通安。刘元瑭率部驰援通安，也告失败，伙同残兵逃回城里。刘一边急调外围各部进城死守，并电请驻西昌的川康边防军司令刘元璋火速派兵增援，一边以“婴城固守”为借口，把城外百姓的粮食、油料、柴火等搜刮一空，然后紧闭城门不出。为了清扫射界，防止红军接近城垣，刘元瑭下令用浸透煤油的棉花团作引火物，抛到城外居民房上，把民房全部烧光。两个月后，当时的云南日报的记者前来采访现场，发出了“大肆焚刮，惨无人道”的感叹。

因此，当年会理的攻城之战打得异常激烈：在红三军团攻打会理的7天7夜中，第七团负责围城，第十一团负责攻打东城门，第十二团负责攻打西城门。5月10日晚，红军炸塌了西北角一段城墙；5月14日，又将东门城墙炸开了一个缺口。据记载，在西北角城墙被炸塌时，敌旅长刘元瑭的老脸

▼作者在四川会理县老街乡彭德怀曾居住过的旧址采访。

也被炸伤；在另一处，敌团长聂秋涵被我军的弹片击中胯部，“两眼翻白，差一点断气”。红军之勇，战斗之烈，可见一斑。

但红军始终没有攻进城去，究其原因，有几种不同的说法。其中一种说法是“佯攻”。我不同意这种解释，从我近200天的踏访来看，红军佯攻贵阳、昆明及一些县城时，都不是这么个战法，大都是远在城郊30里左右的地方大造声势，将主力部队隐蔽起来，用一支或几支小部队牵制敌人，很少交火，顶多是放几枪、掷几个手榴弹震慑敌人。而在攻打会理中，动用的是中央红军的主力部队红三军团，5月12日，周恩来还亲自布置工兵挖地道炸开北门城墙；遵义会议后，李德靠边站了，伍修权担任红三军团副参谋长。5月14日，伍修权和作战科长李天佑亲临第一线，检查督促地道作业并组织爆破。但由于炸药不足，加上守敌挖沟灌水，城墙没有炸倒，攻城受挫。5月16日，我军撤围北上。

▲伍修权

会理攻城之战，说佯攻不像，但说真攻也不完全像，尽管当时红军已是疲惫之师，但若真要下决心，攻下会理城还是不成问题的。原因究竟是什么？我今天在偶然之中找到了答案。

说在偶然之中，是因为我无意间看到了会理县委党史办的一份资料。1974年1月9日，会理县委的同志为了核实党史问题，到北京找到当年攻城的红三军团第十一团政委张爱萍和政治部主任王平。他们回忆说：**攻会理是为了迫使敌人龟缩在城里，掩护红军大部队在城郊休整；会理不是兵家必争之地，红军从城边绕一下，同样可以北上，之所以猛烈攻城，是要给敌人以错觉，以为红军过了江后，要在这一带建立新的根据地，这样就可把敌兵吸引到会理一线来，我军就可乘北边敌人空虚，北上大渡河，与红四方面军会师。同时，我军也想攻下会理，补充当时奇缺的衣服、粮食等。**

战无定法。用佯攻，或用真攻来解释会理之战，都不准确。写到这里，我有两点感想：一是时间越久，红军长征中的许多情况越难弄清。如果总等着后人来研讨，免不了把简单的问题越弄越复杂，或把复杂的问题简单化了。二是毛泽东不愧是军事战略大家，亦佯亦真，可进可退，听凭自然，挥洒自如。

1985年5月7日　晴

会理城

会理铁厂包括姚家村、赵家湾子等村子，因这些村子历史上都办过铁厂，就把几个村子统称为铁厂。据史料记载，党中央当年曾在铁厂召开政治局扩大会议，时间是1935年5月12日下午至深夜。

会理境内平坝不多，大多是山梁子，铁厂这个地方也不例外。当年的会理会议旧址已很难确认，因为这一带已建成蓄水量很大的红旗水库，许多村子被淹没了。姚家湾子还在，村子一片白墙黛瓦，依山傍水，掩映在树丛中。当年军委电台就设在村里陈海清家，这已被党史专家确定。至于会理会议在哪一家召开，至今还未确认。不过我想，军委的电台既设在这个村里，开会的地方一般也不会太远，不一定是在被水库淹没的村庄里。这只是推测，还需实证。

▼会理县铁厂村。原红军开会的铁厂村已沉入水库，这是后建的，但四周环境依旧。（李应权摄）

据史料记载，出席中央政治局会议的有政治局委员和候补委员，还有总参谋长刘伯承，红一军团林彪、聂荣臻，红三军团彭德怀、杨尚昆，李德也列席了会议。在现代史料编刊社1982年12月出版的《中国纪事》一书中，李德（奥托·布劳恩）写道：在毛泽东的“倡议下，五月中旬在会理附近匆匆忙忙举行了一次会议。……我在最后一刻被邀请去了”。

对于这次会议召开的主要原因，我在今天参观《红军长征过会理》史料展览后基本弄清了：我军渡过了金沙江，才算真正跳出数十万敌军的围追堵截，取得了战略主动权。但是敌情仍然严重，需要进一步确定新的行动方针。同时，从1935年1月28日开始四渡赤水以来，党和军队一些高级干部对战略方针各有各的看法和意见，需要统一认识，以团结一致，克服面临的严重局势，开创新局面。

▲凯丰（何克全）

遵义会议的召开，确立了毛泽东在全党全军的领导地位，体现了大多数党员和战士们的意愿，但有两个人却很不服气：一个是凯丰（何克全），他在遵义会议上狂妄地质问毛泽东：“你知道什么马列主义？你顶多是看了些《孙子兵法》。”毛泽东反问他：“你读过《孙子兵法》没有？你知道《孙子兵法》有几章？”问得凯丰（何克全）哑口无言。

另一个是林彪，在遵义会议后四渡赤水的千里转战中，林彪一直牢骚不断。他埋怨说，我们走的尽是“弓背路”，应该走弓弦，走捷径；还说：“这样会把部队拖垮的，像他（指毛泽东）这样领导指挥还行？”为了煽动对毛泽东的不满，他给彭德怀打电话说：“现在的领导不成了，你出来指挥吧。再这样下去，就要失败。我们服从你的领导，你下命令，我们跟你走。”**林彪还写了一封信给中央三人小组，反对毛泽东四渡赤水的战略。**

我从一些史料上分析：林彪的这封信是在红军四渡赤水期间写的，但直到会理会议上，才在政治局委员中间传开。周恩来、朱德、王稼祥等同志严肃批评了林彪的错误，旗帜鲜明地维护了毛泽东在全党全军中的地位。

《彭德怀自述》一书谈到：“我也批评了林彪的信：遵义会议才改变领导，这时又提出改变前敌指挥是不妥当的；特别提出我，则是更不适当。”

毛泽东也批评林彪：“你是个娃娃，你懂得什么？在这个时期直接跟敌人顶不行，绕点圈子多走点路还是有好处的。”

冰冻三尺，非一日之寒。林彪后来叛党叛国，于1971年9月13日乘机外逃，摔死在蒙古温都尔汗。这种结局，与他在长征中的思想表现有一定的因果关系。

林彪给彭德怀打电话的事，毛泽东后来也知道了。但彭德怀自认光明磊落，一直以为这是林彪的错误，与己无关。没想到在24年后的庐山会议上，毛泽东旧事重提，并把彭德怀牵扯进去了。

会理会议的意义十分重要：巩固了遵义会议的成果，维护了毛泽东在全党全军中的领导地位，确定了中央红军北上与红四方面军会师的战略方针，同时通过批评林彪的错误，统一了认识，对后来战胜张国焘的分裂主义、胜利完成长征都起到了重大作用。

写到这里，我忽然想：林彪够奸猾的，他的真实目的是要毛泽东下台，这种心思在长征路上就暴露无遗了。但后来林彪却又一直被毛泽东信任了36年，看来世上最难的事，乃为识人。

▼红军曾经过的四川会理的一个农贸市场。（罗开富摄）

1985年5月8日　晴

会理龙肘山

今天走的路不多，时间较宽裕，我就琢磨起地图来了。这是我的一大爱好。我发觉四川很像一只展开翅膀的蝴蝶：以成都为中心，川西和川东恰似展开的两翅，正用力飞腾；蝴蝶的尾部就是会理县，它是中央红军渡过金沙江进入四川的第一个县；而蝴蝶的头部正是包座、巴西，它是党中央和红一、二、四方面军走出四川的最后一个地方。

蝴蝶是美丽而聪明的。进入会理5天来，四川人给我的印象也是如此。今天我的宿营地龙肘山，就是四川的一个缩影。

在会理的群山之中，龙肘山只算是一座普通的山，但她同样养育着一个又一个的村庄。党的十一届三中全会召开后，这里的老百姓再不怕“割资本主义尾巴”，就在山上办起了砖瓦厂，赚了点钱后，又在砖瓦厂的基础上，利用山上的原料，于1983年初办起了会理县美术玻璃厂。

有人会说，办个玻璃厂有什么稀奇的，但要是到这里来看一看，听一听，就觉得不一般了：这里属大凉山区，交通闭塞，当年红军来到这里时，不少老百姓还用着木碗，普遍用上陶器，已是解放后的事了。而“器皿”这个词，还是前些年会理人出去参观后带回山里的。这个美术玻璃厂靠几个技术人员日夜攻关，只用了一年多时间，工厂就生产出优质产品，走向了市场。他们生产的套料自然景观玻璃器皿，现已成为全国争相求购的产品。据介绍，套料自然景观玻璃器皿共有酒具、冷饮瓶、花瓶、旅行杯等18个花色品种。走进该厂车间，就如同走进艺术宫殿，每件产品都是艺术品。这些艺术品的图案各不相同，有的浓墨重彩，似层林暮霭；有的轻描淡写，似行云流水，皆如一幅幅山水画。我了解到，该厂产品于1983年7月开始研制，同年12月通过技术鉴定，随即批量生产，投入市场。去年11月，荣获省优质产品奖和省优秀内销工艺品金质奖。

世世代代守在江边大山里的会理人，一旦开了眼界，聪明才智就会奔涌出来，就能把泥土变金子。我在这个厂看到二百多种玻璃器皿，其中彩色玻璃器皿都是采用金沙江畔不同颜色的原料，经过处理，按不同的层次置于半成品表面，再进行吹制而成的。

再说一说会理的小吃：我过去总以为到过成都，见过四川小吃的世面，

▲会理农贸市场。（罗开富摄）

到了会理才知道，这里竟是四川小吃的发祥地之一。我进会理之前，就听说会理有“小成都”之称。之所以有这样的称号，正是因为会理风味独特、远近闻名的小吃。但会理人听不惯“小成都”的称号，37岁的向导老张说：“叫我说啥子么，成都的小吃当然好么，不过，论汁讲味，那些个小吃只能算个‘小会理’么。”

会理县城人口只两万多，城也不大，但有名的小吃就有稀豆粉、熨斗粑、鸡丝和火腿丝饵快、烤饵快、雪花三合泥、羊肉粉、卷粉、冲冲糕、甜酒凉粉、菜交粑、龙抄手等19种。此外，还有十多种名气虽不大、但极受当地人喜爱的小吃。

会理城为什么小吃这么多，名气这么大？我在城里的大街小巷粗略调查了一番，发现会理小吃使用的原料很普通，无非是米、面、糖、油、蛋、肉、盐等，关键是制作方法独特，加工精益求精。就拿熨斗粑来说：它类似北方的烙饼，入口松软，又不粘牙，回味香甜。其用料是普通的大米：先磨成米浆，发酵后加入糖和鸡蛋，然后烙制；用的锅很奇特，是紫铜的，很小；烧火也十分讲究：灶膛里火很旺，但在表面铺上一层焦炭渣，几乎看不到明火；十几只小紫铜锅放在炉灶上，很像熨斗，锅里擦上猪油，放入米浆，只几分钟，松软的熨斗粑就做成了。通常是现做现卖。

会理人给了我一个很大的启示：光聪明还不够，还得有自信，再加上勤快，不管做什么都做得好。

1985年5月9日　晴

会理县益门乡

中央红军在会理休整后，继续向北挺进。

会理县东西窄、南北长，从红军先头部队5月1日渡过金沙江进入会理算起，到后续部队5月16日离开会理县境止，红军在会理百分之六十的土地上留下了足迹，保存至今的红军标语有108条、遗物137件。

从5月3日渡过金沙江进入会理以来，我已经走了6天，沿途给我印象最深的就是山多，开矿的也多，农民靠山吃山的积极性很高。开始时我觉得这是件好事，可是看得多了，又不由担心起来：秀美的山川被挖得坑坑洼洼，不仅破坏风景，资源浪费大，还埋下了泥石流的祸根。

山多矿也多，据介绍，会理的地下埋有铜、铁、锡、镍、铅、锌、钴、钼、金、银等三十多种金属和非金属矿，其中富铁、铜、镍和锡等储量在省内名列前茅。会理的矿藏开发始于明朝，明、清年代开发的矿点，我今天在山路上仍不时可以见到：大多是沙砾一堆，周围几十米、几百米甚至几公里内都很少长草，更难见树木，成了泥石流泛滥之源。

这些年当地实行大矿大办、小矿放开政策，从1981年至1983年的3年间就采矿148万多吨，比1971年至1975年5年开采的七万九千吨增长了18倍多。群众有水快流，一哄而起。

鼓励群众开矿，对迅速增加农民收入确实起了很大的作用，我今晚夜宿的益门乡，是益门区机关所在地，该区就是一个以矿富民的例子：这个区交通闭塞，一直是个很穷的地方。1983年开始办小矿，全区当年开矿收入200万元，1984年收入增为400万元，今年预计收入740多万元；我在这个区的中村采访时了解到，全村1500多人，过去靠单一的农业收入，每年产值十多万元，而去年仅开矿的现金收入就达91万元；由于有了钱买化肥、农药、农具等，农业生产也得到发展，去年全村农业产值增加到20多万元。当地农民向我说起这些情况，十分高兴：“过去是红军到，干人笑（即穷人）；现在是政策好，干人要富起来了。”

让干人富起来，这是红军艰苦转战、抛洒热血所追求的目标。见到干人富起来，那些长眠在会理的红军英灵，一定会含笑九泉。

不仅要让干人富起来，而且要长久地富下去，我想这也是先烈们的遗愿。我回想起白天见到的青山翠谷中辛劳而兴奋的开矿者，心中不由生出一种越来越强烈的担忧。

一是觉得矿藏大多不能再生，有什么，挖什么，终有一天会挖完的。一些人对我说："山郎格大，地郎格深，哪能挖得完？"这只能说明他们的眼光短浅。何况越往深里挖就越费劲，投入的资金也越多，要是事先不规划好，今后在小矿的基础上建大矿，难度将非常大。

二是实行国家、集体和个人一起上，好处是形成竞争机制，同时让群众通过自力更生富起来。但不足之处也很明显：不仅经常发生安全事故，而且为争富矿、争易开采的矿，群众中已开始出现互不相让、甚至动用武力的现象。

三是矿藏大多是伴生的，就一种矿低水平开采，伴生的贵重金属就被作为废料丢弃了，或冲入江河，或堆在山间。这种损失之大，将是难以弥补的。

1985年5月10日　晴

会理县云甸乡

中国老百姓淳朴好客，这是举世公认的。但随着商品社会的发展，这种品德离我们已越来越远。不知人们感觉到没有，要论淳朴好客，城里人不如乡里人；城郊的乡里人不如交通闭塞的山里人。我走了近7个月，对此有很深的感受。今天我从益门乡走到云甸乡，又一次感受到山里人淳朴好客的品德。

这次徒步长征路的采访，连我自己也没有估计到会遇到这么多困难，别人自然更无法理解了。就拿住宿来说，真不知道给当地带来了多少麻烦。

我是为纪念红军长征胜利50周年而徒步采访的，按报社的采访安排，我走到每个地方，都必须是红军主力或中央军委50年前的今天走到的地方。当年红军的远征，是在敌强我弱的情况下进行的：他们从江西出发以来，尾追的敌正规军一直不少于10万至30万之间，加上当地军阀的部队和民团，更是敌众我寡。红军为避免伤亡，摆脱敌人纠缠，都是挑最偏僻的地方走。

在我出发前的1982年9月间，报社根据记者的建议，就准备派人对长征路进行采访。后因为领导工作忙，加之对两个问题一时定不下来，就拖了两年：

一是红军长征有三大主力，即红一、二、四共三个方面军。其中红一方面军即中央红军途经了福建、江西、广东、湖南、广西、贵州、云南、西康、四川、甘肃、陕西11个省（需要说明的是：一般都说中央红军长征是从江西出发的，其实，有一部分主力部队的转移是从福建开始的），走了二万五千里。是采用本报驻地记者接力采访？还是由几名记者或一名记者独立走完全程？报社一时定不下来。

二是如果确定了上述的一种办法，文章怎么写？是走完一个省写一篇？还是全程走完后写几篇回顾文章？报社也在反复讨论。

两年说长也长，说短也短，**其间发生的两件事情是我没有料到的：第一件事情是在这期间，对红军长征路的采访，被两位美国记者抢了个先：一个是美国某报的记者，他原计划走完全程，想不到只走了几个县，就走不下去了。**老红军杨成武将军在北京会见了他，对他关注中国红军长征之路的行动表示赞赏，并给予鼓励，把他送回了美国。

另一位记者是美国纽约时报前副总编辑索尔兹伯里：他在夫人陪伴下，从1983年到1984年初先后两次到中国红军长征路上采访。虽然不是徒步，也不是走全程，但他以76岁的高龄前后奔波了两个多月，也确实令人起敬。1984年6月14日晚上，胡耀邦总书记在北京会见了他，并告诉他："中国正在进行现代化建设的新长征，我们仍然可以从红军长征中汲取勇气、力量和智慧。"

第二件事情是：一些老红军非常希望自己健在时，能看到中国的记者去把长征路走通，每天能有现场感强的报道，引起人们对红军长征的关注，把老红军们对沿途人民的想念带到长征路上去，同时也想看看长征路上的变化。

1983年底，安岗担任了本报总编辑，但我一直没有见过他的面。1984年6月15日早上，我听了中央人民广播电台播送胡耀邦会见索氏的消息后，当天我就给安岗寄去了徒步采访长征路的报告。他一看到我的报告，当即批示同意。

上了路，我才知道困难重重，也给沿途人民带来了不少困难。就拿安排我的住宿来说，沿途人民就费尽了心思。

我已走了197天，途中基本上都在农家住宿。当年红军经过的地方，至今三分之二还不通公路，还很闭塞。虽然当地人民的生活水平提高了，但住房和生活习惯改变不大。对当地人来说，只要是从外面来的人，都是尊贵的客人。因此，无论我来到哪个村子，村里人总是把条件最好的屋子让我住。有了最好的屋子，但不一定有最干净的被褥，甚至还不一定有洗脸盆，所以村里人常常把几家的物品凑拢来给我用一夜。我心里过意不去，所以每到一地，我都要反复说明：我夜里要写稿，休息不了几个小时，住哪里都一样。可村里人就是不依。今天我走到云甸乡，一路上天气很热，大汗流得没有停过。我看乡里住家都很挤，便打算随便凑合一下，找个能点灯写稿的地方就行了。可乡亲们死活不依，把我安排到一户名叫王秀英的家里，叫王秀英到别处去挤挤。我对他们说："这怎么行，不能把人家挤走啊！"大家诚心诚意地告诉我：这村里，就这屋头凉快。他们说我是全村的客人，要是再客气就太要不得了。

为了"要得"，我住下了，并把这件事记在日记里，为的是我今后回到城里，经常翻翻看看，体会一下什么叫淳朴和真诚。

1985 年 5 月 11 日　晴

德昌县落腰坡

中央红军从会理城郊出发，经益门、白果湾、云甸进入德昌县境。我沿着这条路线，今天也走进了德昌，夜宿永郎乡的落腰坡。

从昨天开始，我就觉得天气热得受不了，整天流汗，连夜里也出汗。由于老是擦汗，眼睛都擦肿了。好在今天一路上看到的风景很新奇，眼睛不觉得难受，又找了顶破草帽戴着，吃了几颗消炎片和清凉丹，眼睛的红肿有所减轻。

路上的风景基本上是绿色和红色：绿色是水稻和甘蔗，红色是木棉树。在这里看到成片的甘蔗，而且长得那么茁壮，已经让人感到意外，再看到火红的木棉树，更让人不敢相信自己的眼睛了。

甘蔗和木棉树是亚热带才有的植物，在金沙江北面的德昌看见它们，真是稀奇。木棉树我在云南的勐腊、勐龙等地见过，那些地方在昆明以南的千里之外，而德昌在昆明以北五百多里，它们为什么能在这里安家呢？

直到傍晚，我才弄清，其实从昨天开始，我就进入了干热的安宁河谷，这里是有名的亚热带气候，顺着这条河谷还得走三四天，才能摆脱干热。

弄清了自己处在干热的亚热带气候，心里就有准备了。因为我在那种气候中生活过，知道即使在夜里，也别指望能凉快起来。我也就和当地人一样，晚饭后，摸着黑到河里冲凉去了。

年轻人在河里游，年纪稍大的则站在河边，用脸盆舀水往身上浇。毕竟才农历四月，安宁河水又来自深山，让人感觉有点凉。我和大家边冲凉边闲谈。一开始的话题是：究竟哪里的气候好。我说还是北方好，春夏秋冬，四季分明；但他们说还是当地好：有人去过北方，蹲（住）不惯，洗澡不痛快，要么是大澡堂，闷得喘不过气；要么是在巴掌大的小屋里，憋得透不过气。

我又说城里灯亮、热闹，许多人同意我的说法，但还是觉得不如住在安宁河谷好：空气清新，吃的五谷杂粮都新鲜，而人挤人的城里，新鲜东西就难找。一位陈老伯问我："听说北方去冬砍下的大白菜，要吃到今春？这咋个要得。"

反正是闲谈，各摆各的看法，也很有意思。后来，几个小青年摸黑从地里拔来几根甘蔗，大腿一弓，咔嚓几下，递给我一截说："来，啃吧，这是早熟品种，比不得晚熟的甜，可是咬起来松。"

这甘蔗咬起来确实松，因为新鲜，比城里吃到的味道好得多，爽口又鲜甜。回村的路上，他们又给我几截，让我带回去夜里啃。现在夜深人

作者行进在四川德昌县的永郎乡。（张在璇摄）

静，我望着甘蔗，忽然想起了人们常说的一句俗语：“甘蔗没有两头甜。”生活不也是这样吗？各人所处的环境不同，对生活的感觉就不同，久而久之，思索定位。住在城里的，觉得黑灯瞎火在河里洗澡，多不方便，可当地人觉得置身瓜棚蔗田，流水潺潺，不受约束，无比痛快；南方人听到北方大白菜要吃几个月，觉得不可思议，可身处北国的人们，在瑞雪飞舞的天气中，儿欢女绕，煮上一锅大白菜，再斟上一杯烧酒，那种快乐的滋味，也是安宁河谷的人想象不到的。

写到这里我想：这种思索定位究竟好不好？真是难以说清：说它好，是因为每个人若能给自己定位，就会觉得现在活得轻松自在，对自己所处的环境很适应，心里就平静、淡然，就不会“做了凡人想成仙”，弄得一辈子人累心更累，甚或为了“成仙”还不择手段去干昏事、蠢事；说它不好，是因为若太满足现状，思想就会僵化，就会缺乏进取心，阻碍了自己的发展。

1985年5月12日　晴

德昌县城

今天，我还是沿安宁河谷往北走，当天到达德昌县城。

德昌县位于四川西南凉山彝族自治州的中部，秦、汉时为邛都国（今西昌）属地，1935年5月中旬，中央红军经过德昌时，这里只有地名，还没有县的建制，属四川省第十八行政督察区。1946年正式建立德昌县，属西

▶红军经过的四川大凉山安宁河谷的一个农贸集市。

▶这是四川凉山一位彝族妇女接受记者采访后留影。（罗开富摄）

康省。德昌地处安宁河谷，虽然气候炎热，风景却很美，一派亚热带风光。过去我总以为，欣赏亚热带的风光要去海南，或去云南的西双版纳州、德宏州的畹町、瑞丽等地，这些天才发现，基本上与长沙同一纬度的安宁河谷竟有这么一大片亚热带风光。今后交通便利了，从北边的成都、东北方向的重庆、南边的昆明到这里来旅游，最多是一天的路程。

安宁河全长351公里，发源于冕宁，流经西昌、德昌、会理、米易等6县市，汇入金沙江。沿河流域形成了一个平坦的谷地。在安宁河西昌、德昌段，河面最开阔，水流最平稳。河床最宽处约四千米，最窄处也有一千多米。两岸是平原，宽约15里。我想，要是当地旅游业发展起来，看水，有安宁河；看山，有横断山；看民族风情，更是丰富多彩：我从会理过来的这几天里，就路过不少汉、傣、彝族的村寨，进入德昌，再往前走，据说彝族寨子越来越多了。

都说山中有珍宝，此言不虚：**安宁河谷的鲜菌、鲜鱼、鲜笋和晒醋、香米等，都是在大城市里买不到的。特别是后两种：晒醋，我还是第一次听到，香米听到过，也尝过，但这里的香米与别处不同，是调味用的，特此一记。**

说实话，我不喜欢吃醋，一是小时候见过因存放时间太久而长白花的醋，至今心中不舒服；二是无论喝什么醋，都只品出一个咸味。这些天在乡政府、农家吃饭大家都喜欢吃醋，还一个劲地劝我吃。入乡随俗，为了尊重他们的好意，我也只好勉强跟着吃。没想到这一吃，竟长了不少学问：这种醋的味道，我从没尝到过，它不完全是咸味，还有清香和甜糯的感觉。当地人还说，这种醋久贮也长不了白花。为了证明这一点，他们取来久贮瓶中已变成干块的醋，一冲水，又新鲜如初。另外，当地人一个劲劝我吃醋，还有一个用意，就是为我治疮。由于日晒雨淋、风餐露宿，我的脸上、身上长了不少疖子和一些莫名其妙的水泡、肿块，他们告诉我，喝晒醋可以治好这些病，还能使皮肤变得光滑。我照他们说的喝了两天醋，身上的水泡、红点竟真的瘪了，疖子也不太痛了。向导对我说，坚持十天半月就更灵，我没法不信。为了让我路上继续治疮，当地人用纸包了一些晒醋干块，嘱咐我带在路上，用水化开后喝。

再说说我今天在王所乡吃到的香米饭：这种米的确与众不同，两头尖，中间大，比一般大米小三分之一，雪白油亮。主人家掀起锅盖后，米饭的清香立刻盖住了我们四个人抽的满屋子烟味。那入口的清香和柔糯，直到现在我也不知怎么形容它。**当地老百姓称它为“味精米”，过去没有味精之前，称它为“满屋香”：煮一斤米的饭，只需将这种香米放进二三两，一锅米饭都会变得清香和油亮。**

在王所乡吃香米饭时，我还了解到这种香米的一个怪脾气：只有王所

▼作者在四川德昌安宁河边的村落里与乡亲们交谈。（张在璇摄）

一带才能种出来。当地干部们一直主张开发香米，扩大它的种植范围，让更多的农民富起来。但农民们的意见是：几百年来，不少地方都拿王所乡的稻种去试种过。由于水质、土质、小气候等环境因素不同，种出来的香米减了香味、糯味，还调不了味，最后都变了普通大米。农民王大爹说："弄不准时，最好莫开发，开到其他地方去种，会开掉王所香米的牌子，别处也发不了财。"

到底开不开发，乡里还没有结论，但大家都觉得王大爹的话有道理。临走时，王所乡农民对我说："罗记者，今后买香米，一定要看清是不是王所的。"我点了点头。

1985年5月13日　晴
德昌县城

1935年5月12日，毛泽东在会理会议上指出：红军抢渡金沙江成功，是战略上的一个决定性胜利。他建议迅速北进，与红四方面军会合。会议一致同意毛泽东的意见，立即北上，并决定组织先遣队，由刘伯承担任先遣队司令，为全军开路。

会理会议结束后，红军的先遣部队即进入德昌，但主力红军还在会理休整。因为去四川与红四方面军会合，就得过长江。过了金沙江，从战略上来看，的确是一个决定性的胜利，就连长征开始时的最高领导机构三人小组成员、在遵义会议上失去了指挥权的李德也不得不承认这一点。他在《中国纪事》中写道：红军"渡过金沙江以后，在战略上形成了一种新的比较有利的局势。首先摆脱了蒋介石的追击部队，通往北方的道路畅通无阻了"。实际上，北上之路并非畅通无阻，还要通过彝族聚居区、大渡河、雪山、草地……，但从战略上看，红军到了会理，进入德昌后，确实赢得了一种新的比较有利的局势。

今天休整了半天，理发、洗衣服、找资料——主要是找关于李德的资料。对这个人的历史我一直很感兴趣：这个人能力一般，但他给红军造成的损失可不一般。

踏着红军的足迹，我已经走了近7个月，**一路上，我一直想弄清李德到底是哪里人，来到中国之前究竟是干什么的，是真有本事还是没有什么本**

▲作者在四川省德昌县和彝族老乡交谈。（张在璇摄）

事，是怎么到的中央苏区。中国共产党的帅才将才很多，而且都有身经百战、出生入死的经历，怎么李德一到，就能成为“太上皇”？

我从瑞金出发时，了解的情况不多，只知道瑞金郊区沙洲坝有一栋100多平方米的房子，是专为李德建的，当地人一直称它为“独立房子”：因为它建在一片稻田中间，孤零零的。但从距离来看，这栋房子离党中央并不远，有田埂可通；离总政治部约有300米；离军委总司令部远一些，约有二里地。李德就是在“独立房子”里，仅靠地图指挥红军反“围剿”，结果使红军丧师失地，被迫远征，弄得党中央和中央红军没有落脚的地方。当然，远征时，李德自己用不着落脚，基本上是由红军战士抬着走的，而且始终保持着西方人的绅士风度，要求抬的人必须走得不紧不慢。湘江战役打得天昏地暗，八万六千多红军，过了湘江只剩三万余人，其中一个重要原因就是李德等人仍然按常速行军，在原本已十分不利的形势下，又耽误了指战员为掩护中央军委纵队过江的极其宝贵的4天时间。为抵抗40多万敌人的围攻，我红军战士每时每刻都在流血牺牲，但李德等人还是每天照常速行军。

遵义会议后，李德失去了最高军事指挥权。对此，他不满不服，说自己本来就是个军事顾问，是中国同志自己犯了错误。对于这段历史，连1936年在陕北保安访问过李德的斯诺也觉得惊奇，他评论说：“把全面指挥一支革命军队的战术大权交给一个外国人，这样的错误，以后大概是绝不会再重犯了。”

对于以上这段史实，我今天用休整的时间，又从头理了一遍。我想理清的是，红军的指挥大权究竟是怎么交给一个外国人的。

1985年5月14日　晴

西昌县黄联关

1935年5月中旬，中央红军兵分两路，由德昌北上。其中一路于5月14日自德昌沿安宁河东岸，经麻栗寨进入西昌县的黄水塘，夜宿黄联关。半个世纪后的同一天，我于早上6点起程，沿同一路线行进。走到黄联关，已是傍晚时分了。

黄联关，顾名思义就知道是个关隘，险峰险路，崎岖难行。我们从河谷爬上黄联关，已累得要命，加上天气仍然燥热，更是上气难接下气。一路上，向导和同行的人抽烟本来不少，但到了黄联关，一个个气喘吁吁，烟也不敢抽了，能坚持抽的，只剩下我一个。

身处古老的关隘，俯瞰古老的安宁河谷，思绪如江河奔腾。深夜，我独自一人在门口遥望夜空，不禁从多难兴邦想到了多难兴党：**我们党在幼年时期，没有经验，在较长一个时期里，对共产国际盲目崇拜，过分依赖。正是在这个背景下，李德才得以进入中央苏区，并在一个时期内掌握了最**

▼参加井冈山斗争的部分同志1938年在延安合影。一排：（左二起）谭冠三、谭政、滕代远、肖克、林彪、毛泽东、高自立、何长工、曾玉、欧阳毅；二排：（左三起）谢汉文、江华、朱良才、吴溉之、李寿轩，（左十二）龙克夫，（左十四）刘型，（左十五）陈伯钧，（左十六）张令彬；三排：（左二）曹里怀。

高军事指挥权。

据我掌握的资料：李德1901年生于德国慕尼黑，1923年加入德国共产党，是秘密组织的成员。因同苏联秘密机关联系，德国有关方面以叛国罪于1926年将他逮捕。1928年4月，李德从柏林莫比特监狱越狱，设法逃到苏联，进入军事学校学习并参加了苏联红军，曾当过苏联红军一个骑兵师的参谋长。我遍查史料，加上7个月来在沿途向与李德共过事的老红军及党史专家们讨教，得到了一个结论：骑兵师参谋长是李德进入中国前的最高职务。以我自己在军职生涯中的知识判断，充其量，李德也只是个正团级干部。

为什么一个团级干部到了中国，就成了中共顾问，并成为最高军事决策和指挥者呢？对此，我总想弄个明白。偶尔也有自己的观点，但吃不准，不敢往日记里写。尽管日记是给自己看的，但治学态度仍需严谨，不可迷迷糊糊乱记。不过有一点完全可以肯定，无论资历还是能力，中国共产党内胜于李德百倍的将帅大有人在：

毛泽东：1893年生，1927年8月7日在中共中央于汉口召开的紧急会议上，当选为中央临时政治局候补委员。毛在会上提出了“须知政权是由枪杆子中取得的”，即后人总结的“枪杆子里面出政权”的主张。会后，毛泽东以中央特派员的身份奔赴湖南，于9月9日领导了湘赣边界的秋收起义，任中共前敌委员会书记。不久，率领部队上井冈山，建立了第一个农村革命根据地；1928年4月，同朱德、陈毅率领的南昌起义部队在井冈山上的宁冈会师，成立了工农革命军（不久改称中国工农红军）第四军，任党代表、军委书记、前委书记兼十一师师长；1930年，红军第一方面军成立，毛泽东任总前委委员、书记、总政委和中国工农革命委员会主席。从1930年12月到1933年2月，毛泽东同朱德等领导红一方面军，连续四次粉碎了国民党反动派对中央苏区的“围剿”；在第五次反“围剿”时，王明（陈绍禹）、博古（秦邦宪）、李德掌权，排挤走毛泽东，李德亲自指挥。结果，中央苏区丧失殆尽，党和红军不得不离开中央苏区，开始了漫漫远征。

周恩来：1898年生，1924年任黄埔军校政治部主任；1925年2月，领导黄埔学生军东征讨伐陈炯明；1926年冬去上海，任中共中央军事委员会书记，领导了1927年的八一南昌起义；1931年12月来到江西中央苏区，任中共苏区中央局书记、中国工农红军总政委。

朱德：1886年生，早年加入同盟会，参加辛亥革命；1915年在云南参

▲毛泽东与朱德在延安合影

加讨袁（世凯）护国战争；1917年在四川参加反对段祺瑞的护法战争；1927年在南昌创办军官教导团，为我党培养了一批革命军事骨干。蒋介石叛变革命后，他和周恩来、贺龙等领导了八一南昌起义，任起义军第九军副军长；同年4月，率起义军上井冈山与毛泽东会师，任中国工农红军第四军军长。从1930年起，先后任中国工农红军第一军团军团长、第一方面军总司令、中国工农红军总司令、中华苏维埃军事委员会主席等职。

中国共产党内人才济济，身经百战、屡立战功的将帅当时不下百人，为什么让一个团级官职的外国人来指挥中国红军的将帅呢？对于这个问题，我想明晚再接着思考。陪我在炎热天气中走了几天的德昌县委副书记王文鑑、副县长杨俊明及陈徊忠、杨仁岐等多次过来劝我早点休息，明早就要同他们分别了，他们说，我不睡，他们也不去睡。同志情，珍贵无比，看来不睡不行了。

1985年5月15日　阴
西昌县马道乡

▲李德

今天从黄联关走到了马道乡，这里离西昌市已经不远了。

一路上见闻、感受不少，但我想还是接着昨夜的思路，把李德的事情写完。

比较一致的说法是：李德是由共产国际派到中国来的。但我觉得应该在这句话的后边再问一句：**如果李德真是共产国际派来做中国共产党军事指挥顾问的，怎么水平那么低？**

我的看法是：李德确实是共产国际派来的，但并不是派来当中国工农红军最高军事指挥的，而是让他到中国来搞情报的。他之所以成了红都的“太上皇”，主要原因是王明（陈绍禹）等人为了抬高自己、排斥异己、篡夺党和红军的最高指挥权，有意抬高了李德。

我之所以得出这样的结论，自然有我的理由。理由的来源有二：一是

我过去和沿途访问伍修权、杨成武、童小鹏、顾玉平等老红军的谈话中，二是瑞金、遵义、扎西等地革命纪念馆的史料和我平时收集的一些资料。**我的理由主要有4条：**

一、从中国共产党成立到党的七大前夕，设在苏联的共产国际一直对中国共产党的事情大包大揽。但凭心而论，共产国际也是为了帮助中国共产党把事情办好，只是由于不了解中国国情，不结合中国实际，所以给中国革命造成了不少损失。在派人指导中国共产党的工作上，共产国际从我党召开一大开始就着手做了：中国共产党召开一大时，共产国际派代表马林和尼科尔斯基出席了会议。据我了解，**在李德到中国来的前后时间里，共产国际派驻中共中央的代表是一名叫阿图尔·尤尔特的德国人，不是李德。**在1933年初临时中央从上海迁往江西中央苏区前，翻遍目前所能找到的我党、我军文件和尤尔特与共产国际定期联系的文电，不仅找不到共产国际派代表来华的记录，甚至连李德的名字也找不到。

二、从我昨天写的日记来看，**李德1923年加入德国共产党，并成为秘密组织成员；**1928年4月逃到苏联；1932年春还在苏联伏龙芝军事学院学习，出来后当了个骑兵师参谋长。**以他搞情报的出身和不高的官衔及在苏联这么短的时间，受到共产国际特别是斯大林重视的可能性不大。**

三、李德的确到中国来了：他于1932年夏从莫斯科坐火车先到满洲里，后到哈尔滨；因东北的日本密探和白俄分子猖獗，他无法立足，在哈尔滨只待了个把月，1932年秋到大连，后来到了上海。开始住在外国人喜欢住的礼查饭店，一个月后又搬到公共租界里一幢美国人的公寓里。**我想：他要真是共产国际给中国派来的军事大指挥，进了中国，能让他一个人东逛西撞吗？**据了解，李德住进美国公寓后，才同尤尔特联系上（李德与共产国际派驻中共中央的代表尤尔特曾在德共党内共过事）。因此，从李德的经历和行踪来看，他极有可能是被共产国际派来搞情报的。李德从1923入党到1926年被德国政府监禁的近4年间，一直是德国共产党“秘密组织的成员”，本来就是搞情报的，而当时的苏联很需要中国共产党、国民党及日本的情报。李德的本名是奥托·布劳恩，来中国时，化名李德，也叫华夫。他在瑞金时，不止一次对中国同志说过，他第一个化名的意思是“姓李的德国人”，第二个化名的意思是“中国男人”。我想，他的前一个化名应当有政治上的意思：当时日本、德国的统治者互相勾结，而中国国民党害怕日、德政府，他用“姓李的德国人”的名字搞情报，即使被抓，生路总是有的；后一个化名是同中国人套近乎，便于开展工作。

四、**如果李德真是共产国际派来的“太上皇”，为何用了半年多时间才同共产国际派驻中共中央的代表联系上？**联系上之后，他同博古（秦邦宪）、洛甫（张闻天）见了面。**博古（秦邦宪）、洛甫（张闻天）都在苏联学习过，在莫斯科就认识李德。**当时王明（陈绍禹）正在莫斯科，任中共中央驻共产国际代表团团长，**而博古（秦邦宪）又是王明（陈绍禹）离开上海去莫斯科前指定的中央总负责人，共产国际派来个大人物，博古（秦邦宪）事先能不知道？直到1935年，博古（秦邦宪）与王明（陈绍禹）都有定期的无线电联系，博古（秦邦宪）何须到尤尔特那里，才知道过去的老朋友李德已到了上海？**另外，从李德进上海到1933年1月博古（秦邦宪）在上海待不下去、率中共临时中央到中央苏区瑞金去的3个月里，从来未见博古（秦邦宪）向李德汇报工作或李德作过什么指示的史料。

我想，对于李德的掌权，只能有一个解释：在中央苏区，毛泽东、周恩来、朱德、彭德怀等都是身历百战的英豪，名气大、威望高；而博古（秦邦宪）连战场都还没有上过，既无名气更无威望，要想当一把手，岂能压得住阵脚？于是博古（秦邦宪）就只好拉一个外国人来吓唬人。反正李德是个“同志”，管他是搞情报的，还是只当过团级军官。再说人家毕竟是在伏龙芝军事学院学习过几天的，牌子并不小，自己是党的总负责，说这个人是哪里派来的就是哪里派来的，量他人也没有地方问，何况与共产国际联系的电台还掌握在自己手中。

以上只是我的分析，没有史证。不过我想，随着采访的深入和掌握更多的史料，我一定能弄清李德这个情报员是怎么被博古（秦邦宪）变成共产国际派驻中共中央的军事顾问的。

1985年5月16日　阴

西昌县礼州镇

我从德昌县走进西昌县黄联关，又从黄联关走进西昌市的马道乡，今天经西昌市的小庙乡，行百里多路，夜9点多钟又进入了西昌县，夜宿礼州镇。

沿途自然环境的共同特点是山高林密，气候炎热，有山有水，风景迷人。

前天在西昌县，昨天到西昌市，今天又进入了西昌县。我提醒自己：写稿时要小心，别把县和市搞错了。

西昌市5年前建市，市县自此分开。西昌县很古老，在汉代就很有名。为设西昌郡治，汉武帝派司马相如亲临设治。自那时以来，西昌一直是中原与西南边陲各民族间交往的重要枢纽，是西南古道上的重镇。

中央红军进入西昌时，这里是敌川康边防军司令部的驻地。当时，驻守川康边区的是四川军阀刘文辉的部队。刘文辉是国民党二十四军军长，辖二十四军和川康边防军两个师。这时蒋介石已判断中央红军可能向大渡河前进，与红四方面军汇合，遂制定了一个把红军封锁在大渡河以南的计

▼作者（右一）进入西昌市后，由市委常委、宣传部长陪同从马道至小庙途中，查看红军当年所走的道路。（四川西昌市文教局 卢裕民摄）

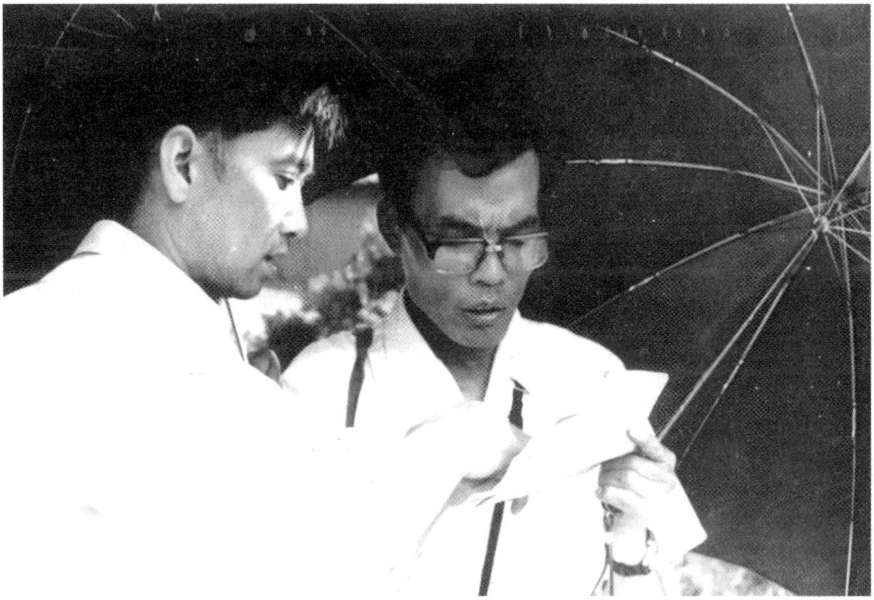

划。这时的川康边防军已统归另一个军阀刘元璋指挥，而刘元璋又归蒋介石的嫡系薛岳指挥，刘接到的任务是：堵截红军北进大渡河，掩护还在金沙江边的薛岳部主力北进。

刘元璋既受宠若惊，又坐卧不安：惊的是老蒋看得起自己。他一直想吃掉刘文辉，但苦于没有机会，现领受中央军的任务，身价涨了许多。不安的是为堵截红军，在金沙江边损兵600多，但还是没堵住，老蒋迟早要找自己算账。这次再堵不住，老蒋一声“娘希匹”，后果就难料了。

反动军阀用于捞官保官、进饷拍马的银子，都是靠巧立名目、搜刮民财得来的。这次也不例外，刘元璋领命后，急“议防共修碉，派地方出防共费，修碉费，附郭计修碉八座”，“又征集民间米粮数十万斤于城内。……先议守外垣，继议守内城，乃有焚毁各街铺房之事”。在民国修订本《西昌县志》卷九《兵寇志》中，还有这样的记载：5月19日（1935年），蒋介石乘飞机到西昌上空视察，当晚，刘元璋又再一次焚烧西昌城东西两街铺房。这段期间，刘元璋共计烧毁西昌街道28条，民房3700多家，寺庙十多座，回教礼拜堂4大院。

刘元璋这个人极为阴险恶毒，他先是烧城外的，以阻止红军接近城墙；后是烧城内的，以防红军设法与民众联系。还有一个更见不得人的目的，就是嫁祸于红军。

刘元璋打错了算盘：红军的目的是北上，不是攻城。红军理都没理刘元璋，经马道乡，北上礼州去了。马道乡在西昌城西南，距城15里。红军绕道北上，刘元璋烧毁西昌民房、企图嫁祸红军的阴谋未能得逞，而他的暴行却被载入史册，永遭世人唾骂。

我觉得，县志是细化的历史，很有价值，应当对外开放，让人阅读。不然的话，我们老说反动派怎么坏，老百姓怎么苦，没有经历那个时代的年轻人听得多了，就认为是说教，甚至产生怀疑。如果看了当时的真实记录，他们会珍惜今天的。

1985年5月17日　晴

西昌县种马场

昨天晚上9点多钟，在漆黑的山道上骑了半个小时马：这是我循红军足迹采访以来第一次骑马。

必须说明的是：我骑马走的路，是红军征粮走的回头路。安岗总编辑要我“百分之百走路”，指的是红军长征前进的路，而我也是百分之百做到了，丝毫不敢偷工减料。去年12月20日，我在贵州黎平高洋寨的山岭上行进中，由于冰凌太滑，山路太窄，不慎摔下悬崖，左腿小腓骨严重骨折，已不能落地，只剩下一条腿。就是在这种情况下，我靠欧阳昌美、胡炳益、吴庭玉、顾先球、王秀海等汉、侗、苗族向导轮番搀扶，还是坚持天天走。今天骑了半个小时马，是因为早就听说四川的建昌马好，**许多老红军在谈话或回忆录中都提到过：建昌马为红军长征出过力。建昌马到底好在哪里？我认为光凭听和看不行，还要亲自骑一骑，夜骑，才能更好地了解建昌马。**

据说建昌马原是羌人南迁到安宁河一带定居时带来的青海马，西昌在唐代称建昌府，故人们称这种马为建昌马。这种马身材比较矮小，但机巧灵活，耐苦耐劳；夜间辨别力强；善走山路，即使在悬崖峭壁间的山路上，也能承负相当体重一半的货物；正常行走可日行70多里，快走可达160多里；长途驮运可连续走20多天。它还有一个优点，就是长年不用打马掌。据《后汉书》记载，汉永和六年（公元141年），西昌是三苑“牧马所”当中的一个。近代，在云南大理有名的三月街集市上，建昌马在骡马交易中占有较大份额，还曾销往缅甸。红军长征中，曾用建昌马作坐骑和驮运货物。据西昌县委书记田兴成介绍，1965年贺龙同志到西昌视察时曾回忆说，建昌马在红军长征中是立过战功的，很适合用于山地作战。1954年西昌曾设有建昌马配种站，1959年又扩建为种马场，现全州18个县市都有饲养。历史上建昌马饲养最高达十五万七千多匹，目前尚存五万六千多匹。

我骑的是一匹青棕色的马，它比我们常见的普通马要矮五分之一左右。我一靠近，它就喷着粗气，朝我瞪着眼，四条腿在原地不时提上落下，像是做准备动作，又像是在吓唬我：尽管是在夜幕下，它仍给人以威武不可靠近的感觉。等我拍了几下马背，友好地抚摸了几下马脖后，聪明的它，立即安静下来，并把高扬的脖子低了下来，四蹄稳扎着地面，不再乱动，等着我去上鞍，又给人以温顺和懂事的感觉。

我们走的山路虽然高险，但路不太窄；天黑，但天气好，没风没雨。因而马虽然跑得很快，它却似乎不过瘾，不时朝上伸脖子。但向导们为了我的安全，哪敢让它放开来跑。不过即使是如此，也足以证明它的夜间辨别力和避险功夫：中途有一段路，约有一米多宽，左边是山崖。一路上一直是中速行走，我很适应，此时正在信马由缰，想不到突然之间，它就加快了速度，还没等我反应过来，马纵身一跃，稳稳地落下，又走了起来。我伏在马上，回头看了看：黑黑的一片，什么也看不见。不一会儿，走在我后边的向导跑上来告诉我，那段路被前些天的雨水冲出了一个口子，要是它不加速，纵力跳过去，一是连人带马要陷进泥坑，二是因为这个泥坑，若靠左边走，只剩下一尺来宽的路，马肚子及骑手的左腿就会擦着山崖，肯定会被擦伤；若靠右边走，路更窄，一个闪失就会坠崖。现在回想起来，还有点后怕，心里更加佩服建昌马了。

因为建昌马的品质好，西昌县从生产、生活、交通、旅游等需要出发，发展建昌马的呼声很高：现有建昌马数量远远满足不了市场需要，每年向外省输出的只有两千匹左右，品种也有退化趋势。

今天上午，我来到设在西昌县礼州镇的建昌种马场，得知这个种马场是由兽医、待业青年和退休干部等集资开办的。在一间破屋里，我采访了有30多年养马经验的场长曹福华和22岁的经理曹庆伟等。他们告诉我：该场因缺少资金，马匹大部分交由农民分散饲养，少数几头圈养在屋后小院子里。但他们充满信心地说，有各级领导关心，专家及时指导，建昌马一定会发展起来。

无论做大事小事，首先得有信心；但光有信心，没有得力的措施也不行。我望着屋后小院里那几头纯种小建昌马，心中很是不安。我默默地祝愿它们能真正发展起来，若发展有困难，最起码不要绝种。

1985年5月18日　晴

西昌县泸沽

泸沽这个地名，我早就知道，但这次又长了点学问：它同人们熟知的泸沽湖不是一码事，泸沽湖是在泸沽镇西南五百多里的川滇交界处。

泸沽湖以特有的湖光山色和民族风情出名，而我今天走到的泸沽同样著名：她不仅风景如画，民族风情淳厚，还是中央红军在北上大渡河时，最后决定行军路线的地方。

中央红军离开中央根据地时，是计划到湘西去同红二、六军团会师。后来通道转兵，到了遵义，才改变计划，决定北渡长江，同红四方面军会师。过了金沙江，前面横着一条更大的天险大渡河。红军到了泸沽才知道，北上大渡河有两条路：

一是经越西到石棉县的大树堡，由此渡河，到对岸就是富林。这条路通雅安，比较好走，而且也近一些。

二是经冕宁到石棉县的安顺场。这条路是崎岖山道，尤其是要通过一向被人们视为汉人不可能过得去的彝族聚居区。历代由于反动汉族统治者长期对彝民进行奴役和屠杀，并蓄意挑起民族之间的对立和仇杀，彝汉之间的隔阂极深，汉人要借路，根本不可能，尤其是军队。彝族的各个家支都拥有自己的武装，仅冕宁一带的彝民，就有上万支土枪、快枪。

但为了出敌不意，毛泽东和他的战友们在泸沽大胆而果断地做出决定：通过冕宁彝族聚居区。靠什么通过？依靠党的民族政策，靠全军遵纪爱民的模范行动。

今天我看到一张由朱德总司令署名的《中国工农红军布告》，是复印件。西昌县党史办的同志告诉我，原件在四川省博物馆。《布告》正文如下：

中国工农红军，解放弱小民族；
一切夷汉平民，都是弟兄骨肉。
可恨四川军阀，压迫夷人太毒；
苛捐杂税重重，又复妄加杀戮。
红军万里长征，所向势如破竹；
今已来到川西，尊重夷人风俗。
纪律十分严明，不动一丝一粟；

粮食公平买卖，价钱交付十足。
凡我夷人群众，切莫怀疑畏缩；
赶快团结起来，共把军阀驱逐。
设立夷人政府，夷族管理夷族；
真正平等自由，再不受人欺辱。
希望努力宣传，将此广播西蜀。

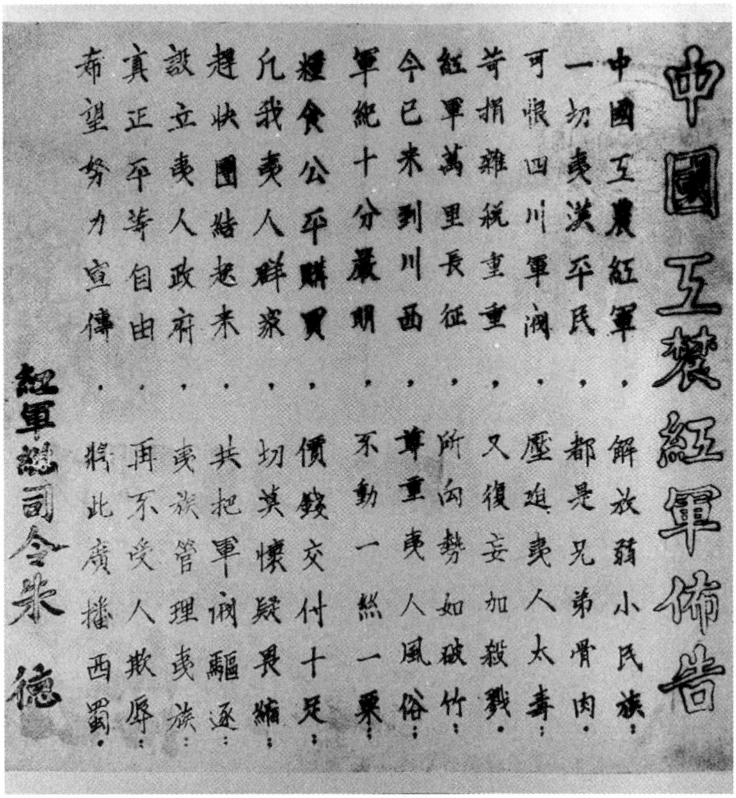

中國工農紅軍佈告

中國工農紅軍，解放弱小民族；
一切夷漢平民，都是兄弟骨肉。
可恨四川軍閥，壓迫夷人太毒；
苛捐雜稅重重，又復妄加殺戮。
紅軍萬里長征，所向勢如破竹；
今已來到川西，尊重夷人風俗；
軍紀十分嚴明，不動一絲一粟；
糧食公平買賣，價錢交付十足。
凡我夷人群衆，切莫懷疑畏縮；
趕快團結起來，共把軍閥驅逐。
設立夷人政府，夷族管理夷族；
真正平等自由，再不受人欺辱。
希望努力宣傳，將此廣播西蜀。

紅軍總司令朱德

◀中国工农红军在彝民区颁发布告

这张布告既是对红军内部进行民族教育，又是向群众宣传党的民族政策。泸沽一些彝族老人告诉我，这张大布告当时许多寨子里都贴的有，对彝民了解红军很管用。

这张布告当时管用，我此时再一次读它，仍觉得管用：它使我进一步感受到党的民族政策的巨大威力，也使我感受到红军鲜明生动、深入浅出的宣传功底。布告只有182个字，要是叫今天的人来写，这点字恐怕还不够文章的开头。

1985年5月19日 阴

冕宁城

红军没有忘记人民，人民也没有忘记红军。这是我沿长征路采访中最大的感受之一。

我今天仍然行走在大凉山山区，这里至今还很闭塞，交通不发达。我同彝族向导潘忠诚、藏族向导马文忠在山里绕来绕去，9个小时才走了80多里，累得贼死。老红军们没有忘记这个偏僻的地方：27年前即1958年，朱德重返长征路，来到大凉山，跋山涉水看望彝、藏、汉各族父老乡亲；1965年，贺龙也来到大凉山，走访和慰问群众。

昔日的长征路，一切都在变，唯一没变的是当地百姓那份感情，那份追求，那份精神！一生不好题词的朱老总，在大凉山里激动地题了词。这里的人民继承红军精神，为了革命，长期与敌人作不屈不挠的斗争，其中一位就是党和人民的好女儿、共青团员和青年的好榜样丁佑君，朱老总就是为她题词的。

从我进入西昌县到今天离开的几天里，不断有人把朱老总题词的事情和丁佑君的事迹讲给我听。在泸沽，一位老阿妈把珍藏多年的、登载丁佑君照片和事迹的报纸拿给我看，眼睛里闪着泪花。

▼作者行进到四川冕宁县时，当地派出医务人员为他检查身体。（何晓明摄）

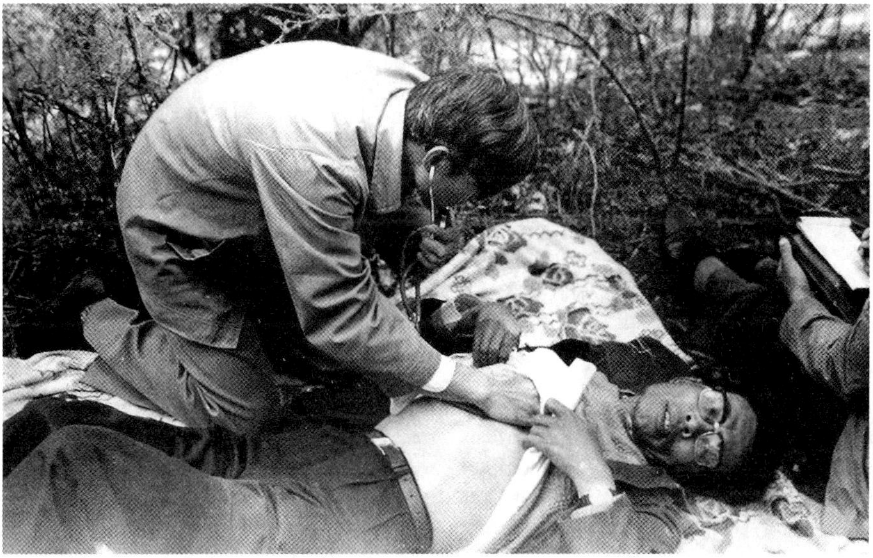

丁佑君1931年出生于四川省乐山五通桥区一个盐商家庭，1947年秋考入成都市立女子中学。当时她二哥已在北平加入地下党，经常寄一些进步书刊和报纸给她看，使她受到革命教育。成都解放后，丁佑君考入西康人民革命干部学校。学习结束后，她要求到最艰苦的地方去，组织上于1950年把她分配到离城很远的盐中区任文教助理员兼管青年工作。盐中是红军长征经过的地方，在这里工作，丁佑君感到很光荣。9月17日，她前往离区委所在地30多里外毛牛山下的裕龙乡去召开农代会。到达后的第二天，当地发生土匪骚乱事件，丁佑君只身与匪徒斗争，终因寡不敌众，不幸被俘。当时她大声高喊："老乡们，快回家去，不要受土匪的欺骗，胜利是属于我们的！"面对敌人的严刑拷打，丁佑君大义凛然，宁死不屈。土匪围攻盐中区公所，没有攻下，就用枪口顶着丁佑君，逼她喊话。佑君看到同志们仍在坚持斗争，更增添了力量，高呼："同志们不要怕，沉住气，坚持到底，我们的解放军马上要到了！"匪徒们听了惊慌失措，吼叫道："你喊些

▼沿途许多父老乡亲送茶水、食品到路上，鼓励作者走通长征路。图为四川冕宁彝族姑娘送开水给他。（张在璇摄）

什么？”她反问道：“你们叫我喊什么？”匪徒要她喊反动口号，她就高呼：“中国共产党万岁！”匪徒们老羞成怒，凶狠地向丁佑君开了枪。这位优秀青年团员、19岁的姑娘光荣牺牲了。同年9月25日，中共西昌县委根据她生前要求，追认她为中共正式党员。

朱德同志题的词是：“丁佑君同志是党和人民的好女儿，是共青团员和青年的好榜样，中国青年应该学习她把自己的一切都献给党和人民的高度阶级觉悟和革命精神！”

战争年代需要牺牲精神，和平年代同样需要。到艰苦的地方去，到祖国最需要的地方去，同样也是一种牺牲：昨天我在一个乡的林业站，见到了丁佑君的同班同学、至今还在为建设新西昌出力的高克勤；前天见到了四川大学中文系毕业的宜宾市姑娘、十多年来乐于在西昌艰苦创业的张戎英。据了解，他们都有到大城市去工作的机会，但都放弃了。我问他们为什么，小张对我说：“因为这里需要知识，需要我们，走了不忍心。”

回答看似简单，却极不简单。当我今夜记到这句回答时，心里仍久久不能平静：这“不忍心”三个字，包含了多少感情，多少语言，多少已难找寻的品德啊。

1985年5月20日　阴

冕宁县复兴场

50年前的今天，中国工农红军总司令朱德向正行进在西昌、冕宁山间的中央红军各军团首长发出了“万万火急电令”，命令“我野战军迅速北进，取得大渡河点，以便早日渡江”。当天深夜，红军先遣部队进入冕宁县城。

冕宁城群山环抱，它的前面是一个大盆地，站在山上，盆地里河渠交叉，很有江南水乡特色的风光尽收眼底。这几天我沿途所见，大多是玉米、土豆，想不到在这里见到了大块水稻田。站在冕宁城里，可以望见远处的雪山，可是城里却很热。好在可以买到冰棍，5分钱两根。我买了好几根，靠在土墙上，一口气连吃了两根。我发现向导们也跟我一样，简直是边咬边吞。吃完感到很满足，人也来了精神。要知道，这些天一直流汗，今天能冰上几分钟，缓一口气，谁说此刻我们不是最幸福的人？

情绪一好，看什么都觉得不错。其实，冕宁城本来就不错，给我印象最深的是：街上行人不多，主要街道整齐干净，商店的服务态度好，食摊上，苍蝇也比想象中的少。

当年的冕宁县城是什么样子？我急于寻找她的遗迹和历史：当年的天主教堂还在，50年前的今天，红军抢渡大渡河先遣队司令部就设在这里。红军到达的第二天，早年留学法国的先遣队政委聂荣臻就在这座教堂里，向法国修女们宣传共产党的主张和保护宗教的政策，劝她们不要惊慌。据记载，当年冕宁城“街上茅草屋居多”，这早已成了历史，现在多为一二层楼的瓦房，而且还有邮电局、新华书店、百货大楼等三四层楼的建筑。我从向导们的口中和史料中了解到，当年城里由30多家茅草屋组成的一条十字街旁，有十多间比较好的瓦房，是当地驻军团长李德吾和县长钟伯群等人的住宅。听说红军来了，他们全都慌了神：城里的一连守军对付老百姓绰绰有余，抵抗红军还不够人家下筷子的，所以在红军到来之前，就带着军队，抄小路逃走了。据说当时逃还没地方逃，因为出了城四周都是彝族居住的山区：军阀刘文辉的一个正规团，还装备有成都兵工厂制造的仿百克门（价格曼）式手提机关枪（冲锋枪），曾通过这个山区，结果全被消灭了。驻军团长和县长等走投无路，用银元贿赂了森荣和线今哈哈等地的彝族头人，妄想躲进寨子，保住自己的一颗脑袋。但没料到在城西的野勒河边还是被彝民包围，县长被打死，团长被活捉后枪毙，军队被全歼，换班坐质的头人等全部被救出。

“换班坐质”这个词，我是今天第一次听说，也是今天才基本弄明白：它是自清代咸丰年间以来反动当局统治彝族地区的一种野蛮制度。了解到这个制度，也就会明白为什么当时的汉人，特别是军队休想过彝族地区。

◀参加红军的部分彝族战士到达陕北后的合影。

在甘洛田坝，有一块《岭承恩墓碑》，上面有这样的记载：“咸丰五年……野夷(彝)猖獗，□以力格莫学化，凭仗吾祖（即岭承恩）志，恩威并用，剿抚兼施，计诱换班投诚。”据民国修订本《西昌县志》卷九《兵寇志》记载：“光绪十五年，北山夷酋何甫沉反，……乱平，各支夷酋畏威投诚，乃修夷卡，令各支黑夷轮质。”

▲1935年5月，黄镇画的彝民沽基支队。

从以上记载中可以看出，所谓换班坐质，实际上是反动当局为了确保对彝族人民的剥削和压榨而采取的一种手段。据了解，彝族当时是分家支的，反动当局规定：不论哪个家支，也不管犯没犯事，头人都得到县城里坐牢，充当人质，当时被称为“质彝”。坐牢的“质彝”可以父代子、以兄代弟、以叔代侄顶替换班，反正要保证有一个重要人物掌握在县太爷手里。一旦有彝民或抵抗敲诈勒索，或苛捐杂税未缴，或有反抗暴动迹象，反动当局即向“质彝”施加各种惨无人道的酷刑。反动当局如此残忍，彝民哪有不忿之理。由于那时的县衙官吏都是汉人，憨厚的彝民岂有不恨汉人之理。

红军一到彝族地区，就坚决主张废除换班坐质制度。彝族同胞大为振奋，给红军带路，冲进冕宁县政府，把换班坐质的档案和官私田地粮册统统烧毁，解放了人质。共产党的民族政策得到冕宁城里和近郊广大彝族同胞的拥护。在红军进城的第二天即5月22日，冕宁县革命委员会成立，朱德在会上讲了话。县革委主席是红军代表李井泉，冕宁地下党的领导人陈野萍为副主席，廖志高、李祥云等为委员。红军离开冕宁不久，李井泉、廖志高根据军委指示，带领几位彝族干部北上长征；陈野萍等留下坚持斗争，后来陈经过许多曲折，到了延安；李祥云曾被捕入狱，获释后仍做地下工作。

1985年5月21日 阴

冕宁县大桥村

从60年代开始，我先后在云南、贵州、四川生活和工作，加起来有12个年头。我独自去过苗、傈僳、独龙、白、怒、傣、彝、哈尼、瑶、佤、苦聪、拉祜、基诺、崩龙等族的寨子，早就感受过兄弟民族的淳朴、善良和热情，因此，我特别喜欢他们。但由于是第一次进大凉山，想到今天要真正进入彝族聚居区，很快要进入当年刘伯承和小叶丹彝海结盟的地方，仍然十分兴奋，心中充满好奇感。此时，我身边的向导都是彝族人，他们使我没来由地产生一种踏实感。从冕宁县城去大桥村，要走50多里山路，开始是在沙石公路上走，道路坑洼难行，走了30多里，见不到一辆汽车，让人烦闷。但路两旁青翠欲滴的北京白杨树，却给了我许多安慰。

爬上近2000米的高山，套上了防寒的夹层衣。走了不久，发现两边都是黑压压的森林。我举起望远镜，观察四周环境，突然发现小道转弯的尽头被向导称为“坡乎山梁”上，有几个人影和马匹在晃动。向导们也纳闷：那个地方是进入大桥村的一个天然关隘，一般少有人停留，他们是在干什么呢？向导们一皱眉，我心中不禁有三分发毛：我想起老红军曾对我讲过，1935年5月22日，红军先遣队的工兵连就是走到大桥村附近的一个山谷时，突然被许多拿着长矛、弓箭、土枪、大刀的彝民包围。王耀南连长连忙向彝民解释：彝汉一家，红军借路，打的是彝汉共同的敌人。一是由于话听不懂，二是因为多年的民族隔阂，蜂拥而至的彝民根本不理红军说什么，先把通讯员小刘按在地上，扒光衣服，抢走了武器。王连长等人气得举起了枪，但想到朱老总签署的布告和营、团首长的命令，只好对战

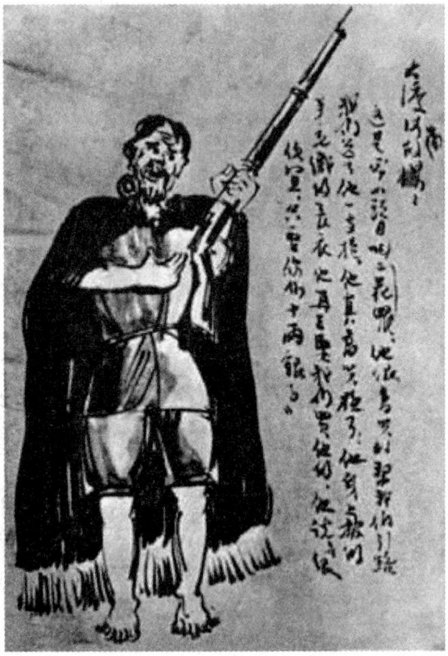

▲1935 年 5 月，黄镇长征途中画的彝民向导。

▲刘伯承和小叶丹结盟的彝海。（罗开富摄）

士高喊："都不准开枪。"王连长喊什么，彝民们听不懂，但战士们收回了枪，他们却看懂了，就一拥而上，把工兵连同志的武器、工具全部抢走，衣服扒光。后来还是红一团团长杨得志、黎林政委等帮他们凑了衣服穿上，才没被冻坏。他们受到了先遣队司令刘伯承的表扬："工兵连模范地执行了党的政策，就是完成了一项重大任务。"

尽管我也清楚历史不会重演，但此时还是有点害怕：毕竟我不懂大凉山彝族语言，这些天又自感病得不轻，很少吃得下东西，走路已没了力气。正在这时，山头上的人影停止了晃动，向我们遥望着，忽然间向我们的方向策马奔来，还"呜呼，呜呼"地不知叫喊着什么。这时，我本能地把疲惫的身体压在拐棍上，等着说不清是什么命运的降临。

当滚滚沙尘离我们还有四五十米远时，马上的人一个接一个跳了下来，嘴里还在"呜呼，呜呼"地喊着什么。虽然我听不懂，但他们那黝黑又布满皱纹的脸部的表情已告诉我，不用再担心什么了。走近了，扑面而来的是笑容，递到我手里的是真诚："骑吧，骑吧！"翻译告诉我，这位彝族老人名叫吴万惠，71岁了，说我是北京来的客人，哪怕骑上他的马跑几里，他也高兴。

如此真诚，使我十分感动。不过我感到很奇怪：这里山高林深，信息不灵，他们怎么会这么准确地了解到我们的行程？后来我从与万惠老人同来的彝民吉胡俄莫、俄久依呷等人那里得知：这些天，我要去的大桥村正在自发地庆祝红军胜利过境50周年，县里也去了人。他们中有人从报上看到了我的徒步采访报道，就计算着我的行程：50年前的昨天午夜，红军进驻冕宁城，今天到达大桥村，我无疑也会于今天到达。于是大家一早就推举他们来迎接我。

彝民没有忘记红军：是红军，是共产党拯救他们于水火之中，使当年的奴隶娃子成了新中国的主人。此刻，他们把想念红军、感谢党的情感倾注给了我：吉胡俄莫把一件已发旧但仍能御寒的“擦尔瓦”（即夹衣披肩）披到我身上，自己只剩下了一件光背心。我想，这哪成！这高山上，寒气逼人，我早感到了寒气刺骨。我推辞不要，但他就是不依，我对他说：“时代变了，我总不能剥光你的衣服啊！”等翻译把这句话说完，大家都会心地大笑起来，在笑声中，吉胡俄莫穿上了外衣。我牵着万惠老人的马，与大家有说有笑，一同走到了大桥村。物换星移，50年过去，这里已成了一个集镇。晚饭后，我在寒气袭人的雨夜中，走访了几户人家：没有看到电视机，没有看到烤火的，有些人家温饱还没有解决。而在夜半时分，人们却争着给我送来烤玉米棒和刚从河里捞来又刚烤熟的辣鱼，一位叫陈逢民的老人给我送来了炭火……面对兄弟民族的真诚，我无法找到合适的词语表达自己的心情，只能连说“谢谢”。在这寒冷的夜晚，我感到自己的灵魂得到了净化。

▼在“彝海结盟”处，作者（右一）听小叶丹的弟弟果基尼泊（左一）讲述当年刘伯承与小叶丹“歃血结盟”的情景。（张在璇摄）

◀作者在四川冕宁县刘伯承与小叶丹彝海结盟碑下采访。（张在璇摄）

1985年5月22日　晴

冕宁县彝海

一早离开大桥村，走了30多里，中午到达著名的彝海。

彝海，当地人称为袁居海，水面约有北京北海公园水面的两倍大。因为当年红军先遣队司令刘伯承和彝族果基家支头人小叶丹的“彝海结盟”，当地也有人称它为彝海了。

彝海被群山环抱，山上的森林浓荫蔽日。尽管从大桥到彝海的山路崎岖坎坷，有些地段更是险峻陡峭，但许多人却早已赶到了这里，来参加当地举办的“彝海结盟”50周年纪念活动。我被邀请参加了纪念活动，并在当年刘伯承和小叶丹结盟时坐过的两块石头旁，和大家共进午餐。

天空白云缭绕，碧海如镜，连绵起伏的群山倒映在彝海里，显得美丽而宁静。来自成都和凉山州首府西昌市以及冕宁县城的各族同胞，用各自喜爱的方式来表达欢愉之情。木雕的高脚碗和碟子里装满了沱沱肉、羊膀肉，木雕的杯子里斟满了酒，小叶丹的弟弟果基尼泊高举酒杯，祝所有红军老同志健康长寿，并向前来参加纪念活动的客人致意。接着，他向我和客人们讲述了50年前在这里发生的事情：刘伯承、聂荣臻等同志率领中央红军先遣队，于5月22日进入彝海区域。因为不了解红军，果基家支的男女老幼在首领小叶丹的率领下，集结在彝海周围山林里，摆开了迎战的架势。军团工作队负责人肖华通过翻译，找到了果基家支头人小叶丹的叔叔，向他说明红军是为受压迫人民打天下的，借道是为了北上抗日，不会打扰彝族同胞，

▲中央红军先遣队司令员刘伯承与彝族沽鸡家首领小叶丹，在彝海边歃血结盟。使红军顺利通过了彝族区。如今彝族同胞都喜欢在彝海结盟碑前留影。（新华社记者 牛畏予摄）

并告诉他，红军刘司令愿与果基家支头人结为兄弟。当年“彝海结盟”的参加者果基尼泊深情地回忆起50年前的情景，他说，与刘伯承相见时，小叶丹按彝族人的习惯，取下头上的帕子，准备磕头行礼。刘伯承赶快把他扶住说，我们同你是平等的，不兴这个。按彝族的规矩，结盟就要喝鸡血酒。因为当时没有找到酒，便从海子里舀了点水代酒，将鸡血滴在酒盅里。**刘伯承和小叶丹各举酒盅，对天盟誓，一饮而尽。结盟仪式结束后，刘伯承赠给小叶丹一面红旗，上书“中国夷民红军沽鸡支队”，并送上一批枪支弹药；小叶丹则把一匹最好的黑骡子送给刘伯承。**当天晚上，刘伯承邀小叶丹等人重回大桥村，在先遣司令部里，用好酒招待他们。第二天，彝族同胞在海边搭棚，双方人员一同接送红军大部队。**经过7天7夜急行军，红军所有部队顺利地通过了我国最大的彝族聚居区，兼程北上。**

我离开彝海时，加潘伍洪、吉尼伍呷、阿德加等8位彝族同胞，坚持要送我上路。加潘伍洪说，这是一条民族团结的路：在旧社会，我们彝民家支间打冤家、搞械斗，打来打去，越打越穷，还死了不少人。解放后，大凉山各族人民互相尊重，团结一致，发展生产，日子越过越兴旺。

1985 年 5 月 23 日　阴

石棉县栗子坪

今天中午，我翻过海拔2500米的菩萨岗，进入石棉县境，夜宿栗子坪乡。至此，我已走出了大凉山区。

在冕宁时，因小叶丹的儿子果基达尔木外出开会，我没有见到他，想不到我刚走到栗子坪乡，他竟专程赶来话别。果基达尔木今年54岁，是县政协委员，一身标准的彝家男子打扮，显得很威武。

他对我说，今天刚回到彝海边上，就听说来了一位记者，像当年红军一样，靠两条腿走两万五千里，所以急着赶上来，见上一面也是好的。他告诉我，50年前红军离开彝海地区后，由于国民党反动派蓄意挑拨，彝族各个家支间还是常常为争夺一头牲畜、一块地盘或一个奴隶娃子械斗不息，造成无数悲剧，广大彝民过着野果充饥、人身没有保障的苦难生活。随着新中国的诞生，悲剧结束了，特别是党的十一届三中全会以来，整个彝海地区各业兴旺，年年增产增收，许多彝族农民都盖了新房。果基达尔木一家三口不仅盖了新房，今年还养了3头牛、7头猪。

小叶丹弟弟果基尼泊。（罗开富摄）

从昨天和今天同小叶丹的弟弟果基尼泊、儿子果基达尔木的交谈中，我搞清楚了红军过彝海前后在史料中很少提及或与史料有出入的几个问题：

一是谁找到的小叶丹？是肖华。我工兵连被彝民扒衣、缴枪后，前卫部队决定停止前进。当时前卫部队里有个工作队，负责人是肖华和冯文彬。他们到围上来的彝民中去继续做工作，通过通司（翻译），宣传我军只是借路北上、决不停留，并由冯文彬给了挡道的彝民一些银元（有说100元的，有说200元的，当时情况混乱，这个数字谁也说不准，反正是给了银元）。彝民得了银元，让出了道，但往前走，又被挡道，仍然得给银元。正在一筹莫展之时，肖华了解到在场的人群里有果基家支首领小叶丹的四叔，就要通司把他请来，向他宣传红军和彝族的共同敌人是国民党反动派，并告诉他红军先遣队司令刘伯承愿与彝民的首领结为兄弟。为了表示诚信，肖华当场送给他一支手枪和几支步枪，小叶丹的四叔受了感动，也把自己的黑骡子送给肖华，然后两人各自回去汇报。第二天，刘伯承和小叶丹在袁居海子边，按照彝族习惯杀鸡饮血，义结金兰。

二是彝海结盟后的第二天（即5月23日），军委曾发出了《关于我军到袁居海子边的指示》。这个指示对了解当时的情况很有帮助。这里摘录一段："刘、聂率我军第一团于昨日在冕宁北五十余里处之袁居海子边，为彝民之罗儿、老五、沽基三族所困，经交涉沽基与我为盟，老五中立，罗儿截去我工兵一部、器材及枪三十枝后，为我击溃。沽基蛮王允今二十三日护送我一团经拖乌、筲箕湾赴岔罗。岔罗到纳儿坝渡口则为汉族居地。第一军团主力今晨已随第一团后跟进，军委纵队及第五军团拟今夜向大桥、拖乌续进。"

三是到目前止，对小叶丹之死有各种说法，较一致的说法是为革命牺牲的，但怎么牺牲的？没有讲明白，只是说是被迫害死的，原因是给红军让了道。今天果基达尔木对我讲述了其父的死因，其原话如下："由于国民党反动派的不断挑拨和使用阴谋，各家支间常常为争夺一头牛羊、一块地或一个奴隶娃子械斗不息。1943年，我的父亲小叶丹被罗洪家支用枪打死。后来，为了报仇，我们果基小叶丹家支的人也打死了罗洪家支的一个头人。打冤家给我们彝族造成无数悲剧。"

因为我就要离开凉山了，又因为发起了高烧，身体拖不动了，冕宁的同志依依不舍，又不放心，就继续陪我走，架着我走，为我治病，一直将我送出冕宁，送到栗子坪。陪同的同志共有9位，与我一同听了果基达尔木的谈话。他们是：冕宁县委书记马光荣、副书记加沙伍萨、县委办主任崔文卢、党史办主任马文忠、大桥医院医生朱成才、向导李光华、刘平等。

1985年5月24日　阴

石棉县新棉镇

今天路途十分艰难，而路上的风景却格外的美。走了一天，行70多里，都有青山绿水相伴。由于偏僻，少有人进山，山水得以休养生息，一切都显得那么安静、天然。我不清楚原始的自然界究竟是个什么样子，但我相信，它肯定跟我沿途所见差不多：山上各种树木自由自在地生长，相互之间既竞争又相安无事。阳光透过枝叶的缝隙直射地面，使遍地草嫩花红。望出去像是大花园，又胜却花园无数：任何一个人工花园都没有这么大，也没有任何一个人工大花园可以避免因人工培植、规划而显现出的呆板和缺乏生机。沿途湖泊众多，溪水绵长。因为山峦环抱，低陷之处自然成了湖泊。这些湖泊大小不一，一二平方公里面积的居多，它们有一个共同的特点：都被绿山环绕。湖面同袁居海子一样，平静似镜，盛载着蓝天白云。由于彩云的飘动，望一眼湖水，湖似在动，人也似在彩云中移动。时不时见到一些美丽的鸟，突然从枝林中，或从我们身边飞出，在空中一个翻身，朝湖面猛扎下去。我正为它担心，哪想到就在落入水中的刹那，这些灵活的鸟儿已擦着水面，玩了一个小动作，叼着一条小鱼，飞上了蓝天；它的下方，水波儿正向绿岸荡漾。

溪水有纵的，也有横的，似乎你想往哪里去，它就能牵着你往哪里走；树木高大，荫下的藤蔓却不多，给人简洁明快而非阴森难测之感，顺溪水而行也就成了一种享受，时不时还能沐浴从林隙投来的阳光；满目青翠，身旁却是被青草似掩非遮的溪流，真是秀色可餐，化外天然！一路上，我不时捧起溪水喝上几口，竟觉得清冽异常。向导说：这里少有人来搅扰它，也就没有污染；由于它在泥土或矿石上流淌，又溶解了那些不知名却又能解热止毒的野草的汁液，故而又能治病防病，还能增强皮肤抵抗力。

自进入大凉山区的会理、德昌、冕宁以来，沿途的景致都美得异样，特别是今天见到的风景，更是美得神奇，又美得原始。可惜景好人不好，我由于感冒发烧，一路上全身发软，有时竟觉得身体快支持不住了，真想躺在山里的嫩草鲜花丛中，永远不走了。对于我的身体状况，两县领导早已觉察，想方设法给我治疗：冕宁县大桥区医院的医生朱成才这些天一直跟着我走，及时给我打针吃药；在两县交界的崇山峻岭中，石棉县人民医院派出的最好的医生范明弟前来迎接我。他见到我的那一刹那，我看到了他那吃惊的眼神，接着就听到了他转过身与朱成才说的第一句话：“是不对劲，再走路，真要不得了。”但哪里不对劲他们没有告诉我。我感觉到浑身难过，却又说不清，就是不想说话，不想吃，不想喝，只想有个地方让我躺下，就是我的全部要求和幸福。

不想吃也得吃，陈大夫想办法让我吃了半只拌了白糖的生番茄，一小碗稀饭。本来实在咽不下去，但是为了安慰陈大夫和周围关心我的人，我强迫自己往下吞。

坚持着写完新闻稿，请有石棉才子之称的宣传部干事文文为我边修改边誊抄，凌晨时分发走了稿子。

1985年5月25日　晴

石棉县安顺场

昨晚县里千方百计替我腾时间，让我多休息，范大夫和后一脚赶到的县医院又一位高手彭淑珍大夫几乎一夜没有离开我的“病床”：不时地在我写稿的间隙给我打针、吃药、输液，等我早上醒来时，发现自己还吊着输液瓶。面对此情此景，我感动得说不出来话来。早上又咬牙吞下了一小碗稀饭和半只生蕃茄，按当年红军向大渡河安顺场渡口奔袭的时间出发了。

作者在安顺场采访。（此为1985年10月《新闻与成长》杂志封面）（王民平摄）

临行前，我在县城新棉镇转了一圈。

我从资料和向导的口中得知，这里名为孟获城，现在还有不少人这么称呼着，相传是诸葛亮七擒孟获第一擒的地方。红军长征时，这里还没有建县，所以红军的

▲宋任穷

一些回忆录和史料中都没有出现石棉二字。据介绍，解放后，这里办起了农场，有十多间草屋；在这些草屋的基础上又盖了几间瓦房，就成立了新棉镇；因为这一带盛产石棉，1951年成立了石棉县，县城就设在新棉镇。

如今茅草屋自然见不到了，约一平方公里的县城现在已很有点县城的样子。毛泽东说过，一张白纸，好画最新最美的图画，而石棉这座在“白纸”上建起的县城给我的印象是，新固然新，但缺少一些美：两条主要街道边，两层楼居多，式样和布局虽给人以新鲜感，但房屋基本上都是一个样式，摆得很整齐，缺少层次，缺少变化，缺少自然却又有整体感的特有传统文化气氛。**城内纪念石达开的翼王亭和3座古典式的吊桥，倒是给新棉镇点缀了一些庄重和古朴。**

安顺场渡口北距县城只有20多里，在平时，走两个来小时足够了，由于我病体无力，这天走了约3个小时才走到，还在途中歇了好几次。

红军是在50年前的5月25日强渡大渡河的，半个世纪后的同一天，我还是按时走到了渡口，心里分外高兴，疲劳和疾病也暂时躲开。身临大渡河天险，但见渡口宽阔，对岸悬崖峭壁，水声如雷鸣，漩涡如飞轮旋转，使人头晕目眩、心惊魄动。

安顺场原名紫打地，1863年5月14日，即清同治二年3月17日，率兵西征的太平天国翼王石达开，在这里遭到清兵和土司的前堵后截，苦战一月，弹尽粮绝，渡河未成，全军覆没。72年后，中国共产党领导的工农红军，却在这里取得了强渡大渡河的辉煌胜利。

安顺场渡口有一座纪念碑，碑上有邓小平同志亲笔题写的“中国工农红军强渡大渡河纪念碑”14个大字。纪念碑于1983年5月落成。刘伯承、聂荣臻、杨得志、宋任穷、张爱萍、陆定一等红军老战士也都题了词，肖华同志还写了一篇“向安顺场的英雄船工致敬”的文章。

安顺场渡口宽300多米，水急浪大，当地群众除有急事需赶时间外，很少从这里渡河。尤其是5、6、7、8这几个月，基本上不敢在这里渡河，特别是5月，上游高山冰雪融化，加上川西5月后进入雨季，河水猛涨，如惊龙咆哮，更没有人敢在安顺场渡河。72年前的5月14日，石达开没能渡过去，50年前的5月25日开始，花了7天7夜，中央红军渡过去了一个师和军委干部团，其余部队都没有从这里渡河，而是从300多里外的泸定桥上过的河。中央军委和主力部队都不是在安顺场过的河，原因何在？对这个问题，我想在明天的日记里再记，今天我先记述一下自己渡河的体验。

大渡河，古名（沬）江，当地一些人至今却称它为铜河。虽说它只是岷江的一条支流，但它水急浪高的气势、漩涡四伏的险恶，是我在乌江、金沙江都没有见到过的。因为“五月安顺不渡河”，自古为训，所以这时渡口也就没有渡船。当地了解到我不仅必须走原路，而且在原路有两条以上时，必须走最艰险的一条的采访规定后，昨天就为我找来了一条小船，能容七八人。听说为了我的安全，县委副书记王德福等为了找清汛期中的水路，已试渡过一次。

我了解到，当年帮助红军强渡大渡河的船工，前后有70多位，如今健在的有4位，他们是帅士高、韦崇德、龚万财、张子云。我在安顺场只见到龚万财，其他3位都不在家。龚万财今年81岁，身材高大、硬朗。老人家盛情邀请我在他家吃午饭，我们于是边吃边谈。他告诉我，当年第一船送十

▼图为红军强渡大渡河乘坐过的其中一只小船，现放在大渡河口供人参观。站在船中的是当年冒着枪林弹雨为红军划船的龚万财。（罗开富摄）

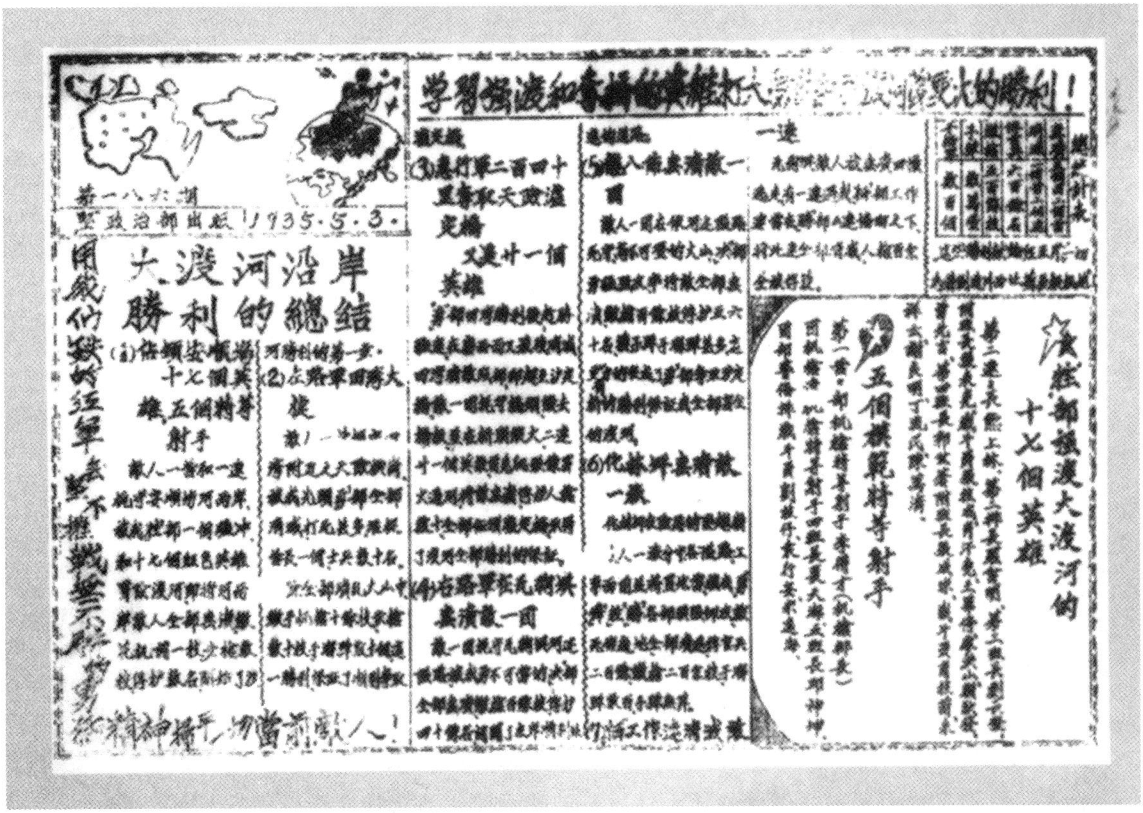
第一八六期
政治部出版 1935·5·3·
大渡河沿岸胜利的總结
强渡大渡河的十七個英雄
五個模範特等射手

▲报道红军抢渡大渡河的油印《战士》报。

七勇士渡河的是帅士高、张子云、王有刚、郑本利等人，他开的是第二船。当我赞扬老船工们的英雄行为并表示敬意时，他摆了摆手说，共产党和红军才是值得称赞的。饭后，老人家又领我到渡口看了看：这一天正是红军强渡大渡河50周年纪念日，到安顺场缅怀革命前辈英雄业绩的人约有1000多人，他们来自全国各地，大多是青年。由于烈日当空，没有遮阴歇凉之地，人们全都汗流浃背。龚万财老人颇有感触地说："到这里参观的人很多。大家如此热爱红军，向红军学习，最好能在安顺场建一座红军纪念馆，增加点必要的设施，让来的人有看的、有听的，也有休息的地方。"

今天，在当年为红军强渡大渡河撑过船的龚万财指挥下，30来岁的船工彭玉华首先登上了小船，依次是石棉县委副书记王德福、宣传部长陈兆全，紧随我跳上船的是县宣传部的文文、公安局政保科长郭生康和医生范明弟。

我是江南水乡长大的，按我家乡的规矩，船一离岸，船上人就得向送行人挥手告别。我上船后刚坐稳，就听王书记一声"开吧"，我刚想跟岸上挥手，没想到一抬头：龚老和岸上的送行人群都不见了。原来小船一下子就被急流冲向下游200多米，一直冲出二里多，彭玉华才把我们的一叶扁舟稳住，然后绕开几个大漩涡，艰难地折向河中心。等小彭花了20多分钟，好不容易把船划到河心，几个急浪一涌，又把我们的船打了回去，小船被浪打得急转了一个半圈。此时的彭玉华沉着冷静，一会儿用桨，一会儿用长竹竿，终于避开了吞没过无数大船小舟的漩涡，越过了河中心的暗礁。再看彭玉华，浪花、汗水早湿透了衣衫。在与急流漩涡近一个小时的搏斗中，只见他咬紧了牙关很少松一下，臂上、额上暴出的青筋似乎随时会胀裂。当时，大家都屏住了呼吸，没有一个说话的。谁在想什么，我不知道，我想得最多的是自己的渺小，红军的伟大，船工的英勇，当然，我也想到了万一小舟被漩涡卷进去那不堪设想的后果。

夜深了，我的脑子里还浮现着彭玉华撑着我们乘坐的小船，躲过漩涡，冲过狂流，直指对岸的惊险情景，有了亲身的体验，我才真正体会到当年红军在敌人的枪林弹雨中渡河，是何等的艰难，何等的悲壮。我还真正地体会到：如果说无畏的红军是飞渡天险的雄鹰，那么在急流恶浪里驾船的船工，就是雄鹰的翅膀了。**乘第一条船强渡大渡河的红军17位勇士永远为后人所景仰，撑第一条船的船工的英名也同样垂诸史册。**

1985年5月26日　雨

石棉县挖角乡

今天沿大渡河畔，在崇山峻岭中走了一整天，在细雨霏霏中走进了一个名字怪怪的叫挖角的村子。后来才得知，因这个村在大渡河湾的转角处，故得村名为“挖角”。这是一个白天热闹、晚上却静得出奇的乡场。

我住进了一家小旅店，安顿下来。房子还算干净，只是电灯时亮时灭。这在农村是再正常不过了，但若在城里，旅客肯定会大惊小怪，大喊大叫的。城里人真应当到这些地方来锻炼修养。

我依然感觉疲劳、乏力，好在有文文帮我誊抄新闻稿，有范明弟大夫日夜治疗，我尚能坚持住。只是单靠注射葡萄糖过日子，大家及我自己都很担心：看来是走不下去了，至少是要送医院了。但是大家都不愿说出来，怕伤了我的心。

我把写好的新闻稿交给文文后，就接着昨晚日记的内容，写今天这篇日记。

1935年5月24日夜，也是细雨纷纷，刘伯承、聂荣臻率领的红军先遣队来到离安顺场不远的马鞍山，命令红一军团一师一团连夜偷袭安顺场守敌，夺取船只，强渡大渡河。刘、聂首长向一团团长杨得志、政委黎林指出：这次渡河关系着数万红军的生命，一定要战胜一切困难，完成任务，为全军打开一条北上通道。

蒋介石为了达到“确保河防，困厄红军”、聚歼红军于大渡河南岸、使红军成为石达开第二的目的，早就命令刘文辉的部队没收南岸所有船只及可作渡河器材的一切物资，移集于北岸。

当夜，红一团一营在营长孙继先率领下，击溃安顺场的守敌。战斗结束时，已是凌晨两点多钟，二连连长熊尚林、指导员黄守义抓紧时间，立即去找船。在河岔子附近，他们突然发现水面上有一个黑点在移动，事后得知，原来是南岸守敌的一个班正乘着小船向对岸逃跑。黄守义命令机枪手向空中射击，威逼敌人返航。敌人怕死，把船划了回来，逃敌全部被俘。

按照原定计划，先头部队夺取船只后立即渡河，占领北岸渡口，但当地群众认为太危险：北岸是峭壁，又有敌人把守，加上水流湍急，河心暗礁密布，一时又找不到熟知水性的船工，强渡成功的可能性太小。于是，刘伯承推迟计划，命令天亮后强渡。

第二天，即5月25日上午9点钟，强渡开始了。在此之前，红军已找到了当地船工帅士高、简仕云、王有刚、郑本利四人负责驾船，红一团从二连选中了17名勇士，率先强渡。他们是：

二连连长熊尚林，二排排长罗会明，三班班长刘长发、副班长张克表、战斗员张桂成、肖汗尧、王华亭、廖洪山、赖秋发、曾先吉，四班班长郭世苍、副班长张成球、战斗员肖桂兰、朱祥云、谢良明、丁流民、陈万清。

17勇士在军团炮兵连3门八二迫击炮和全团十多挺重机枪掩护下，凭着决不做石达开第二、为红军北上打开通道的决心，迎着北岸敌人的枪弹，花了两个小时，终于征服了险恶，强渡成功，改写了“五月不渡紫打地”的古训（安顺场原名紫打地）。

对于大渡河的险恶，红军的英勇，书本上已经写了很多，但还是有人不太相信，曾任美国总统国家安全事务助理的布热津斯基和他的妻子穆斯卡，还有他们的儿子马克、尹恩、女儿米卡就是其中的5位。4年前，即

1981年7月，布热津斯基全家来到安顺场旅游，参观了大渡河。回去后，布氏写了一篇文章，题目为“沿着长征路线朝圣记”。布氏在文章中写道：

“在我们走近大渡河时，曾经一度怀疑它是否真的像长征战士在回忆录中描述的那样水流湍急，险象环生；及至亲眼目击，才知并非言过其实。这条河水深莫测，奔腾不驯，加上汹涌翻腾的漩涡，时时显露出河底参差狰狞的礁石，令人触目惊心，不寒而栗；有几处，河水还以异常的速度倒流回环。我们一行之中谁也没有见过这种水流现象。时而回流，时而顺流，时而侧流……似乎和地球的引力场不生关系。原来大渡河自有他自己的生活规律!”**通过对包括安顺场在内的长征路线的参观访问，布热津斯基得出了这样的结论：“对崭露头角的新中国而言，长征的意义绝不只是一部无可匹敌的英雄主义的史诗，它的意义要深刻得多。它是国家统一精神的提示，也是克服落后东西的必要因素。”看来，布热津斯基最后还是愿意承认这段在古今中外战争史上都属罕见的史实的。**

1985年5月27日　小雨

泸定县德妥乡

今天仍是细雨纷纷。走了80多里，进入泸定县的德妥乡。这意味着：我将要和石棉县的同志分别了。

夜深时刻，当文文把为我誊抄好的电稿交给我核对时，我们都依依不舍，却又相对无语，只是默默地望着对方点头。王德福等人在我的记录本上签字时，眼里都闪着泪花。这种感情只有经历了，才知道它的分量。前些天我已得知，我的肝病复发了，他们都在担心我是否能撑得下去。大家心里都很沉重：这一别以后还能不能再相见？

16年前即1969年9月，我去内蒙古自治区执行公务，从巴彦高勒起程，穿越乌兰布和大沙漠，直到狼山、阴山一带，中途曾三天三夜没有合眼。由于寒风飞雪的扑打及过度疲劳，我发起了高烧，9天后到了北京，被诊断为黄疸性肝炎。后来连续住了3个月医院，输了80多天液才出院。此时我想起了这段病史，心焦如焚。县委副书记王德福，县委常委、宣传部长陈兆全在我留言本上写到：“假如能够自由选择，我们将跟随您徒步长征，可惜纪律不允许。”这句留言由一个人写，两人签名，表示心愿相同。写完后，王德福说：

"跟着你好照顾你，不然新接手的同志怎知道你这么累，这么熬夜啊！"

情领了，心震了！听着他们的再三嘱咐，看着医生给我的一大堆备用药，我在想：真的走不下去了？前半生的颠沛流离使我深知：追求的事业半途而废，这是人生最痛苦的事情。想到这里，我的眼泪，掉落在手背。

清晨，雨停了。听着咆哮的大渡河水，我的心仍平静不下来，我想起50年前，**毛泽东和蒋介石似乎都以"石达开的命运"作赌注，蒋要毛成为"石达开第二"，毛说我姓"毛"不姓"石"，绝不会当"石达开第二"。最后，毛泽东的誓言实现了。毛泽东靠的是什么？说白了，靠的是拼劲和韧劲。**想到这里，我似乎从伟人身上汲取了力量，精神猛地一振。想到明天的行程，身体又很糟糕，只好吹灯停笔。

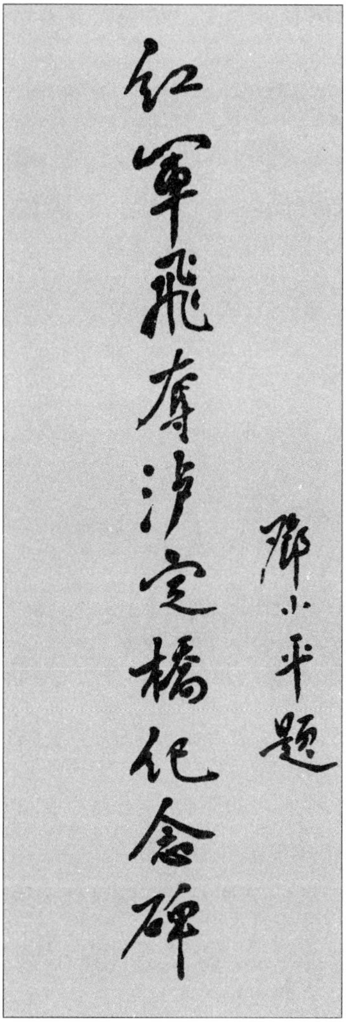

▲邓小平为"泸定桥纪念碑"的题词。

1985年5月28日　晴

泸定县城

今天上吐下泻，病情加重，从早上7点钟走到夜晚9点半，才走了110多里路。尽管走得慢，但毕竟走到了泸定桥。

我是从桥西上的桥，桥下激流滚滚，使人发晕。刚走到桥东，等候的人群中走出一位老人，迎上前来。我一看，竟是赵阿姨——赵志珍，杨成武上将的夫人。我们都很激动。我从她那里得知，杨成武和5位老红军在5月26日已经到了泸定城，他们是来参加纪念红军飞夺泸定桥50周年活动的。我报总编辑安岗也来了。赵阿姨说：“成武一到泸定，就问你什么时候到，今天下午还和安岗到桥头来等你呢。”

听了赵阿姨的一番话，我激动得不知说什么好，心里在想：红军，这就是我们的老红军。当年杨成武政委和王开湘团长率二十二勇士，冒着敌

▲泸定桥。

人的枪林弹雨飞夺泸定桥，如今身居全国政协副主席的高位，还在百忙中关心着一位普通记者：无论做人做官，做到这个水平，不容易啊。

我今天一天粒米未进，只吃了半个生番茄，靠泸定县人民医院张廷云医生边走边注射葡萄糖维持体力。路上不知休息了多少次。全身发软，有时只好靠向导扶着走，但还是摔了几跤，膝盖上、右臂弯处和左手背都受了伤。

67岁的安总得知我已到了泸定桥，不顾天黑，就立即赶来找我。进了泸定宾馆，就听说杨成武将军要来看我，我哪里受得起，同安岗赶紧去了将军的下榻处。

一见面，杨成武将军就握着我的手说：“开富同志，不容易啊。”我感谢他的关心，感谢他在桥头等我，感谢他在我最缺史料的时候，设法把他

写的《忆长征》一书送到我的手中。他对安岗说："我们走到这里时，已减员一半多；开富一个人走到这里，还是一个完整的，也不容易啊。"杨将军又转过头来对我说："每天写的报道，我都看了，很好，既报喜也报忧，写红军打仗的艰苦，也写红军夺关斩将的欢乐，最重要的是，到现在还没有一个人把红军当年走过的原路真正走通，开富，你走通了，也是英雄啊。"安岗说："前面还有雪山、草地，开富，不要辜负老红军和国内外读者的期望，继续下去，坚持走通。"

这时，**杨将军沉思了一下，忽然说："噢，红军过的雪山很多，主要有5座，其中的3座，我们翻越的高度至今还搞不清，这次，开富要去量一下。还有，草地中心的无人区可险恶哪，红军走过后，至今还没有听说国内或国外有哪个人敢于穿越过，海拔好像和拉萨一样高，气候却恶劣得多，也丈量一下。"安岗把目光移向了我，我坚定地点了点头。**

也许他们这时才觉察到了我没怎么说话，神情不对，就让我移到挂着的灯泡前来坐。我刚站起来，人就打了个晃，将军和安总几乎同时过来扶住了我。这时，安总深情地抚摸着我因受伤、包扎着纱布的左手，将军捏着我的右胳膊对安岗说："瘦得像稻草人，这可不行，让他赶快休息、治疗要紧。"安岗说："我已到长征路上的宁远、遵义看望过开富，发现他一次比一次瘦。也商量过换人，开富说，能坚持。今天我见到他时，就觉得人走了形，我看先住院再说。"他俩见我不说话，安总就问我："你有什么想法就说吧。"

我说什么呢？**这时我也知道自己走不动了，肝炎复发的后果自己也清楚，但想到自己曾立下的誓言，想到报纸上已发表的十多位元帅、将军和邓颖超、康克清、蔡畅等十多位女红军对我走通和报道长征路的殷切期望；想到全国许多读者写给我的信、电上所表达的真诚鼓励，我早已下定了决心：只要没有完全倒下，就不能半途而废，决不在站着的时候停步！如果真的倒下了，也要请人把我的骨灰送到陕北！想到这里，我鼓着勇气对两位首长恳求道："让我再坚持几天，实在不行了，再换人，如果接替我的人能背着我的骨灰走进陕北，也证明了中国记者的一份骨气啊！"两位老人听罢，眼里闪着泪花，我也满眶泪水。**

刚才经大夫输了3个多小时液，现在觉着舒服多了。我写到这里，又落泪了。我告诫自己，向红军学习，要坚强，要挺住。

1985年5月29日 晴

泸定县城

“二十二位战友，二十二位勇士，你们都在哪里？”今天下午4点多钟，杨成武站在泸定桥上，手扶着冰凉的铁链，远望着大渡河奔腾向前的狂流，像是在呼唤战友的英灵。我站在他身旁，感受着他的激动。他对我说：“开富，要知道，他们是多好的同志，为了我们今天的胜利，50年前的今天，也是这个时刻，他们抢夺了泸定桥，可是其中好多勇士连姓和名都没有留下啊！”

1935年5月29日下午4时，红军用鲜血和生命写下了抢夺泸定桥的史诗。受命飞夺泸定桥的是红一军团第四团，团长王开湘，政委杨成武。22位勇士中的21位是从二连选调的，大多是共产党员，还有的是入党积极分子，另一人是三连的党支部书记刘金山。

今天，我一直昏昏沉睡，医生们到底给我输了多少液，打了多少针，喂了多少药，我都不清楚，直到下午3点多钟，我才睁开眼睛。这时，宾馆服务员陈洪兰给我送来了洗净的几件衣服，我从她口里才知道：早上我睡过去

▲当年红军二十二勇士飞夺泸定桥两岸新貌。（李应权摄）

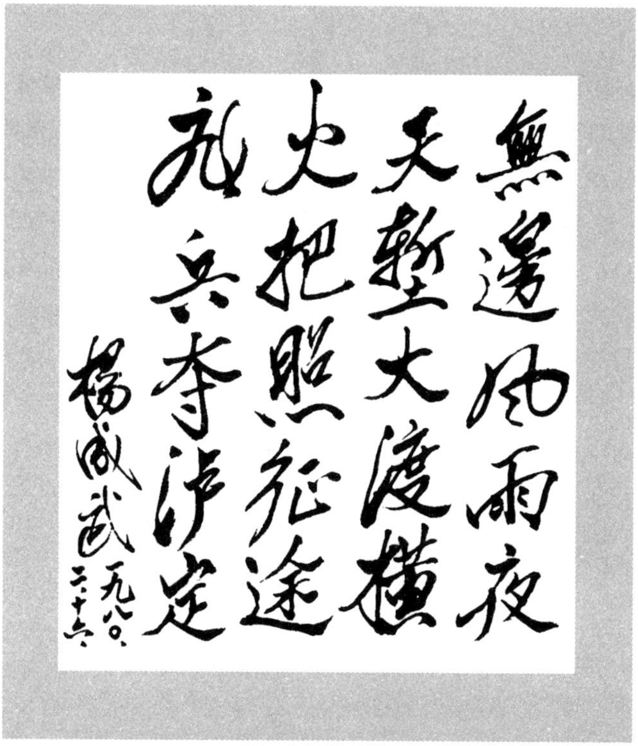

◀杨成武将军为纪念飞夺泸定桥的题词。

后，医生们一直在我身边忙。她还说：“刚才几位首长先后来看你，都嘱咐不要叫醒你，还要我们随时报告你的病情。”我问她首长还说了什么，小陈想了一会儿说：“走时好像在商量，说4点钟到桥上去，就不要叫醒你了。”

我现在不是醒了么？我请小陈赶快把我的拐棍拿过来，径直去找李江天。

李江天是我报驻四川记者站的记者，在我渡过金沙江时，已来看望过我一次，帮了很多忙。这次陪安总来，又给了我很大帮助，今天早上我发的新闻稿，就是他帮助改好又誊好的，给我增加了两个多小时的睡眠时间。

大渡河发源于四川和青海交界的古洛山，全长1100多公里，全河落差3600多米，水流十分湍急，渡河犹如登天。1706年5月15日（清康熙四十五年），泸定桥建成。由于水势太急，无法立桥墩，这座桥竟悬在十多丈高的空中，气势磅礴：桥体是用13根铁索从东岸拉到西岸，分别固定在两根铁桩上的，据介绍，每根铁索长101.67米，碗口般粗。以4根作为两面扶手，9根间隔30多厘米，作为底链，上铺木板作桥面。桥板长3米多，宽约10厘米。也许是为了减轻桥的重量和风阻，桥板都是间隔相铺，踩在桥面上，好像踩在小船上，下脚稍重一点，整个桥都晃动起来。

此时，我就在桥的晃动中，听杨将军讲述半个世纪前的英雄故事：

中央红军先头部队在安顺场强渡大渡河成功后，又在下游缴获了一只小船，先后找到了几十名船工，人休息船不休息，日夜抢渡。但因船太少，用了七天七夜也只渡过去一个师和一个干部团。照此速度，中央红军全部渡完，需要一个多月。而此时蒋介石正调川军和中央军向安顺场围追而来。在这十万火急的形势下，毛泽东果断做出决定：渡过去的和正在渡的红一师和干部团沿大渡河右岸向泸定桥前进，没有渡过去的部队由红一军团第二师第四团为先遣队，在左岸奔袭夺取泸定桥。红四团在杨成武、王开湘率领下，于5月27日从安顺场出发，在“和敌人抢时间，和敌人赛跑，坚决完成任务，拿下泸定桥”的口号下，不顾饥饿和疲劳，冒着倾盆大雨，沿着羊肠小道，翻山越岭，边走边打，以两昼夜走了320多里的速度，于29日晨抢占了泸定桥的西桥头。

东桥头紧靠着泸定城。杨成武告诉我：红四团赶到西桥头时，敌人已把桥板全部抽走了，只剩下寒光闪闪的13根铁链子；在对岸东桥头的桥楼

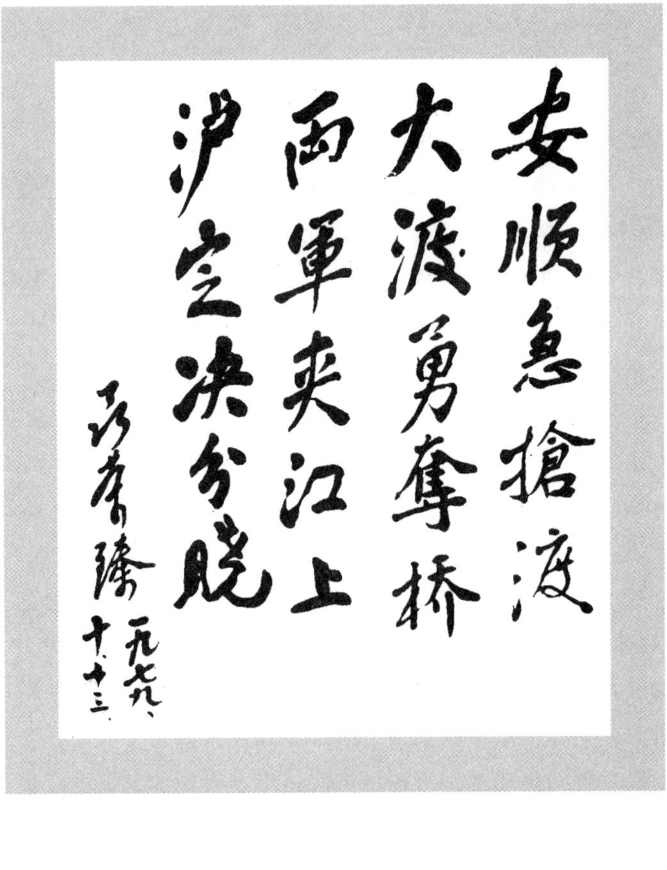

◀聂荣臻为纪念飞夺泸定桥的题词。

上，敌人垒起沙袋，搭成了桥头堡，射孔里露出机枪口，面对这一巨大困难，全团各连争相请战。当天下午4点钟，总攻开始。我方所有轻重武器一齐向对岸开火，二十二勇士在二连连长廖大珠率领下，都手握冲锋枪、背插马刀、腰缠手榴弹，踩着铁索，如飞箭离弦般迎着敌人的子弹，向对岸冲去。敌人本想负隅顽抗，但由于我军组成的密集火力很快变成了火龙，把敌人的枪眼给吞掉了，再加上我突击队迎着枪弹，越冲越勇，三位突击队员先后牺牲，其余的战士毫不畏缩，在铁索上前进得更快，竟把敌人吓呆了，一个个像丢了魂一样，纷纷爬出工事向后跑，突击队乘势而上，猛扔一阵手榴弹，占领了东岸桥头堡。

行军打仗，战事频繁，当年谁也没顾上记录下勇士们的名字。几十年过去了，这二十二勇士的姓名，更是难以查考，目前能确认的只有3位：廖大珠为了解放西北，血染黄土高原；刘梓华生于江西安源市梓木村，后来为了解放平津，长眠在天津城下；刘金山等20人先后都为革命牺牲，其中19人至今还未查清他们的名和姓。**杨成武说：“我们活下来的人，是在享受着革命先烈用生命换得的幸福，我们一定要珍惜啊！”**

1985年5月30日　晴

泸定县城

世界上有很多巧合，或许有的巧合仅仅只是巧合，有的巧合则值得思考。

1935年5月12日，毛泽东在会理提出：中央红军下一步行动计划是北上，过大渡河，与红四方面军会合。

也就在这一天，蒋介石飞抵昆明，龙云献计，蒋介石决定依计而行，制定了像清军在大渡河边消灭石达开一样消灭红军的“聚歼计划”。

1863年5月14日，石达开率领约3万太平军抵达安顺场。

1935年5月24日，毛泽东率领约3万红军也抵达安顺场。

蒋介石说：“大渡河是太平天国石达开覆灭之地，今‘共军’入此汉彝杂处、一线中通、江河阻隔、地形险峻、给养困难的绝地，必走石军覆辙，希各军师长鼓励所部建立‘殊勋’。”

毛泽东通晓古今：在到安顺场前，总政代主任李富春会见了当地一个穷秀才。此翁已届九十高龄，曾目睹过石达开在这里的悲剧，很为红军担

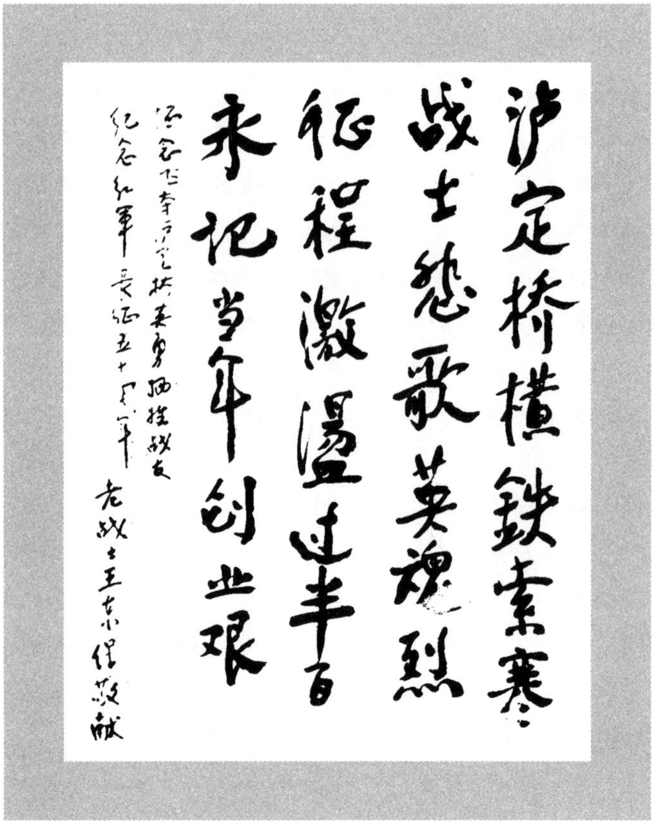

◀老红军王东保为纪念飞夺泸定桥的题词。

心，并指碑为证。许多红军围着看，古文简句，不甚明了。**毛泽东看到后，指着碑文说：“这块石碑是为纪念太平天国翼王石达开在这里全军覆灭而立的。”接着，他向大家讲述了石达开在安顺场被围失败的事，并说：“我毛泽东不是石达开，石达开没有走通的路，我们红军一定能走通。”**

石达开没有走通：1863年5月14日黎明，石达开率部进抵大渡河南岸的紫打地。紫打地是个地名，类似今天农贸市场所在地，当时很有名气，可是我走到这里时，已寻找不到了。老人们告诉我，1902年秋，紫打地的场地被洪水冲毁，当地人遂在它的北面二里远的河滩上建起了安顺场，代替紫打地继续作为农贸集市。据传，石达开坐失良机，几乎全军覆没。1863年6月25日，年仅32岁的石达开死于清王朝屠刀之下。

蒋介石决心不让红军走通：他乘飞机亲自视察阵地，亲自布防南北各军，围追堵截。蒋的部署是，大渡河南：令刘文辉的二十四军大部统归薛岳指挥，堵截红军北上；大渡河北：令四川军阀刘湘、杨森率川军约两个军，火速赶至大渡河北岸防堵。布置停当后，蒋介石以为“万无一失”、

"固若金汤"，对部将夸口：红军必当"石达开第二"。

毛泽东、朱德、周恩来等率红军走通了：红军从会理出发到大渡河，有两条路可走，都是千里行程，但路况一好一坏。第一条路好走：经西昌、越西到大树堡渡河，对岸的富林是通雅安的大道；第二条路是几乎无法行走的险峻山路，特别是必须通过彝族区。其路线是经西昌、冕宁、大桥、拖乌到安顺场渡河。

蒋介石断定毛泽东不可能走第二条路，可毛泽东却偏偏选择了这条路。

蒋介石把围追堵截的重兵摆在了第一条路上，即从冕宁去大树堡与富林间的渡口。

毛泽东为了不使蒋介石失望，5月20日请朱德下令：由左权、刘亚楼率领红一军团二师第五团、二师侦察连和军团便衣侦察队等部队走第一条路，

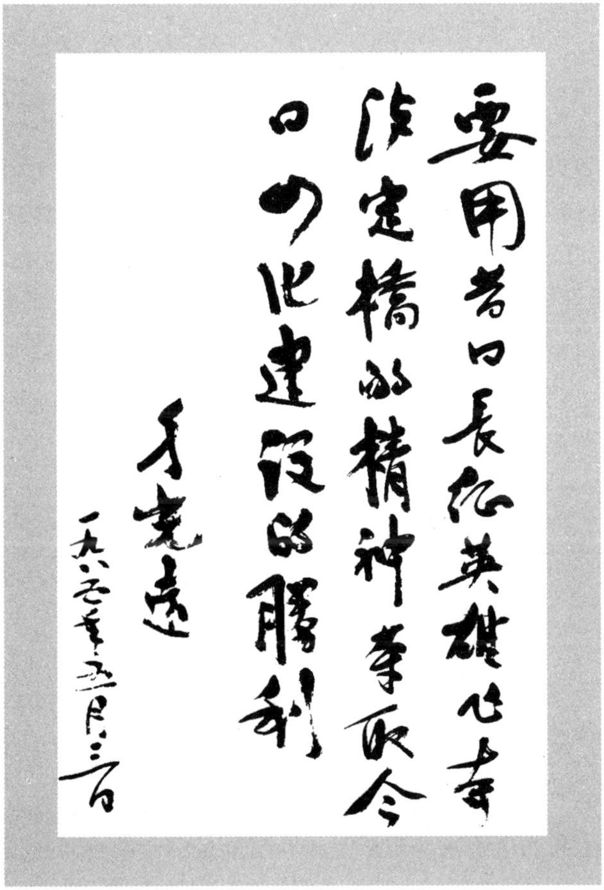

▶著名经济学家于光远为纪念飞夺泸定桥的题词。

向大树堡前进。部队边走边打，终于抢占了大树堡渡口后，立即开展了声势颇大的佯渡活动；紧接着红三军团第十一团赶来换防，让红军第五团去泸定，他们则留下来继续造声势佯渡。此时的蒋介石为自己的“胜算”得意无比，只担心围歼红军的兵力不够。

实际上蒋介石被毛泽东麻痹了：红军一个团接一个团地开往大树堡，为的是把敌重兵调动过去，为我红一团在安顺场强渡、红四团飞夺泸定桥作掩护。等蒋介石发现毛泽东用的是《孙子兵法》中的声东击西之法时，一切都来不及了。

石达开没有走通的路，红军就这样走通了。事实再次证明：毛泽东和他的战友们比蒋介石棋高一着，中国共产党领导的红军，有着敌人根本不能相比的政治素质和以劣胜优、机动灵活的战术素质。

1985 年 5 月 31 日　晴

泸定县城

今天凌晨放下笔后，不知怎的又昏睡不醒，直到上午10时才勉强支撑着起了床。我从所带的资料堆里找到一本书，是1983年10月战士出版社出的，书名叫《“战略骑兵”的足迹》，作者是红九军团的林伟。他1935年6月2日的日记开头第一段是这样写的：“今天，我军团仍在泸定休息，进行清洁工作，洗涤衣被。这里原为四川省，因为军阀割据，刘湘与刘文辉、杨森争地盘，现在已把雅安、天全、芦山、荥经以西地区划入西康省辖内，由刘、杨两军驻防。”

林伟在6月4日的日记里写道：

> “今天下午1时许，果然由康定（打箭炉）东进前来泸定之敌刘文辉之第六混合旅两团约6000人，进到河西岸就占领了西北阵地（即我攻击泸定时的炮阵地），向我城内炮击。我七团也在河沿展开了反击战，双方战斗激烈，我们一直支持到黄昏时分，才开始向天全撤退。”

既然红军50年前的这些天还在泸定，我也不必急着赶路。我打算趁此机会到泸定桥南去看看当年中央领导活动过的磨西村，还想去康定等地看看1936年7月初红二、四方面军会师的地方。今天我不想走了，不仅是因为只有半天时间，还得输液，主要是想“充电”：针对一些弄不清的问题，找一些资料，访问当年的见证人，及时整理和学习。杨成武将军和安总离开泸定后，我又想起了一些问题：比如说，中央红军突围后何时称长征？还有个问题是听当地一些人说，**石达开的兵丁在安顺场渡过了一万人，要是来泸定桥就好了。这究竟是怎么回事？**

俗话说，书到用时方恨少。我从瑞金出发时带了一些资料，但内容大同小异，好在沿途各县，甚至有些区都有党史办或史志办，他们通过几十年的辛勤收集、核实工作，都积累了不少资料。许多县图书馆在“文革”中遭到破坏，这些年通过拨乱反正，许多书籍又丰富起来了。当我从泸定县图书馆、党史资料室出来时，基本弄清了中央红军的突围转移后何时称“长征”的时间。

由于“左”倾路线造成的恶果，红军在第五次反“围剿”中失利，不得不进行战略转移。中央红军出发前的提法是叫“突围”，也没有说走到哪里去，只是提出“正确的反对敌人的战斗与彻底粉碎敌人五次‘围剿’，必须使红军主力突破敌人的封锁，深入敌人的后面去进攻敌人。”

1934年10月16日，中央红军渡过于都河，突破敌人四道封锁线，于1935年1月到达遵义。在遵义召开的中央政治局扩大会议上，仍然把中央红军的战略转移称为“突围行动”、“突围战役”。**遵义会议之后，陈云在传达遵义会议的提纲中，第一次把中央红军的战略转移称为“西征”，但还没有称为“长征”。**

第一次把中央红军的突围转移称为“长征”的是在甘肃迭部县的俄界。那时党中央率领的中央红军一、三军团刚走出草地，为了克服和纠正张国焘的右倾分裂主义，中共中央在俄界召开了政治局扩大会议。会上做出了《关于张国焘同志的错误的决定》。在这个决定中，第一次提到“突围后的二万余里的长征”。

明确提出“二万五千里长征”这一概念的是毛泽东。**1935年10月19日，中央红军胜利到达陕北吴起镇。11月5日，毛泽东到达象鼻子湾，在向部队发表讲话中，第一次提到：从江西瑞金算起，我们每人开动两只脚，走了二万五千里。**

至于石达开的兵丁是过了大渡河还是没有过，今天算是搞清了来由，却仍搞不明白事实。

当地人说石达开的一部分兵丁在安顺场过了大渡河也不是没有出处，主要根据是薛福成的《庸庵文续编》里的“书剧寇石达开就擒事”中讲到石达开的队伍，本已从安顺场渡过河一万人，天晚了，后续部队不能再渡。石达开用兵一贯谨慎，怕兵力分隔在河的两岸不大好，就命渡过河的一万人重渡转来。不知薛福成用的史料从何而来，也不知他到过安顺场没有，从我见到的安顺场狭小的河滩地，还有经历过渡河艰险的体会来看，这一万人一夜就渡转回来的可能性是绝不会有的。

今夜我又记石达开之事，是因为想到了一个原因和一个问题。石达开是太平天国名将，是洪秀全左膀右臂。1857年5月，由于“天京事变”后洪秀全有了疑忌，石达开一气之下带了六七万精兵去了西南。**我沿红军足迹行军中，从湖南开始经贵州、云南，直到四川石棉县的安顺场，在沿途不少地方，都有一些老人向我谈到石达开的队伍也经过当地，看来走的有些道路是重合的。**这早就引起了我的兴趣。到了安顺场渡口，凡有人向我介绍红军英雄事迹时，也大都提到石达开在当地全军覆没的事。所以我觉得有必要就“庸庵文续编”中所载石达开的事谈点自己的看法。

由此，我想到了一个问题：石达开的事只过去一百多年，记述的各种书籍和史料不少，至今有些事就经不起推敲了。这也给我提出了一个严肃的问题，凡值得记载的事必须实事求是，弄不懂弄不清就多请教，实在一时拿不准的只好存疑或提出自己的看法。

►1985年5月29日，作者不顾重病，连走3天，3天没吃东西。走到泸定桥的时候，体重就剩下98斤，在招待所里，是陈洪兰（右一）撬开牙齿一口水、一口水，把他喂醒的。并将他所有的臭衣、臭鞋刷洗干净。

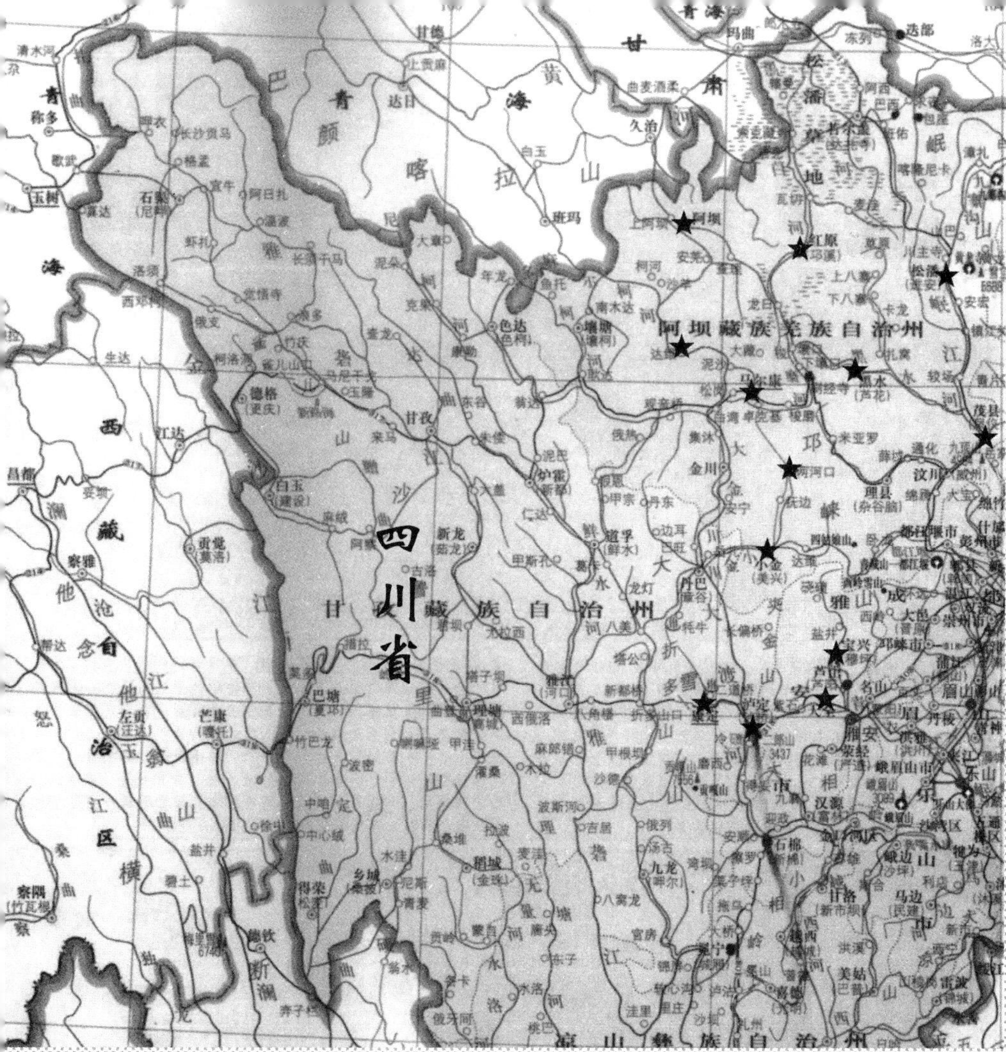

川西北

（雪山）

1985 年 6 月 1 日~1985 年 8 月 8 日

泸定县　康定县　泸定县　天全县　芦山县　宝兴县

小金县　马尔康县　阿坝州　马尔康县　红原县

阿坝州　黑水县　松潘县　茂县　黑水县　松潘县毛儿盖

夹金山海拔 5240 米，当年红军翻越的垭口 4114 米

梦笔山海拔 4500 米

长板山（亚克夏山）海拔 4800 米，当年红军翻越的垭口 4400 米

仓德山海拔 4899 米，红军当年翻越的垭口 4140 米

打鼓山海拔 5000 多米，红军当年翻越的垭口 4395 米

1985年6月1日　阴

泸定县磨西村

贡嘎山海拔7556米，人称蜀山之王，也称天府第一峰。据介绍，中央红军从安顺场渡口奔袭泸定桥时，曾沿大渡河畔从贡嘎山东麓通过。山麓有个磨西村，中央领导在这里曾研究过了泸定桥的行军方向，那天走过时，我病得很重，没有顾上看。

今天，我也来到贡嘎山麓的磨西，它是个集镇，也是区委所在地。

到了磨西，看到毛泽东、朱德等当年的住室：这里很少有人来，原貌原物保存完好，倍感亲切。

泸定人民以红军飞夺泸定桥而骄傲，也以拥有天府第一峰而自豪。县委宣传部副部长朱世福和彝族向导乌绕带着我，沿毛泽东当年走过的路走了一段，就带着我折向主峰方向前进。我们走了两个小时，抵达当年红军翻越的桂花坪。这里山势险峻，浮云游动，村寨时隐时现。在海螺沟口，更有泉水倾泻而下，秀美神奇。据朱世福同志介绍，海螺沟因上游有块岩石酷似海螺而得名。这里的风景很特别，随地势的高低而变化：以植物为例，沟底是亚热带常绿阔叶林带，随着海拔增高，逐渐变为暖温带针叶和阔叶混交林带、寒温带阴暗针叶林带、亚寒带灌丛草甸带、寒带草甸带。**这种变化，使人们在一条沟里，就能领略到北国至南疆的不同风光。**顺海螺沟往前走，就是与终年积雪的银峰相连的冰川。这种冰川晶莹透明，共有71条，冰层厚度有的达200米左右，形象变幻万千。天空有浮云飘来荡去，加上冰川涌泉和热气蒸腾的温泉，极为瑰丽，令人目不暇接，惊叹不已。

贡嘎山，藏语的意思是圣洁的山。由于这里不通公路，自然面貌保护得较好。**有关部门经过考察，认为这里是世界上少有的尚未开发的高山旅游区之一：可以建冰川公园、温泉疗养公园，也可以建原始森林公园。这**

里还被称为高山植物和药材的王国，仅高山植物就有2500多种。野生动物品种也很多：1981年，日本登山队曾在这里采集到云南斑纹蝶。这种蝴蝶系古老类型的稀世珍品，其中的雄蝶在世界上尚属首次发现。

从县城到磨西已通公路，从磨西到海螺沟口约20公里的小路，也正计划改建为公路。县长贾洪轩对我说，他们对开发海螺沟和贡嘎山风景区的信心很大，现在的问题是如何开发才有利。他希望旅游部门的同志来此观光指导。

这里今后成为旅游热点肯定不成问题，今晚，我向报社发了“天府第一峰——贡嘎山”的新闻稿，想为当地旅游业开发助一臂之力。

1985年6月2日　阴
泸定县城

罗开富老师：

二万五千里的长征是不易的，你历经7个多月，徒步一万六千多里，于5月27日进入泸定。在未见到你和接触你之前，我是绝对不会相信，见到了你，怎么说呢？我总觉得一见如故。不知道以后会是怎样的，我将会在报纸上看到你的行踪。10月19日我会发报祝贺你（请当地政府转）。

我的确不相信，二万五在我的心中是神秘的，还要加上十多个月时间的伏案写稿，不是我亲眼见到，我绝对不会相信。现在事实和你就在我的面前，我百分之百的信服。你的精神将鼓舞着我，你的毅力和决心将陪伴着我在工作上更加发愤和努力。

通过你的介绍，听到沿途的群众对你的支持，我又看到了一种新的社会风貌，就连泸定安乐坝的一个普通农民陈兴王君听说了你的事迹后，都赠你一小袋本地产的花生表达她的心意，这袋花生寄托着无限的支持和希望。

谢谢你罗老师，你的行动对我的教育胜过十年寒窗。

愿苍天保佑我们在10月20日的报纸上见。

曾诚

1985年6月2日泸定宾馆

地址：泸定县农业银行

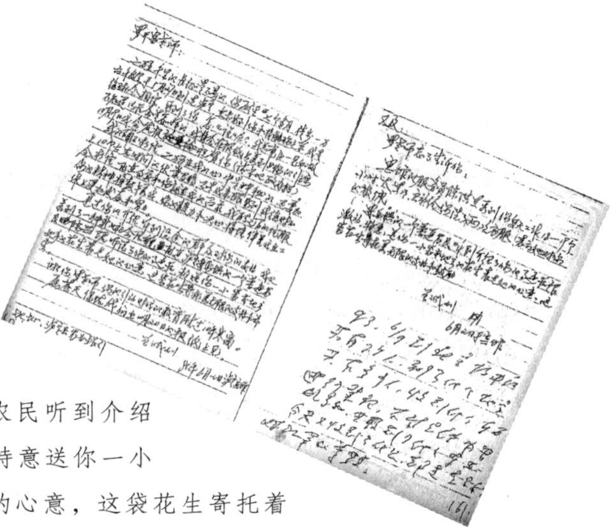

又及：

罗老师，忘了告诉你：

宾馆的服务员陈洪兰看到你每天工作18至19个小时，太累了，主动给你洗了两次衣服，表示她对你的敬佩。

安乐坝的一个普通农民听到介绍了你的事迹后很激动，特意送你一小袋本地产的花生表达她的心意，这袋花生寄托着无限的支持和鼓励。

曾诚

6月2日于宾馆

泸定人民把对红军的情感倾注到了我的身上，处处为我着想，千方百计让我能多休息几分钟，曾诚就是其中的一位。自我进了泸定后，他每天凌晨都帮我誊抄新闻稿，并送到邮局发出，至少为我增加了两小时睡眠时间。

这些天，他说我“已不像要死的样子了，但要多休息，才能更快地增加生气”，刚才趁我睡过去的时刻里，他写了上边那段很像书信的话，说是为我写的日记。我说我做的没有他写的那么好，他说：“其他都别说，先活下来，才能走下去，走到了陕北，我们再叙。”

1985年6月3日　晴

康定县姑咱镇

真是难为了医生，我走，他们也跟着走。靠他们全天候的治疗，又增加了睡眠，人感到舒服多了。我今天到了康定县姑咱镇。康定和泸定都属甘孜藏族自治州，是1936年7月红二、四两个方面军会师的地方。姑咱镇离康定城只有20里。

提起康定，自然会想起那首著名的“康定情歌”，歌的词曲都很美，不少人因此都想去康定感受一下风光和风情。今天我到了康定的郊外，觉得风光和风情比唱的更美，简直有点醉人。但话又说回来，这里山高林大、人烟稀少、交通不便，城里人靠跑马溜溜、旅行一下、唱唱跳跳，的确好玩，但长期坚持在这里献青春、作贡献的城里人，听到得不多。当我了解到，成都中医学校体育教师黄良发扬红军艰苦奋斗的精神，不留恋城市，甘愿到姑咱镇扎根的事迹时，我就来了兴趣，决定采访这位田径、游泳、射击的国家一级裁判。

黄良是上海人，1954年在西南体育学院毕业后，被分配到原西康省体委工作，1975年又调到成都中医学校当教师。去年8月，他到甘孜州开会，听州委副书记陈开华在会上说，全州经济基础薄弱、文化落后、人才奇缺，欢迎各地有识之士来甘孜州支援建设。黄良听了很受感动，回到成都，就向领导表示，愿意来甘孜州工作。当时，姑咱卫校正缺体育教师，于是黄良毫不犹豫地来到了姑咱。

黄良操着浓重的上海口音对我说："我来甘孜州工作，只是件很平常的事，几十年来，许多内地知识分子响应党的号召，来甘孜州勤勤恳恳地工作，比起他们，我差远了。"

黄良在成都有一个温暖舒适的家庭，妻子和两个孩子都有工作；他本人在中医学校也一直受到校领导的信任，工作很顺利。他主动要求调动工作，许多人包括他的好朋友都不理解，并加以劝阻。他说，邓小平等中央领导同志一直关心着边远和民族地区的经济文化建设，甘孜是个贫困地区，更需要发展经济和文化事业，迅速赶上先进地区。我虽然水平不高，但人民需要我，我感到有责任来这里参加建设。他还说，我们今天的生活比过

▶康定吊桥。（罗开富摄）

去好多了，想想当年红军付出的牺牲，感到自己更应当这样做。

临别时，他告诉我，他准备动员妻子也到姑咱来，共同为建设边远山区做出贡献。

我觉得黄良比我强：我走长征路，再苦再累也只走一年零三天，而他是在远离大城市、又不在县城的一个小集镇上长期工作和生活，没有高尚的思想和境界，是难于做到这一点的。

1985年6月4日　小雨

泸定二郎山林场

“二呀么二郎山，高哟么高万丈……”这首激越昂扬的颂歌，我从小就会唱，唱了那么多年，今天真的爬上了二郎山。离山顶还有600米，因向导说雨天寒冷，山顶找不到干燥地方，大家就决定在这里夜宿。向导说，当年红九军团于今天离开泸定，向天全进军，5日凌晨，就是在这一带林子里宿营的。

我们的宿营地是县里办的小林场，条件很差，房子四面漏风。我觉得还算幸运，虽然空气有点稀薄，头发胀，到处是潮乎乎、冷嗖嗖的，但总算有了间可遮雨点蜡烛的木板房。

我是昨天下午离开康定姑咱镇的，夜晚回到泸定，今天一早开始爬二郎山。医生、向导包括我自己都担心我的身体支持不住，影响行程，所以

红军侦察兵经过的四川二郎山，现已建起了林场。（罗开富摄）

我们比红九军团半个世纪同一天出发时间提前了一点出发。结果我的表现还可以，连多日来几乎寸步不离为我治病的县人民医院张廷云医生都感到惊奇。半夜过后，大家来看我的时候，张医生说："看来罗记者是托了红军的福。"这话得到大家一致赞同，陪我上山的县委副书记袁洪东说："张医生讲得好，水平比二郎山高。"说得大家都笑了起来。由于笑声太大，小屋外突然响起了一串急促的奔跑声。往外一看，天很黑，什么也看不见，大家有点紧张。这时，一个人却不慌不忙地在木板房的角落里说话了："是野兽，被你们的一阵大笑吓着了。"说话的是常年在山上爬上颠下的二郎山邮政线务巡视员卿召文。大家埋怨他为什么不早说。

写到这里，张医生又来给我打针了。打完针后，他说："肝炎这种病，主要靠休息和营养，二郎山有3400多米高，明天要翻山，你的病刚有点好转，可不能大意。"说完坚持要吹我的蜡烛，我只好记到这里。

1985年6月5日　小雨

天全县两路口

半个世纪前的今天，红九军团翻过二郎山脉的马鞍山，进入天全县的两路口。今天我踏着红军的足迹，翻过海拔3437米的二郎山山顶，冒着细雨也走到了两路口。这里是新沟乡所在地，是个乡场，很热闹，夜晚，摊点和商店里的买卖仍很兴旺。我不觉感慨良多：同顶着一个天，此处和彼处何以大不相同。

二郎山属邛崃雪山区，当年歌词里唱的"枯树荒草遍山野，巨石满山岗；羊肠小道难行走，康藏交通被它挡"的景象早已成为历史。我是从西坡上山的，今日已下到东坡的山脚。走了两天，见到的都是成片的绿色树木：除悬崖绝壁上还有裸露的巨石，大山几乎被绿色所覆盖。

不过，我却发现东坡西坡绿得不一样：二郎山西坡属泸定，东坡属天全，顶着同一片蓝天，气候却不一样。原因是二郎山和红军翻越的第一座大雪山夹金山都属邛崃山系，它们是四川盆地和青藏高原的天然地理分界线。由于太平洋湿润空气被二郎山这道天然屏障所阻滞，造成西坡干燥少雨、东坡湿润多雨。当地人都认为当年歌词写的是西坡上的景象，能成为此说佐证的还有两点：

一是，在西坡，我见到了埋在山上的不少锅灶遗迹，连山顶上都有。有的锅灶“遗址”上虽然长了树、草，或积了水，但依然可以看到当年大锅烧饭留下的黑圈。锅灶遗迹如此之多，可见当年在山上吃饭的人很多。这么多人到山上来干什么？植树造林。而在东坡，就没有见到这种景象；二是，西山坡上，横直铺着一些引水沟，其作用不言自明：光种不管，等于瞎种，种了无水，颗粒无收。因东坡有溪流，就没有见到引水沟。

我由此想到，贫困地区之所以贫困，确实有历史遗留的原因，绝不能简单用不进取或人懒来评价当地人。有些地方懒人确实多一些，也应该调查了解一下：为什么懒人多？据我一路上的观察，这些地方大多自然条件差，多种也多收不了多少，收多了也由于交通闭塞卖不掉……“就这样了！”这是国人的一句口头禅，表达了无奈、无助又不甘心的心情，很值得我们去深思。

本篇日记开头，我说二郎山东坡西坡绿得不一样，这种景象只有留心和深入才能看得到：泸定人不甘落后，埋锅烧饭，开渠引水，一代人又一代人上山植树，把西坡也变成了林海。可总体看，西坡的树叶是淡绿、或淡绿欲黄的颜色，可能是因缺少水，空气中缺少湿度所致；而吹到东坡来的风湿度大，平时雨水多，所以树林长得茂密，树叶翠绿，比西坡的显得有生气，似乎也神气得多。

我不禁感叹：自然界和人世间一样，生来逢时，加上努力，必成事业，但不必骄傲；反之，也不必自卑，只要“埋锅、引水”，坚持不懈，也定能成功，即使缺少点神气，但留下的是深刻。

1985年6月6日　阴
天全县紫石乡

紫石乡属二郎山的余脉，山清水秀，空气湿润，沁人心脾，来到这里，我觉着身体似乎也好多了。当然主要还是得归功于沿途石棉、泸定、天全的大夫们，还有千方百计安排时间让我多休息的当地干部。

前些天我着急的是怕肝病复发后会倒在路上；这些天着急的是红军过了安顺场和泸定后，部队分散行动，各路究竟是走哪条路去天全，然后往雪山草地行进的？我尚未搞清。我走的是殿后的红九军团路线，这只是其中的一条，既然专程走长征路，应当搞清才是。

这个问题，今天我终于基本搞清，决定写在日记里。弄清这个问题，靠的是泸定县借给我的资料和访问当地的老红军。经过思考核对，简要记述如下，以备今后查用：

一、1935年5月25日，红一军团第一师第一团第二连的17名勇士，在连长率领下，在安顺场强渡大渡河成功。

第二天，毛泽东、周恩来、朱德到达安顺场，了解到虽已找到渡船二只，但只有一只是好的，且仅能坐40多人，来回一次得一个多小时；这里水深流急，架桥根本不可能。因此军委决定：红军主力火速去西边占领320里外的泸定桥，主力部队为左纵队；刘伯承、聂荣臻率红一军团第一师由安顺场过河，为右纵队，也沿大渡河向泸定桥方向前进，左右纵队隔河互相策应。

二、1935年5月29日，红军夺取泸定桥之时，刘伯承、聂荣臻率领的右纵队正与敌刘文辉的第四旅旅部和该旅第十一团激战，地点是在龙八步、冷碛一带，离泸定桥50多里。泸定桥战斗结束后，中央军委和红军左纵队除留红九军团驻守泸定桥外，全部沿大渡河东岸经大坝、甘露寺、冷碛，移动到兴隆，在这里与右纵队会合，然后直取化林坪。在化林坪击溃敌两个团后，沿二郎山东麓向天全、芦山前进。

1985年6月7日　阴

天全县城

今天从天全县紫石乡走进天全县城。

紫石乡，过去名为紫石关，从西面进天全，这是一个必经的关口。**50年前的今天，红九军团就是在通过这个关口到太子地时，收到军委发来的万万火急的电报：命令他们连夜作战，不惜一切牺牲，夜袭天全；成功后，在城关天全河上游处的铁索桥接应红三军团，策应全军过河。**1982年5月战士出版社出版的袁光写的《风烟滚滚的岁月》一书谈到：红九军团军团长罗炳辉到达紫石关时正发高烧，昏迷不醒，趴在马背上艰难行进。当他收到军委急电后，立即振作精神，亲自部署战斗。军团作战科长刘雄武请他把指挥任务交给自己，他没有同意，说：“战斗是治好病的良药。”他查看了地图，研究了军委的指示，分析了敌我形势，对大家说：“现在敌军正从各路向我逼近，全军面临危局，军委把全军安危系在我们九军团身上，我们就要坚决完成任务，一定要于今夜夺取天全，掩护主力脱离险境。”

今天我经过的太子地，离天全城不到30里，天全河从城边流过，宽约一百五六十米，现在河上已有桥。而50年前的今天，红军经过一个多小时激战，攻占天全，战士们有的是在冰冷刺骨的河中涉水过河，有的是攀越城外铁索桥过河。

在红九军团攻城的同时，红一军团先头部队也赶到了天全河南岸，向敌人发起进攻。在我军两面夹击下，敌人弃城而逃。6月8日，天全县城被我红军全部占领。周恩来、朱德、刘伯承表扬红九军团机智、灵活、雷厉风行。刘伯承说：“天全若拿不下来，全军就很危险，你们九军团与主力分开后的表现真不错。”

为什么说当时全军处在危险之中？今天我边走边看，进县城后又看了一些书，总算弄明白了，天全地处四川八百里大平川的西部，若天全县城不迅速拿下来，北进就难了：一是这里离成都仅200多里，敌人的部队机械化程度高，在一马平川的地方，部队行动迅速，就会陷我军于“虎落平阳被犬欺”的境地；二是一直尾追我军的敌军主力此时已先后从泸定桥、大树堡渡口过了大渡河，**我军要是不立即攻下天全，扫除北上障碍，就会受到敌人两面夹击。**

今夜，我边记边想：红军长征真是步步艰险，处处危难，靠决策正确果断和指战员的赤诚勇敢，才屡屡化险为夷。另外，**我对罗炳辉将军关于“战斗是治好病的良药”一句话很感兴趣。**我想，他在受命危难之际说的这句话，反映了他对党的事业的无限忠诚。其实这句话在生活中也有道理：大凡有事业心、热爱工作的人，往往精力充沛，身体健康；没有事干了，毛病反倒会上身。有一个现象很有意思：如果办公室里有一个或两个人老讲他身上某个部位的病，过些时日，自己的某个部位也会觉得沉沉的不舒服，似乎也得了这种病；反之，某人真有一些小病，但若到了一个生气勃勃、大家一心干工作，无暇谈病论痛的环境中，小病小痛也会不知不觉消失了。

我想，在和平年代里，罗炳辉将军的话可改为：“工作是治好病的良药。”

1985年6月8日　晴

天全茶厂

下了二郎山，在天全县境内走了两天。沿途看到很多茶园：一排排茶树顺着山势延伸，层层叠翠，令人赏心悦目。

在我们文艺、新闻作品中，有茶园，必要采茶；采茶时，必有美丽的采茶姑娘。而这里却很奇怪：有茶园，却不采茶，别说姑娘，连老妇也看不到，全是男劳力用茶刀割茶。我在太子地一个河谷里的小片茶园里，见到了这种景象。

据了解，天全县生产的茶叶是优质的小叶茶，属南路边茶，专供西南兄弟民族地区市场。天全地处入藏古道，种茶历史悠久，相传文成公主入藏时，曾从这里带去了大批茶叶。这里采茶的方法很特别，每年7月至10月，农民用茶刀把当年生的茶叶枝条全部割下，留下树桩3至5寸，然后把鲜叶全部捋下，送茶厂加工。第二年采割时，要在上年割口上提高一寸。几年后，树蓬生长过高时，再进行一次割枝。以后每年均按此法留新桩采割。据介绍，这种刀割法采茶，能促进侧枝萌发，有利扩大树冠，可以增加产量，提高茶叶质量。目前，天全有茶园25400亩，其中15000亩是近4年发展起来的。1983年，天全被列为四川边茶生产基地县之一。边茶主要销往西藏和甘孜藏族自治州，供不应求。

今天我来到了天全茶厂，想看看这种茶是怎么加工的。进了厂办，就了解到，在边疆藏蒙等兄弟民族中有一句俗语：“宁可一日无食，不可一日无茶。”这说明做好边茶生产和供应工作之重要性。我在天全时，看到这样一首诗：“莲开半空浮五峰，雾积云生总迷蒙。仙品贡天终枯灭，凡种利民长青葱。白虎巡山无真迹，花鹿饮泉有遗踪。腐根尽除新枝秀，漫坡素手剪芽丛。”这首诗写的是雅安茶，天全属雅安地区，当然也包括天全茶。如果诗中的“仙品”、“凡种”是泛指茶叶品质之别，倒也能说明这一带过去粗制茶多、精制茶少这个事实。

解放后，人民政府在雅安地区建立了三个制茶厂，生产南路边茶。1982年9月，中央领导同志曾批示：对西藏边茶要长期由四川和云南包干供应。天全茶厂就是四川生产边茶的三个茶厂之一。该厂1952年建厂，初期只有30多人，年产3000担左右；目前已有职工130多人，去年生产了37000

多担。建厂30多年来，年年盈利，1978年曾获全国外贸系统先进企业称号。

我来厂参观时，见到厂区干净整洁，货物堆码、存放井井有条，生产秩序也很好。加工边销茶的方法与加工花茶、绿茶不同，须经复制揉捻、发酵取色、烘干分筛、拣选配合、压制成包等多道工序。这些工序大多是手工操作，只有部分用机具。而这些机具都是本厂手工自制的，效率低，又不安全，曾发生过伤指断手的事故。

厂里的同志希望工业部门能向他们提供生产边茶的机具。由于手工操作，车间的粉尘问题也还未完全解决。发酵取色是边茶特有的生产工序：所谓起色，就是把发酵的茶叶上下翻堆，调匀颜色。发酵时茶叶的温度很高，现在完全靠工人用锹翻堆，每人每天要翻9000多斤，劳动强度很大。搬运茶叶也全靠人力：据计算，每人每天要肩背8000斤左右。这道工序本可以使用皮带输送机，市场上也能买到，但厂里做不了主，向上级打了许多报告，一直没有回音。

看来这里既缺人才，又缺少真正的支持和有效的帮助。

1985年6月9日　晴

天全县城

再过几天，就要去爬雪山了。因此今天在天全县城作准备：修理背包，购买稿纸、圆珠笔、蜡烛、一号电池，准备草鞋等，还同县党史办的胡天有一起查阅史料。从资料中了解到中央红军占领天全的当天即6月8日，中央军委发了一个重要指示，指示题目是，“关于一、四方面军会合以开展新局面的战略任务的指示”，载于《军队政治工作历史资料》，现摘录如下：

> “（甲）今后我军战略任务，是以主力乘虚迅取懋功、理番，以支队掠邛崃山脉以东，迷惑敌人。然后归入主力，达到与四方面军会合，开展新局面之目的。现敌杨森取守势，薛岳、邓锡侯到达需时，我军必须以迅雷之势突破芦山、宝兴线之守敌，夺取懋功，控制小金川流域于我手中，以为前进之枢纽。懋功南至天全约300里，东至灌县650里，东北至理番550里，西北至崇化、绥靖约300里。
>
> （乙）一、三军团统归林、聂指挥，经宝兴向懋功前进。军委

纵队率五军团继进。九军团为右翼支队，经芦山东北迂回大邑、懋功之间，然后到达懋功。因洋油缺乏，无线电时有中断之虞，届时各军团首长，除随时用徒步与军委联系外，应本此战略意图机断专行，完成总的任务。并将此任务传达到每一中下级首长。

（丙）我军基本任务，是用一切努力，不顾一切困难，取得与四方面军直接会合。但在遇特殊情况，使我们暂时无法直达岷江上游时，则以大小金川流域为临时立足之地，争取在以后与四方面军直接会合。

（丁）取得懋功及小金川流域，是关系全局的枢纽。各兵团首长必须向全体指战员指出其意义，鼓动全军以最大的勇猛、果敢、激动，迅速完成战斗任务，以顽强意志克服粮食与地形的困难，此时政治工作须特别努力。”

1985年6月10日　阴

芦山县城

据有关资料记载，中央红军于1935年6月10日至11日先后从天全出发，大部经芦山县向雪山地区进发。今天，我和向导罗崇刚、邓天华、医生李壮及天全县副县长彭定邦一起，走到了芦山县城，这里南距成都只有180多里。

自6月5日进入天全以来，每天晚上我写好新闻稿后，都是由县党史办胡天有帮我誊抄到电报稿纸上，又送到邮局拍发到编辑部去的。因这么多天连续熬夜，小胡也病了：今天凌晨3点半钟，他发起了高烧，只睡了3个小时，又陪同我一起上路了，我心里很不安。

我理解这些同志对我的一片真诚，他们在用最大的精神力量鼓励我走下去。中午在天全老场乡吃饭时，乡长杨本清见我不想吃饭，只靠在墙上喘气，急得很，给我剥了几个枇杷。他劝我，哪怕吃几个，就能撑几个小时。他看我吃了，很高兴，要求在我的本子上写几句话。他写道：“……我相信你一定能完成这一光荣艰巨而又十分有意义的壮举。”

医生李壮说：“真想陪你一同走，因为现在你的胃病也在发作，我想在治疗上给你点帮助，但是不可能。我只能给你点药品和针剂，再写给你一句话吧。”他写道：“您是真正的男子汉，您一定能胜利地到达陕北。”

夜深人静，天全的同志已回县里去了。我读着他们的留言，感受着他们的鼓励，同时也开始整理着天全县给我的深刻印象。

自进入四川以来，已一个多月了，一直在山区走。我觉得沿途第三产业一直没发展起来，各地还停留在认识阶段，买难卖难，走几十里路买不到一包火柴，是很平常的事情。天全山区的商业、服务业却比较发达，给我的印象是：第三产业开始进入天全山区。县城里的商业、服务业摊点很多，门类也比较齐全；集体和个体开办了许多旅馆，清洁卫生、服务态度也好；修理业不仅服务态度好，收费也低，我补了两个提包，用料较多，也费工，只收我5角钱；运输业也很发达，从外地运来的新鲜蔬菜很多，农贸市场上的西红柿每斤只卖两角钱。

县委、县政府很重视发展第三产业：全县13万人，目前经工商部门批准，从事商业、建筑、贩运、修理服务的就有5400多人。这些集体和个体户不仅在城镇办企业，还到边远山区办。这个县盛产中药材牛膝，但在山里8角钱一斤也卖不掉，现发展了运输专业户，组织外运，一斤卖到一元三角。禽蛋、卤鸭、水果等产品也能及时外运。目前已远销到西藏，单是西瓜，去年就运去120多万斤。

为了进一步促进第三产业的发展，这个县同43个县建立了经贸联系，及时把信息传达给各经营户。主管部门经常对这些经营户进行纪律教育，使大小经营户商风纯正，素质较高：两路村有一家农民办的新立食宿店，1983年2月开业以来，多次救护在川藏公路上翻车的伤员，还多次把顾客遗忘的钱物交还失主。远近顾客对这个小店交口称赞，有的顾客还向该店送了写着“金子心闪闪发光”的锦旗。

金子永远发光，我既祝愿天全发展更快，也祝愿在发展中，能让这种金子般的淳朴民风永留人间。

1985年6月11日　雨

芦山县城

芦山县城地处天全的东北、成都的西面，是邛崃山系的腹地。今天的芦山县，老百姓的温饱基本解决了，而半个世纪前的这一时刻，中央红军来到这里，碰到的最大困难就是如何解决温饱，尤其是粮食困难。据当地提供的一份资料可以证明：1935年6月10日凌晨，红军总政治部向各军团发出了为解决粮食困难进行政治动员的指示，主要内容如下：

> “甲，我野战军为求得迅速与四方面军会合，开展苏维埃运动，必须以最大力量克服前进路上的粮食困难。首先进行政治动员与下列工作：
>
> （1）各连队须于10号上午开会解释，备足七天粮食的意义。每个红色军人须有决心在困难中度过与红四方面军会合的最后紧急关头，完成历史上的光荣任务。
>
> （2）动员每个指战员、杂务人员，均须亲自参加收集粮食并负责携带，以竞赛完成和超过七天规定，政治人员更须以身作则。
>
> （3）尽今日一天之力，搜集谷米杂粮，碾谷工具须有计划分配使用，杂粮可做成饼，猪牛肉可烤干，盐应尽量补足一月。
>
> （4）动员减轻行李包裹及雇请临时夫子背带粮食，战斗部队除先头及后卫外，可以一部分人挑米，一部分人背枪。
>
> （5）粮食使用应极端节省……
>
> （6）责成各级首长及政治部（处），须于今晚负责检查各伙食单位是否依令补足粮食，不足者须连夜完成，以后更须随时检查缺数，并督促补充。
>
> 乙，在传达战略任务时，关于前进路线须绝对保持秘密，不得下达。”

这样，中央军委就将迅速北上，与红四方面军取得直接会合的任务提到了中央红军的面前。完成这个战略任务，关键是翻越夹金山去夺取懋功。

6月13日，总政治部又向各军团首长及政治部发出了指令：

“我们先头部队已与四方面军的先头部队取得联络，各军团政治部应即进行：

(一) 迅速传布已经与四方面军汇合的捷报，提高红色战士情绪，鼓动不掉队，不落伍，不怕粮食困难，注意卫生，严整纪律，迅速争取与四方面军的全部汇合。

(二) 解释两大主力的汇合，是为着以更大的战斗胜利消灭敌人，赤化川西北，以至全四川。克服以为汇合后可以放下枪弹，安心休息的情绪。

(三) 在部队中发动与四方面军联合与慰问的盛大行动，号召每个战士准备娱乐，准备礼物，去会亲爱的弟兄。二师应即进行与四方面军先头的联欢。”

我边记边想：这份动员工作指示至少告诉和启示后人以下几点：

一、为了红军的生存，我们的革命前辈过的是怎样的艰苦生活，我们千万忘不得本。要永远记住这些有着坚强意志、不怕困难的开国元勋们。

二、指示中用了“均须亲自”，是要每个指战员亲自收集和携带粮食。不止一位老红军对我说过，当时的这种“亲自”是很正常的事情。而现在有些领导“亲自”坐车下基层，“亲自”接待群众等，已成了不易见到的头版新闻了，很值得深思。

据查证，6月10日凌晨3点发出的指示，要各指战员“尽今天一天之力”完成。想想今天有些人办事，拖拖拉拉的，误了多少时间，误了多少事！你要他急一点办，可不行，理由一大堆，怕这怕那，就是不怕失去时机，不怕误了事。不是老说要发扬红军革命传统吗？我看这个指示就是其中的一个传统。

1985年6月12日　阴

芦山县芦阳镇

进入芦山县境以来，所到之处河流纵横，沟渠交错，绝大多数农田都是自流灌溉。在芦山，只要见到水，都是清冽的，没有污染。从雪山上下来的青衣江，更是诗一般的美，古诗中有这样的描述：“想见青衣江畔路，白鱼紫笋不论钱。”秀美和富庶，两句诗写尽了。当年天全、芦山一带的各族人民，为中央红军翻越第一座大雪山，尽全力支援了粮食、辣椒等。

中央红军翻越第一座大雪山前，在天全县一个叫老场的地方分两路前进，到了芦山的芦阳，从其中的一路又分成了两路。

中央红军在老场汇合后，分成两路：一路折向北，直奔大雪山夹金山的所在地宝兴县，这一路由红一军团第二师师长陈光、政委刘亚楼率领，由团长王开湘、政委杨成武率领的第四团为前卫；另一路向东北方向经思延、芦山、任家坝、双石而至宝兴县。这一路到达芦山后又分成两路——一路折向北去宝兴，另一路由红九军团向东北的大邑、邛崃方向前进，以迷惑敌人。这一路果然调动了敌人：6月10日下午，红九军团从芦山进至邛崃县的双柳坪，击溃了反动民团二百多人的阻挠，6月11日到达大川场。这一下惊动了蒋介石的重庆行营，蒋调来了川敌三个团，从大邑、邛崃向大川场奔袭。紧接着，正在尾追红军主力的川南“剿总指挥”潘文华也率三个旅奔大川场而来。而此时，我秘密前进的前卫红四团已翻过了夹金山。对这段史实的回忆和记述文章较多，我觉得要论记述生动简洁，当数红九军团林伟当天的日记，现全文抄录如下：

六月十二日（晴）

今日我军仍在大川场休息，因大邑、邛州之敌分两路向我前进，共约达三个团。我军于下午进行了战斗动员，拟消灭来犯之敌一部分。

晚上11时许，我们大家都还没解开被毯入睡，突然接到了军委的万万火急的喜电：我军一军团二师之四团，在邛崃山脉之主峰夹金山上，已与红四方面军之九军二十五师七十四团取得了会合。会合之时，将由懋功县溃退到硗碛附近之川军一个营全部歼灭。令我军团停止东进，立即北上，随五军团之后（现尚在宝兴县北部）跟进。在达维与二十五师会合联欢。

片刻之间，很快用电话把两大主力会合的胜利消息传到了全军。于是，人们都兴奋地吵醒了许多睡熟了的人，有的就从睡铺上跳将起来，有的人兴奋得整晚没有睡觉。政治部的宣传队，连夜起来编练会合时的活报剧、舞蹈等，准备联欢的节目。黄参谋赶紧打电话告诉各部队这个好消息，郭参谋长也随即起来，在五万分之一的地图上选择行军道路，草拟明晨行动的命令稿。首长们也高兴得不能再睡了，群相起来谈笑着。

1985年6月13日　小雨

芦山县花莲村

芦山县位于四川西部，距成都只有183公里。县不大，20多万人口，但历史悠久，古风、古文、古韵至今随处可寻。我从县志上了解到：芦山在秦、汉时期设县，名为青衣县，明代洪武六年（公元1373年）改为芦山县。**我6月10日刚一进入县境，就见到了春秋战国时期的开明王城遗址，即当时的青衣羌国所在地。在县城南街，有一座巍峨雄伟的古建筑，名叫姜庆楼，是北宋时为纪念蜀汉大将军姜维建造的。**该县文管所历史文物陈列室拥有新石器时代至春秋战国直到元、明的历史文物数百件，包括珍贵的石器、石刻、陶器、青铜器、铁器、瓷器、陶俑、兵器、印玺以及著名的东汉樊敏碑拓片和王晖石棺浮雕拓片，还有东汉时期制作的稻田养鱼水利设施陶器模型、设有百叶窗的石刻楼房和信鸽卧在阳台上的陶器楼房模型，这些都是罕见的出土文物。

芦山不仅保存着珍贵的古代文物，还保存着红军长征时留下的大量珍贵的革命历史文物。**我在县文管所见到28篇川陕革命根据地的历史文献、红军用过的刀枪，以及许多石刻的红军标语。其中有一条标语刻有“抗日反蒋”4个字，长2米多，宽1米多。**

芦山县留下的红军文物多，是有来由的：1935年6月，中央红军北上经过芦山，到达雪山草地；尔后，张国焘分裂红军分裂党，于1935年10月率红军左路军南下甘孜州，经过芦山；1936年7月初在甘孜与红二方面军汇合后，张国焘被迫北上又经芦山。因此，芦山的红军文物多，参加红军的人多，牺牲的人多，烈士的父母也多。在芦山太平河畔的大阴山上，我瞻仰了一座坟茔，里面埋葬着一位受人尊敬的红军战士的母亲。

这位红军战士的母亲名叫李凤珍。为支援红军做了大量工作。红四方面军在芦山活动时，组织群众成立区、乡苏维埃，李凤珍的丈夫高龙山也担任了地方苏维埃政权的干部。红军离开时，李凤珍把16岁的独生儿子高根林送到红军部队。红军走后，敌人杀害了高龙山。新中国成立30多年来，她不但主动放弃享受红军家属的待遇，而且一如既往，尽力为国家、为人民做好事。

据县委党史办提供的资料，当年芦山县人民参加红军的有1095名。几十年过去了，有的牺牲了，有的病逝了，至今健在的还有14人，其中10人在外地工作。高根林离开故乡后，再也没有回来。多少年来，李凤珍一直想念着儿子。战争期间，她积极参加革命活动，支援前线；革命胜利后，她年纪大了，仍不忘为国分忧。一些人劝她找政府，享受红军家属待遇，但她一直不去找。十一届三中全会后，县委派人逐个调查红军人员的家属，确认了李凤珍红军家属身份。1983年春节，县委派民政局长和乡领导给李凤珍送来了钱和衣服，老人激动得说不出话来。后来，县有关部门决定从

▼红军经过之地大多偏远，古迹较多，这是至今保存完好的明代建的姜庆楼。（罗开富摄）

1984年元旦起，李凤珍作为优抚对象，每月给予经济补助。谁知就在1984年元旦这天，李凤珍病故了，享年85岁。李凤珍病故的第二天，花莲村和附近村庄的男女老少，还有乡党委、政府的领导干部等300多人，流着热泪，为她开了追悼会。乡党委书记致悼词说："为了中华民族的解放，李凤珍送子参加红军。红军长征时她积极支援红军。解放后，作为红军家属，理应受到优厚待遇，但她不谋求特殊照顾。她热爱党、热爱国家、热爱劳动的崇高品德，永远值得我们学习。"花莲村离县城60多里，6月13日，我赶到了花莲村，专程来瞻仰追悼这位红军母亲。我看到，在老人的坟墓前，已围满了花圈。

芦山的民风，是不忘造福于民，县志上多有记载。但愿这一民风能长久保留下去。永远不忘祖，永远不忘恩，永远不忘记好人。

1985年6月14日　晴

宝兴县灵关场

进入宝兴县灵关场，就正式进入我们常说的雪山草地的地域了。

今天我是从芦山县的双石乡向北翻垭子山，走进宝兴县境的。也许是因为对雪山草地的崇敬和神秘感，加上对红军的感情，今天为我送行的人特别多，真有点悲壮之感。芦山县女县长黄玉岚和县委副书记林顺前、周维新、宣传部长夏孔富、副县长张光扬等由一人执笔，各自签名，给我写了临别赠言：

罗开富同志：

您肩负党和人民的重托，徒步踏去一万七千余里，来到古老而美丽的芦山。我们用对红军的怀念和对您的真诚，期待您整整八个月。我们同您只相处短短三日，却结下了深厚的感情，真舍不得您疾步离去。但看到您来也匆匆去也匆匆，就这样风雨兼程，我们又多么希望您一步踏进吴起镇。然而您脚下还有"八千里云和路"，路还长，情更深。我们把悠悠离别情化作对您的衷心祝愿：前程——保重！保重——罗壮士！

县政协主席王光槐把他最喜爱的一根硬实又有点韧性的拐棍送给了我，

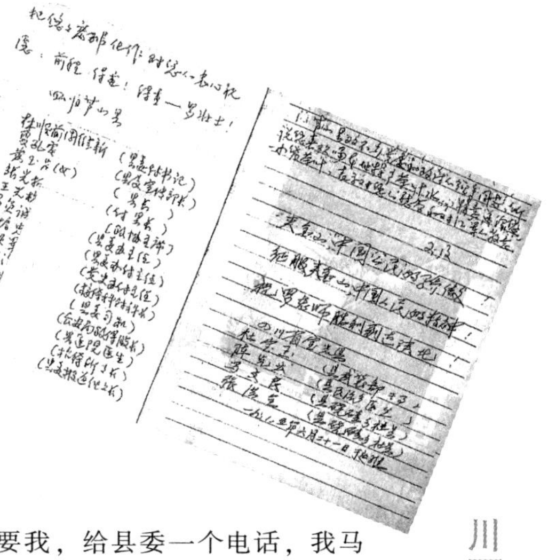

说自己回去的路上可以随便找一根；县委办主任给了我几包香烟和火柴；县党史办缪培忠、董跃军两位副主任把花了几个晚上摘抄下来的、不便借走的红军长征孤本史料一部分交给了我；向导何德全、黄德生给我一大包生姜、辣椒等；三天来一直陪我走路、为我治病的张勤医生对我说：“你的肝有病，胃更差劲了，不论到哪里，需要我，给县委一个电话，我马上赶去。”县委报道组组长王泽林刚伸出手要同我告别，泪水就下来了，他说：“罗记者，今晚要是没有人为你誊抄新闻稿怎么办。”“王泽林，我的好兄弟。”我说，“我永远忘不了你的真诚，忘不了几天来的帮助。”

告别了芦山人，我就径直到灵关乡场采访。当年红军先头团政委杨成武曾对我说：“灵关只有百十户人家，只有几个货郎。”今天我看到的灵关，已是有200多户人家的繁荣的乡镇了。镇上汉族人居多。在采访座谈会上，当地百姓告诉我许多红军先烈们的英雄事迹，席懋昭烈士就是其中突出的一个。

席懋昭又名席哲明、席克进，1933年加入了中国共产党。1935年初，成都地下党组织遭到破坏，席懋昭与党组织失去联系，来到灵关村小学当了校长。中央红军到达前，席懋昭与魏守端等人组织起一支游击队，拿着长矛、大刀、鸟枪伏击敌人。**红军占领灵关，准备向宝兴县城前进时，红军的两名指挥员找到席，派他护送陈云去上海，恢复党的组织。**在一间简陋的房子里，席懋昭见到了陈云，商定了行程，决定绕道荥经县，转雅安，再去成都、重庆。他们翻山越岭，多次避开敌人的追击，巧妙地应付了岗哨的盘查，昼夜兼程，历尽艰险，走了十多天，行程1400多里，终于安抵重庆。**席懋昭十分负责，一直把陈云送到朝天门码头。**陈云在登上去上海的轮船前，十分感激地紧紧握住席的手，热情地鼓励他坚持斗争，将革命进行到底。

席懋昭送走陈云不久，便被敌人逮捕。在严刑拷打下，他与敌人进行了英勇的斗争。西安事变后，在张澜先生的声援下，席获释出狱。后来他得知中央红军到了延安一带，便于当年9月奔赴延安。

1938年2月，席懋昭被派往四川工作，先后在仪陇、雅安、泸定、天全、懋功、芦山等地积极开展抗日救亡运动，建立和发展党的组织，筹建革命武装。**1938年3月，席在雅安不幸被特务逮捕，秘密解往重庆渣滓洞关押。席在狱中英勇不屈，参加狱中斗争。1949年重庆解放前夕，席被美蒋特务杀害，时年37岁。**

陈云几十年来一直关心着席懋昭，两次来四川，都向省委负责同志询问席的下落，但一直未能找到。1983年4月，陈云得知席已牺牲在渣滓洞，便立即向仪陇县委和省委询问情况。经过省委组织部和仪陇县委共同调查，终于很快查清了席的革命斗争事迹，并把复查材料和席的照片报送陈云。陈云于1983年12月为席写了证明材料。1984年5月，四川省政府决定追认席为革命烈士，并追记大功。

了解了席懋昭的事迹后，我深深地体会到共产党人的坚强和为革命不惜牺牲的崇高精神，并为陈云珍惜革命友情、对烈士认真负责的态度所感动。这件事情也使我想到，在战争年代为中国革命牺牲的烈士，如今能知道姓名的要比没有留下姓名的少得多。

1985年6月15日　阴

宝兴县城

今天一早，我和宝兴县县长陈道泉等从灵关场出发，走了一天，傍晚到了宝兴县城。

宝兴人民一直以红军从当地开始爬雪山而自豪，对红军的事迹如数家珍。一路上，我同县长、党史办的同志又谈到了席懋昭送陈云到重庆的事，他们介绍了一些新的情况，夜晚我又核对了有关史实，终于弄清了两个问题：**陈云到上海后是怎样去莫斯科的？遵义会议精神究竟是谁向共产国际汇报的？**

先说第一件事：**陈云在长征路上走了8个月到达宝兴灵关（当时称灵关殿），然后到重庆转道去上海，这是中央在泸定桥召开的会议上决定的。陈云在中央决定后的半个月才从灵关殿出发，去上海的任务是恢复白区工作。**

据了解到的史料：新中国成立后，陈云两次到四川，向省委负责人谈起席懋昭时说过：中央开的泸定会议上决定“派我、潘汉年、夏采仸三人到上海去恢复白区工作，我们各走各的，……”陈云是由席懋昭护送的。

关于潘汉年、夏采伕怎么走的，怎么到的上海，后来情况如何，由于历史原因，缺史料记载。

陈云到了上海，为恢复白区工作做了很多事。约4个月后，因党的机关被敌人破坏，去了莫斯科，这是有史证的。

陈云后来是怎么去的莫斯科，我今天还找不到令人信服的资料。据一些老红军接受我采访时的谈话，加上今晚接触到的宝兴县党史办多年来收集的资料，我印象比较深的是：陈云由上海去莫斯科，得到了宋庆龄的帮助和支持：时年夏天，陈云在她的安排和掩护下，坐船先去海参崴，然后转道前往莫斯科。

但我又很难确认我的印象，因为时间不对：陈云是1935年6月15日离开宝兴的。为避敌人，辗转走了十多天到重庆，乘船三四天到上海。据陈云自己对四川的同志说，我在上海“大概工作了三四个月，后来，机关遭破坏，无法工作了，就去莫斯科了”。以此时间推算，陈云留在上海至少到年底或是第二年初，不大可能是当年的夏天；如果是第二年夏天走的，同陈云自己说的时间又对不上。此事究竟如何，只好留待以后向党史专家求教了。

第二个问题今晚无法记了：因为等一会儿宝兴县人武部的同志要来传达国防部长张爱萍关于如何保护我爬雪山的电话精神，我还得花点时间整理和准备好物品，明天去爬雪山。

1985年6月16日　晴

宝兴县人武部

今天我必须改变日程了，主要任务已变成检查身体、打针吃药，把身体调养到一定的状态，然后才去爬雪山。虽然心里很急，但也很感动：这是老红军们的一份关爱呀。

据我昨晚得到的消息，国防部长张爱萍通过办公室，向宝兴询问了我到宝兴后的有关情况和行程安排。办公室的同志说，听从泸定桥回来的同志（估计是杨成武等领导）讲起罗开富，一个大汉子走得只剩百十来斤了，还一身是病，**首长（即张爱萍）指示：罗开富到了宝兴，要先给他检查身**

体，决不能硬撑着过。办公室的同志还说，50年了，国内外就这么一个人走全程，解放军要出来保护着过雪山，决不能出事。

这就是党的关心，这就是老红军的关爱。我心里充满了温暖，更增添了信心。

县人民医院给我作了全面检查，我在长征路上第一次用上了X光透视，并拍了片子。结果是先喜后忧。先喜的是：左腿小腓骨骨折已基本痊愈(这是去年12月19日，在贵州黎平县翻越苗岭高洋雪山时，由于山高路险地冻，在悬岩上摔伤的)。俗话说，伤筋动骨一百天，我走了170多天，竟基本好了。这奇迹应归功于沿途100多位医生边陪着我走边为我做的精心治疗。

后忧的是：肝病正在恢复中，老胃病却正在发作。由于睡眠长期不足，体力消耗过度，医生们认为，至少要观察一两天再说。要是平时，我就姑妄听之，按计划“走自己的路”去了；但现在不同，我是国防部长关心的人：医生说了不行，当地领导怎么敢让我出发？

今晚我沉浸在温暖和激动之中，但又担心自己会急出一种新的病来。

1985年6月17日　阴

宝兴县人武部

今天做了两件事。

一是在宝兴县城采访，二是同报社总部记者部主任庹震通电话。

宝兴地处夹金山以南，是个“草木生之，禽兽居之，玉宝俱全，宝藏兴焉”的好地方，因此建县时取名宝兴。

其实，宝兴这块土地上建的第一个县的县名为灵关县，时间是公元618年，县城就在我三天前夜宿的灵关乡场，1932年才改名为宝兴县，县城才搬到这里。红军经过时这里闭塞落后，几乎没有商品经济。县城小得可怜，有“谁家炒个菜，全城都闻香”的说法。今日的县城完全是另一番景象：城内千余户人家所住的平房和楼房约三分之二是近几年新建的，一里长的主街上，店铺摊点连片，来自北京、昆明、上海、成都、雅安的商品琳琅满目；昨日晚近8点钟，我看到一些饮食店仍生意兴隆。

城内每一条街都很整洁，从阳台往街上倒水、吐痰，以及鸡狗猪满街乱跑的现象，在这里是看不到的；家家摆着鲜花，门前的树木都保护得很好；街上许多宣传窗里贴着省内外报纸，阅读的人很多。

报社安岗总编辑和张颂甲副总编辑、庹震主任、胡连璞副主任等十分关心我即将爬雪山的情况，庹震主任在电话中关切地问了我很多情况，并说要刊发在报纸上。由于电话线路不大好，今夜我把电话内容整理在电报纸上，明天发给编辑部，全文如下：

在登山之前，报社编辑部（以下简称“编”）通过电话与罗开富（以下简称“罗”）进行了一次交谈。现将对话摘要刊登如下：

编：开富，你辛苦了。身体怎么样了？

罗：身体还可以，顶得住！

编：你到了宝兴，雪山就在眼前了。什么时候开始爬？心里紧张不紧张？

罗：我决定20日从宝兴硗碛开始爬雪山。思想上倒不紧张，今年1月11日，张爱萍同志就通过报纸对我过雪山作了指点；最近，杨成武同志在泸定也向我谈了爬雪山时应注意的有关事项。这些都为我做了很好的思想准备。

编：物质准备怎样？

罗：物质准备比较充分。除了编辑部为我准备的衣物、药品外，天津运动鞋厂寄来了登山鞋，云南省经委转来了昆明南坝食品厂生产的花粉营养品，还有广西全州县给我的御寒鲜姜晶、四川凉山州皮鞋厂送的手套、石棉县的丝棉坎肩、泸定的防冻膏和宝兴县人民武装部为我准备的棉大衣，满够啦！

编：你估计，过雪山时遇到最大的困难是什么？

罗：听当地爬过雪山的人说，估计遇到的最大困难是海拔高、气压低，缺氧而引起的高山反应症，还有路滑、风大，很可能遇到暴风雪。

编：你和你爱人写信了吗？她对你爬雪山的事很挂念吧！

罗：我爱人鲁萍天天看报，可能知道我快爬山了。红军爬雪山过草地的艰难，人人知道，所以她很挂念。我在凉山时，收到了她一封信，说她不放心，要来和我一同爬。我回了信，说现在条件好多了，又有报社、当地政府和群众的帮助。也许她放心了，再没有收到她的信。8个多月来，报社领导和同志们一直为我的身体操心，社领导同志专程来看望我三次，报社还送来了药品。这些对我是莫大的鼓舞，感到浑身增添了力量！

编：我们最不放心的是你的身体。你现在每天吃多少饭？

罗：我现在由于时间紧、睡眠不足，胃口不好，食欲差一些，每餐仍可吃一碗饭。请你们千万放心。沿途各级领导、各族群众怀着对红军的深情厚谊，并把这种感情倾注到我的身上，对我的确很关怀。冕宁、石棉、宝兴等县的医疗单位都给我输液，增加营养。泸定安乐村的农民陈兴君送给我最喜欢吃的带壳花生。在宝兴，当地驻军某部政委何洪兴深夜为我送来荷包鸡蛋。这些事都使我深受感动。

编：过雪山需要向导吗？

罗：需要。向导已经有了，宝兴县领导给安排的，是一位藏族同志，名叫汉尔加。他的父亲特尔巴洛曾经给红军带路，翻越了夹金山。夹金山海拔5240米，当年红军翻过的高山垭口是4114米。那个地方气候很恶劣，如果下午两点前不通过山口，狂风、冰雹和大雪卷来，就难通过了。我们这次就准备沿当年红军走过的路，去翻越那个山口。

编：要把困难估计得充分些才好！

罗：是的，困难会有一些的，但和当年红军相比，现在各方面条件好多了。特别是宝兴县委、县政府、驻军和各族人民为我所做的周到安排，更增加了我的责任感和必胜的决心。现在，我想得最多的是离开北京时，报社领导对我的要求：认真向老红军学习，向人民学习，多为人民说话，多为人民办点事情。学习当年红军大无畏的英雄气概，克服困难前进。

编：请你向宝兴县党政军领导转达报社对他们的衷心感谢。

罗：好的。我一定向宝兴县委、县政府、人武部转达报社对他们和各族人民的衷心感谢。县长陈道全、县委副书记顾忠明也要我转告，请你们放心。我也想通过报纸，转达我对沿途各省人民的感谢。没有他们的关心、支持，我是走不到这里的。

编：开富，你还有事吗？

罗：其他事没有了，但要说的话很多，等我爬过雪山后，再向你们发告捷电报吧！

1985年6月18日　晴

宝兴县蜂桶寨

大熊猫的故乡在哪里？今天我才知道，是在红军长征路上的第一座大雪山——夹金山南麓的宝兴县。今天我格外高兴：在我的再三要求下，可以启程了。今天出发去爬雪山，还能赶上当年殿后部队的行进时间，还误不了报社给我规定的“六个必须”（“六个必须”请查阅上部1984年10月20日的日记）。另一个高兴的事情是：看到了野外的大熊猫。

宝兴县大熊猫的分布密度和聚居头数都居全国之冠，据调查，全县14个乡中就有13个乡栖息着大熊猫。1953年，宝兴县捕捉了3只大熊猫，周恩来总理亲自命名为“新新”、“平平”、“碛碛”，赠给朝鲜等友好国

▲作者的长征采访，得到了经济日报驻地记者站的关心和支持，四川记者站站长李江天（右一）是其中之一，他两次到长征路上看望作者，并陪同作者翻越了夹金雪山。这是爬雪山前在宝兴蜂桶寨熊猫自然保护区留影。

家，后来赠给美、日两国的大熊猫，都是来自宝兴县。去年在洛杉矶奥运会上展出的大熊猫“永永”也来自宝兴。据统计，新中国成立以来，宝兴先后为国家提供了大熊猫103只，其中14只作为国礼赠送给苏联、美国等8个国家。

今天早上，我离开宝兴县城，经盐井邓池沟口，向北走了8个小时，夜宿大熊猫集中的宝兴县蜂桶寨自然保护区管理所。自从冷箭竹大片开花死亡、国内外都很关心大熊猫的安危以来，县委成立了抢救大熊猫领导小组，组织人员上山调查灾情，制定了各项救灾措施。去年以来，县里把竹林资源的保护、大熊猫活动的监测、病饿熊猫的救护、禁止狩猎等任务落实到人，承包到户。据了解，冷箭竹的开花枯死现象早些年就发生了。目前北京动物园里的“永永”、上海的“硗硗”等8只大熊猫，都是1981年至1984年间，经宝兴人民和蜂桶寨自然保护区管理所抢救、恢复健康后送去的。

冷箭竹开花是周期性的自然现象，大约60年一次。宝兴的冷箭竹，靠籽种育新竹，需要12年的时间。目前，该县冷箭竹籽长出的幼苗，最高的已经有15厘米了。冷箭竹一般长在海拔2600米以上的山上，由于成片开花枯死，目前大熊猫已移到2000米左右的山间，靠吃大箭竹、刺竹、甜竹、笼竹、慈竹等杂竹生存。

我了解到，大熊猫在我国古代就有记载，最早出现于1200年前的《尔雅》，后来的《说文》、《本草纲目》有更详尽的记载。但那时候不称它为大熊猫，我在宝兴见到的老人中，有些人至今还称它为“白熊”或“食铁兽”。

我还了解到，**这里之所以被举世公认为“大熊猫故乡”，不仅是因为熊猫分布密度和聚居头数都居中国之冠，还因为这里是世界上第一只大熊猫标本的诞生地**。蜂桶寨自然保护区管理所负责人曾继恒今夜告诉我：1869年，一位名叫阿尔芒·达维的法国传教士，在宝兴的盐井乡邓池沟获得了一张大熊猫皮，送往英国大不列颠博物馆展出后，引起世界动物和生物学界的巨大兴趣。后来经动物学家米尔恩·爱德华兹的潜心研究，最后把它定名为大熊猫。

1985年6月19日 晴

宝兴县硗碛乡

早别蜂桶寨，夜宿硗碛乡。从这里开始，就要翻越夹金山了。

翻越夹金雪山有两条路。

第一条路：离开硗碛后，经头道桥、普生岗、筲箕窝、一枝箭、五倒拐，再往上爬几百米就到山顶了。走这条线路，到普生岗，还有一个小寨子；过了这个寨子爬上山，直到翻过山顶，下到阿坝藏族自治州的小金县（当年称懋功）达维寨，这其间的70多里山路上，至今仍没有一户人家。中央军委、红一、三、五、九军团（缺红一军团第一师）都是先后从这条路翻过夹金山的。

第二条路：离开硗碛向东走一段后，折向五龙、陇东、中岗、土巴沟，翻越夹金山，往西走一段到达维。这条路也十分艰险，离开五龙后，一直到达维，也见不到人烟。当年走这一条路的红军人数较少，主要是由师长李聚奎、政委黄甦、政治处主任谭政等率领的红一军团第一师。他们的任务是掩护中央红军翻越雪山。

据藏族老乡介绍，当年的硗碛还只是个小寨子，有40多户人家。除寺庙、头人有几座好房子，其他都是用玉米秆或几根木头搭成的茅草房。今

夹金山（罗开富摄）

天我于下午6点多钟走到硗碛，发觉这里已是一个很不错的乡场：一条不怎么宽、长约300米的水泥路穿场而过，两旁有三四十家店铺，当地人住的都是瓦房。街上藏民居多，看来对外地人很友好：我不认识他们中的任何一个人，但凡是望见我的，并不因为我又黑又瘦、拄着拐棍、长发又胡子拉碴而惊慌，相反都友善地点着头，或送过一个热情的目光。

据了解，红军经过时，这里称硗碛，或称大硗碛，现在仍称硗碛，是乡政府所在地，居住着140多户人家。全乡1000多平方公里，4300多人，**百分之八十多都是藏族。**

宝兴县城地处成都西部，而硗碛则地处成都西北方向了。自离开宝兴县城两天，沿途看到的景象已大不一般，其中大都是没有看到过的。很多观感都值得一记，但时间有限，只能择其精华：

一是离开宝兴县城，就沿着东河向北，沿途一直是上坡。走一个多小时，就进入蜂桶寨自然保护区。在自然保护区里，先后走了9个多小时，都是在森林或箭竹林中穿行。与别处山峦不同的是：这里沟溪特多，流水是夹金雪山上下来的。由于这块土地水多，又面南而背靠夹金高山，避开了北方的寒流；加上这里的箭竹成片成林，给大熊猫的生存提供了良好的环境。

虽然这个自然保护区主要是保护大熊猫的，想见到这些宝贝却很难：两天来，我从保护区的中心地区穿越而过，也只见到一只，还未看得清楚。我们一直在东河西岸行走，昨天下午，向导看到东岸坡脚的箭竹丛中有一个白点，就喊了起来："熊猫！熊猫！"不一会儿，白点伸展开来，就往山上爬，我们只看到了它的背影。保护区里很少有人来，我们一路上只见到两个人，我相信大熊猫就更难见到人了。刚才这位宝贝肯定是在睡觉，显然是被我们的喊声所惊动，走开了。是讨厌我们？还是受到惊吓？从它那爬山时不紧不慢、悠闲自得的样子上看，两条都不成立。

二是今天看到了悬岩绝壁上的栈道，当地人称偏桥。我是在硗碛南30多里的林区看到的：栈道铺在东河的东岸，下离翻滚的河水约十多米。岩壁上凿有洞，洞与洞间隔约2尺，洞里插有坚实的木棍，伸出的木棍上铺有不到1尺宽的木板，踩在上边头昏眼花，不敢往河里看。我们在这里见到了两个人，正在维修栈道。其中一位名叫李来明，是前任县长，是他力主把这条栈道保护下来的。据了解，河西已有了一条新开出的林间公路，现在到东岸来走栈道的人已不多了。李来明对我说："我只是想要后人不要忘本，才主张保留栈道的。我们的红军，有一部分为了抢时间，当年就是从这栈道上过的。"

三是在进入自然保护区前，我从远处看到了一座雪白耀眼的山峰。这可不是雪山，而是目前我国发现的质地最优良的汉白玉矿山。因此，我决定宁可多走几里路，也要前去看看。到了山前，只见采矿工人仿佛置身于蓝天白云上，正在作业。横跨两个山峰的高空索道上，一方方巨大的石料正徐徐地移向石料集运场。一位技术人员告诉我，这里汉白玉的特点是洁白无瑕、颗粒细腻、光泽度好、抗拆性强，国内十分罕见。

总之，这两天我已进入一个人口稀少、景致新鲜、气候神秘的雪山区。虽然还没有见到六月雪，却已穿上了毛衣，今夜还感到冻手了。

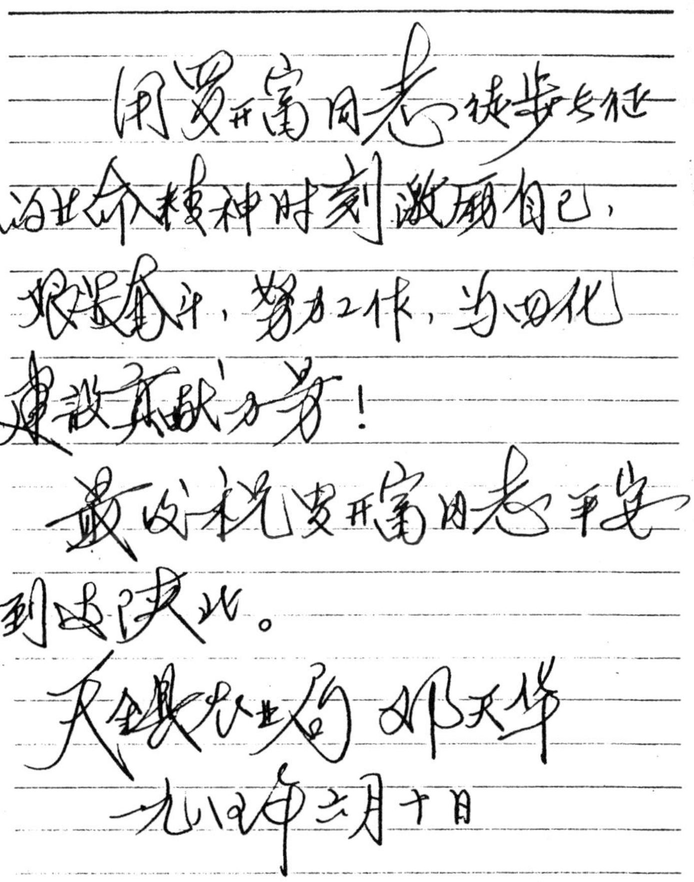
用罗开富同志徒步长征的革命精神时刻激励自己，根据需要，努力工作，为四化建设贡献力量！

最后祝罗开富同志平安到达陕北。

天全县总工会 邓天华

一九八五年六月十日

1985年6月20日　大雨

宝兴县普生岗

从硗碛到普生岗，路并不长，只有30多里，但我们一行却走了5个多小时。除了因一直爬山影响速度外，主要是因为我患了腹泻。

昨天，本报驻四川记者站李江天赶到了硗碛，陪同我爬雪山；**原来安排的藏族向导，名叫汉尔加，他的父亲特尔巴洛曾经给红军带路翻越夹金山**。我出发时，汉尔加去远山放牧了，这些天一直联系不上，故向导换成了藏族青年扎尔坚。陪我过雪山的除他们两人外，还有解放军军官杜宝玉、医生陈先云。

我们是下午2点钟走到普生岗的，过了几个小时，县长陈道全、县委宣传部干部廖祖旭也来了。陈道全说，总觉得有点不放心，怕准备工作有疏漏，同时也想取走我写的新闻稿，赶回县里去发，以免误了时间。关切之情，溢于言表。

县长的不放心是有道理的。我从携带的朱德、邓颖超、刘伯承、聂荣臻、伍修权、杨成武、伍云甫、杨定华、肖峰、林伟等所写的回忆录和日记中，都看到对雪山艰险的描述。在众多的资料中，我觉得朱德对当年翻越夹金山的艰苦历程的回忆及美国著名记者、作家艾格尼丝·史沫特莱的记述最为详实感人：

> 朱德说：“天刚蒙蒙亮，我们就出发了。……我们就对准峰顶附近那个缺口，笔直地向上爬。浓雾环绕，大风凛冽，刚到半山，就下起雨来了。我们越爬越高，又撞上了让人担惊害怕的冰雹。空气越来越稀薄，呼吸越发困难。讲话是完全不可能的事，冷的连呼气都冻了冰，手和嘴唇冻的发紫。有些人和牲口一步没走稳，就掉在冰河中，从此诀别。那些坐下来休息喘喘气的，就在原地冻僵。筋疲力尽的政治工作人员用手势和拍打鼓动大家继续前进，表示山口就在眼前了。”
>
> “到了暮色苍茫时，我们在海拔一万六千英尺的高度上翻过了大山，那天晚上，我们就在人迹罕至的山谷中露营。我们大家都精疲力竭的躺下休息。’朱将军（朱德）却照往常一样，到四处巡查。他一路上和部队一同跋涉，疲劳不堪。但是他的例行巡查却是无

论如何中断不了的。……他见人便鼓励说，我们已经爬过了最难爬的山，还有几天就可以到懋功了。”

▲朱德

我进入宝兴以来，访问了20多位干部和群众，其中有两人翻越过夹金山，其中有一人还爬到过山顶。他们的感受是：现在爬雪山，与过去相同的是高寒缺氧，空气稀薄；所不同的是现在生活好了，我们的身体强壮。红军从福建、江西出发，走了8个多月，体力消耗很大，不少人缺衣缺粮，大多是穿着破衣烂衫，有的战士是穿着单衣、嚼着辣椒上雪山的。他们的话，增添了我的信心。

信心很足，可是身体不争气。这两天一直胃痛，今天尤甚，还发起了高烧。普生岗现在称为新寨子，其实就一个护林站，十多个人，本来住房就挤，我们来了，就打地铺、生火炉。一位叫申春林的工人把住室腾出来，让我写稿，兼作治疗室。陈毛弟医生一直为我打针或输液，说是怕我脱水。我腾出没吊针的右手，写好了新闻稿，又开始记这篇日记。虽然觉得有点疲劳，但心里很舒畅：县长陈道全终于同意再过3个多小时让我去翻越夹金山。

我把稿件交给廖祖旭带回县城邮局去发时，李江天也交给他一份电报稿。县长陈道全看了说：“这倒很有意思，至今还没有一个国内外记者到过这里，我想今后会有人来就近看看夹金山，江天记者写的这份电稿，倒可以说明我们第一个走全程、又第一个翻越夹金山的中国记者是如何学习和发扬红军精神的。”说完，他要我抓紧时间赶快睡觉，又让人把江天的电稿抄在我笔记本里，作为留念：

李江天夹金山21日凌晨三点报道：由于8个月长途跋涉的艰苦劳累，进入夹金山区以来，气候变化大，罗开富同志因受风寒，胃病发作，引起腹泻，至记者发电为止，14小时内他已腹泻10次，加之发烧，饭量减少，身体十分虚弱。到达新寨子普生岗当晚，医生已作了治疗（吃药打针）。为了按计划翻雪山，不辜负老红军和沿途各族人民的深切关怀，开富仍计划21日清晨开始翻越夹金山的行军，不致使长征路上的报告的连续报道中断。老罗的决心和意志使我们深受感动，老罗说，能爬上去最好，如果实在爬不上去的话就原路返回，待身体稍有好转再爬上去。

1985 年 6 月 21 日　雨转阴

小金县达维桥

今天花12个小时，终于翻越了夹金山，也终于体会到了雪山的厉害，要不是解放军军官杜宝玉在我缺氧跌坐昏迷时，及时把我拉起来，我的新闻稿和日记到昨天就终止了。

凌晨5点多钟，我们就起床准备，天蒙蒙亮，已走出了护林站。这时从远处飞驰来一匹快马，一条汉子走近我们，勒紧了缰绳，一边下马，一边问：“莫不是要上山的记者？”原来他就是硗碛乡热尔角寨的藏胞汉尔加。由于当地没有电话，一直未能联系上他，后经牧民传话，直到昨天中午他才知道消息，于是就翻身上马，冒雨摸黑赶了400多里路。他见到我们，很高兴；我见到他，则是既高兴又不安，因为从昨天中午到早上，他还没吃

▼这位正在喝山水的藏族同志名叫汉尔加，是红军翻越的第一座大雪山山下热尔角寨人。1935 年 6 月，他的父亲特尔巴洛为红军带路翻越了夹金雪山，1985 年 6 月 21 日，作者翻越夹金山时，汉尔加赶了 400 多里为罗开富当向导。（罗开富摄）

过东西。汉尔加笑着说："莫慌，你们肯定备着吃的，我们边爬边吃，不是更好么。"虽然天还未亮，我看不清他的脸，但他的勇敢、憨厚、热情和爽朗，已印在我的心头。

当地人称夹金山为神仙山，山上终年积雪，气候变化无常，连鸟也难于飞过，只有神仙才能过去。自古至今，翻山的人极少，我们爬到海拔3000多米时，发觉连放牧的路也没有了。汉尔加的父亲特尔巴洛给红军带过路，在汉尔加很小的时候，父亲就开始告诉他：做人就要学红军，勇敢、对老百姓好、互相之间也真诚相待，所以红军过得了神仙山。在汉尔加十几岁时，他父亲让他向神仙山跪拜几次后，带他翻越过几次，并对他说："今后凡有人用得着你，就领路。"此时已无路可走，汉尔加就站在雨中，给我们作了分工：他在前面开路，李江天紧跟其后，杜宝玉保护我跟进，陈先云紧随，扎尔坚走在最后。

走着走着，我忽然觉得脚上、腿上奇痒，我叫杜宝玉扶着我，把已湿透的裤腿撩起一看：每条腿上都趴着几条蚂蟥。我生拉活扯总算把它们扯掉了，腿上却糊满了鲜血；脱下鞋子，发现脚背上也叮着好几条。

消灭掉蚂蟥，抬起头来，却已看不见前面的人走哪儿去了，只见一堆堆黑色的云雾翻滚而来，紧接着是雨点阵阵。由于越来越感到呼吸困难，谁也不敢讲话，更不敢大声叫喊。好在十几分钟后黑雾过去，只剩小雨，才看清了前方100多米外的汉尔加和李江天。这时，陈先云紧追几步，用氧气袋敲敲我的背，示意我用上，我摆摆手，意思是请他放心，我还能坚持。我看到他的脸色煞白，嘴唇乌紫，比我还缺氧，我示意他自己用，他也摆摆手。

就这样，我们张大着嘴，一步一步地往上登，越爬越感到呼吸困难，头昏目眩。当我走到汉尔加称为九岗十三坡处时，突然觉得拼尽了全身力气，身不由主地跌坐下来。**当时想着：赶快站起来！可就是没有一点力气。意识也还清楚，想到聂荣臻告诫过我，爬雪山时，千万不能停留，许多红军都是因为一坐下，就再没有站起来。**可这时想归想，就是力不从心，只好由它去了。

就在我渐渐迷迷糊糊时，感觉有人把我扶了起来。只听得"啊！啊！"的声音，就是无力睁开眼睛，过了一会儿，才看清是杜宝玉。**我想起许多老红军和汉尔加说的话：下午两点前一定要翻过山，否则就返回。这是为**

什么，我还不清楚，反正有名堂。因此，我只好头昏脑胀地一边呕吐，一边继续赶路。

这时，杜宝玉让我前面走。走了一段，我的耳膜发痛，已听不见别人走路的声音。我想起陈先云他们背着我的行李，还有医疗用品，走得很吃力，先前已落了一段距离，现在不知跟上来没有。想到这里，我回了一下头，看见了远处的陈先云和扎尔坚。目光收回时，却不见了身后的杜宝玉：原来他正坐在路边呕吐。我转身几步，很艰难地把他拉了起来，也“啊，啊”地闷吼了几声，然后两人互相搀扶着，终于爬上了王母寨山口。

越过了山口，就进入阿坝州的小金县（红军时期称懋功）了。我们一行在下午两点差十分钟，都越过了山口。这个山口，有几件很神秘的事情值得一记。

一是爬上王母寨山口前，我们遇到的是黑雾或雨，没有见到雪，遍地是水。但一过山口，遍地皆白，地被冻得梆梆硬，雪地望不到尽头，空中还飘着小雪。

▲四川省小金县（红军时期称懋功），是长征时红一、四方面军会师的达维桥所在县。图中的教堂是红一、四方面军会师旧址。

二是我们到达山口前，雨停了，天上铺着淡淡的云彩，我们以为好天气要来了。谁知过了山口，到了北山坡不到十分钟，只见山口南边乌云翻滚，不一会儿，冰雹直砸下来。我们翻过山口后，走了几十米才休息，可冰雹就是不打过来，真是太奇怪了。我们不禁先后返回山口，想看个究竟，只见比啤酒瓶盖还大的冰雹正互相打得飞溅，不久就铺了一地。风助云涌，而冰雹就是不越过山口，这是怎么回事？汉尔加说：“我郎格晓得，我只晓得两点过后一定会下大雪或是下冰雹，但就是下不过山这边，所以刚才催着两点前一定要翻过山。”这也算不了解释。

三是之所以称王母寨山口，不是因为这里有个寨子，而是因为有个庙。这个庙是用石块垒起的，石板盖顶，高不到1.2米，宽约90厘米，进深约1米，里面端坐王母娘娘的雕塑，面前摆放着9根木棍。汉尔加说：“凡上下山的人都需在王母娘娘面前交换拐棍，才会受到保佑。”他把上山的拐棍放下后，随手捡了一根，转身对我说：“你手上的铁拐棍就不用放下了，靠它，已走了几千里，还有几千里要靠它，大家祝福你，王母也会保佑你。”

1985年6月22日　晴

小金县沃日乡

从王母寨山口翻过雪山，明显发觉气候、地理风貌、风情不一样了。

从宝兴县的硗碛开始爬坡，30多里路上，都是树木和溪水；由普生岗再往上爬，到了海拔3000米处，基本上以灌木为主，杂以针叶树；从此往上直到山口，都是草甸子。翻越海拔4145米的山口后，就是夹金山的北坡，属小金县地界，基本上是被冻得很硬的雪地；下到海拔3500米处，就可以看到稀疏的草丛，却找不到成片的青草，更没有草甸子；再往下走，以针叶林为主。这里有一样是地处南坡所见不到的，这就是药用植物和保健品植物较多：地上有羌活、黄芪、贝母等，林中有沙棘和20多种长着野果的树，向导虽叫不出名，却摘来吃。在我们休息时，汉尔加常提醒我们：一坐下就能坐着7种药材。果不其然，藏族向导指着我们坐过的地方，说这棵草是什么药，那棵草是什么材。我们不识货，每人只是抠了一大把贝母。我在甘孜州的山上见过沙棘，但没有这里多，这里的沙棘树成片成林，枝条上挂满小红果，煞是好看。这种沙棘果，我听说过，含有多种维生素和其他营养成分，其中维生素C的含量较柑橘类高10倍。

我们从王母寨山口下到山脚，走30多里，见到一条30多米宽的河，水流湍急，清澈浪白。河上有一座木桥，宽约3米，长40多米。桥看上去很普通，其实很有名气：1935年6月12日，红一方面军和红四方面军的先头部队就是在这座桥上会师的。这座桥的造型仍和当年一样，一部分木桩也是当年的，桥下的河仍是原来的名字：达维河。

走过达维桥，百十多户人家，风情和山南完全不一样了，村里建有很

▲这是红一、四方面军会师的夹金雪山下的达维桥。（罗开富摄）

大的一座喇嘛寺，村外插有很多经幡，房屋大多是石片垒起来的，有着浓厚的藏族风格，不少人家里设有经堂。当地人对外乡人很热情，把我和李江天安排在一间小屋里后，很快送来了热水、开水和羊肉面条。向导告诉我们：这间小屋是村里较好的屋子。

写稿之前，我和江天在村里串起了门，走到哪一家，房主人都热情让坐，连小孩子也不例外。藏族人喜欢养狗，这些狗个子大，性凶猛，房主人怕惊吓了我们，往往是叫小孩把狗拦住，生怕我们不进门，使我们甚为感动。我们在泽初家坐了好一会儿，发觉她的汉话讲得还行，我们基本能

▲四川宝兴县的藏族同胞特尔巴洛于 1935 年 6 月为红军带路，翻越了夹金大雪山。50 年后的 1985 年 6 月，他的儿子汉尔加（中）为作者当向导，上下 90 多里，安全地把作者送到懋功(今小金县)，这是分别时的合影。

听懂。看我们赞扬她，她站在一旁的儿子姚世华不服气地说：“还不是我阿爸教的。”原来她的丈夫是汉族，名叫姚树荣。泽初笑着反驳儿子：“教个话有啥稀奇，不是我教他，你们能吃上糌粑、喝上马奶茶、披上毡子？”看得出来，这是一个民族团结的家庭。

今天我们一早离开达维村，沿着达维河向西走了60多里，沿途只见到两个村子，夜宿沃日村。村里也有喇嘛寺，晚上，寺里仍有念经、转经的人；村里也有文化夜校，一派祥和的气氛。由于从山南湿润地区过来，现在到了山北，只觉得风大、干燥，加上海拔还在3000多米，高山反应仍未退去，走路写字总觉得有点打晃，精力不能集中，只好明天再记。

1985年6月23日　晴

小金县城

今天走的路少，从沃日村向西走40多里，就进了小金县城美兴镇。

沿途给我的印象是“两多”，另外我还看到了一种奇怪的建筑和与当地历史有关的山洞。

一是矮枝苹果树多，河的两岸到处都有挂着鸡蛋大的果，还不到收获季节；二是城里人喜爱却又难种活的海棠树多。这里的海棠不是人工栽的，是野生的，当地称它为杂木，砍来当柴烧。我沿达维河走了两天，经过三四个村寨，看到许多人的家门口都堆着这些“杂木”，觉得怪可惜的。

我一路上，经过的村寨，大多是藏、汉、回民杂居。他们依山傍水，用片石造屋，这在其他地方不易看到；更不易看到的是：大多数村寨里都高耸着一座碉楼。远望碉楼，很像城里大工厂的大烟囱，只是更粗一些而已；近看却发现大不相同，它是四方形的，也是用片石垒起来的，还有枪眼。经了解得知，这是过去由于反动统治者挑拨民族关系，民族之间和民族内部彼此争斗、“打冤家”时作瞭望和防御用的。新中国成立后，各民族团结和睦，这种碉楼早已没有用了，为什么还不拆掉呢？陪我走了两天的达维区委书记式勒（藏族）告诉我：“为了让后代了解过去，更加热爱红军和共产党。”

两河口村全景。（罗开富摄）

▲红军经过藏区的普遍面貌：有村庄就有碉楼。这是红军长征时就有的，这是在红一、四方面军达维桥会师后向懋功前进的路边拍摄的。（罗开富摄）

我从夹金山的半山腰开始到今天，沿途看到了不少山洞。因为这里的山体都是以砂砾为主，故一看就知道不是天然形成的，而是人工开挖的。这些山洞深浅不一，我看到的最深的有十来米，要躬着腰才能进出，向导说还有几里长的。不论深浅，当地都称它为淘金洞。

今天，我才有点明白，为什么在清代还被叫做甲进达（藏语，弯曲道路之意）的山后来被人们改称为夹金山；红军经过的懋功县，为什么1953年改成了小金县。几百年来，这里的人们一直在淘金，那么究竟过去产金有多少？访问了

▼雪山草地8万多平方公里内藏族同胞住房的基本面貌。摄于1985年6月拍摄。（罗开富摄）

▲雪山脚下的藏族民居。（罗开富摄）

很多人，都说不清。但有一点可以肯定，这里曾出现过淘金热，这么多山洞就是明证。

现在的情况如何呢？我沿途先后看到四五个人在山上挖金，或在达维河里淘金，看得出很累人。我问了两位藏族老人，得知淘金者平均每天收入四五元。当地的藏族人不会说假话。因为无金可淘，我在沿途没见几个淘金者。

1985年6月24日　晴

小金县城

俗话说：行万里路，读万卷书。我已走了一万三千多里了，书读了两百多本，还看了不少名山大川，接触了不少有学问有经验的人，自认为一般常识性的问题是难不倒的。想不到今天我才开了眼界：我不懂、不知道的东西还多得很。

过去听说过，我们吃的苹果都是用砧木嫁接的，却不知道这些砧木都是外国人发现并命名的。今天我在小金县惊喜地了解到，我国已在小金县发现了一个苹果属的砧木新种，即小金海棠。

这一成果的意义是不言而喻的，它从此结束了由外国人长期垄断命名苹果属植物的局面，不仅在学术上是一个重要贡献，在实践上也有广泛的应用价值。这一发现的主要研究人员是成明昊、江宁拱、曾维光、杨小红四人。今天，我在红一、红四两个方面军会师后召开联欢会的小金县城(即懋功)，见到了曾维光。

曾维光是四川江津县人，原在小金县林业部门工作，1981年被评为农艺师。他从1965年开始从事苹果栽培的研究工作。为了保持苹果品种固有的优良特性，一般都不采用有性繁殖的方法，而采用无性繁殖的嫁接方法。要嫁接，就要有砧木，而苹果对砧木的选择性很强。100多年前，一些国家就开始寻找最佳砧木，至今只找到了35种。其中33种都是过去的外国传教士和探险家从我国丰富的植物宝库中找到的。曾维光感到，自己有责任去寻找新的砧木。于是，他冒着风雨寒暑，在夹金山区开始了长期的探索。"文革"中，他的这项工作被迫中断，并被调离园艺场。但他一有机会仍搞试验，最后终于发现用小金海棠嫁接的苹果品质很好，产量比一般砧木嫁接的高三分之一左右，而且具有根系发达、固地性好、抗旱、抗寒、耐涝、耐瘠等优点。当时，曾维光并没有认识到它是一个新种砧木，因为小金海棠和湖北海棠很相似。

1981年7月间，西南农学院讲师成明昊来到小金县，曾维光向他介绍了自己的成果。成明昊把标本带回重庆，在农学院领导支持下，他和江宁拱、杨小红除采用传统的形态学进行比较鉴别外，还采用了细胞学和生物化学分析法进行研究和比较鉴定。这项工作还得到了辽宁省果树研究所、云南大学生物系、东北农学院等单位的专家的支持。经过鉴定，他们都认为小金海棠是一个嫁接苹果的新砧木，是苹果属的一个新种。东北农学院在评议意见中说：这一研究成果在国内外无疑是一个学术上的重要贡献，它对于今后苹果的砧木育种方面可以发挥作用，并可提高经济效益。今年3月，西南农学院学术委员会通过正式鉴定，将小金海棠确定为苹果属新种。一些专家认为，它很有希望成为全国推广的苹果砧木。

小金海棠在小金县分布很广，过去都是用作烧柴，现在已经开始物尽其用了。目前已有安徽、陕西、辽宁、河南等地来信购买小金海棠种子。我想，用红军长征路上的小金海棠嫁接的优质苹果，一定会在全国各地出现。

1985年6月25日　晴

小金县美兴镇

懋功很有名，而提起美兴镇，许多人会觉得很生疏，其实美兴镇就是懋功的县城。

1935年6月，红四方面军为策应中央红军，由红三十军军长程世才、政委李先念率领部队西进懋功，先头部队于6月8日攻占美兴镇，9日向东奔袭，攻占夹金山北麓的达维，12日中午12点，红一方面军的先头部队和红四方面军的先头部队会师达维桥。6月18日，红军总政治部在美兴镇的天主教堂举行了会师庆贺大会。当时县城除了天主教堂和土司的房子，仅有3条破败不堪的小街道。1000多人口，城区不到1平方公里，到处是乞丐的哀嚎、强人的喧嚣、烟馆的嘈杂。美兴镇回到人民手中后，究竟变得怎么样了呢？我把这两天的观感记录如下：

这里四面都是山，达维河穿城而过。城区已扩大到2平方公里，居住着5000多人。这里海拔3000多米，虽然是六月天，又穿着两件毛衣，我仍感觉到冷嗖嗖的。我参观的当年红军会师举行庆贺会的天主教堂和毛泽东、周恩来、朱德等同志当年的住室现在都整修如新。原来破旧的街道和片石垒起的窝棚已找不到了，在五六条宽敞平坦的水泥大街两旁，建起了幢幢楼房。街上的行人有穿藏族服装的，有穿西装和中山装的，也有穿羊皮褂的。外穿羊皮褂，是这里群众的一个习惯，褂里面穿的衣服，质料都很好。姑娘们衣服上的银饰品很讲究，其价值一般高达百元。在商场里，全国各地的日用品几乎都能买到。更使人高兴的是营业员的服务态度特别好，我走了30多家商店、饮食店，没有看到一个营业员出言生硬或板着面孔不理人的；我在十字街口一家副食商店里，看到一位顾客挑选十几种香烟，一一询问价格，最后一包未买，营业员仍和气地向这位顾客道了一声再见；我穿着一身破旧又有泥痕的衣服，跟随一对穿西装和几位穿藏袍的顾客走进一家国营饭店，受到了同样热情的接待。营业员们不以衣帽取人，实在值得称赞。

美兴镇不仅人的心美，风光也美：离开美兴镇十多公里，我看到了高原上的海子，水很清，可见水草和游鱼。向导告诉我，今天来的不巧，平时还可以看到藏胞狩猎的场面。站在美兴镇的街头，可以看到虹桥山的重

峦叠嶂和巴郎山的巍峨壮丽。这里有号称四姑娘山的四座山峰，纤秀俊俏各有风韵，奇花异木、流水飞瀑，令人神往。这里不仅是游览风景区，也是登山的好场所。近年来，日本、美国的登山队都曾来此登山，流连忘返。外国游人曾建议我国在这里开设第一所登山学校。

美兴镇地处偏僻，人们不大了解她。其实她离成都不到300公里，公路要是修到三级标准，乘车一天可以到达。写到这里，我觉得自己是个幸运者，因为我比千千万万的人先一步领略了这边远雪域奇异壮观的景象。我相信，再过几年，这里定会成为旅游的热点。

1985年6月26日　晴

小金县城

1935年6月12日，红一方面军先头部队翻越夹金山，与红四方面军先头部队会师。9月11日，毛泽东、周恩来率红军右路军部分红军走出四川若尔盖县，进入甘肃迭部县。这其间整整3个月里，两大方面军的活动范围全部在雪山草地。

▶四川省小金县的一位藏族老人，接受作者采访时在思考。(罗开富摄)

我翻越夹金山已有5天，从现在开始，我不仅要走两个方面军的路，还要记两个方面军的事。因此，这5天来，我一直在研究有关史料和查阅路线，我想从今天开始，先把红四方面军的发展壮大情况和进军懋功的过程等陆续整理出个大概，以免主题线索多，记述纷乱。

红四方面军，是红军三大主力之一，是一支在中国共产党领导下英勇善战的部队。鄂豫皖边界地区，是这支红军主力的诞生地。1927年8月，党在武汉召开“八七”会议后，鄂东北的党组织领导了黄安、麻城地区工农起义，组织起工农革命军鄂东军，1928年7月改编成中国工农红军第十一军第三十一师。1929年夏到1930年1月，党又在河南商城和安徽六安、霍山举行了工农起义，组建了红十一军的三十二师和三十三师。1930年3月，中共鄂豫皖边区特委成立，将这两支部队改编为红一军。

1931年4月，中共中央特科主要负责人顾顺章从上海护送张国焘、陈昌浩等到鄂豫皖工作（顾顺章返回途中，在武汉被捕后叛变）。5月12日，鄂豫皖区成立中共中央分局，张国焘任书记。

1931年11月7日，红四方面军在黄安七里坪成立，下辖红四军和红二十五军，共3万多人。这时张国焘兼中共中央鄂豫皖中央分局军委主席，红四方面军总指挥为徐向前，政委为陈昌浩、政治部主任为刘士奇。

红四方面军成立后，在与敌人的斗争中不断成长壮大，从11月22日攻克黄安县城到1932年5月8日取得苏家埠大捷的半年多时间里，共击毙、击伤和俘敌3万多人，红军部队发展到6个师，5万多人。

这时的张国焘被胜利冲昏了头脑，认为国民党军队不堪一击，要红军“准备夺取武汉”。

1932年6月，蒋介石到武汉坐镇指挥，调集24个师又5个旅、约30万人对鄂豫皖根据地进行“围剿”。张国焘提出要坚持“不停顿地进攻”，但终因敌强我弱，加上张国焘战略指挥上的错误，红四方面军未能打破“围剿”。这时的张国焘由“左倾”轻敌变成右倾恐敌，实行退却逃跑主义，于1932年12月率红四方面军所剩约二万红军进入川北。在徐向前等指挥下，12月25日，先头部队攻占通江县城，红军声威大振，川军望红军而退。6天后的1933年1月1日，红军攻克南江城；紧接着于1月23日解放巴中。由于川北有罗世文、张逸民领导的红军，群众基础好，红四方面军来到川北后，组成工作队深入群众，发动群众分配土地，很快建立起以通江、南江、巴中为中心的川陕根据地。1933年2月7日，在通江城召开了川陕省委第一次代表大会。会上产生了川陕省委，袁克服任书记，袁克服、曾中生、吴永康、郑义斋、傅钟等为委员。2月中旬，召开了川陕省第一次工农兵代表大会，成立了川陕省工农民主政府。川陕革命根据地当时的最高军事领导机关是西北革命军事委员会，张国焘任主席，陈昌浩、徐向前任副主席，曾中生任参谋长。四方面军成立总指挥部，徐向前任总指挥，陈昌浩任政委，王树生任副总指挥，陈昌浩兼总政治部主任，傅钟、曾传六任副主任。

1985年6月27日 雨

小金县抚边乡木坡村

今天早上，我告别了小金县城美兴镇，顶着大雨，走70多里，夜宿木坡村。

人虽离开美兴，但心里还在想着那两座铁索桥。

美兴镇东8公里处，雪山上奔腾而下的达维河和抚边河在此交汇。离这个交汇处不远，两条河上各有一座铁索桥，名字都叫猛固桥。早上我经过这里时，问向导这是为什么？得到的回答是：第二座桥建好后，当地人一下想不出比第一座更好的名字，就以第一座桥命名了。我说搞混了怎么办？向导说："这好办，用达猛固、抚猛固区分开就要得了。"我很受启发：世上有些事情本来可以简单化，却被我们自己搞得很复杂。

这两座铁索桥不仅同名同姓，连桥梁的构造、铁索的粗细、数量等也基本一样，而且，它们同泸定桥也基本一样，只是跨度小一点，看来用的基本上是一张图纸。向导告诉我，这种铁索桥在小金县等地还有好多座。凡是见过这种铁索桥的人，我相信都会被它那凌空悬索的奇异构思所折服，也会被它那下压狂流恶浪、上拥雪山蓝天的非凡气势所震慑。

中央军委领导红一、四方面军的指战员经过懋功时，都跨越过这两座猛固桥。如今铁索上的桥板已没有了，人们已不再需要它们了，在这两座桥的旁边，已建起了两座钢筋水泥公路桥。近看，四桥相距不远，有点拥挤；远眺，却让人生出无限暇想和思索：铁索桥承载了多少艰难，目睹了多少兴衰，留下了一代又一代人奋斗的足迹。正是昨日仁人志士的艰难奋斗，才赢来了今日水泥桥上的车水马龙。

这四座桥边的美兴镇，当年称为懋功城。红军第一次攻占懋功的时间是1935年6月8日：红四方面军三十军军长程世才、政委李先念率八十八师和红九军二十五师、二十七军各一部西进懋功，迎接中央红军的到来。他们从汶川出发，日夜兼程，翻越虹桥雪山，穿越崇山峻岭，沿途打了大小20多仗，3天走了320里，到达懋功城下。红二十五师先头部队在师长韩东山率领下，在猛固桥上与敌搏杀，在城外城内歼灭守敌邓锡侯部两个营和地方武装近千人，终于完全占领县城。紧接着韩师长命七十四团团长杨树华带领三营，于次日东出夹金山，占领达维。6月12日中午，该部与红一方面军的先头部队王开湘团长、杨成武政委率领的红四团会师达维桥。

6月14日，毛泽东、周恩来、朱德等中央军委领导翻过夹金山，到达达维，受到韩东山师长率领的红四方面军先头部队的热烈欢迎。毛泽东在达维一座喇嘛寺里，向韩师长详细询问了有关情况。当晚，红军在达维举行了联欢会，周恩来主持，韩东山代表红四方面军讲话，毛泽东、朱德在会上讲了话。**据韩东山《攻克懋功，会师达维》回忆录记载，毛泽东在会上指出：**

“这次会师具有伟大的历史意义，是红军战斗史上的重要一页，是中华苏维埃有足够战胜国民党反动政府和完成北上抗日任务的力量表现。我们在中央苏区就知道四方面军的同志在党的领导下，作战英勇，创造了川陕苏区，消灭了很多敌人，各方面都有很大成绩。

我们红军是打不垮、拖不烂的队伍，是劳动人民求解放的队伍。我们从离开中央苏区那天起，每天都是同超过我们几倍的敌人作战，但是敌人

▼这是红军长征过夹金山后曾经过的猛固桥，和泸定桥的设计都是一样的，旁边为今人建的水泥桥。（罗开富摄）

的围追堵截不仅没能消灭我们，而我们却大量消灭敌人。战斗中虽然有一些伤亡，但我们却锻炼得更加坚强，扩大了革命影响，沿途洒下了革命种子……"

会师的胜利证明我们的红军是不可战胜的！

今天胜利会师了，我们一、四方面军是一家人，要在党中央领导下为彻底消灭蒋介石反动派，赶走日本帝国主义而共同奋斗！

▲李先念

6月18日，中央军委领导跨过猛固铁索桥，进入懋功城。在这里，毛泽东亲切接见了李先念。红军总政治部在这里召开了红一、四方面军驻懋功部队的联欢会。6月23日，中央军委领导又跨过猛固铁索桥北进，夜宿抚边乡。这个乡有木坡等10多个村寨。此时，殿后部队还驻守着达维和懋功城，7月初才开始北上。

抚边乡地域很大，但人口不多，聚居着藏、汉、羌等民族，藏族居多。我今晚住在木坡村，这里海拔高、气候寒冷，此时正值6月，村里人也围着火炉。夜深了，许多老人还不肯离开我的小屋子，他们争相告诉我当年红军遵纪爱民的故事，神情兴奋而真诚。现在已凌晨3点多钟了，我的心还被深深地感染着。

1985年6月28日　雨

小金县抚边乡

今天夜宿抚边乡政府的一间办公室里，有现成的桌子，不用搭木板。我在办公桌上摊开资料和笔记本，继续把前天（6月26日）日记里记述的红四方面军的有关情况写下去。

1933年1月，红四方面军建立起以通江、南江、巴中为中心的川陕根据地后，蒋介石和四川军阀大为恐慌，蒋介石立即委任四川军阀田颂尧为川陕边区"剿匪"督办。2月12日，田颂尧出动38个团近6万人向川陕根据地围攻。徐向前等率红军诱敌深入，历时4个月，歼敌2万，缴枪8000支，川陕根据地扩大一倍，纵至200多里，横达300多里。1933年10月，蒋介石又委派四川军阀刘湘发动了对红四方面军的六路围攻，我红军经连续10个月的英勇作战，到1934年9月下旬，终于粉碎了20万敌军的围攻，毙敌万余人，俘敌2万多，缴枪3万余支，炮100多门，还击落敌机1架。

蒋介石不甘心失败，从1934年10月起又部署新的“会剿”。进攻红军的敌军先是刘湘的部队，1935年1月开始，胡宗南的部队也到了广元、昭化一带。张国焘一看这阵势，开始害怕了：他想到中央红军已放弃中央苏区西征，也想放弃川陕根据地，遭到徐向前等人的抵制。红四方面军为配合中央红军在川南、黔北的活动并扩大苏区，决定西渡嘉陵江向梓潼、江油地区发展。1935年3月28日晚，嘉陵江战役打响，红三十军冒着枪林弹雨，从塔子山附近渡江成功；红三十一军击溃敌一个旅，在鸳溪口强渡成功；红九军在阆中北渡过嘉陵江。红四方面军在24天里歼敌12个团，于4月21日胜利结束嘉陵江战役，控制了东起嘉陵江、西至北川、南至梓潼、北到川甘边界的广大地区，既配合了中央红军四渡赤水、南渡乌江，甩掉追敌去渡金沙江，也严重地威胁到当时国民党统治的四川成都。此时的形势本来对我军有利，可是张国焘却害怕敌人又要来“会剿”，借口川陕根据地当时存在的暂时困难，不同在前线指挥的红四方面军领导商量，也没有向中共中

▼红军翻越过的著名雪山有五座，其实不知名的雪山还有好几座。记者即将要去爬的小金县抚边雪山（远景的雪山）就是其中一座。（罗开富摄）

◀反『围剿』中的红军战士。

央请示，就决定放弃川陕革命根据地，西进岷江地区。**1935年5月初，红四方面军5个军11个师33个团，以及党政机关、学校、工厂等共8万多人开始了长征。**

5月中旬，红九军、红三十军经北川攻占墩上、土门，沿途击溃敌人5个团的堵击，占领茂县、理番等地；红四军、红三十一军击溃沿途敌人，占领了松藩、平武以南地区。红四方面军总部设在理番县的杂谷脑镇，即今理县县城。

红四方面军控制了四川北部以茂县、理番为中心的广大地区，为两个方面军会合创造了条件。此时张国焘的野心却也开始膨胀起来。1935年5月18日，张国焘到达茂县，过了没几天就擅自成立了“中国共产党西北特区委员会”，内设政治局，俨然党中央的组织机构。5月底，在中央红军正强渡大渡河、夺取泸定桥时，张国焘在杂谷脑又宣布成立“西北苏维埃联邦政府”，自任主席，并向全国全世界发表了“成立宣言”、“西北联邦政府第一号布告”。

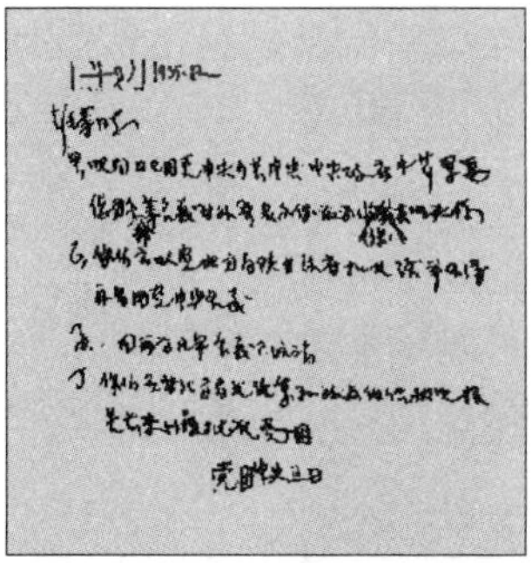

▲1935年12月，张国焘发给彭德怀、毛泽东的电文原件。

明眼人一看就知道，张国焘太狂妄了。为什么如此？他当时就说过：“谁有军队，谁最强，谁就应该当领导。”基于这种狂妄和野心，在党中央领导6月中旬率主力翻越夹金山后，张国焘得知中央红军只剩下不到三万人时，就一直安坐杂谷脑，直到6月20日，中央致电张国焘到懋功的两河口开会，毛泽东、周恩来、朱德、洛甫（张闻天）等于6月23日已到了两河口等候时，张国焘才于6月25日到达。而从杂谷脑到两河口，骑马顶多两天路程。

明天我就可以走到两河口。50年前的明天（即1935年6月29日），中共中央在两河口召开了政治局常委会议。会议的情况明天再记。

1985年6月29日　阴

小金县两河口

今早从抚边乡登程，沿红一方面军北上路线，爬了一天坡。早上穿着棉衣还觉着冷，中午云开日出，骄阳如火，穿着单衣还觉得热。下午3点钟左右，大雨狂浇，天气又凉了起来。穿着雨衣，又冷又不透气，全身觉得湿漉漉的。今天又一次领会了“都说雪山风光好，就是天气受不了”的含义，只走了70多里路，我们就被折腾得筋疲力尽。

两河口村海拔3200多米，因位于梦笔河与虹桥河交汇处而得名。红军长征途中，曾在这里召开了党中央政治局会议和政治局常委会议。村庄很

◀两河口会议中央开会的楼房。（罗开富摄）

大，有上千人口。60年代设镇，现为乡政府所在地。村北是梦笔雪山，村东是虹桥雪山，村南还有两座大雪山。我在村里抬头上望，蓝天下的雪山银装素裹，十分壮观。这里属高寒山区，去年10月播种的小麦，现在才抽穗扬花。

红军长征期间，川陕根据地的红四方面军粉碎了敌人的六路围攻，而张国焘却主张放弃川陕根据地，向西退却。1935年6月中旬，中央红军进入四川西部懋功地区。此时日本侵略军已大举进关，威胁平津，蚕食华北。国民党政府与日本侵略者签订了卖国的《何梅协定》，激起全国人民的极大愤慨。**6月15日，毛泽东、周恩来、朱德等同志以中华苏维埃共和国中央政府和中华工农红军革命军事委员会的名义，发表了抵抗日本并吞华北的宣言，公开申明了红军北上抗日的坚定方针。**6月16日，党中央打电报给张国焘，告知党中央关于北上抗日和建立川陕甘革命根据地的意见。**6月26日，党中央在两河口一座关帝庙里召开了政治局会议，一致通过了《关于目前战略方针的决定》：**

“（一）在一、四方面军会合后，我们的战略方针是集中主力向北进攻，在运动战中大量消灭敌人，首先取得甘肃南部，以创造川陕甘苏区根据地，使中国苏维埃运动放在更巩固，更广大的基础上，以争取中国西北各省以至全中国的胜利。

▶两河口会议原址背面。（罗开富摄）

（二）为实现这一战略方针，在战役上必须首先集中主力消灭与打击胡宗南军，夺取松潘以北地区，使主力能够胜利地向甘南前进。

（三）必须派出一个支队向洮河、夏河活动，控制这一地带，使我们能够背靠于甘、青、宁、新四省的广大地区，有利地向东发展。

（四）大、小金川流域，在军事、政治、经济条件上均不利于大部红军的活动与发展。但必须留下小部分力量发展游击战争，使这一地区变为川陕甘苏区之一部。

（五）为了实现这一战略方针，必须坚决反对避免战争、退却逃跑以及保守偷安、停止不动的倾向。这些右倾机会主义的动摇是目前创造新苏区的斗争中的主要危险。”

6月29日，中央政治局在两河口召开常委会议，出席会议的有周恩来、洛甫（张闻天）、王稼祥、毛泽东、博古（秦邦宪）、张国焘。会议研究了目前的时局，通过了《关于松潘战役的计划》，决定张国焘为中革军委副主席，徐向前、陈昌浩为军委委员。

1985年6月30日　晴

小金县木城牧场

1935年6月底，红军主力离开两河口，翻越了长征途中的第二座雪山——梦笔山。

梦笔山位于小金县与马尔康县的交界处，海拔4500多米。梦笔山藏名为“蒙窄娜”，是万人之路的意思。相传古代一位将军由马尔康去懋功途中，丢失了一支心爱的毛笔。当晚梦见仙人指点，第二天派人返回山上寻觅，果然找到了，遂称此山为梦笔山。梦笔山的地势虽比夹金山平缓，但它仍是一座充满艰难险阻的高山。我6月30日离开两河口村，冒雨爬了8个多小时，才到达地处海拔3600多米的木城。其实这里并没有城，四周几十里荒无人烟，只有一个牦牛牧场，牧场有24户牧民。我们到达时，这里除了几个小孩，大人们多到水草丰盛的地方游牧去了，只留下牧场负责人、一位会计和一名女教师。他们给我煮粥吃，由于空气稀薄，总煮不熟，后来用了女教师的高压锅，才解决问题。由于高山缺氧，我感到头痛胸闷，吃不下东西。在昏暗的烛光下提笔写稿，手软心慌，笔好像要飘起来。把

◀两河口会议会址背后的庙宇大门口，已毁，这是照原样复建的。（罗开富摄）

▶上图庙宇侧面。（罗开富摄）

一、四方面军会师后，中央召开两河口会议的会址对面的民房。（罗开富摄）

▲在红军翻越的第二座雪山——梦笔山麓，当地的藏族群众为毛泽东塑像，以示永久纪念。（罗开富摄）

所有御寒的衣服都穿上，仍感到寒冷彻骨。

我了解到：木城牧场的24户牧民是为了供应城镇更多的肉食和奶制品，特地从条件较好的地方搬到这里来放牧的。那位女教师也是为了让牧民的孩子读书，从县城附近来到牧场的。这位女教师是高中毕业生，名叫孟庆莲。她到牧场一年多了，看上去仍像个城镇姑娘。这里生活艰苦，没有青菜，吃水也困难，没有电灯，更没有文娱生活。我问她为什么到这个地方来，她指着全校仅有的16位学生说，因为他们需要有人教。

写完上面这段文字，我趴在木板（搭的桌子）上睡着了。由于不适应高寒气候，吃什么，胃里就往外顶什么，睡着不久，又被胃里的酸水顶醒了，更觉得彻骨的寒冷。望着火盆边的一碗蒜苔，我不禁又激动起来：这是今天下午从两河口爬山经过最后一个小寨子黄草坪时，一位藏族李大娘送的，她对我说："离开这里，再找不到村寨，也找不着蔬菜了，带着这蒜苔，遇着放牧的，请他们煮给你吃。"说完，把一小捆蒜苔交给了向导古和荣。今天晚上（实际上是昨夜黄昏），向导请孟庆莲把蒜苔煮熟了，大家又都舍不得吃，执意让给我，可我又吃不下。

手表的指针已指到凌晨4点了。在空旷又漆黑的山上，牧场静得使人心慌。牧场无遮无拦，狼群经常光顾，除了16名小学生和1名教师住的地方有一点遮拦外，其他帐篷和木板房都散搭在约两平方公里的山坡上。大家(其实今晚除学生和老师外，这么大的地方只有53岁的牧场支部书记牟少清及牧场会计、陪我翻雪山的解放军军官芶文学和吴庆荣、向导古和荣以及我共6人）怕我被狼群袭击，轮流在我住的地方巡逻。这时，我又听到了时远时近的脚步声。我握着手电，开门一照，果然是他们。老支书牟少清高

▲在梦笔雪山坚持多年教育工作的藏族女教师孟庆莲。（罗开富摄）

兴地说："狼，有我们管着。我急的是不敢进门，怕影响你写东西，又怕你冻着，这里今晚没有风，空气少，又流不动，炭火就生不着啦。"说完，脱下羊皮大衣就往我身上披。我推辞说身上已穿着棉大衣了，他一面给我披上，一边说："你那棉花衣这么薄，到雪山上就不顶用了。到了我们藏族地方，能让你这位汉族同志冻坏吗？"一席话，说得我浑身暖和起来。

1985年7月1日　雨

马尔康县卓克基

从小金县的抚边算起，已经爬了两天。今天从木城牧场往上再爬16里，就可以翻越红军经过的第二座雪山——梦笔山的垭口，进入马尔康卓克基了。

考虑到今天的路更难走，空气更加稀薄，我们一早就出发了。出发前，没有见着一个小学生，牟支书说，孩子们都上山找野菜去了。

进入雪山区总觉得要学的东西很多，如雪线这个概念：过去我总以为它是指雪下到的地方与未盖雪的交界线，这几天我才弄明白，**在这个地方，不论见没见着雪，以海拔3900米为雪线，怎么知道它是雪线呢？**人们不可能上山都带着高度计，也没有标志牌，更找不到人。**其实很好判断：雪线以上不长树，只长一些青草和野花，树木与草甸的自然分界处，就是雪线。**掌握了这一点，就能大致知道自己在海拔的什么位置。今天早晨，当我们走到树木与青草交界处时，看到孟老师和她的学生正挥手向我们告别：他们正冒着小雨，在找野菜。

从木城牧场翻过梦笔山垭口，到马尔康县的卓克基乡，路程80多里，现已通公路。我走的是当年红军所走的小路，迎着风雨，一步一喘，深一脚浅一脚地在泥水中往垭口爬。走不动时，就赶紧靠在拐棍上稍歇一下。小路和公路在垭口处汇合，我艰难地翻过垭口，终于走上了公路。这时，一辆小吉普车在身旁停了下来，车里走出小金县副县长张华鑫。他双手托着一条藏族腰带说：“红军过梦笔雪山时，群众很穷，只能把腰带送给红军扎在腰上避寒。请把这条腰带带回北京，交给老红军，以表达全县各族人民对他们的思念之情。”他又转身从车里捧出一大把野菜说，这种野菜叫石格菜，当年红军缺粮，就是靠吃石格菜翻过了梦笔山，因而群众叫它“红军菜”。这一大把石格菜，是木城牧场女教师孟庆莲带领学生，今早特意为我采集的。

当地党和政府一直教育青年人，不能丢掉红军艰苦奋斗的光荣传统。他们把“红军菜”送来，是表达长征路上的青少年永远听党的话、继承红军志，建设四化的志向，同时也希望我好好向红军学习，一步一个脚印地走下去。

我激动地收下了这两份珍贵的礼物。初夏，梦笔山上遍开着鹅黄色的小雪莲花，它植根于人迹罕见的土地上，经受着风寒，在雪线上默默地开放。看到小雪莲花，我想起了孟庆莲老师。木城牧场的牧工们喜爱山间的小雪莲，更喜爱生活在他们中间的孟庆莲老师，可巧她的名字有个“莲”字，牧工和学生们就把她比喻为“小雪莲花”。

昨天晚餐时，我采访过孟老师，今天又接受她赠送的“红军菜”，心里不由生出许多感慨。

木城牧场的小学是1978年上半年开办的。第二年下半年，惟一的一位老师因故离开了牧场，学校不得不停办了；1980年学校复课，因学生家长嫌老师教得不好，全校走的只剩下一个学生，故学校复课一年多后，又停办了。这里属高寒山区，杳无人烟，生活艰苦，请个老师很不容易。两年过去了，直到去年夏天，才请到一位老师，就是藏族姑娘孟庆莲。牧工夏秋出牧，冬天回场，小孩子留在场里，不仅要教他们念书，还得当他们的保姆。这种情况，孟庆莲来牧场后才知道。想到自己是共青团员，想到党组织的教育和期望，她没有退缩，而是坚强地留了下来。除了上课，还要上山打柴，下沟提水，帮学生做饭洗衣，护理学生睡眠。场领导的关心和帮助，使她增强了克服困难的决心。她父亲孟华贵明白女儿的志向，常抽

▼1985 年 7 月 1 日，作者登上梦笔山后拍摄雪山景观。（阿坝报 郝冀川 摄）

空到山上来看她，并对她说：“上辈人要对下辈人负责，千万不要糊弄下辈人，要是不把学生教好，就要误了一代人。”这些话对庆莲教育很大，使她明白了自己的责任。学校离她家有80多公里，从去年上山到目前为止，她只在春节时回了一次家，其他时间都和学生在一起。我参观了她的宿舍：在11平方米的小屋里，她的铺和6岁学生金花花、9岁学生魏元章的铺连在一起；剩下的狭小空间里，堆放着几袋粮食和一张小桌子、一堆书报、三个放作业本和衣服的小纸箱，还有几只玻璃瓶，说是用来夜晚装热水，给学生放在被窝里取暖。孟庆莲爱学生，学生家长也无微不至地关心孟老师：常给她捎来食物，怕她煮不熟饭，特意给她送来了高压锅。县里的领导也不断来看望她，场里给她订了报刊杂志。这一切，使她更加坚定了立足山区育新人的信心。她对我说：“这里的孩子需要我，我不能离开他们。”据场领导介绍，今年全校16名学生参加期中考试，成绩都不错，其中5名平均85分以上，有的单科达99分。

常说记者要深入生活，要不是老红军和安岗总编辑给了我这个机会，我哪能深入到这雪山顶上来，也就体会不到牧民缺老师的困难，了解不到牧场里竟有这么高境界的青年。遗憾的是，这样好的老师，却转不了正，连受表扬的机会也基本没有，因为上边有关部门很少有人来。

1935年7月1日，毛泽东、朱德、周恩来、洛甫（张闻天）等翻越梦笔山后，宿营卓克基。半个世纪后的同一天傍晚，我也走到了卓克基。

卓克基是个寨子，59户人家。从寨子往西走16里，就是阿坝藏族自治州（注）的首府马尔康所在地。卓克基是北上草地的必经之路，1935年6月底至7月中旬，红一方面军的主力部队陆续经卓克基北上。

今天我一进卓克基，就觉得一切都很新鲜，发觉真正进入了藏民区。卓克基被梭磨河分成两半，南半部又被北梦笔河切开，故村寨被一分为三。全寨青山绿水，风景秀丽。寨里只有一少部分50岁以上的人会讲汉话，采访多靠通司翻译。据老人们介绍，目前全寨人口与红军来时差不多，最大的变化是群众的生活有了很大改善，特别是近几年，变化更大：红军经过这里时，除了一座官寨外，一般藏民的住房都极为简陋，现在全寨绝大部分是二层至四层具有藏区风格的楼房；全寨有50辆小拖拉机，都是近几年购置的；梭磨河上过去没有桥，当年红军先头部队是乘牛皮船过河的，然后才架了浮桥，60年代，国家在浮桥旧址上架设了公路桥。早年的官寨就

▲雪山草地 8 万多平方公里内藏族同胞住的房子。摄于 20 世纪 90 年代末。（罗开富摄）

坐落在桥边。1935年6月下旬，红军前卫六团进入卓克基时，国民党反动分子胁迫藏民以这个官寨为据点，袭击红军。为了保护无辜的藏民，红军指战员向他们喊话，并在夜里打了几颗信号弹。反动分子以为我军在天上作什么法术，吓得逃跑了，红军就进驻了官寨。这座官寨是木石结构，高13丈，宽21丈，前后左右共4栋高楼，彼此相连。前栋和左右两栋各为四层，后面的一栋为六层，里面可住一千多人。据县党史办提供的材料，毛泽东、朱德、周恩来等中央领导同志曾在官寨里住过。红军走后第二年，官寨失火被毁，后来按原貌修复。现在这座官寨虽已部分坍塌，但仍能领略到它设计别致、结构精巧、造型优美的风貌，它显示了藏族人民高超的建筑技术。

藏族同胞真诚好客，用羊腿、牛肉、青稞酒招待我。我有肝病，不敢喝酒，大家也不多劝。席间，一位乡领导说："罗记者，可惜你的身体走垮了，要是像给你打前站的那位同志一样能喝酒，今夜我们好好干个杯，就痛快了。"

打前站？我的徒步采访可从来没有打前站这一说啊，一旁的州委宣传部干事牟乃尧也觉得惊奇。经过通司的翻译，我终于明白了：又有人冒充为我打前站。据了解，这个人在卓克基骗吃骗住了两天，还骗走了50元钱，说了一些大话，影响很不好。我决定向编辑部汇报。这让我想起了在湖南通道县、贵州惠水县、还有云南曲靖等地采访时也曾有当地有关部门同志向我谈起过：有人来过，说同你一起沿长征路采访，我们都接待了。当时我忙着走路，忙着写稿，根本没有时间去顾及其他的事情。当地同志向我提起时，我还以为是采访长征路的同行呢。今天才知道，是有人冒充为我打前站，骗吃骗住还骗钱。牟乃尧表示要向州委汇报，并向经济日报反映，最好在报纸上刊登声明。

注：作者写日记时候的阿坝藏族自治州，于1986年改为阿坝藏族羌族自治州。

1985年7月2日　阴

马尔康县卓克基

雪山草地，老少皆知。但究竟在哪里？面积有多大？红军是怎么过的雪山草地？很少有人能说清楚。说实话，我在去年出发前，也不太清楚。今天阿坝州委、马尔康县委党史办的同志都到卓克基来看我，向我介绍了雪山草地的情况，提供了许多宝贵的史料，并认真安排了我采访三个方面军的线路和行程，对我帮助很大。今晚把掌握的情况简略记录于下：

▼红军翻越的五大雪山上，至今人迹罕至，植物等原始群落保存完好。图为梦笔山腰的风景。（罗开富摄）

一、雪山草地区域约为82万平方公里，比浙江省的面积略小一些，地处成都市的西北。南至四川宝兴县，北至甘肃迭部县，西至巴颜喀拉山麓青海省的班玛县、久治县，东至四川岷江畔的茂县、松潘县、旅游圣地九寨沟等地。

二、党中央、中央军委和中央领导从1935年6月14日翻越夹金山，进入达维，到9月10日凌晨离开四川若尔盖县，11日进入甘肃，共在雪山草地活动了87天。

三、1935年5月中旬，红四方面军进入雪山草地。张国焘妄图分裂红军分裂党，对中央在西河口决定的北上决议阳奉阴违。在毛泽东、周恩来、洛甫（张闻天）

◀红军翻越的五大雪山下风光秀美。这是作者在阿坝州委宣传部牟乃尧陪同下，正行进在梦笔雪山下的梭磨河畔。（阿坝报 郝冀川 摄）

等率领右路军走出草地的第七天即9月18日，张国焘在草地向左路军发布南下命令，提出“大举南下，打到天全、芦山吃大米去”的口号；10月初，张国焘将已北上的右路军中的红四军、三十军和还在原地的左路军红军指战员，包括红军总司令朱德、参谋长刘伯承等都集中到卓克基、马尔康、松冈等地，开始南下；**于10月24日，张国焘胁迫朱德、刘伯承、原在红一方面军现编在左路军的红五军团、红九军团和红四方面军的同志一起，回头越过夹金山，继续南下，一直南下到泸定桥以南的甘孜等地，直到第二年的7月，这支大军又再度翻过夹金山，进入草地北上。**

四、1936年7月1日，由贺龙、任弼时、关向应、肖克、王震率领的红二军团、红六军团经过千难万险，全部到达甘孜，与四方面军会合，并开始北上。7月7日，朱德、张国焘、任弼时等由日庆渡河北上，到达两河口宿营。一年前的6月25日至28日夜，朱德和毛泽东、周恩来、洛甫（张闻天）等就夜宿两河口，风云变幻，物是人非，朱老总无限感慨。此时，毛泽东等早已到了陕北。这一天，毛泽东等正在陕北安塞。

1936年7月5日，中央革命军事委员会发布命令：红二军团、红六军团和红三十二军组成红二方面军，贺龙为总指挥兼红二军团军团长，任弼时为政治委员兼红二军团政治委员，肖克为副总指挥，关向应为副政治委员，陈伯钧为红六军团军团长，王震为政治委员。1936年8月中旬，红二、四方面军终于走出雪山草地北上。

1985年7月3日 晴

马尔康

马尔康是藏语，名字很好听，意思也不错，翻译过来为“兴旺发达之地”。解放前，这里是一个荒凉的小山寨，名气没有卓克基大，人口也没有卓克基多。我今天见到的马尔康，已是一座初具规模的高原新城，人口已达一万六千多。党的阳光普照，给雪山地区带来了新生，带来了繁荣。

马尔康是阿坝州委、州政府所在地，也是马尔康县委、县政府和马尔康镇委、镇政府所在地，各级领导，尤其是主要领导都是藏族同志。大家对我的徒步采访十分重视，从昨天到今夜，各级领导都分别向我介绍了情况，谈得最多的是昔日的历史、人民的苦难，今日的变化、人民的幸福。

解放前，雪山草地8万多平方公里土地基本属于封建农奴社会。在农区，以土司为代表的农奴主世代占有辖区内全部土地和大部分牲畜，并将土地分为自营的庄园地和农奴的份地，强迫农奴耕种其庄园地，榨取劳役地租；在牧区，作为主要生产资料的牧场，形式上保存着部落公有制，实际上仍为土司、头人所支配操纵。牧民只有在承认对牧主承担一切劳役和摊派的条件下，才能取得牧场的使用权。同时，牧主还占有大量的牲畜。出租牲畜和雇工，是土司、头人剥削牧民的主要方式。农奴主可以任意买卖农奴。农奴分为两类：土司所属农奴称“差巴”，头人和寺庙所属的农奴称“科巴”，此外，农奴主还占有少量家内奴隶。

农奴的悲惨生活，州里许多干部的父辈都有亲身体会。州长葛门基(藏族）对我说：“现在一讲过去，有的人就不感兴趣，甚至反感，这是不对的。讲过去，并不是要人们回到过去，而是让人们了解过去，珍惜今天来之不易的好生活，懂得今天人民当家作主、人人平等是多么幸福。为什么我们雪山草地人那么拥护共产党？就是因为过去受国民党反动派、土司、头人的苦太多太深了。是共产党，是红军给我们带来了好生活。

葛门基继续说：“让人们了解过去，并不是说今天生活好了就可以满足，恰恰相反，我们经常告诉我们的同胞，过去苦，是土司、头人压着，现在没有人欺压，作了主人，再不干好，就得好好想想，是不是懒人，不动脑筋的人，就是你自己的事了。”

我看到了两个数字：去年（1984年）和1983年相比，全州工农业总产值增长百分之八点六；农牧民人均纯收入增长69元5角，达到316元。雪山区自然条件比较差，能取得这样的成绩，很不容易。葛州长说："现在温饱解决了，大家在想着奔小康的事了。请你帮一个忙，如果到了北京，能见到老红军，请他们来看看。那时候，他们在我们这里为国为民奋斗，为解放农奴同敌人斗争，牺牲了不少人，好不容易活下来的，也吃了很多苦。请他们来看看今天发生的变化，一定会很高兴的。"

我对葛州长说："这次我要在雪山草地徒步采访两个多月，会给你们添很多麻烦，叫我办一件事，我一定完成。"葛州长听了十分高兴："好，你这个汉族同志和我们藏族人一样直爽、干脆，要得。"

1985年7月4日　晴

马尔康县三家寨

今天走到了当年红军经过时只有3户人家的三家寨，见到这里有一座阿坝藏族制药厂。它使我想到了史料上的记载：**阿坝州是块药物宝地，素有"天然药库"之称。《中国工农红军一方面军长征记》中就有关于阿坝地区"出麝香、虫草、大黄等名药"的记载。**

▼红军过时的小山寨马尔康，如今已成了阿坝州府所在地。图为马尔康一角。（罗开富摄）

阿坝地处青藏高原东部边缘，地域辽阔，地形复杂，气候差异大，适宜各种中药材的生长。建国30多年来，国家在该州收购的中药材共达15多万吨。**据州有关部门介绍，阿坝州的川贝、羌活、麝香和甘松的年产量在全国同一级地区中名列第一；赤芍、木香、黄芪、独活和党参等十几种药材年产量也名列前茅。**

藏药藏医很有名气，药的疗效、诊断水平都是人们所称道的。这个厂1970年建厂时，投资仅一万多元。为了节约资金，他们坚持因陋就简、勤俭办厂的方针。碾中药的碾槽和煮药的铜锅都是借来的，工厂用的火炉是用酒精桶改装的，我在车间也看到，这个厂的机器设备的确很简陋。在厂长曹继春的带领下，工人们精心操作，坚持质量检验和卫生检查，注意提高产品质量，工厂在困难的条件下取得了良好的经济效益。建厂十多年来，他们生产的药品已销往国内各省市，部分产品还远销到马来西亚、泰国、

▼四川马尔康县一个寨子里的妇女在接受作者采访后集体留影。（罗开富摄）

新加坡等国家和香港地区。该厂干部职工都有股创业的劲头，年年推出新产品，供不应求。该厂生产的33种中成药很受市场欢迎，到去年底，全国各地的订货量已远远超过了生产能力；今年上半年，全国各地发来的订货函电已有近千件。在厂长办公室，我正看着甘肃靖远县一位肿瘤患者要求寄药的来信时，上海南市区中成药供应站求援一批牛黄醒消丸的电报又送到了厂长办公室。厂里的干部和工人说，病人和要货单位急，我们更急，我们加班加点生产，但仍满足不了需要。他们希望能买到几台上海第一制药机械厂生产的“三十三冲压片机”，以扩大生产能力，缓和供求矛盾。

我想，各行各业都有个深入基层的问题，不然就不会出现“城里的东西卖不掉，乡里想买的买不到”的状况。我问厂长，为什么不到上海去买？得到的回答是，听说人家是按计划生产的，买不到，去了没有用。我对他们说，听说毕竟是听说，去上海厂里求援嘛。他们开始议论起来，“这是个好法子”“我看，上海厂里人到四川来瞧瞧就好了”“下来了，不到我们厂里来，也没啥子用”。

其中有一个人很聪明，名叫霍亚辉，他转头对我说：“刚才听陪你来的州委宣传部牟干事说，**《经济日报》发行量一百六十多万份，影响很大，**你帮我们登个报，咋样？”我点着头说：“你好厉害，中午请我吃饭？”他说：“一言为定。”

我在工厂食堂里边吃饭边思考，决定今晚写一篇以“创业艰辛，阿坝年年出新药；扩大生产，希望买到新设备”为题的新闻稿。刚才（凌晨1点）已把稿子交给了《阿坝报》的同行丹泊，请他帮忙去邮局发出。

1985年7月5日　阴

马尔康独旺寨

七转八转，今天转到了独旺寨。当年红九军团进击松冈，就是从这里经过的。

阿坝州辖汶川、理县、马尔康等13个县，其中红原、若尔盖两县的全部和松潘县的西部处于在草地之中，面积2.5万多平方公里；其余的5万多平方公里面积大多在雪山区。雪山区平缓的山坡不多，大多是高山峻岭，海拔至少在3000米以上。高出海拔4500米的雪山，就有名有姓了。

独旺寨是个老地名，不是因为过去有多旺，而是因为寨子四周全是高山峡谷，而寨子前面却有一块五六十亩面积的平缓坡地，可以种庄稼，山上还有水源，这在当地人看来，条件这么好，势必旺。从这可以看出，在这里，找块平地太不容易了。

解放前，独旺寨除了头人，老百姓从来没旺过，一直很穷。1950年，中国人民解放军解放了奴隶娃子，大家分到了地，得到了自由，吃饱了饭，寨门口还修了盘山公路。“四人帮”横行时，群众出集体工，搞大呼隆，谁也打不起精神来。1978年初，群众搞农田基本建设，改变了吃“大锅饭”的做法，实行包工到组。但对外不能也不敢说“包”字，向上级汇报，只说是定额管理。

1979年初，党的十一届三中全会精神传达下来了，大家不但搞承包，而且推行了责任制。阿旺格西等人在副业队承包，不久手头有了钱，就买了一台两轮手扶拖拉机。我在独旺寨见到了阿旺格西，一身藏族服装，腰间插着套鞘短柄刀，很威武。他说：“那时候可威武不起来，因为我买了台手扶拖拉机，有人就说我搞资本主义，但是啥子叫资本主义，谁也说不清。我想等有人向我说清了，我卖掉它，砸掉它都行。后来看到报纸说，听到电台讲，个人可以买，我就又买了一台小四轮拖拉机，不久又买了辆农用汽车。”

▼如今雪山草地的边缘已有了农贸集市。图为马尔康集市一角。（罗开富摄）

阿旺格西当上了全县第一批运输专业户。运输专业户和其他专业户的出现，不仅促进了当地的商品生产，搞活了流通，而且进一步开阔了人们的眼界，改变了农民世世代代“面朝黄土背朝天”的旧观念，逐渐把目光从地里转到其他致富门路上来。如今独旺寨的农民不仅搞种植业、养殖业，而且发挥离城近的优势，先后购买了汽车4辆、小四轮拖拉机12台，成了远近闻名的运输专业寨和富得快的地方。目前马尔康县各族群众跑运输的汽车已达80多辆，拖拉机412辆。但也存在一些问题，据一些运输专业户反映，运输户不管有没有收入，每天都要交养路费。自6月份以来，因油料供应不足，农民运输专业户的汽车已停驶，但仍然要交养路费。他们认为，因油料暂时供应不上而停驶的汽车，养路费应该作一些调整。

每天写新闻，记日记，都会写到喜和忧。每到这时，总会想到，喜和忧总是相伴的，这是自然规律。但有的忧不是客观原因，而是主观原因造成的，比如这里农民运输专业户的忧，可能就是有关部门为了增收、服务不到家造成的。

1985年7月6日　晴

阿坝边角寨

进入阿坝州半个多月了，对这里最深的印象是地广人稀：走上三四个小时，见不到一个村寨，是很正常的事情。不过因此也带来一个最大的好处，就是基本没有污染：山上飞的（瀑布），沟里流的，随便喝。想不到，这么喝了十来天，我的胃病竟然好多了。

这里人少，机构却不少：马尔康县每平方公里的人口密度是9人，在州辖13个县中算中等水平；红原县人口密度是3人；密度最大的是汶川县，也只有21人。如此地广人稀，机构却臃肿重叠。我这些天听到一些干部和群众议论：行政机关搞改革，机构和人员不是少了，而是更多了。由于机构林立，人浮于事，互相扯皮，办一件事很难，只要一个部门通不过，一拖就是几十天。机构多，会议就多，文件也多。人多了，工作反而更忙了。

据了解，1983年机构改革时，经上级批准，阿坝州党、政、群部门应设立38个，而目前是40个；各部、委办的科、室由当时的152个增加到170个；州级的各种领导小组和委员会等增加了56个。目前州级党、政、群机关人员超编340多人。不仅机构增加、人员超编，而且随意提高机构级别，搞升格。机构改革时，有的部门原明确为挂靠级别的单位，而目前有的不受挂靠单位的管理，成了独立的部门，一升格，级别也相应抬高，属于这种情况升了格的部门已有10个。有的领导小组和委员会为了表明自己的权威性，以引起重视，都请州领导来兼职"挂帅"。有位州领导自己也搞不清兼了多少职务。党中央、国务院一再强调不得随意增设机构，提高机构级别，增加机构层次，扩大人员编制，为什么这里的机构却还在扩大、人员不断增加呢？据了解，当地虽有责任，但也有难处。比如一些上级主管部门强调上下对口，下面顶不住，只好增设相应机构。不久前，上级有关业务主管部门还先后要求州里新设27个机构，现在批准成立了6个。一些同志说，有些机构完全可以撤销或合并。比如州大中专招生委员会办公室、高等教育自学考试委员会、农民教育办公室、职工教育办公室、工农教育委员会和电视大学工作站六个部门，业务很相近，有的只是季节性工作，若是合并精简，效率会提高。有的同志说，阿坝州托幼领导小组办公室和家庭教育委员会两个机构的职能本来是妇联的日常工作，不该专设机构，也用不着硬拉副州长来兼任领导。一些同志也认为，精简机构，不要搞一刀切，要考虑和照顾到民族地区的特点。

机构越改革越多，正规部门少了，而各种名义的正式机构却越来越多。我以为这只是大中城市里议论的话题，想不到雪山草地也是如此。看来，是到了彻底解决的时候了。

◀阿坝梭磨河渡口。

1985年7月7日　晴

马尔康县城

俗话说，各行各业都有学问，今天我理了一次发，才知道刮脸的剃刀和洗头的手指竟大有讲究。

我在路上走了近9个月，只理了三次发，那还是向导们找理由逼着我理的，说人太瘦太黑，头发又长，个子又细又高，容易吓着山里的孩子。其实，不是我不讲卫生，而是实在没有时间：每天除了走路，还得采访、写稿，还得找地方发稿，即使跟红军一样，在某个地方休整几天，我也还得每天写稿，有时比每天走七八十里还难熬，因为连续几天停在一个小村寨，可写的新闻也只有那么多；每天都得挖掘新闻，还得抓紧一切时间，找一些当年的见证人了解情况，查对史料，安排下一步行程等。今天上街理发，也是被同行人劝着理的。再过几天，我就要去翻越第三座大雪山——长板山（亚克夏山），尔后翻第四座、第五座，就进入茫茫草地，如果身体吃得消不出意外，也要到9月中旬才能走出草地；同时我还在联系发电机、电台，因为草地里连飞鸟都难见，到哪里去找邮电所发稿！想起这些很具体的事情，心里很有些烦躁。这时候，一米八二个头的丹泊，一口一个“罗老师”，劝我去理发。我想，他劝得有点道理，草地里雨水多，雪山上水气大，头发湿的时候比干的时候多，头发现在已经很长了，若再等几个月熬出草地，不说吓着孩子，也会养出虱子的。那种奇痒难忍的滋味，我在几个月前染上疥疮时，就已尝够了。想到此处，我就上街去了。

凭我的印象，服务业尽管一直在喊“服务一流，质量第一”，但真正好的服务却很难碰到。就拿理发来说，我这次沿长征路采访，在贵州兴仁的一个镇上理过一次发，理发员马马虎虎，把我的头发剪得七长八短，刮得脸生疼，特别是洗头水脏兮兮的，半小脸盆水都发了黑。我让换水，理发员说：问题不大，你回去反正还得洗么。有了这次遭遇，我对那些小理发店早不抱什么希望了，反正都差不多。想不到这次去的理发店却大不一样：墙上没有口号，理发员的脸上却有一份热情；店堂卫生整洁，理发员对每道工序都很认真，竟让我头一回感觉到理发真是一种享受，领略到了马尔康理发师的特技。

店里只有两位师傅，技术非同一般，特别是刮脸的刀法，有轻、跳、弹、拨、行等讲究：当理发师傅用剃刀在颈上轻刮轻跳时，从脖颈到脚跟的神经顿时被牵动起来，使人感到说不出的舒坦；当刀锋移到面部轻刮轻弹时，整个头部的神经似乎都在作轻快的抖动；刀尖转到耳圈，时而轻拨，时而轻翻，只觉得“哐哐”作响，刀收音藏，两耳灵通；在眼睫毛上的行刀功夫，也令人叹服。修面过后，浑身感到轻松，两眼清亮。洗头也有各种手法：理发师傅的双手像是弹琴拨弦，手指抓、弹、揉、按，快慢轻重都有讲究，而且富有节奏感。洗完头，顿感头脑清新，浑身筋舒脉畅。我问了其他顾客，都有同感，说既理了发，又做了一次保健理疗。

给我理发和洗头的是两位师傅，一位名叫崔海青，今年53岁，从14岁就开始理发了；另一位名叫刘子秀，藏族名叫阿吉，28岁，她的技术是7年前从成都一位老师傅那里学的。这两位师傅给我理发时，并不知道我是外地人，由此可见，他们对所有顾客都一视同仁。

据本地一些同志反映，马尔康理发业的优势尚未引起主管部门的重视，传统技艺的保护和挖掘工作做得更不够：老师傅不想教，一些年轻的徒弟不愿学，长此下去，精湛的技艺就有失传的危险。

这种“危险”看来不是耸人听闻，很可能会变为现实。因为手艺不一样，但价格却没有差别，干好干差，收入相同。

1985年7月8日　晴
马尔康县城

翻过梦笔雪山以来，阿坝报记者郝冀川、州委宣传部干部牟乃尧一直和我同行，凌晨时分帮我誊新闻稿。今晨一点多钟，郝冀川又准时来到我的房间，他告诉我，过草地的电台已有着落了，州邮电局答应全力帮助。这个消息扫去了我心中多日的焦急。为了让编辑部放心，我立即去邮电局，给编辑部夜班挂了电话。接话人是总编室负责人李洪波，他们还正忙着做版面。我请他将电台已落实的消息转告记者部庹震主任，免得一直放不下心。

这些天，我一直在想着一件事情：两个方面军会师后，本来形势大好，北上陕甘，大有作为。可张国焘野心膨胀，为所欲为，害得中央军委领导和红一方面军在雪山草地里转战近3个月，红四方面军的指战员还三过雪山

▲红四方面军广大指战员反对张国焘的分裂主义路线，积极拥护毛泽东同志的北上抗日战线。这是他们在草地边缘写的标语。

草地，损失不小。这段历史，从红一方面军翻过夹金山、召开两河口会议前后就开始了，越往后，张国焘的野心暴露得越充分。我打算趁这几天时间相对充裕，就这段历史请教阿坝州党史办的同志，并查阅有关史料。我想用今明两天的日记，把半个世纪前这段历史的有关电文、文件摘抄一些，以备路上写稿和研究之用。

1935年6月11日，中央军委纵队离开天全。6月12日，红一军团二师师长陈光报告："我四团于12日12时在夹金山、大卫（即大维）之间与四方面军八十团取得联络。"

6月12日夜，徐向前致电毛泽东、周恩来、朱德，报告川西北敌情和红四方面军情况，报告中说："以后关于党、军、政任务如何组织、行动方针应如何决定，……请立即告之。""最后，红四方面军及川西北数千万工农群众，正准备十二万分的热忱欢迎我百战百胜的中央西征军。"这个报告是徐向前在理番发出的，用的张国焘、徐向前、陈昌浩三人的名义。

6月16日，朱德、毛泽东、周恩来、洛甫（张闻天）四人给张国焘、徐向前、陈昌浩回电，电文如下：

张、徐、陈各同志：

迭电悉。

（甲）为着把苏维埃运动之发展放在更巩固更有力的基础之上，今后我一、四两方面军的总的方针应是占领川陕甘三省，建立三省苏维埃政权，并于适当时期以一部组织远征军占领新疆。

（乙）目前计划则兄方全部及我野战军主力均宜在岷江以东，对于即将到来的敌人新的大举进攻给以坚决的打破，向着岷、嘉两江之间发展。至发展受限制时，则以陕、甘各一部为战略机动地区。因此，坚决的巩固懋县、北川、威州在我手中，并击破胡宗南之南进，是这一计划的枢纽。

（丙）以懋功为中心之地区纵横千余里，均深山穷谷，人口稀少，给养困难。大渡河两岸直至峨眉山附近情形略同。至于西康情形更差。敌如封锁岷江上游（敌正进行此计划），则北出机动极感困难。因此，邛崃山脉区域只能使用小部队活动，主力出此似非长策。

（丁）我野战军于十二号已全部通过天全、芦山之线，十八号主力及中央机关可集中懋功、两河口之线，因粮食极少，不能休息，约月底全军可集中理番地区，并准备渡岷江。

（戊）弟等意见如此，兄竟如何，乞复为盼！

朱德、毛泽东、周恩来、张闻天

十六日二时

▼（右起）毛泽东、朱德、周恩来、博古（秦邦宪）在陕北合影。

6月17日子时，张国焘、陈昌浩复电洛甫（张闻天）、朱德、毛泽东、周恩来说，“北川一带地形给养均不利大部队行动”，“再者水深流急，敌已有准备，不易过”，“沿岷江北打松潘，地形粮食绝无”。提出组织远征军，占领青海、新疆，或向南进攻。

6月18日，洛甫（张闻天）、周恩来、朱德、毛泽东致电张国焘、陈昌浩、徐向前：“目前形势须集大力首先突破平武，以为向北转移枢纽。其已过理番（今理县）部队，速经马塘绕攻松潘，力求得手。否则兄我如此大部队经阿坝与草原游牧区域入甘、青，将感绝大困难，甚至不可能。向雅（安）、名（山）、邛（崃）、大（邑）南出，即一时得手，亦少继进前途。因此力攻武平、松潘，是此时主要一着，望即下决心为要。”

6月20日，张国焘、徐向前、陈昌浩又致电洛甫（张闻天）、朱德、毛泽东、周恩来，提出“一方面军南打大炮山，北取阿坝，以一部向西康发展；四方面军北打松潘，东扣岷江，南略天、芦、灌、邛、大、名”的主张，并说：“目前给养困难，除此似别无良策。”

这一天，洛甫（张闻天）、朱德、毛泽东、周恩来复电张国焘：立即赶来懋功两河口，以便商决一切。

我在摘取双方部分来往电文时感觉到，**在两河口会议前，张国焘与中央的分歧就已经很明显，这种分歧表明了张国焘的个人野心越来越膨胀，他把红四方面军看成是个人的资本**。我在前几天的日记中就写过，早在两军会师前的一个月，即5月18日，张国焘就没有报告中央，擅自成立了中共西北特区委员会，下设政治局，俨如党中央组织。同时，还成立了“中华苏维埃共和国西北联邦政府”，自封主席。张国焘搞这些名堂的时候，中央军委纵队和中央红军正在大凉山区艰苦转战，北上与红四方面军会师。从这个背景分析，张国焘的用心是十分明显的：就是想以此造成自己是西北党政军中心的既成事实，与即将进入西北的党中央分庭抗礼。

1985年7月9日 晴

马尔康县城

明天就要向第三座大雪山前进了，一上路，坐下来安安静静研究史料的时间就不多了。因此，今天我打算尽量多接触一些有关史料，并尽可能地搜索我的记忆。

我记得毛泽东和张国焘第一次见面是在1918年，地点在北京大学，具体是哪一天，我记不起来了。当时毛泽东是北大图书馆助理员，张国焘是北大生物系学生；1921年7月23日至31日，中国共产党第一次全国代表大会在上海召开，他们作为代表一直在一起，相处的时间至少有9天。

党的“三大”是1923年6月12日至20日在广州召开的，在这次会上，毛泽东和张国焘第三次见面，相处的时间又至少是9天。据说，两人于1927年7月在“八七”会议召开之前，在武汉见过一面（但我没有查到史料）。此后二人再未谋面，及至两河口会议再次见面时，其间已相隔近8年。这时，党中央率领的红一方面军不足3万人，红四方面军则有8万多人。张国焘自恃兵多，认为自己应该当领导。为参加两河口会议，中央军委领导先后都到达了两河口，惟独张国焘姗姗来迟，6月25日才到，还趾高气扬地在30多名骑兵卫队护拥下，到了冒雨欢迎他的毛泽东、周恩来、朱德、洛甫（张闻天）、博古（秦邦宪）等中央领导面前，才傲然下马，这已足见他的傲气和霸气。

为了消除分歧，统一战略思想和战略方针，6月26日，党中央政治局在两河口召开了扩大会议，出席会议的有洛甫（张闻天）、毛泽东、朱德、周恩来、刘伯承、王稼祥、博古（秦邦宪）、刘少奇、凯丰（何克全）、邓发、林彪、彭德怀、聂荣臻、张国焘、林伯渠、李富春，共16人，由洛甫（张闻天）主持会议。周恩来首先作报告，阐述了为什么必须北上到川陕甘去的理由，并提出两个方面军要统一由中央军委指挥，乘着大好形势，攻打松潘，向川陕甘发展。接着张国焘、毛泽东、朱德、博古（秦邦宪）、张闻天、王稼祥、刘伯承等13人发了言。毛泽东在发言中同意周恩来的报告，并提出了5点意见，主张要用全力到新的地区去发展根据地。张国焘在会上陷于孤立，虽然心里仍反对北上，但孤掌难鸣，最后也同意中央北上建立川陕甘革命根据地的方针。所以两河口会议记录上写着：“全体通过恩来的战略方针。”

6月28日，中央政治局发出了《关于一、四方面军会合后战略方针的决定》，否定了张国焘的错误主张，正式确定了北上建立川陕甘根据地的方针。

1985年7月10日 阴

马尔康县梭磨寨

今天告别马尔康镇，先往东走了30多里公路，虽然灰尘大，但路好走，后来折向左边的山中，一路上崎岖难行，不是攀岩就是跳沟，走了50多里才到梭磨。路途艰难，但心情不错，山上林木较多。一路上虽然没有看到一户人家，却能喝上泉水就干粮，也能找到野果当蔬菜。

从夹金山、梦笔山下来去马尔康，要经过卓克基；从马尔康去长板山（亚克夏山），卓克基也是必经之地。所以，今天我是第二次到卓克基了。这几天，我了解到红军当年在卓克基发生的一些事情，心情很沉重。

不少史料都谈到，张国焘这个人野心勃勃，独断专行；在组织上搞宗派主义，重用亲信，排斥异己，对不同意见者，实行残酷打击，甚至杀害。曾中生是我党和红军一位优秀的高级军事指挥员，是红四方面军的参谋长。他与徐向前总指挥、王树声副总指挥一起历尽艰险、身经百战，率红四方面军打到了雪山草地。因为他与张国焘的错误作过斗争，被张关押。曾中生听到一、四方面军会合的消息后，分别写信给党中央和张国焘，要求申诉，听候党中央的处理。张国焘害怕罪行败露，扣押了曾中生的信件，并于1935年8月的一天，以“托陈取消派”的罪名，残忍地将曾中生杀害于卓克基。

▲曾中生

我还了解到，两河口会议后，中央军委纵队和红一方面军主力翻越梦笔山，进军卓克基。打前站的红一军团二师参谋长李棠萼，被当地反动武装躲在树林里射出的冷枪击中，不幸牺牲。同行的阿坝报记者郝冀川说：“曾参谋长、李参谋长如果不在卓克基被害，解放后授衔时，他们应当是大将和上将。”

我想，在卓克基，被张国焘害死的何止一位曾中生！红一方面军五军团民运科科长、后随张国焘率领的左路军进草地的老红军鲁瑞林就曾对我说过：“张国焘这个人太难侍候，碰得不好就被杀。有一次，两个红军战士见了他，叫了他一声‘张主席’，不久这两个人被张身边的‘特派员’叫去后，就再也见不着了。后来才知道，说这两位战士‘暴露了他的身份’，以‘泄密罪’给杀害了。”

我还想，当时被反动武装袭击牺牲的又何止一个李棠萼！在卓克基牺牲的红军战士，有名有姓的就有20多人。

两大主力会师的道路，是红军的鲜血铺就的；我们今天的美好生活，是红军的鲜血浇灌的！值得告慰英灵的是，人们没有忘记他们，后辈们在继承和发扬革命先烈的精神，我今天在行进途中，感受到了新一代的贡献精神。

梭磨乡政府所在地毛木初村，座落在深山老林之中，至今不通公路，海拔3400多米，喘气困难，条件十分艰苦。村里有一所学校，学生大多数是牧民的儿女，也有森工企业的子弟，五位年轻教师，都来自外地。我在采访时由衷地赞扬他们，但他们却很淡然。他们说：这里的孩子需要学习，总得有人来教。虽然条件差、生活苦，想想红军我们就不算啥了。两年前由重庆来的女教师邓芝琼与我告别时说：“我已想通了，上代人作出了那么大的牺牲，我们总不能老想着自己呀，一个人总归是要为社会作出一些牺牲的。”

“这可不是豪言壮语。”陪我一起采访的乡党委副书记昌旺对我说，“这几位汉族姑娘教得可好啦。”我一边点着头，一边在想：一个社会，总要有许许多多人作出牺牲；否则，人人都斤斤计较，怕苦怕亏，这个社会怎么能进步呢？

1985年7月11日　雨

红原县刷马路口

雨，时下时停，走了9个多小时，才走完70多里，进入红原县，夜宿刷马路口的一个小旅店。

从马尔康的卓克基到红原县的刷马路口，沿梭磨河已修了一条公路。红军当年翻越第三座雪山的路线，与公路是一个方向，基本平行，只是多绕了一些弯。从毛木初村出来，山路不好走，也看不到寨子，但风景诱人：

◀藏族妇女心灵手巧，素有利用牛羊毛纺线织呢的传统。图为马尔康毛木初村藏族阿妈在纺线。（罗开富摄）

路旁树木青翠，野花盛开；中午吃干粮时，还可以采摘野草莓、野樱桃解渴。后来终于看见了一座寨子，名叫王家寨，住的都是藏族同胞，对我们十分热情。有一位叫苗尔登的牧民还请邀我们到他家里喝马茶（即茶叶和茶树杆枝一起煮的茶），吃面馍馍，尝野兔肉。

这一带村寨少、人少，野生动物较多：我们从苗尔登家出来，走了约十里路，就遇见一只狗熊，正坐在离我们100多米的岩坡上。听当地人讲，狗熊不主动伤人，你侵犯了它，它才向你进攻；如果你斗不赢它，只要趴在地上装死，它就作罢，离你而去。眼前这只狗熊和动物园里的狗熊的动作完全不一样：它很灵活，发现我们在注意它，迅即爬坡登崖，但它还是慢了一步，两位猎人突然冒出，随着猎狗的狂吠和枪声，狗熊滚下山崖，落进树丛中。不一会儿，树林中又钻出一只狗熊，示威似的瞪着我们。当身边的猎人又端起枪来时，它急忙转身钻进树丛里去了。

按当地习俗，打到猎物，见者有份。我们要赶路，不想与猎人分享“战果”。不过，我想到了另一个问题：猎取可能伤人的野生动物，如何做到合理适度、保持生态平衡。我沿红军长征路线采访，已途经七省，山高岭大的地方，几乎都有野猪出没，大片成熟的庄稼被这帮家伙毁坏。但在有些山区，群众不打野猪。他们说，野猪吃蛇，野猪少了蛇就多，蛇多了就会伤人伤畜。与我同行的巴桑说，家猪也喜欢吃蛇，他家乡的人就常抓蛇来喂猪。照此说法，让野猪吃蛇，蛇是少了，但老鼠不就会猖獗起来吗？这个生态平衡的账如何算法，确实值得研究。我又听说，有的牧场受豺狼的威胁很大，人们正想尽办法将其打尽杀绝；但有人提出了不同的意见，说是若把一种有害动物打绝了，另一种有害动物就会多起来。猎人们说，只要不打国家保护动物就行了；但也有人说，不在国家保护之列的动物也不能多打。究竟该不该打，大家都说不清。看来，如何保护生态平衡的问题，尚需有关部门深入实际，调查研究，特别是对偏僻地区，更需要普及科学知识，进行必要的指导。

1985年7月12日　阴

红原县刷马路口

刷马路口地处红原县南端。红军长征经过时，这里人烟荒芜。它位于三岔路口，四周都是高山，约半平方公里大的一个山坡上，有一股泉水潺潺流下，南来北往的商贾，都喜欢在此休息和刷马，地名因此而得。

时代变了，这里现已成为成（成都）阿（阿坝县）和刷（刷经寺）马（马尔康）两条公路的交汇点。它南连成都，北通甘肃，西南接阿坝州首府马尔康，西北可达青海。同时，刷马路口又被称为通往草地的大门，每天南来北往的车辆很多。但目前这里的食宿很困难，拥挤不堪，旅客叫苦连天。

刷马路口仅有两个旅馆，一个是国营的，有42个铺位；一个是交通运输部门办的车站旅馆，有60多个铺位。后者主要为运输公司的驾驶员服务，接待一般旅客的实际上只有国营旅馆一家。我于昨日傍晚走到刷马路口时，国营旅馆早已满员，只好住在车站旅馆。从晚上9点钟到今天凌晨4点钟，车辆进进出出，人声嘈杂，铺少客多，闹了一夜。早晨，我来到国营旅馆，才知道那里更加紧张，地下、走道上都住满了人，不少旅客昨晚在服务员的值班室里坐以待旦。今天晚上，旅客的境况更糟糕，离刷马路口3公里的一段公路出现塌方，被阻车辆排了一里多长，旅客都拥到这仅有的两个旅馆里来了。人满为患，有人只好躺在屋檐下休息。这里仅有的三四个单位都没有电话，故而与外界联系不上，无法通知公路塌方的消息，直到夜里9点多钟，还有不少车辆从马尔康、成都、青海、甘肃等地源源不断来到这里，滞留了大量的旅客，其中还有国外的旅客。大家坐在国营小饭店里，为住宿而发愁。幸好当地区乡和交通部门闻讯赶到现场，组织一部分车辆，把旅客送到刷经寺住宿，不少驾驶员和未被疏散的旅客，就只好坐在车里过夜了。高寒山区，深夜气温下降至零度，而许多旅客都是从炎热的地方来的，衣着单薄，一个个叫苦不迭。

据了解，这里的食宿难问题已持续多年，我看到的状况还不是最严重的。很少有单位和个人愿意来这里办旅馆和饭店，已有的旅馆和一家小饭店，房屋窄小破旧，很不适应过往旅客的需要。上级主管部门曾多次派人来调查，表示要采取措施，扩建旅馆和饭店，但至今不见行动。许多同志认为，单靠本地的力量是解决不了问题的，他们盼望得到上级有关部门的帮助。

1985年7月13日　晴

红原县康乐乡

进入雪山区以来，我发觉面临的困难已不仅是生病、走路、熬夜和高海拔引起的昏头胀脑，而且还有一个村寨少、人少的问题：没有人活动的地方，新闻也就少，而每天都要写稿，写什么呢？写风景，当然也可以，但毕竟不是来旅游的啊。从刷马路口往北，走了40多里，终于看到一个寨子，寨名叫康乐村，它是康乐乡政府所在地，全村不到20户人家。

对我这个从京广线以东来的人而言，看到乡政府周围几十里没有村庄，有了村庄也只几十口人，着实感到新鲜。而当红原县委尹副书记赶来看我并介绍情况后，我才明白，我感到新鲜的东西本身就是巨大的变化：这些村寨包括红原县城，都是60年代前后才建起来的。

刷马路口是进入草地的大门，大门里面有3个县是红军过草地时经过过的，它们是红原县、若尔盖县、松潘县；大门里边还有3座大雪山，基本都在黑水县境内。红原县、若尔盖县共有18330平方公里，如此辽阔的地方，红军经过时，牧民流动的帐篷竟不到500座，而今天，这里的常住人口已发展到80070人。由于人口的增长和经济的发展，经国务院批准，1960年成立了红原县和若尔盖县。

红原县土地面积为8220平方公里，现有人口27029人，我今天到达的康乐乡面积为900多平方公里有7个寨子，1100多人，人口密度在当地也不算小了。

红军经过这里时，全乡范围内只有3户人家，红军只能筹到少量的青稞，许多战士靠挖野菜充饥，有的挖不到野菜，就吃皮带。饥饿，夺去了许多战士的生命。

据当地有关资料记载，从30年代直到解放前夕，这里一直只有3户人家；现在，全乡已有443户、共1500多人，分散在7个村。他们种植大片的油菜、饲养成群的牛羊，去年，全乡人均纯收入已达468元。

原来荒凉的土地，如今充满了生机。人们赞颂党的领导，也忘不了那些继承红军传统、最先到这里来开发草地的人们：甘肃武都人党生贵，解放初作为支前民工随军南下，为部队割马草、打柴、种菜，后来留在当地定居。1958年，他和其他定居草地的20多户支前民工办起了初级社；还有一位名叫昝金龙的支前民工，不仅把自己的青春献给了这块新开垦的土地，儿子也踏着他的脚印来到草地，在一次执行任务中，不幸牺牲；去年，党生贵逝世，女儿党玉英继承父志，留在康乐乡教书，并动员丈夫也来康乐乡定居。

过去，康乐乡单一生产青稞，收成低，群众生活困难。党的十一届三中全会以后，康乐乡发挥优势，广种油菜，成为阿坝州油菜生产基地，去年油菜籽产量达51万斤。他们还于1983年从陕西富平县引进奶山羊53只，目前已繁殖到403只，其中190多只已产奶，销到城里加工奶粉，效益很好。几位正在放牧的妇女对我说，这里水草丰富，奶山羊长得快，可惜的是纯种山羊太少。她们希望富平县再支援一些纯种奶山羊。

写到这里，我不禁想起自己过去对偏远落后地区的看法：发展主要靠自己，怎么老是要支援？现在才明白，这个看法太主观：在这平均海拔3500米的雪山区，连空气都要比其他地方缺少四分之一至三分之一，生产生活实在不易，确实需要外面的帮助和支援。望着这些纯朴善良的同胞，我决定用新闻报道来反映他们的困难，表达他们的心声。

1985年7月14日　晴

红原县刷经寺

刷经寺往北，是茫茫草地，往东是大雪山——长板山（亚克夏山），也称亚克夏雪山。当年红军的三大主力都曾经过刷经寺。中央军委机关和红一方面军的主力在刷经寺停留后，翻越长板山（亚克夏山），前往黑水寺，我即将要走的，也是这条路线。

刷经寺是通司翻译过来的名字，藏名叫“哈尔加郎”，意为“杉树神”，相传是祭祀“杉树神”的寺庙。由于这座寺庙专门印刷藏文佛经，故名刷经寺。

刷经寺坐落于红军翻越的第三座雪山长板山（亚克夏山）的山麓，海拔3400多米，四季不分明，夏秋多雨、多冰雹，冬春多雪，无绝对无霜期。7月本是盛夏季节，但我走到这里时，却穿着冬季御寒的衣服。有趣的是，我原以为既然叫刷经寺，就应该有个寺庙，但找了半天，就是找不着。原来，当年红军走后，寺庙被一场大火烧毁了。解放时，这里叫刷经寺镇，现在是区政府所在地。镇上男女青年打扮入时，少数民族同胞服装鲜艳，质地又好。现在的刷经寺镇，已成为阿坝州的科研教学中心：党和政府为帮助草原人民发展畜牧业，20世纪50年代末，就在这里建起了畜牧兽医研究所和畜牧学校；党的十一届三中全会以来，知识分子政策得到进一步落实，科研和

作者采访后与藏族老人合影留念。

教学工作出现了新局面：从1978年至1984年7年间，畜牧兽医研究所先后获得国家农委、国家科委和省、州科技成果奖与成果推广奖14项、荣誉奖7项；省兽医生物药品厂不断推出新药，消灭了牛瘟、羊痘和牛肺疫三种牲畜常见疾病；畜牧学校培养了一批畜牧兽医人才；家畜改良指导站积极进行畜种改良和疫病防治工作，取得显著成绩。全州牲畜饲养总头数已达310多万头；猪、牛、羊肉产量达4200多万斤，牛奶产量达到1.1亿多斤，分别比1983年增长14.6%和18.8%；全州牧业产值在农业总值中的比重已达40%以上。

科研教育单位的同志继承和发扬红军光荣传统，把科研成果及时推广到茫茫草地的各个地方。草地交通不便，气候恶劣，但他们毫不退却，顶着困难上。有些地方不能乘车，也不能骑马，他们就步行。我采访了十多位科研人员，他们谈得最多的是党和政府对草地的关心、牧民的勤劳和全国各地对草地的支援，很少谈到他们自己。这种不图个人名利的献身精神令人敬佩。我也了解到，这里的科教工作在管理体制上还存在一些问题：一些单位的业务由省里管，而人财物等却归州里管，有时各部门不能协调一致，影响工作。其他如科研人员的职业病问题、子女上学难和畜牧兽医学校不能扩大招生等问题，都还没有得到解决。

为了搞好工作，就增设机构；而机构多了，却搞不好工作，甚至阻碍工作。各个部门都高喊“为人民服务”“为基层服务”，如果只是高叫高喊，也就罢了，可恨的是在高喊声中，各部门之间因利益和权力而无休止地扯皮，把基层害苦了。7月的夜晚，我穿着军棉大衣，张大着口，拼命地吞吐空气，以缓解因缺氧造成的胸闷发慌。我想，某些管事的领导干部，很有必要到这里来生活半个月，因缺氧，就会少喊口号，多办实事的。

1985年7月15日　晴

红原县刷经寺

俗话说，在家天天好，出门日日难，在我途中最难的之一是不容易看到近期的报纸。红军经过的地方绝大多数路段地处偏僻，至今虽然广义上说，交通已四通八达，情况确实也是，但很多红军走过的路段仍在崇山峻岭中。

由于历史原因，沿途还较贫困，报刊订得很少，有时我到村寨里，拣到半张报纸也很高兴，要翻过来掉过去看完它才罢休。看近日的报纸早成了侈望，但看新闻之心未死。当我看到邮政车从刷经寺区政府门口的公路上穿越而过不停车时，就觉得有点奇怪。因为在雪山区，刷经寺镇算得上有规模了，镇上还设有邮电支局，为什么装载报刊的邮车路过不卸车？向导不无幽默地对我说："记者也有少见多怪的时候，这是邮电部门的规矩呀。"

是什么规矩，我作了一番采访，原来是要把寄到刷经寺的报刊信件运到县里，辗转好几天，再返回刷经寺。

刷经寺邮电支局是四川省的转口支局。从成都发往四川阿坝、红原、若尔盖和青海省久治等四个县的报刊、信函、包裹，都由刷经寺支局转口。除转口邮件外，直接向刷经寺投递的报刊数量也很大，约占全县的三分之一。在这些需要直接投递的报刊中只有少数几种是由成都直发刷经寺支局的，这几种报刊可以卸车，当日送到读者手中。

据介绍，这些经过刷经寺而又"过门不入"的报纸有142种，刊物有691种。我翻看了1984年的报刊订阅单，发现同是四川日报社出版的《四川日报》和《文摘周报》，订阅数相差不多，又都是从成都发出的，只因为前者被规定为直发，就可以很快分发到读者手中，后者因未被规定，邮电支局的同志也说不清楚。他们说，按规定办事，只好让这些报刊去兜圈子。

党的十一届三中全会以来，出版的报纸和刊物很多。这些报刊几乎都是这样在路上转圈子，读者意见很大。他们认为，报刊发行量增加，邮电部门受人力、物力限制，虽经努力，目前也还不可能都做到由省局直发到各支局，有些还得由县局转口。但是同在成都出版的报刊或同是由首都传真到成都出版的报纸，由于上述规定的不合理，投递时间竟相差三天。

办报的写新闻，想不到印成文字后，到了读者门口还要等几天才能看到，心里真说不出是个什么滋味。凌晨一点半，我请人到邮电支局去发我今日写的新闻稿，题目是："报刊投递绕圈子，读者看报看旧闻。"这人又给拿回来了，说是一位区领导建议我再想一想。我问想什么，他说，区领导是好心，邮局是批评不得的，弄不好，更慢咋办？我说："不会的，上级领导会欢迎批评，并让投递改进的，放心吧。"

其实，我心里也不放心，因为只此一家，别无分店，要考虑自己方便与赚钱，说不定也会有人给点颜色看看。不过我想，报刊到这里，本来就是旧闻了，再旧几天也无妨。

1985年7月16日　晴

红原县刷经寺

今天沿着红军征粮的路线，转了3个寨子，走了不到70里，又回到刷经寺。晚上写了一篇题为“硬搭饭勺十万把，四十年内难销完”的新闻稿，刚刚送到邮电局发出去，意犹未尽，想再记几笔。

不到老百姓家里看看，许多情况就不了解。我发觉，当地牧民的生活大多不错，家家都有几匹马或十来头牦牛，而马匹、牦牛是很值钱的。手头上有了钱，自然想置办生活用品，可这里的情况是：牧民想买的，往往买不到。比如说洗衣机，这里是长年无夏的高寒山区，一般的洗衣机不管用，必须是耐冻的。这事我还是第一次听说，可在这里，连小孩都知道，而且还知道他们的父母常为买不到耐冻洗衣机发愁。

刷经寺海拔3400多米，是红原县海拔最低的地方，所以人口相对多一些，文化程度也相对高一些，不少人已有刷牙的习惯。我在一些家里看到，屋角里散乱地堆着牙膏，还有饭勺。我原以为是当地的什么新风俗，一问才知道，牙膏和饭勺都是买商品时被强行搭配来的：丢，舍不得；用，又用不过来。一位名叫泽旺彭措的老人对我说：“共产党为我们想得很周到，帮我们定居，办牧场小学，就是这些商店要不得。”

我采访了一家民贸商店，经了解，商店的工作还是不错的，从这里去成都进货，要翻越一座海拔5000多米的鹧鸪雪山，很艰苦；商店的花色品种近5000种，确实不易。为什么牧民还有那么多意见呢？商店负责人游秀英回答说，这不是没有来由的，除了商店本身工作需要改进外，也有不少苦衷。她向我谈了两个问题：

一是商品花色品种虽然多，但群众需要的不多，特别是急需的不多，群众认准的名牌自行车、缝纫机等更少。她说：这些商品一直是由商业部专项安排调拨供应的，而今年下半年，上头专项安排供应刷经寺民族商店的自行车、缝纫机都比去年同期减少，自行车减少45辆，缝纫机减少22台。

二是有些商品尽管货源充足，但省里有的供货单位提出搭配要求，商店无法进货，造成一些商品脱销：目前肥皂已脱销十多天了，不是没有货源，而是因进一车肥皂（共12000条）要搭配省产滞销的某种牙膏4800支，可商店柜台上已有25种牙膏，不敢再进货，只好听任肥皂脱销了；这里属高寒山区，牧民需要耐冻的金属缸洗衣机，但进货50台，却要搭配6700多元当地不需要的商品，其中仅饭勺就要搭配10万把。游秀英说，当地仅千余户人家，这批饭勺到21世纪20年代也销不完。因此，今年以来，当地群众急需的洗衣机、高压锅、尼绒、彩电等全部脱销。

沿途凡有少数民族的地方，都有民族贸易商店，说明了党和国家对少数民族的关心，想不到在商品计划调拨中，一些人却只顾部门利益，把负担转嫁给基层商店和顾客，实在太不应该，同时，这也说明了我们生产和流通中的一些深层次问题。

1985年7月17日　小雪

阿坝州畜牧兽医研究所

进入刷经寺以来，给我看病的是曾医生，为我打针输液的是护士周明嫦和李晓钟。经过他们的精心医治和调理，我的高山反应、胃病、肝病都好多了，精神也清爽了许多。凌晨1点半钟，我写完新闻稿，和丹泊到门外转了一下，发现天上竟飘起小雪。7月遇雪，很是难得，特别是同藏族同胞一起夤夜踏雪，更是别有意境。可是没多久，我的心情又烦乱起来。因为看见雪，我就不由想起了雪山和草地。

再往前走，等待我的是三座大雪山和茫茫草地，路途的艰苦我倒不怕，让我着急的是，通讯联系成了大问题，本报每天（除周六、日）刊发在一版右下的“来自长征路上的报告”，说不定会因此而中断。

一路上，我的新闻稿大多是从区、乡邮电所，少数是从县城邮局发出去的。报社领导找我的唯一办法，是把电话接到县区，托地方的同志转告我，有时也用电报。

再往雪山草地的深处走，渐渐地连飞鸟都难见到，到哪里去找邮电所发稿？惟一的办法是自带电台。前些天，我听说州邮电局答应支持我电台，我高兴了好一阵。但现在才知道，我实在是高兴得太早了：

一是发报机的使用，并不像电影里看到的对着话筒呼叫“长江，长江”“黄河，黄河，请回答”那么简单，而是有配套的发电机和其他许多部件。

仅一条天线，就有大姆指粗，40多米长。

二是雪山上路难行，草地里有泥潭，而一条天线就得一头牦牛驮运。究竟需要多少头牦牛和人工？大家心里还没底。最严重的问题是：这20多天来，还没找到横穿草地中心无人区的向导。50年过去，草地变化很大，近几年已修起了公路，但那毕竟是草地的边缘地带，中心无人区究竟是什么样子，谁也说不清。今天上午，红原县委尹副书记又来看我，他征求我的意见：“××电影制片厂这些天正在我们这里拍雪山草地的电影，你是否也像他们那样，找片草地看看，写点东西就算了？”我告诉他：“电影是艺术作品，实在交待不过去，还可以人工布景；可新闻报道就必须身临其境，有真实的体会，才有真实的反映。”这个道理，其实尹书记也明白，他是关心我。而我是铁了心：一定要沿着红军足迹走原路，看看无人无鸟的草地腹地究竟是个什么样子。我再次请他为我寻找向导，因为到今天为止，还没有一个人向我说得清：草地中心的情况究竟怎么样。

三是草地里雨水多，发电机用的燃油带多了耗费运力，带少了又怕不够，就算不多不少正好，万一驮油的牦牛陷入泥潭，又如何是好呢？

四是据说译电码和发报的人员只安排了一位，万一这位同志在草地里病了，谁来接手？草地的平均海拔3600多米，有的地方高达4500米，译电发报员很有可能因缺氧而生病。

我知道我的毛病：考虑太多、太细，弄得自己很累。丹泊和牟乃尧、王光前知道我的这些顾虑后，都劝我说：红军当年那么艰苦，都能走出草地，今天我们阿坝州还不能帮你克服这些困难？

他们是想宽我的心，但我仍打算明天再去过问一下，准备工作必须真正落实了才行。否则进了草地后遇上麻烦，就无法可想了。

1985年7月18日　阴
阿坝州畜牧兽医良种场

今天得到了确切消息：阿坝州邮电部门已为我进入草地准备好了发电机、发报机和配件等，并派两位经验丰富的译报、发报员随行，等我翻越第三座雪山，4天后走到黑水县城，就能与邮电部门的同志会合。

进入草地的第一个县是红原，县领导告诉我这个消息后，为了让我彻

底放心，还谈了他们的准备情况：一头牦牛驮发电机，一头牦牛驮天线和配件，一头牦牛驮油料，还有一头牦牛驮发报机等。得知准备工作真正落实了，我又为给当地添的麻烦太大太多而难为情，再三向他们表示感谢和歉意。尹副书记对我说："我们这样做是值得的，我们也想借这个机会了解一下，草地中心无人地带到底是什么样子。"我明白，他主要是为了安慰我，才这样说的。

我决定明天翻雪山，今天去附近寨子采访。我在了解红一方面军和红四方面军在这一带的活动情况时，意外地看到过去听说过的一个宗教仪式：**磕长头**。

磕长头是藏传佛教地区信徒和教徒们一种虔诚的拜佛仪式。我一个月前翻越夹金山后，就从藏民罗尔朴、泽旺彭措等人那里听说过，而亲眼看到则是今天的事，地点在刷经寺北30多里的公路上。这条公路从北边的甘肃迭部县进入四川若尔盖县、红原县、马尔康县，继而通往甘孜州，翻过4889米的雀儿山口，进入昌都，最后到达拉萨。

我看到的是一位男子，约有50多岁（丹泊说，高原上的人皮肤黑，此人实际年龄顶多45岁），身着肥腰、长袖、大襟的黑色夹袍，前面还挂着少量衣物，膝盖上有护膝，手上套着棉手套，一步一磕，身子完全平伸，扑向地面，额头轻叩地面；然后收起朝下的掌心和身子，站起后立正，口中念念有词，双手合十，高举过头；然后再如此循环。我发觉他在做这个动作时十分虔诚认真，没有丝毫的马虎。

我不禁想：此去拉萨的路途上，大都是几十里、几百里没有人烟的荒野，而且寒冷异常，他吃什么，住哪里？后来我发现，在他后边100多米的地方，有一个人推着手推车跟着，车内堆着不少东西。向导告诉我，那位也是信徒，主管磕长头信徒沿途的衣食住行。我看到一辆汽车开过来，尽管司机尽量减速，还是卷起了一路的灰尘，但磕长头的男人，似乎看都没看见。

据了解，磕长头与藏传佛教有关，也与汉族的磕头有联系。跪拜礼是中国封建社会中使用年代最长的一种礼节，在今天较偏僻的农村里，跪拜之礼仍然存在。小孩子到亲戚家去拜年，得向老人跪拜，双手合十，然后站起，才能伸手去接压岁钱或花生、瓜子之类的东西。

1985年7月19日　大雨

黑水县马河坝

天刚亮，我就从刷经寺出发，去翻越红军长征时翻越的第三座雪山——长板山（亚克夏山）。走了13多个小时，行程90多里，傍晚抵达黑水县的马河坝。

长板山，又名亚克夏山，位于红原县与黑水县交界处。山垭口海拔4400多米，比夹金山垭口高280多米，比梦笔山垭口高300多米。1935年7月2日，红一方面军一军团和红四方面军三十军各一部组成先头部队，从红原县刷经寺开始登长板山（亚克夏山），当天翻过垭口，到达黑水县的马河坝寨；7月9日，中央军委率领红一方面军主力和红四方面军一部翻越此山。当年红军登山有两条路线；一条从马尔康县的马塘村出发，经红原县的刷马路口，进芦花沟；另一条是从刷经寺登山。当年山里到处是冰窖雪坑，几乎无路可寻，现在仍然只有两条小道。而这两条小道到了海拔4000米处就到头了，可见再往上，已少有人走了。我看到，牧人赶着牦牛群，也大多在雪线以下活动。虽然没有路了，但可以抬头看到白雪皑皑的天际上有一个垭口，它告诉了我们翻山的大方向。

早上开始登山时，但见风和日丽，高处雪峰皑皑，景色极为壮观。不料一个多小时后，突然风起云涌，大雨倾泻。由于山上空气稀薄，风寒雨骤，我爬到海拔近4000米的雪线时，发现山上只有草甸和少量灌木，最高的植物也不会超过半米。山坡上盛开着五颜六色的野花，望不到尽头；风一吹，花儿似彩色的地毯，波浪般地涌向天际，壮丽无比。

▼位于红军长征翻越过的长板雪山上我国海拔最高的红军烈士墓。建于1935年8月。（罗开富摄）

今天登长板山（亚克夏山），没有遇到大雪，只是遇到大雨，这和登夹金山一样。惟一不同的是，长板山（亚

克夏山）的大雨来也匆匆，去也匆匆：说来，十来分钟就到了，也不知是从哪里来的；说去，也很干脆，大雨浇上十多分钟，云就渐渐散去，不久又露出蓝天，如此不断反复。有好几次，我们还看到了彩虹。不过，我们看到的彩虹，不是在我们的头上，而是在我们的脚下，让人觉得仿佛置身天界。

▲作者在长板山（亚克夏山）下的马桥附近小歇。（王光全摄）

长板山（亚克夏山）的雨点之大，也是过去很少遇见过的：似冰雹，清晰可数，落在伞上，能打出一个个凹凹的印子；可它毕竟不是冰雹，必须有遮挡物，而布雨伞却又承载不了它的冲击力；穿雨衣也不行，爬山出的汗水蒸发不出去，身上老是湿漉漉的，十分难受；而当歇一会儿喘口气时，寒风一扫，顿感透心的冰凉。雨伞和雨衣都不顶用，什么顶用呢？当地人自有办法：向导唐荣明、陈茂德在身边随手摘了两片似“芋头叶”的叶片给我，让我一片盖在头上，另一片如打雨伞似的举在手里，哪边来风挡哪边。这一招果然很灵：尽管雨点还在一个劲地狂砸，但因为叶片的直径比伞面还大，很光滑，又硬实，雨点打上去一下就滑走了，停留不住。这种植物的名字，连向导也说不清，只知道牧人称它为“格霍”。它看似美人蕉，但叶片基本上是圆的，跟芋头叶片相比，一样的颜色一样的光滑，只是大得多。

我们爬到海拔4000多米的地方时，见到一座高约2米的红军烈士墓。陪同我登山的55岁的刷经寺区委干部章明远告诉我，这里是当年两路红军翻越雪山的汇合处。**我们一起拜谒了这座我国版图上海拔最高的红军烈士墓。**据刷经寺区委书记庄凡春介绍，解放前，当地人并不知道山上有红军烈士墓；1952年，刷经寺邮电局的邮递员吴文忠和王兴富送急件到黑水去，**在翻越长板山（亚克夏山）时，发现一块用木板制成的墓碑，上有3行共22个大字，右面一行是“1935年”，中间一行是“工农红军烈士之墓”，左面一行是“中国工农红军政治部”。**1961年7月，四川省政府将红军烈士墓列为省级文物保护单位，1982年又拨专款进行修缮。现在的烈士墓已用水泥修砌，墓碑上仍然镌刻着50年前那22个大字。当地群众每年7、8月间，都要来这里扫墓。我在山间采集了50朵有5种颜色的花朵，敬献于墓前。

刷经寺区区长王德仁对我说，红军那种不畏艰难的勇气、为理想而献身的精神，永远值得我们学习。

当我爬上垭口时，回首遥望“红军烈士墓”已难以找寻，似乎已融进了雪山之中。

1985年7月20日 晴

黑水县寡古寨

一大早从马河坝寨出发，走了十多个小时，傍晚近8点钟走到寡古寨。

进入雪山区已一个月，但仍适应不了雪山上的高海拔气候，加上这两天连续爬山170多里，又遭遇大雨，从昨天开始，我发起了高烧。我一病倒，急坏了同行丹泊、王光全。

马河坝、寡古寨的牧民并不多，寨里的居民主要是黑水县904林场机关的职工。林场的医生水平很高，给我打了几针，半夜里烧就退了，人也来了精神。于是我继续整理笔记，写新闻稿；写完稿子，交给王光全誊抄，我又开始写日记。王光全对我说：“罗老师，你真能吃苦啊。”我告诉他：原来还以为自己能吃点苦，到了长征路上才知道，自己的吃苦精神比革命前辈差远了；到了雪山，与常年奋斗在雪山区的汉族同志相比，我更是差远了。

我给王光全讲了4天前在刷经寺养路段采访“三八女子班”的感受：长板山（亚克夏山）麓至今仍是荒凉，海拔3000多米，紫外线强、蔬菜少、雨雪多、氧气少。条件之艰苦，连有些大男人都顶不住，何况是28岁至47岁的十多位女子。长期坚持在雪山深处，这需要多么坚强的意志！

刷经寺养路段的三八女子班建于1971年，全班11人，负责地处海拔3300多米的8公里沙石路段的养护工作。这里空气稀薄，气候寒冷，路况不好，塌方频繁。但在她们的努力下，排除了无数次的险情，道路一直保持畅通，受到上级的多次表扬。1983年9月，全国妇联授予她们“三八红旗集体”的光荣称号。

▲藏族妇女勤劳又善良。许多人长大后都说："我是在阿妈背上长大的。"这是一位藏族妇女放牧背娃的镜头。（罗开富摄）

我在翻越长板山（亚克夏山）前，曾采访过"三八女子班"的班长王秀芳。她今年47岁，成都市郊人。这位满面风霜的班长对我说：我们能养护红军开辟的长征路，感到很幸福。当年红军女战士们都曾经过这里，她们那不畏艰险的英雄气概，至今仍然鼓舞着我们。1971年"三八女子班"建班时，王秀芳担任副班长；1983年老班长李永淑退休后，她接任班长。

我在女子班采访时，还见到李佩瑶、陈丽芳、夏晓虹等同志。她们参加工作的时间不同，但都克服了体质较弱的困难，常年在高寒山区挖泥沙、钻涵洞，把青春献给了长板山（亚克夏山）。

王光全听完后很感动："看来我这个汉人，得好好向三八女子养路班的同志学习，安下心来，在阿坝州好好工作。"我高兴地说："你讲得很对，从现在开始，我也得向你学习。"

1985 年 7 月 21 日　阴

黑水县芦花

长板山（亚克夏山）主峰海拔4800多米，西边是红原县刷经寺，东边是黑水县。我从刷经寺动身翻越长板山（亚克夏山），到达黑水县芦花，其间一共用了三天三夜时间，而花在徒步行走上的时间为42个小时。其实，从马尔康，经刷马路口、刷经寺至黑水芦花，早已通了公路，如果顺利，一天即可达。

今夜到了芦花，得知阿坝州为我准备的电台3天前就往黑水县运了，可今天还没有运到：红原县与黑水县交界的公路垭口地处长板雪山上，海拔4500多米。这几天由于下雨，公路遭遇塌方，清除了几次，好不容易通了，运电台的汽车又陷进泥泞之中，至今消息全无。我心里很着急，可芦花寨的人却为我庆幸，说走路稳当，要是坐车，怕还到不了这里。

芦花寨离黑水县城不过5里地。寨里全是片石筑成的民居，是藏民聚居地，三四十户人家。50年前，党中央于7月18日、7月21日至22日在此召开了两次会议，这里因此而出名。

由于张国焘争夺红军的领导权，故意拖延执行两河口会议关于进行松潘战役的决定，致使红军北进迟缓。如此下去，一旦敌人调兵成功，我两

▶长板雪山（也称亚克夏雪山）。

个方面军就有被敌合围的危险。为此，7月18日，中央在芦花召开了政治局会议，为了团结张国焘，早日北上，洛甫（张闻天）与毛泽东商量，愿意让出总书记（当时称党的总负责人）的职位，让张国焘当，毛泽东坚决不同意。后来周恩来为了顾全大局，提议让出红军总政委这个职位。党中央经过讨论，同意了这个提议，决定任命张国焘为红军总政委。**当天夜里，中央军委就发布命令：朱德任红军总司令，张国焘任红军总政委。命令规定："一、四方面军会师后，一切军队均由红军总司令、总政委直接统率指挥。"**

▲藏族老人在接受采访。（罗开富摄）

今夜我在翻阅史料时想，当年红军不仅要与天斗，与地斗，与敌人斗，还要同党内的野心家斗，真是雪上加霜，困苦至极。

党中央为什么要把军队的直接统率权的一半交给张国焘呢？这个问题要是写论文，可写几万字；要是开研讨会，可以开几天。我觉得人民出版社1981年12月出版的《彭德怀自述》一书说得很明白。**彭德怀在书中说："毛主席在同张国焘的斗争中，表现了高度的原则性和灵活性。在黑水寺开中央会议时（我没参加），张国焘要当总政委，洛甫（张闻天）提议把总书记交给张国焘，毛主席不同意。宁愿交出总政委，不能交总书记。张国焘当时不要总书记，他说，总书记你们当吧，现在是打仗呗。如果当时让掉总书记，他以总书记名义召集会议，成立以后的伪中央，就成为合法的。这是原则问题。"**

从这段话中，可看出毛泽东当时的策略有多正确，同时也可看出，毛泽东当时的处境是何等艰难。

1985年7月22日　阴

黑水县芦花

为了统一认识和解决组织问题，50年前的昨天，中央政治局在芦花召开了第二次会议。

两次会议都是在芦花寨的藏族同胞王仁增家里开的。昨天路途劳累，加上到达芦花时天已傍黑，没有电灯，蜡烛又用光了，只剩下手电筒；虽然寨子里有酥油灯，但光线太暗，无法看清一米外的东西，故而无法在寨子里采访。今天终于看清了芦花寨：它位于一条山沟里，四面都是山；寨子坐落在黑水河的左面，河岸至大山之间为约一里地的缓坡，整个寨子就建在这个坡上；紧靠山边的房子，就是王仁增家。

这座房子为片石砌墙，上盖瓦片，有点像北京的四合院。由院门进去，是一个院落，里面的三层楼房，比城里的四层楼还要高。楼梯是由两根木头中间插上二十多根小横木组成的，很陡，屋里光线又暗，看不清横档。我想当年43岁的毛泽东和他的战友们在这里呆了七八天，在楼梯上摸上爬下，够吃力的。

▼在芦花会议会址前与屋主合影。

▲叶剑英（右）、徐向前同志长征到达陕北后的合影。

7月，在外面正是炎热季节，但在这里却要穿棉大衣。我想，冬天的芦花，不知会冻成什么样子。也许是因为寒冷，老百姓为了保暖，也为了防匪，修建的窗户都小得出奇，因此楼上总是黑乎乎的。我上了楼，隐约看出是个楼厅。上楼右转左边是一大间，有40多平方米，采光相对较好，是房主家的起居室；旁边有一间约20平方米的屋子，门口挂着一块半平方米的牌子，上面简单介绍了当年中央政治局会议的主要情况。进了屋子，打开手电，发现里面堆着杂物。县党史办羌族干部周礼富借着手电光，走在前面，叫我紧跟。走到墙角，掀起一块木板，里边是一间暗室，据介绍是当年防空用的。我跟着前面的人爬了下去，发觉楼梯几乎是笔直的。刚下来4个人，防空洞就容下不了。周礼富觉得太闷，让已下到楼梯中间的牟乃尧赶快折回上去。我问小周："毛主席的老家韶山我去过，是平房，这种笔直的楼梯，又黑古隆冬的，叫毛主席怎么走？"周礼富回答："据目前了解到的情况，由于房屋紧靠高山，敌机不敢接近，所以毛主席可能没有下过防空洞。"牟乃尧听到了这话却来劲了，他问周礼富："毛主席没有走过的地方，你领罗记者去干么事！"说得大家笑了起来。

等我们从防空洞上来，主人家已把当年开会房间里遮得严严实实的小窗完全打开了：我环顾四壁，发觉家具都是木头的，屋子中间有张木板桌。据介绍，屋子的式样、布局都是原样；板壁、楼梯等都是原物。我了解到，就是在这间屋子里，党中央召开了第二次中央政治局会议。出席会议的有毛泽东、洛甫（张闻天）、周恩来、朱德、博古（秦邦宪）、张国焘、王稼祥、邓发、凯丰（何克全），以及刘伯承、李富春、徐向前、陈昌浩等。会议作出了《关于一、四方面军组织番号及干部任免的决定》："我一、四方面军会合后，各军组织番号及其首长均有变更，军委现决定：组织前敌总指挥部，即以四方面军首长徐向前兼总指挥、陈昌浩兼政委、叶剑英任参谋长。原一军团改为一军，军长林彪、政委聂荣臻、参谋长左权。三军团改为三军，军长彭德怀、政委杨尚昆、参谋长肖劲光。五军团改为五军，军长董振堂、代政委曾日三、参谋长曹里怀（代）。九军团改为三十二军，军长罗炳辉、政委何长工、参谋长郭天民。原第四、九、三十、三十一、三十三等五个军番号仍旧。四军以许世友为军长，王建安为政委，张宗逊为参谋长。九军以孙玉清为军长，陈海松为政委，陈伯钧为参谋长。三十军以程世才为军长、李先念为政委、李天佑为参谋长。三十一军以余天云为军长、詹才芳为政委、李聚奎为参谋长。三十三军以罗南辉为军长、张广才为政委、李荣为参谋长。"

1985年7月23日　晴

黑水县泽盖

今天继续在芦花、泽盖等地采访。这两个寨子都在坡地上，村前有大片的青稞地。

我从藏族老人口里了解到，这里称芦花，并不是因为这里长有芦花，而是通司的译音，当地藏族人称为"奎底夸"。当时中央军委总部就驻在这里。有些史书上称这里为中芦花，因为此处有上、中、下芦花之分。

▼作者在藏族人家喝咂酒。

芦花、泽盖的藏族同胞非常好客，不仅用银碗盛满青稞酒招待我们，还让我们品尝咂酒：这种酒是用青稞酿制的，饮用的方法十分独特，酒盛在一只土坛子里，坛口插一根细竹竿，供人吸饮。酒味甜酸适度，醇和微香。人们吸后，咂嘴称好，故称咂酒。

我们都很熟悉的青稞酒，藏族人叫"羌"。我在一些牧民家里了解

▶长板雪山（亚克夏山）与仓德雪山之间地带。（罗开富摄）

▼藏区（雪山草地地区）民房，墙基是用石头垒的。

到，青稞酒的制作方法同常见的方法有同有异：先把青稞洗净，然后倒进锅里用温火煮；不断搅动，煮到八成熟后，倒在已准备好的白布里散热；散到不烫不凉时，撒上酒曲，然后装在锅里或大容器里，用棉被或棉衣等包好；经过二至三天发酵，装入过滤青稞酒的容器中密封，需要时再加水。

青稞酒是藏族人民最喜欢喝的酒，也是招待客人的礼酒。过去我在电影里看到，喝青稞酒的时候都要唱歌；今天我才知道，不敬酒不用唱，一敬酒就得唱。这里有句俗语：“喝酒不唱敬酒歌，好似牦牛饮泉水。”主人如此热情，不会唱的人，也不可能不敬酒，不可能不唱歌，否则不是牦牛，也是驴子了，因为当地人不大喜欢驴子。为了不成为驴子，我每敬一次酒，就叫丹泊代我唱几句。青稞酒十分好喝，带甜味，同瑞金米酒差不多；毕竟是酒，喝多了，总有点“那个”。我发现丹泊喝得有点站不稳，歌也唱得越来越高昂洒脱，有些为他担心，但他对我说：“没问题。”尽管这样，我还是很心疼这位藏族好兄弟，向大家求情，于是，大家共唱了一首“汉、藏人民一家亲”，总算完事。

今天我还基本弄清了青稞的身份：它属禾本科大麦属植物，与大麦不同的是，它的籽实没有外壳；另一个特点是适应性强，海拔1400米至4700米的地方都能生长，气温在零度至三度时就能发芽，一年一熟，生长期在120天左右。

芦花和泽盖两个寨子的周围，都有大片的耕地，过去主要种青稞，现在除青稞外，还种小麦、土豆等。我在中芦花寨了解到，当地今天种的青稞，还是当年红军筹粮时留下的种籽繁衍来的。

离开寨子时，请我们喝咂酒的藏族老人对我说，过去红军经过时，老百姓都穷，酿不起酒；现在老百姓不仅有酒、有饭、有肉，还有了钱。他希望我把这里的情况转告给老红军们。据了解，这一带有470多户人家，2000多人，去年人均纯收入已达到412元。

1985年7月24日　雨

黑水县城

今天夜宿黑水县城，住在一幢办公兼接待用的三层楼里，它是县城五幢楼中的一幢。由于平地难找，县城建在黑水河畔的山坡上。因此，大部分楼房看上去是斜的，房顶却是平的；再仔细数一数楼层，左边是三层，右边却只有两层。县委书记兰卡木对我说：“这叫做因地制宜，顺势而上。”

我住的这幢楼，属另一种“顺势而上”：站在楼背后，看见的是三层；到楼前看，则只有两层。因为从楼后转到前，必须爬一个坡，到了坡上，一楼就找不见了。

今天总算见到了电灯，尽管只有15瓦的光芒，但心中那种激动和感慨，是城里人绝对体会不到的。

半个世纪前，红军在这里遇到的困难，是后人难以想像的，主要是缺粮，这从当年中央军委和总政治部连续发布的一系列命令和通告中即可看出来：夜里，县委副书记、县政协主席刘金义，县委宣传部副部长张浩义和周礼富给我送来了当年的文件抄件、复印件好多份，其中有1935年6月25日总政治部发布的《关于收集粮食的通知》；7月5日，中央军委及总政治部发布的《关于在松潘筹借粮食的规定办法》；7月12日，红军总司令部、总政治部《关于割收田中熟麦问题的通令》……我去年途经湖南道县时，县委宣传部部长王延斌曾赠给我一本书，书名为《中国工农红军第一方面军长征记》，书中收入当年红一军团二师宣传科长舒同于1955年写的《芦花运粮》一文，现摘录在日记里，以备今后阅对。

《芦花运粮》是这样写的：

在山上的一个村庄，印象倒是很深刻，但没有过问它的大名，仿佛离马河坝二十里，离芦花八十里。山上是一片雪，四时不融解，由卓克基到黑水、芦花，这算是最后的一座大雪山了。翻过雪山，即是这个不堪回首的村庄。村庄不很大，周围是油油的青稞麦，瞰居山腰，高出地面十数里。

红六团配合我们右路，由康猫寺向左经草地绕出松潘。在前进路上，遇着极端骠悍的骑兵，横加拦阻，既战不利，乃折回右路。第一步以四天到达雪山上的村庄。因为粮草已绝，茹草饮雪，无法充饥，饿死冻死者触目皆是，已山穷水尽，不能最后支持。生死完全决定于我们能否及时接济。事情不容迟缓，我们在接到六团急电之后，立即来了一个紧急动员，筹集大批粮食、馍馍、麦子、猪肉、牛羊等。其实驻芦花的四团、五团、师直属队，每天都是在田里自割未熟的青稞麦而食，个人揉个人的麦子，个人做个人的馍馍，用自己的血汗去生产。经过整个一天的动员，经过干部和党、团员的领导，好容易才把这些粒粒皆辛苦、处处拚血汗的救命麦子、牛羊、馍馍粉搜集起来了。

义不容辞的我已慨然允诺，接受了这光荣的任务，即时从芦花出发。

人马同时饥，薄暮无宿栖！这诗不啻为我们这时候写照了。走到一个深山穷谷里，没有人烟，没有房子，只有土洞石岩、参天的森林、合抱的粗树、没胫的荒草，不知好远的前面才找到房子，我们就在这个坡路上徘徊了很久。

好吧！我们就在这里宿营。时间、天气都不容许我们犹豫选择了，于是集结队伍，我亲自去动员解释，大家艰苦奋斗的精神冲破了这个阴霾险恶的环境。把粮食放下，羊、牛、马集拢来，靠着几棵大树，背靠背地坐着，伞连伞地盖着，四面放好警戒，大家悄然无声地睡下，希望一下子天亮。天是何等的刻薄呀！我们这点希望都不肯惠兴。一刹那风雨排山倒海来了，我们像置身于惊涛骇浪的大海中，虎豹似乎在周围怒吼，雨伞油布失去了抵抗力量，坐着，屁股上被川流不息的雨水刷洗，衣服全湿透。

山回路转，沿途都看不见人影马迹，这下子却有了我们的队伍开始往来，这使我们兴奋胆大。然而仅仅只是这一个地方，过此以往，那可怖的景象，又在我们的面前展开起来。

“走吧！赶早，时间已过半了。”

“我们红六团还在那儿里望眼欲穿地等候着，我们早点去早点接济他们！”

哨子一发，队伍集合，于是又继续向着目的地前进。

河水骤然高涨起来，泛滥在两岸山谷中。一条小路，有时淹没得看不见，排山倒海的流水声，伴着我们行进。小雨，路又泥泞，我们埋着头一个个地跟着。

离雪山只五里路了，六团先头的几个同志与我们尖兵相遇，大队亦继续赶到。

“哎呀！不是送粮食给我们么，我们的救星！”

红军三大主力都经过的黑水县卡龙沟。当地称她为黄龙、九寨沟的三妹。沟里有几棵三树合一的树，传说是三妹嫁了人，有了孩子，这些树因此被称为合家欢。也有传说是1936年红军三大主力会师的那年起才有三树合一的。（罗开富摄）

1985年7月25日　晴

黑水县卡龙沟

前些天，听说松潘那里有黄龙、九寨沟风景区，很美。进入雪山区才知道，黄龙、九寨沟就座落在雪山草地的东北部；同时还知道，黑水地区有黄龙、九寨的“三妹”。由于急着赶路爬山、治病写稿，一直没去打听“三妹”究竟在哪里，想不到，今天竟撞着“三妹”了。

在黑水县城东约70里的地方，有一座高山，名叫瓦钵梁子。50年前，徐向前率部来到瓦钵梁子，指挥部就设在约合多寨，那里

◀四川黑水县卡龙沟是红军经过的地方，景色很美，但由于闭塞，至今没有开发，这是进入景区由群众自搭的扶手栏。
（罗开富摄）

的6条红军标语至今保存完好，其中的一条是："共产党是为番民解治痛苦的党。"从约合多寨往北，过黑水河，就进入黑水县麦扎乡。这里是当年红一军团收割青稞的地方，至今还是荒无人烟，只有一条小路。走十多里，见到一个藏族寨子，名叫才盖村。"三妹"就"生活"在这里。

"三妹"的名字叫卡龙沟，听村里人说，玉皇大帝要三位女儿把美丽送到人间，大姐到了黄龙，二姐去了九寨沟，小妹来到卡龙沟。大凡绝佳风景，都有美好的传说，这里也不例外。

把卡龙沟称为"三妹"，还有另外的道理：向导们说，三个风景区都很美，但黄龙、九寨沟已相继被外面知道，而卡龙沟的美景，连县里好多人也不晓得，书上、报纸上至今还都没有见到她的名字。因其被发现得最晚，排行老三。

向导程华东对我说："如果三个姐妹都漂亮的话，一般来说三妹最好看，因为最年轻。"他告诉我，他和同伴去过黄龙、九寨沟，发觉她们的确好看，不过要论青春活力，还得数卡龙沟。

据介绍，沟里有好几棵三树合一的树，传说是三妹嫁了人，有了孩子，此树因此被称为合家欢。

卡龙沟位于黑水县东北角，距成都300多公里，比黄龙、九寨沟风景区近。进卡龙沟前，乡、村的藏族同志介绍说，风景区包括两沟一林，即卡龙沟、曹季沟和石林。当地藏民称卡龙沟为“卡隆诺”，意为花沟；称曹季沟为“曹季诺”，意为海沟；两沟的顶部，就是千姿百态的石林。这两沟一林，统称卡龙沟风景区，总面积约为1600公顷，属喀斯特地貌。整个风景区人迹罕至，原始而神秘。

一进卡龙沟，就见到一条宽约20米的溪水蜿蜒流淌，两旁树林浩如绿海。走到水前一看，只见水在石阶上流，石质粗糙不滑，走进溪水行走安全。由于水中含有大量碳酸钙，随着水流深浅和角度不同，形成不同的色彩；加上水中苔藓植物的不同颜色，水色居然五彩缤纷，其中以乳黄色为主；衬以两岸的丁香花、野玫瑰等数不清的鲜花，整条溪水竟色彩斑斓，似流花溢彩的河流。

我在水中台阶上行走，走了5里地，还看不到水的尽头，而沿途此见，尽是奇观：溪水旁边的有些地段天生许多水池，深不见底，却照样五颜六色；有的泉涌成串，似珠如玉；有的池与池彼此相扣或相叠，竟连成几十个之多；松、竹、草悠然生长其间，还有四脚鱼怡然游动。我们抓了一条，发现这种鱼满身细鳞，把它放回水中，并不惊慌逃走。向导说，沟里的奇特鱼类非常多，不只这种四脚鱼，还有羌活鱼等。

红军三大主力经过的黑水卡龙沟，以水丽、林奇、石美、洞秀著称，
这是其中一景。（罗开富摄）

▲作者长征采访进入雪山地区后，得知黑水县还有比黄龙、九寨沟风景区更美的“三妹”——卡龙沟。图为卡龙沟中的石林。（罗开富摄）

沟里的景致，几乎都同传说中的三妹相联系：我们在半山坡，看到一个溶洞，洞内的钟乳石洁白似雪，珠串玉联，似玉液琼浆之凝固，珍珠玛瑙之堆砌。当地人说，它们是三妹从天庭带到人间的宝物；满山数不清的碧澄水池，当地人称为海，说是三妹的宝镜；靠近石林的三妹海，也称仙女海。此海娇小媚秀、水色绚丽，水边的苔藓呈金黄、鹅儿黄、柳黄或墨绿、青、紫等色彩，参差错落，融为一体；有的地段落叶蓬松，草香四溢，仰卧其上，闲望流云，大有飘飘欲仙之感；整个风景区都是原始森林，许多枯树根上，又长出松、杉、桦等树。我们走到了两沟的顶部，见到了大片石林，众多林峰直到蓝天，因面积太大，我们怕时间不够，没有进去；在下山的路上，我还看到三棵相距约60厘米的桦树，它们在约两米高处，竟合三为一，更奇的是，合三为一处没有丝毫痕迹，合起来的树干，又同原来三棵各自的粗细差不多。这里夏天凉爽，冬天瀑布不结冰。今天，我和向导都穿着两件单衣，在风景区穿行。据向导说，这里的景点很多，三天也看不完。

卡龙沟风景区不通公路，两个沟口距最近的林区公路，也还有十多里路。由于偏僻，它一向不为外人所知，直到1980年前后，县里进行资源普查时，才被发现。去年9月，县政府把卡龙沟列为自然保护区。据县人大常委会主任促木学说，卡龙沟是川西北的明珠，县里早想集资开发，但有关单位却要到里面去伐木。究竟是开发出来，供人游览价值大，还是卖木头的经济效益高，县里还没有统一意见。

▲参加红军的部分藏族战士长征到达陕北后的合影

听到这些争论，真让人扼腕叹息：把卡龙沟当林场用，太“近视”了。我想，作为一名记者，能做到的大概就是把这水丽、林奇、石美、洞秀的“三妹”报道出去了。今夜写的报道题目是：“卡龙美景令人醉，伐木旅游孰短长？”

1985年7月26日　雨
黑水县城

昨晚已见到阿坝州邮电局运到黑水县的电台，并见到报务员杨政、熊文广，心里十分高兴和感激。我一路上常想：在当年那样艰苦的条件下，如果没有中国共产党的坚强领导，如果没有红军指战员不怕流血牺牲的精神，如果没有沿途各族人民的有力支持，长征是不可能取得胜利的；50年过去，条件好多了，地上没有敌人阻拦，天上没有敌机轰炸，也没有断粮的危险。但不管怎样，今日重走长征路，若没有沿途各族干部群众的支持，还是不能真正把长征路走通。

9个多月来，为我治病的医生就有160多人了，向导和陪同人员已达1800多人。进入草地中心无人区，如果没有电台，就会同外界失去联系，在茫茫无边中找不到方向，就会十分危险；再说如果没有电台，就发不出稿，来自长征路上的连续报道势必中断。可以说，我每走一步，都要靠沿途人民的支持。

上午，我来到位于山坡上的很简陋的黑水县邮电局，看到韩素美、张玉华、林美三位邮局职工正和杨政、熊广文在调试电台，驻扎当地的解放军正在帮着架天线、调试发电机。看到这个场景，我十分感动，同时也想起了当年藏、羌人民支援红军过雪山草地的故事。

在雪山草地，红军碰到的最大问题是缺粮。这个面积达8万多平方公里的广阔地区，当时居住人口不到八万，本来就种不出多少青稞，而国民党反动派和反动土司还规定：凡不把粮食藏起来，卖粮给红军，给红军当向导、当通司的都要处死或没收全部财产。尽管这样，经过红军宣传队和通司的宣传解释，藏民逐步了解了红军，许多群众冒着生命危险，帮红军筹粮、熬制土盐、当向导或通司，还有不少人加入了红军。他们告别父老乡亲随军北上后，有的再也没有回来。我在瓦钵梁子采访时，了解到那里当年只有十几户人家，但有三名青年加入了红军。红军北上后，反动分子对当地11位为红军办过事的藏族群众进行严刑吊打，有两人竟被活活打死。

今天因外出采访，回来得晚，夜里写好、誊好稿件，已是凌晨两点半钟了。天气很冷，我们正准备休息，想不到招待所的罗德玉和余桂英两位姑娘给我们送来一锅冒着热气的牛奶；我还发现，副县长严木学（藏族）此时还在外屋为我们一行上雪山做准备工作。这一切，都深深地感动着我，激励我继续往前走。

1985年7月27日　雨

黑水县打鼓寨

仓德山是红军长征时翻越的第四座雪山，海拔4800多米。现在山脚已修通了黑水县城至松潘毛儿盖的公路，行人不必再翻山越岭了，当年红军翻越雪山的山道已无人行走。我是循红军当年行进的原路采访，故今天必须去找这条山路，然后翻越雪山。

一大早，我和黑水县副县长严木学、县医院医生杨初格西及州里的同志一起，在藏族向导王诺二的带领下，循着当年的山路，从山南脚下开始爬山；行进约90里，历时8个小时，到达山顶；由北坡下山，又花了5个多小时。**我用海拔仪测知，红军登山通过的垭口，标高为海拔4140米，比夹金山稍高。**

早晨上山时，阳光灿烂；爬到半山腰，云涌雾罩，冷风阵阵，细雨绵绵；爬到山顶时，本来浑身大汗，但被冷风一吹，双手立即冻僵，几乎抓不住拐棍，耳朵痛如刀割。今天山上虽未降雪，但在下山时却遇到了暴雨雷电：由于空气稀薄，雪线以上只有稀疏的矮草和雪莲，无处躲雨；雨骤风狂，无法辨认路径，向导走在前面，在雨中凭经验和记忆探路。坡陡路滑，我们一路下山时，几乎是连滑带滚。傍晚下到山脚打鼓寨时，大家满身泥浆，除了向导，全都累得东倒西歪了。

向导王诺二是仓德寨人，这个寨子位于雪山的南坡，海拔3000米，当年翻越仓德山的红军，都曾经过这个寨子，有一部分还曾在此宿营。我路过寨子时了解到，这里当年十分贫困，红军经过时，麦子尚未成熟，部队只好挖野菜充饥。战士们体弱衣单，全凭着北上抗日的决心和毅力顽强地翻过了雪山。

爬山前，黑水县委为我们准备了白面烙饼；到仓德寨时，群众又争着往我们水壶里灌青稞酒。50多岁的班玛错对我们说，党的政策好，寨子开始摆脱贫困，给你们装点青稞酒，算不了什么；一位名叫托巴的老牧民听说我徒步走长征路，很激动：请我吸了鼻烟后，他指着高耸入云的仓德山顶，深情地说，为了我们的今天，红军不知吃了多少苦。老牧民的话使我精神抖擞，浑身充满了力量。

还有一件事情值得一记：从仓德寨往上爬两个多小时，竟进入了野生樱桃林。虽说是野生的，但个头却比我过去见到的都要大：大红的，入口如冰糖般的甜；紫红的，甜中可品出微酸；少数树枝上还有桔红色的，说不出个甜和酸，反正味道很好。此时此刻，我真怀疑“樱桃好吃树难栽”这句俗语的真实性：说树难栽，肯定是因为栽的不是地方、强树所难之故。我们所看到的樱桃树不是一株、两株；不是一片、又一片；而是钻进去了，有种茫茫无边、出不来的感觉。这里荒无人烟，显然不是人工种植的树林。

◀在人烟稀少的山区，经常找不到水喝，这是作者在四川黑水县晴朗乡山上采野果止渴。
（王光全摄）

刚开始时，我们边走边摘边往嘴里送；走着走着，垂下的枝条越来越多，上面结满了樱桃果，也就懒得去摘了：樱桃撞到嘴边，咬上几颗，闭上眼睛就往前走，想吃了就张一下嘴巴。林中没有路，偶尔也可看到有人踏过的痕迹。向导说，林中野兽多，猎人偶尔进来。

离雪线约200米时，各种树木开始少了，樱桃树自然也少了。我们翻过雪山，夜宿打鼓寨后，大家仍在议论着一件事：山上的樱桃如何变成商品？摘来卖鲜的？不大可能：从山上摘好送下山，得花一天时间。虽说山下已通公路，但实际上是晴通雨不通，就算公路畅通等运到大城市，也不新鲜了，即使还能凑和，运输等费用和卖樱桃挣的钱也差不多了；于是大家觉得就近办个罐头厂好，这里不仅有樱桃，还有野桃、雪莲、雪山梨等。但大家兴奋一阵后，又发现了问题：资金从哪里来？技术人员到哪里去请？看来，交通不发达地区如何利用资源发展经济，并不是在办公室里想得那么容易。

1985年7月28日　大雪

打鼓山破牛棚

打鼓山山高坡长，上下有170多里，其间分为拖罗岗和打鼓山，因两座山连在一起，统称打鼓山。1935年7月6日至7日，红军先头部队翻越此山，抵达毛儿盖。中央军委率领主力部队于7月27日翻越仓德山，于7月28日、29日两天，又翻过了白雪皑皑、艰险异常的打鼓山。

7月28日，我也从打鼓寨动身，攀登打鼓山，踏上了当年红军走过的崎岖小路。爬了40多里后，小路变得越来越窄，天又下起了雨，滑得我们东倒西歪。越往上爬，空气越稀薄，头上的乌云压得人几乎喘不过气来。天气很冷，十个指头都冻僵了，浑身却淌着汗水。天黑时，离山顶还有一截路。我和向导以及同行的黑水县副县长严木学等商量对策：山顶和乌云相接，漫天昏昏蒙蒙，分不清东南西北，如连夜翻山，十分危险；但若就地宿营，又没带帐篷，到处湿漉漉的，连坐的地方也没有。后来还是向导有办法，找到一个牧民去冬留下的破牛棚，让大家暂且栖身过夜。

远看牛棚，破烂不堪：四堵用片石垒起的约一米五高的墙，上支几根人字形的木条，木条上挂着几片打晃的油毛毡，基本上是无顶露天棚。望着这座牛棚，我突然想起了“寒鸦图”。

走进牛棚，又发现名符其实：遍地是牛屎。惟一能自我安慰的是见不到苍蝇，也闻不到臭味：这里已接近雪线，飞鸟都已几近绝迹，整个山坡一片雪白，冻得梆梆硬，哪来臭味？

寒天冻地，却给陪同人员带来了难题：只见丹泊用从冰凌中掘出来的石头当锤子，严木学紧握着我的铁拐棍，往牛屎上敲戳：他们是在钻探牛屎的厚度。他们在弄清了牛屎厚度，发现清理出去已不可能后，制定了一个在牛屎上铺松毛的方案。雪线边上，松树不多，大家只好往坡下走一段路，搬运松毛。好不容易，才在80多平方米的牛棚里，铺了半间半尺多厚的松毛。然后在牛棚外的空地上垒石生火，煮马茶，揉糌粑。吃饭的时候，却不见了严木学、丹泊和杨格初西。过了很久，才看见他们从坡上下来，每个人都扛着大石头。一问才知道，是给我搭桌子写稿用的。

夜里又折腾了两次：一次是大家冻得睡不着，只好用随身带的锹和棍，在冻得梆梆硬的牛屎堆上掘了3个坑，生火取暖。牛屎一经解冻，臭味就上来了。但此时谁也没有在乎：人都快冻僵了，谁还顾得上臭不臭。

二是半夜里刮起了风，下起了雪，而且越刮越猛，越下越大。可我的稿子还没写完，不仅“桌上”的三根蜡烛不时被吹灭，头上肩上都积了一层雪。大家又爬起来，为我想办法：分头去砍来三根树枝，每根树枝上挂

►在红军翻越的第五座大雪山打鼓山腰，陪同的黑水县副县长严木学（中）、阿坝州委宣传部牟乃尧（右一）与罗开富在休息。（四川阿坝报王光全摄）

▲这是后人在红军翻越的最后一座上下170多里的打鼓雪山半山腰盖的牛棚，作者夜宿此处，并在冷硬的牛粪上写了一篇报道和一篇日记。靠在门口木柱上的是行李。（罗开富摄）

上三件雨衣，围着我架起了一个如地头看瓜老人用的窝棚。我的问题解决了，可他们却惨了：雨衣给了我，只能和衣盖松毛；实在耐不住了，只好又挖了几个牛屎坑，生火御寒。

牛屎棚里生了五堆火，向导泽华不时给各堆火塘添柴，不时又好像在沉思什么。我问："泽华，你在想什么啊?"他冲我看了好半天，才用我勉强能听懂的汉话说："我只是胡思乱想，你看我们也算是烈火中永生吧。"我回答说："没有那么严重吧。"说完我又补了一句："真看不出，你水平不一般啊。"这时，严木学站起身，一边抖着身上松毛和雪花一边说："泽华是我们的乡党委书记，本来就是高水平么。"

听到严木学的话，我对泽华说："你是我爬雪山的党代表，我会永远记住你的。"

红军长征追踪

►作者和向导踏着厚厚的积雪攀登打鼓雪山。（王光全摄）

◄在打鼓雪山小歇时，作者和向导脱下鞋袜，将浸透的雪水挤出。（王光全摄）

▲红军长征翻越的打鼓雪山上下有170多里，艰险异常，这是作者在翻越途中休息。（丹泊摄）

▼翻越白雪皑皑、艰险异常的打鼓雪山，历时两天。这是第二天上午，罗开富望着不远处的山顶露出胜利的微笑。（丹泊摄）

1985年7月29日　小雪

松番县沙窝

早晨，我们钻出牛棚，只见四周满山皆白，顿觉寒气袭人，好像骨头都被冻僵了。但我们仍觉得不虚此行，望着这一片被冰雪覆盖的山峦，大家又一次享受了“盛夏赏雪”的乐趣。

我们由藏族向导泽华带路，在皑皑雪地上觅路前进。雪光刺目，两眼疼痛流泪。向导上山时未带有色眼镜，此时只好把一束牛毛压在帽檐下，以遮雪光。高山空气稀薄，我身上只带着一架相机，仍觉负担沉重。

快爬到山顶时，积雪更深，举步艰难，又饥又累。大家坐在雪里，拿出白面馍馍、泡菜和午餐肉罐头，咬一口馍，抓一把雪，送进嘴里。同行的医生杨格初西说，今天我们是吃着午餐肉、白面馍馍过雪山，听老人说，红军当年是吃着雪里的野菜翻过这座雪山的。听到这番话，我不由想起红军老战士当年在这里吃“冰激凌”的轶事。

红军翻越打鼓雪山的10年后，周士第写了一篇“吃冰激凌”的回忆文章，对当年的翻山情景记述得很生动，现摘录一部分，供今后阅对资料用：

> 我们蹉上山顶，陈赓、宋任穷、毕士梯、莫文骅好多同志，已坐在那里谈天，我们也靠近坐下。
>
> 骄阳从天空的正中疏散的放出光辉，紧紧地吻着每个长征英雄的面孔。它在微笑喜悦似的接迎长征英雄们上雪山。他虽然把大地一切的景色照耀得特别显明起来，但没有丝毫的“炎炎逼人”的情景。这宣布广东俗语“盛夏太阳真可恶”的不灵。
>
> 我们周围的雪，洁白的十分可爱。令人回忆到“踏雪寻梅”的古典，而兴叹——白雪真可爱，梅花何处寻！同时又加添了人类“盛夏赏雪”的乐趣。
>
> 萧劲光同志提议吃冰淇凌，全体赞成。陈赓、宋任穷、毕士梯、莫文骅、

▼红军翻越雪山时穿的鞋。带有脚码子（防滑用）的鞋是红军女战士穿的。

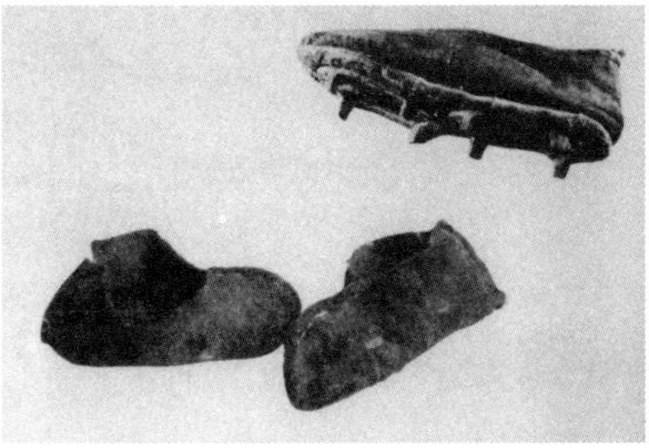

▲打鼓雪山山腰吃青稞饼。

郭化若、陈明、何涤宙、冯雪峰、李一氓、罗贵波和我十几个人，
都持着漱口杯，争向雪堆下层挖。

当我们爬到山顶垭口红军老战士当年吃“冰激凌”的地方时，海拔仪指针指到了4395米，仅比五座雪山中最高的长板山（亚克夏山）低5米。极目远望，几十座银装素裹的峰峦宛如起伏的波浪，绵绵推进，望不到尽头。真可谓“山舞银蛇，原驰蜡象”。在脚下的一座雪山上，蠕动着数不清的小黑点。向导对我说，那是牦牛群，它们正在翻雪山，到山那边的雪线以下找草吃。我站在红军老战士当年吃“冰激凌”的地方，倍受鼓舞，随着向导下坡时，几乎是边滑边跑。晚上9点多钟，进入松潘毛尔盖境。虽然浑身泥水，但心里却充满自豪。

1985年7月30日　晴

茂县县城

下午两点多钟，我来到茂县招待所二楼1号房间，见到了正在输氧的安岗总编辑。我们紧紧握手，久久说不出话来。此刻，我真正体会到了什么叫“此时无声胜有声”。

昨晚夜宿沙窝乡，接到安岗秘书徐斯霖的电话，才知道安岗已进入雪山草地，并因严重的高山反应病倒，目前正在抢救。徐斯霖说：“安总说，等身体好一点就去看你，这次是专程来看你的。”

安总竟进入了雪山草地？病得这么重还要来看我？此刻，我简直不敢相信自己的耳朵了。得知这个消息，大家都深受感动。州委宣传部牟乃尧说：“安总来这里，千万要不得，这里海拔更高。”当他得知州里要安排安总折返茂县时，就决定让我赶到茂县去。他找了一辆车，凌晨把我送回了黑水县城；从黑水县城到茂县县城有一百多公里，黑水县的同志原想连夜把我送去，后来得知当晚因大雨冲刷，离城十多公里的公路上出现塌方，才未成行。今天中午，养路工人才把路面抢出来。

安岗要来雪山草地的消息，我下了长板雪山（亚克夏山）就听说了。当地电话实在难打，我遂于7月22日夜给四川记者站李江天发了一封电报，电文是这样写的：

“得知安总编来，深为感动。和伴同的州委牟乃尧商量，我们翻最后两座雪山后，于28日去松潘城。路上多谢你照顾好安总。”

这之后，我们一直在山里转，近三天又都在雪山上。虽然心里一直惦念着安岗，但总联系不上。

现在我才知道，安岗一行是7月28日到成都的；29日沿着岷江北行，当他们经茂县县城、叠溪海子进入松潘海拔2800多米的镇江关时，严重的高原反应使安岗病倒，并昏迷过去了。经当地医生急救，今天折返茂县县城。省里得知消息后，考虑到安岗已67岁，又患有高血压、糖尿病等多种疾病，要求茂县急送成都治疗。但安岗坚决不走：一定要见到我后，再回成都。

我见到安岗时，他已被缺氧折磨得脸色泛青，嘴唇发乌，正大口喘着气。我心里隐隐作痛。但等他稍有好转，能勉强讲话时，却直埋怨李江天、徐斯霖和同来的本报总编室编辑谢然浩，责怪他们不应该把他病了的事告诉我，更不该把我叫来，使我分心费力。安岗的这番话，感动了在场的每一个人。**茂县羌族自治县县委副书记蔡世勤（羌族）说：“我今天终于明白了，经济日报之所以办得好，其中有个重要原因，就是有安岗这样关心记者的好总编啊。”**

1985年7月31日　晴
茂县县城

经医生的精心治疗，加上茂县县城海拔相对低一些，今天早上安岗能起床行走了，大家都松了一口气。

早餐后，我们陪他在露台上走了几个来回。大家看他走得很吃力，想扶他进屋休息，谁知他说还要下楼到院子里走走，顺便看看岷江。大家都说不行：此时，他走路还得由人扶着。

安岗却还是坚持要去走一走，他说：“伤和病这个东西，要正视它，该治得治，该吃药得吃药。不过有时还得同它们斗，不能顺着它们，老让你躺下，更不能被它们吓倒。”

认识安岗虽然只有一年多，但我在长征路上已同他五次见面，加上沿途新闻界老同志的介绍，我已基本了解安岗了：他1936年参加革命，1938年开始从事新闻工作，先后在《胜利报》、《晋冀豫日报》、《新华日报(华北版)》任记者、编辑、编辑主任、社长、副总编等职，1945年9月任新华社特派记者，1948年4月任《人民日报》副总编辑兼新华社负责人；1949年《人民日报》迁京后，仍任副总编辑；任职期间，于1955年4月创办了中国人民大学新闻系；1982年底，中央决定创办《经济日报》，他不顾年迈，服从中央决定，于1983年到经济日报任总编辑。

安岗有句名言：要当记者，不要当新闻官。几十年来，他一直实践着这句话，坚持深入生活。他要求记者必须到第一线，亲听、亲看、亲记、亲思，再动笔成文。

从岷江岸边上来，安岗见县有关部门领导陆续来了，又坚持和我一起听县里的情况介绍，并就读者关心的问题问了茂县的一些情况。

下午，安岗在听取我的采访情况汇报后，就我循着红军三大主力的足迹，通过草地中心无人区的徒步采访、报道中可能遇到的困难和大家一块儿进行了研究，并提出了具体要求。当他得知与我一道到茂县来的藏族青年丹泊，为了陪我爬雪山过草地，推迟了婚期时，很受感动：他拉丹泊坐在身边，代表报社真诚地感谢他，又对我说：“你一定要好好向藏族同志学习，向沿途各族人民学习，永远不要忘记，没有沿途党政军领导的关怀，各族人民的帮助，单靠我们经济日报、靠一个记者，去完成徒步采访红军长征路的任务，肯定是不行的。”

他的一番话，极大地鼓舞了我，我向他表示，一定紧紧依靠沿途的各族人民，走完最后的六千里。

▼红军经过的雪山脚下，急流纵横，有些地方缺资金，只好用溜索过河。(罗开富摄)

1985年8月1日　晴

茂县县城

下午两点多钟，载送安岗一行去成都的汽车要出发了，大家依依不舍地告别。此时安岗的气色还没有恢复，脸色还有点泛青，靠在座位上很吃力地喘着气。他一边同我握手，一边对我说："安全第一，陕北再见。"说完把一只小包塞在我的手里，就启程了。

我回到招待所，打开小包："保健药盒"四个字映入眼中；打开盒子一看，不禁"啊"了一声：这是安岗随身带的急救药品，他自己舍不得用，留给我对付雪山草地。

根据县里领导和安岗的安排，我在红四方面军长征时途经的茂县一带还要采访三天。县城的四面都是高山，下午3点钟左右，太阳就被遮挡住了，好像傍晚天色，我们决定明天再出城。趁这难得的时间，我访问了几位羌族老人，查阅了党史办送来的有关材料，得益匪浅。

羌族是我国历史悠久的少数民族。司马迁说，"大禹生于西羌"，中国第一个王朝——夏后氏，就是以西羌为主体，并以唐虞两个联盟部族，在黄河流域建立的一个大国。

羌族在古代为西戎游牧民族，分布在祖国西部各地。羌族现有11万多人，而茂县就占了6300人，成为我国目前惟一的羌族自治县。它地处成都

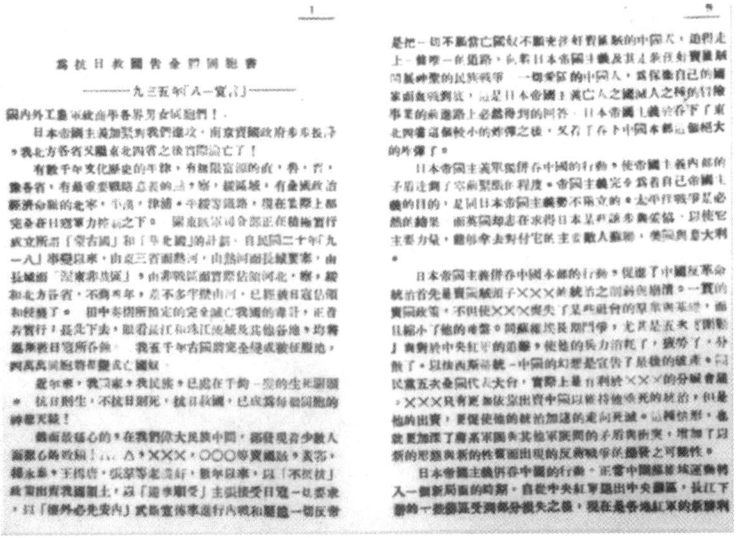

為抗日救國告全體同胞書

——一九三五年「八一宣言」——

國內外工農軍政商學各界男女同胞們！

日本帝國主義加緊對我國進攻，南京賣國政府步步投降，我北方各省又繼東北四省之後實際淪亡了！

有數千年文化歷史的平津，有無限富源的冀，魯，晉，豫各省，有最重要戰略意義的察，綏區域，有全國政治經濟命脈的北寧，平漢，津浦，平綏等鐵路，現在實際上都完全在日寇軍力控制之下。關東貴司令部正在積極實行成立所謂「蒙古國」和「華北國」的計劃。自民國二十年「九一八」事變以來，由東三省而熱河，由熱河而長城要塞，由長城而「灤東非戰區」，由非戰區而實際佔領河北，察，綏和北方各省，不到四年，差不多半壁山河，已經被日寇佔領和侵襲了。田中奏摺所預定的完全滅亡我國的毒計，正在着着實行，長此下去，眼看長江和珠江流域及其他各地，均將逐漸被日寇所吞蝕。我五千年古國將完全變成被征服地，四萬萬同胞將全變成亡國奴。

近年來，我國家，我民族，已處在千鈞一髮的生死關頭。抗日則生，不抗日則死，抗日救國，已成為每個同胞的神聖天職！

然而最痛心的，在我們偉大民族中間，却發現着少數人面獸心的敗類！△△△，×××，○○○等賣國賊，黃郛，楊永泰，王揖唐，張群等老漢奸，數年以來，以「不抵抗」政策出賣我國領土，以「逆來順受」主張接受日寇一切要求，以「攘外必先安內」武斷宣傳來進行內戰和壓迫一切反帝

是把一切不願當亡國奴不願充漢奸賣國賊的中國人，迫得走上一條唯一的道路，向着日本帝國主義及其走狗作英勇抗戰的神聖的民族戰爭——一切愛國的中國人，為保衛自己的國家而血戰到底，這是日本帝國主義亡人之國滅人之種的侵略事業的前進路上必然得到的回答。日本帝國主義吞下了東北四省這個較小的炸彈之後，又吞下了中國本部這個絕大的炸彈了。

日本帝國主義吞併中國的行動，使帝國主義內部的矛盾達到了空前緊張的程度。帝國主義完全為着自己帝國主義的目的，是同日本帝國主義勢不兩立的。太平洋戰爭是必然的結果。而英國卻志在求得日本某些讓步與妥協，以使它主要力量，能夠拿去對付它的主要敵人蘇聯，美國與意大利。

日本帝國主義併吞中國本部的行動，促進了中國反革命統治首先是賣國賊頭子×××統治之削弱與崩潰。一貫的賣國政策，不但使×××喪失了某些社會的群眾與基礎，而且縮小了他的地盤。同蘇維埃長期鬥爭，尤其是五次「圍剿」與對於中央紅軍的追擊，使他的兵力消耗了，疲勞了，分散了。以武力統一中國的幻想是宣告了最後的破產。國民黨五次全國代表大會，實際上是分割×××的分贓會議。×××只有更加依靠出賣中國以維持他垂死的統治，但是他的出賣，更促使他的統治加速的走向死滅。這種情形，也就更加深了蔣系軍閥與其他軍閥間的矛盾與衝突，增加了以新的形態與新的性質而出現的反蔣戰爭的爆發之可能性。

日本帝國主義併吞中國的行動，正當中國蘇維埃運動轉入一個新局面的時期。自從中央紅軍退出中央蘇區，長江下游的一些蘇區受到部分損失之後，現在是各地紅軍的新勝利

◀一九三五年八月一日，党中央发表的『八一宣言』。

北面、岷江上游、阿坝藏族自治州的东南端。

今夜里读了一本《羌族史》，是冉光荣、李绍民、周锡银三人合写的，于今年1月由四川民族出版社出版。该书使我了解到许多鲜为人知的羌族历史，特别是其中的一节，读后使人产生许多联想，特抄录如下：

> 土司有朝贡“义务”，他们定期进京朝见皇帝，并献上当地的贵重土特产品。朝贡的日期、人数、物品均有规定。例如叠溪长官司三年贡马四匹，岳希长官司三年贡马三匹，静州长官司、陇木头长官司则贡马二匹。此外还有药材、核桃、油笋等土特物产。贡品在经济上并无多大实际意义，只是臣属关系的一种象征。

这段话使我想起了现在社会上“朝廷贡品”满天飞的现象，我心里早纳闷：贡品真的有这么多？真的有吹的那么神？今天我才有点明白：满天吹的所谓“朝廷贡品”，不过是当地的土特产品而已。我想这物品在当地肯定是最好的，但在全国也可能算不上什么。我想到的另一层意思是，各地的贡品尽管算不上尽善尽美，但质量总属上乘，更不会造假，谁敢糊弄“朝廷”？而现在打着“朝廷贡品”牌子的东西，就很值得怀疑了：有的是真货，但有的也许早就变了种，只是借“贡品”二字生财；有的是假货和半真半假货，也是因为东西销不出去，贴上个“贡品”的标签找销路。我想，今后见了“朝廷贡品”，当以平常心待之。

1985年8月2日　晴

茂县马蹄溪村

今天到了土门。

这里是红四方面军西渡嘉陵江后，同敌人打了一场大仗的地方，它使我又一次想起了张国焘对内争权、对外怕死的卑劣行径。

张国焘是王明（陈绍禹）派到鄂豫皖红四方面军中的中央代表，他的思想作风与王明（陈绍禹）一样，喜欢抓权，独断专行，历来不重视根据地的作用。红四方面军从鄂豫皖退却到川陕地区后，经过艰苦征战，建立了川陕苏区。在敌人发动六路围攻时，张国焘被吓慌了，企图放弃根据地。他认为：“只要有了红军，苏区要不要都可以。”后在红四方面军总指挥徐向前等的正确指挥下，我军粉碎了敌人的六路围攻，张国焘才定下神来。蒋介石不甘心失败，又调嫡系主力对川陕苏区“围剿”。红四方面军总指挥徐向前、副总指挥王树声、参谋长曾中生率指战员毫不畏惧，在前方艰苦迎战敌人。而此时的张国焘，又被吓慌了，认为“与其被敌人赶着走，不如主动撤走”，竟不同正在前方作战的徐向前等领导商量，便决定退出川陕苏区。5月初，川陕根据地红四方面军5个军，以及党政机关、学校、工厂等共8万多人西进岷江地区，开始了长征。

1935年5月12日，徐向前、王树声率九军、三十军主力向北川西进。5月15日晨，攻克茂县土地山险关，打了一场著名的“土门战役”，为红四方面军西进、与中央红军会师打开了通道。

上午，我在茂县县委副书记蔡世勤（羌族）的陪同下，来到当年的战场三元桥上参观，我看到，红军凿刻在桥上的10条标语，至今仍保存完好。

蔡世勤向我讲述了当年的战斗过程：当时国民党十五军在这里阻拦红军。5月15日上午10时，红军一路采取间隙突破的战术，向土门核心阵地展开了猛攻，枪炮声、喊杀声惊天动地。下午2时左右，红军攻克了观音梁子；另一路红军于5月14日晚上由羌族青年李明远带路，翻悬崖，越峭壁，经过一夜急行军，迂回到后山敌人背后，占领赤土坡，向西直插土门，与从观音梁子包抄过来的部队形成两个拳头，重重一击，终于占领了土门。红军攻占土门后，又立即兵分两路，乘胜追击，在当天傍晚攻占了县城凤仪镇。随后红军发扬连续作战的顽强作风，未曾休整，又兵分三路，一路由茂县沿江北上，直达毛儿盖；一路沿黑河西进，占领了芦花地区；主力则由李先念等同志率领，从茂县出发经威州、班县等地，转而向西，直达懋功（今小金县）的达维寨，于6月12日与刚翻过夹金山的红一方面军胜利会师。

我在这里采访时，观音山下马蹄溪村的群众争夸红军的神勇。66岁的羌族谢玉芳大娘拉着我的手说：“红军到茂县那年，我16岁，见过红军，他们在这里还建立了苏维埃政权。昨天是建军节，大家还都在说红军好呢。”

1985年8月3日 阴

茂县石鼓乡

从四川宝兴翻过夹金山，进入雪山草地以来，沿途见到的寨子，大多以片石垒屋，这两天在茂县的羌寨采访开了眼界。

茂县农村给人的印象是山多，坡地少，耕地更少。村寨不大，一般都是十多户人家，二三十户人家的村寨，就算大寨子了。这里寨子的大小是由耕地的多寡决定的。为了有效利用坡地、台地，村寨的房屋大都顺势构建，依坡分台筑屋，随坡而变。远远望去，半山上鳞次栉比的住房，加上高耸的碉楼，十分壮观，宛如一座古代城堡。“城堡”借群山衬映，更显得壮丽、古朴。我不禁想起了这个民族源远流长的历史：两千年以前，《后汉书·西南夷传》记述羌人“依山居止，垒石为室，高者至十余丈”。后来，羌人的建筑艺术在传统的基础上又不断得到发展，在掘井、筑堰、淘滩等方面形成绝技。据史书记载，举世闻名的都江堰水利工程，从兴建到淘滩修补，都有羌族人的一份重要贡献。当地人告诉我，在过去，只要见到手拿“专修河堰，包打水井”招牌的，肯定是羌族人。

羌族百姓的勤劳和聪明，表现在很多方面，如挑花和刺绣、也是羌族传统的民间工艺美术，在我国工艺美术史上占有一定地位。今天在石鼓乡的一些寨子里，我有幸欣赏到这门绝技：妇女们挑绣时，既不打样，也不划线，仅以各色丝线或棉线信手挑刺。而从她们手中挑刺出来的景物，无不生动逼真，清秀雅致。

我还了解到，羌民族十分重情重义：**在红四方面军帮助下，1935年5月30日，茂县苏维埃成立；不几天，羌族人民自己的工农革命政权——苏维埃，在各区、乡、村寨也都相继建立，此后，他们开展了支前活动，为红军筹集和运送军粮、军衣，护送和安置伤病人员，并发动了“打土豪，分田地”运动。这年秋天，红军陆续离开羌族地区，近千名羌族青年参加了红军；**从来没有栽过苹果树的石鼓乡羌民，这年在与红军告别的坡上，栽了几棵苹果树，表达对红军的思念之情。由于乡亲们的精心培育，在人民解放军挺进羌族地区，于1950年1月解放茂县时，全县的苹果树已发展到近百棵。

红军帮助羌族人民第一次建立了自己的政权，过上了扬眉吐气的生活；

党的好政策，又使他们解决了温饱，为他们开辟了致富之路：1979年以来，县里重点抓苹果生产，目前已建立了3个县属国营园艺场，23个乡属园艺场，许多农户还自建了小果园。全县苹果现已发展到1万亩、80多万株，去年产量达1000多万斤。

1985年8月4日　晴

茂县凤仪镇

唐代诗人王之涣有“羌笛何须怨杨柳，春风不度玉门关”的咏叹，我曾到过河西走廊，却未曾见到羌笛。此次在茂县羌族自治县凤仪镇，不仅看到了羌笛，还听到了用羌笛吹奏的典雅悠扬的乐曲。

茂县县城所在地凤仪镇，坐落在岷江畔，是一座古城，城墙和城门至今尚存。1935年红军长征过茂县时，在古城门洞两壁和洞口上，凿刻了巨幅标语“共产党是解放回番民族痛苦的政党”等，这些标语，至今清晰可见。

明天我将循红四方面军西进路线，经黑水折向北，前往草地，今天是在茂县采访的最后一天。我从乡下回城，采访凤仪镇。听了情况介绍，看了几家商店后，我和丹泊等抓紧时间去了县文工团，想看看羌笛到底是什么样子，还想听听用它吹奏的乐曲。

下午5点多钟，我们在岷江东岸的山坡下，找到了县文工团的小楼。人未登楼，就听到了悠扬婉转的羌笛声；上得楼去，得知吹羌笛的是羌族青年陈海元，1979年他曾到过北京，为首都人民表演过羌舞。他见到我这个北京客人，格外亲热，高兴地吹奏了“思念”和“沙朗舞曲”两支曲子。他用的是一种六声音阶的双管竖笛，笛身是用大熊猫爱吃的冷箭竹削成，长约19厘米，比筷子稍粗；两管并列，以细线捆紧，竹簧插于管头，用特殊的“鼓腮换气法”竖吹。当他吹奏“思念”时，我们仿佛看到古人正行进在荒凉的古道上，体会到边塞征人对家乡的思念；当“沙朗舞曲”响起时，我们又转悲为喜，立刻被带进欢快热烈的气氛中。

羌笛是羌族民间乐器中最具特色的乐器，为秦汉时游牧西北高原的古羌人所发明。汉代马融的《长笛赋》中就有“近世双笛从羌起”的句子。最初的羌笛是用羊腿骨或鸟腿骨制成，一物二用：既可当乐器，又可作马鞭，因而古时称之为“吹鞭”。据说羌笛原来只有3至4个按孔，其后发展为

5个按孔，并逐渐传入内地；目前的羌笛已有6个按孔，加上本身的筒音，7个音阶齐备。由于羌笛的竹簧是用竹片做成，震动频率高，加上双管同时出音，音色古朴典雅，动人心弦，深为各族人民所喜爱。外国人也被它独特的音色所吸引：1984年5月，法国两位艺术家专程来到茂县，给羌笛吹奏曲录了音。

羌族人民能歌善舞，他们制作和使用的乐器，还有竹口弦、羊皮鼓、小锣、手铃、唢呐、月琴等，并有多种民族乐调。过去由于“左”的影响，乐器的演奏和制作一度衰落，至今仍然没有完全恢复。目前全县会吹羌笛的只有20来个人。据了解，1964年国家举办少数民族业余文艺会演，羌笛的优美旋律曾在首都的剧场里飘荡，博得了阵阵掌声；其后20年间，茂县的羌笛再没有进过北京。

欣赏了羌族艺人原汁原味的羌笛演奏，我们心中生起了强烈的期盼：上级有关部门应当下来听听羌族的音乐，听听羌族艺人的呼声。

1985年8月5日　阴

黑水县芦花镇

“欢迎你回到黑水。”这是我今天一踏进黑水县城，县长扎易对我说的第一句话。

9天前，我从黑水县城出发北上，翻越仓德、打鼓两大雪山，进入草地的沙窝；后来从那里折返，经黑水，去了岷江边的茂县。所以，今天我是重返黑水。县长扎易用了一个“回”字，我觉得十分亲切。

与藏族、羌族的同志共同生活一些时日后，我十分喜欢他们，敬重他们：我觉得他们淳朴、善良、聪明、勇敢、心胸开阔、爱憎分明。

与他们在一起，我常常想到红军的长征路：尽管国民党反动派和反动土司、头人威胁老百姓，谁帮助红军就处死谁；尽管群众一开始受反动派欺骗胁迫，逃匿一空，但当群众了解到红军是保护藏民、羌民的队伍后，不仅纷纷回到村寨，还尽力支援红军。我虽然已离开羌寨，但羌族同胞热爱和支援红军的许多故事仍在我脑海中翻腾。趁今夜有电灯（从明天开始到走出草地，将全靠蜡烛了），摘记一二：

1935年5月中旬，红四方面军四军、九军的先头部队在许世友的指挥下，由松潘进入茂县松坪沟岩窝寨背后的山地，与国民党胡宗南部第一师对峙，岩窝寨羌民罗井泰等组织群众，每天送馍馍、烧开水，支持红军对敌作战。敌人溃逃时，烧毁了当时茂县境内岷江上游惟一的索桥，各族人民配合红军，只用了三天就把桥修复了；羌族群众还主动配合红军，修好了黑水河上的白溪索桥和沙坝索桥等。红军在茂县4个月当中，一些寨子建立了苏维埃政权，群众积极为红军运送粮秣弹药：我访问过的土门区富顺乡和光明乡，就曾有1000多人为红军运送物资；沟口寨的30名羌族皮匠，为红军缝制羊皮褂1200多件；其后，这些皮匠即随红军北上抗日。

红军北上后，羌族群众千方百计，保存了许多红军标语，并把红军与敌人战斗过的地方，专门命名，以作纪念：他们将许世友的指挥部所在的山改名为红军棚子，一直沿用至今。他们冒着生命危险，救护伤病员，有的为此牺牲了自己的生命：据县里同志介绍，当年被救护的红军指战员，目前仍健在的有70多位。我在南桥寨见到老红军张仲清，今年70岁，当年是红四方面军二七四团的一位班长，在攻打瓦钵梁子的战斗中，右脚负了重伤，被羌民杨天福冒险收留救治。伤愈后，和羌族姑娘白浩珍结了婚，现有三个儿子。

张仲清与我们分别时，激动地说："羌族人民对红军、对共产党的深厚感情，是我永远说不完的。"他说不完，我也永远写不完。我在石彭乡、凤仪镇、南桥寨等地了解到，有一支民歌，直到现在，不但老人们还在唱，连一些青年人也在唱，歌词如下：

> "民国二十四年（1935年），太阳高升在东边，毛主席、徐向前，引导羌人下雪山，打倒土豪分田地，打进了衙门杀赃官，建立苏维埃，羌人当家掌了权……"

1985年8月6日　晴

黑水县札窝

有人曾向我介绍，说地处雪山草地的阿坝州座落在四川的西北部。我发觉，他们可能是以成都为坐标：我多次翻地图，都发觉它地处四川的正北。我还发现，黑水又基本上是在雪山草地的中间，是雪山与草地的分界。

从黑水县城往北去草地，红军当年走的是两条路线：一条是在黑水县城

的西边，红一方面军翻越第三座雪山——长板山（亚克夏山）后，其先头部队紧接着就翻越了仓德雪山和打鼓雪山，下山后，进入草地毛儿盖；另一条路是在黑水县城的东边，从扎窝、石窝一带的崇山峻岭间进入毛儿盖。这条路平均海拔3200米，河流沟坎甚多，十分难走；如今虽修了沙石公路，但路面很窄，基本看不到车，偶尔看到几辆，也都带着杠杆、铁锹等工具，随时准备对付塌方，撬石清土。

▲1935年8月，方志敏在狱中。

西边的那两座雪山，我已于7月27日至29日翻越过了，今天我们动身走东边的这条路，去毛儿盖。

50年前的7月底，毛泽东、周恩来等中央领导和中央军委各总部都已到达毛儿盖。8月4日至6日，党中央在毛儿盖沙窝召开了政治局会议，议程为两项：一，讨论一、四方面军会合后的形势和任务；二，解决组织问题。

红一、四方面军两大主力会师后，当时的军事、政治形势对我红军的北上十分有利，连国民党高级将领胡羽高也不得不承认蒋介石失败了。他在一本书中写道：“国军防止朱毛西窜之声早已传之数年，今朱毛毕竟西窜，而达其预定之目的矣。在朱毛西窜当中，行营三令五申，严防朱毛与徐‘匪’向前会合，声犹在耳，墨尚未干，而朱毛毕竟与徐‘匪’向前、张‘匪’国焘会合矣。然而全川之六路大军，不能拒堵徐‘匪’之南窜，中央与各省数十万劲旅，不能截朱毛之西奔。中间虽有河山之险隔，给养之困难，病疫之交侵，霜雪之严冷，均不足以慑‘匪’胆，而刺激其改变初衷。两大洪流，竟于中华民国二十四年六月十有六日在懋功之达维合拢。查国军电令，一再言曰，须收聚歼之效，今使之聚矣，何以不歼。然在分窜之中，各个尚不能击破，今既会合，则已蔓不可图，尚可聚歼之大言不惭哉。”连敌人都已觉得红军两大主力会合后，“已蔓不可图”，但由于张国焘为了实现他个人夺权的野心，老是借口“组织问题”没解决，拖延了北上的时间，失去了松潘战役的时机，使蒋介石有了喘息的机会：这时敌胡宗南部的主力已集结到松潘一线，敌薛岳部主力也已进抵岷江东岸的茂县一线，南边的懋功等一线已被川敌占领，盘跨北边甘肃、西面青海的鲁大昌等军阀，也正向红军压来。红军北上，只剩下过草地的一条路了。

分析当年的形势，脚踏当年的土地，让人更深刻地体会到张国焘分裂主义给党和红军造成的巨大危害。

1985 年 8 月 7 日　晴

黑水县阿石窝寨

今早沿毛儿盖河继续北上，由札窝到了阿石窝，见到了久违的大平坡。这里虽然坡地起伏，小山间插其中，海拔仍在3000多米，但看得出来，这里土壤肥沃，西北部的高山阻挡着寒流，是种庄稼的好地方。据乡领导介绍，札窝、阿石窝一带是黑水的粮仓，粮食产量占全县十分之一。据史料记载，1935年8月，已到达毛儿盖的邓小平，为了给部队筹粮，以备过草地之需，率一支部队从毛儿盖出发，掉头沿毛儿盖河南下，经库车到达札窝、阿石窝；罗荣桓、陈漫远、肖向荣、刘道生、刘原、刘晓、赵尔陆等领导同志也到了这里筹粮。

我走近阿石窝寨，看见人们正在坡地上收割青稞。小麦、蚕豆尚未成熟。走进寨子，当群众弄清我是走长征路的，都争着请我们到家里作客：我们先被拉到藏胞扎西家里吃了酥油糌粑和烙饼，喝了青稞酒，又被另一位藏胞兰马学拉着去用竹管吸咂酒。

50年前，兰马学家住过红军领导人。当时他家的房屋是四层，门前的场地是红军官兵活动的地方；解放后，他家的房屋改为三层，十分宽敞整洁。当年红军活动的场地，现在种上了蔬菜，中间有棵两人合抱的柳树。我们在兰马学家边吸咂酒边交谈，当年见过红军的占能本和另两位老人告诉我们，红军最讲群众纪律，最爱护百姓，筹粮时照价付款，爱护当地的一草一木。兰马学家的这棵柳树当年还很小，红军在场地上开饭、开会、训练，没有人动小树一枝一桠，保护一直很好。今天，这棵柳树已枝叶繁茂。兰马学还告诉我，听他父亲讲，红军在这一带筹了十多天粮。红军离开时，他全家恰巧上山去了；回来后，见到红军留下的一支枪和一枚银币，红军留下话说是筹粮报酬。解放后，他把枪交给了政府，可惜那枚银币找不到了。

◀作者在长征路上见到许多因受伤经组织批准留在当地的老红军。阎先振（左三）就是其中的一位，他是最后一批过草地的红军，是红二方面军二军团的通讯员，当年16岁，受伤后，被藏族一位老太太救护，后转到打鼓雪山下、草地边缘的毛儿盖定居。49年来，他没有走出过藏族寨子，作者见到他时，完整的汉话一句也不会讲了，但从他的比比划划中，可以明白他讲的意思：藏、羌族老百姓从红军的行动中，觉得他们就是救苦救难的活菩萨，所以大都省下最后一把青稞塞进红军干瘪的米袋里。许多人家断了炊，为了让他活下去，老太太和家人到山上去寻找杂骨，敲碎后，掺进压碎了的青稞秆一起磨成粉喂他，还为他找草药疗伤。他说，群众认定了共产党的红军是好人，所以他才能活到今天，许多牺牲了的战友也是当地群众掩埋的。党好、红军好、藏族群众真好啊。这是阎老全家照。（罗开富摄）

我从采访中和史料上了解到，这次筹粮是在红军第一次过草地之前。后由于张国焘搞分裂，过了草地的红四方面军两个军的指战员又折返草地，南下甘孜；第二年的7月中旬，与红二方面军一起，又过草地北上，所以有红军三过雪山草地之说。三过雪山草地的不只是红四方面军，还有随左路军行动的红一方面军的五军团、九军团等。

这里地广人稀，气候、地理环境恶劣，红军第一次过雪山草地时，筹粮就已十分困难，后来第二次、第三次过雪山草地，面对的粮食困难是难于想像的。进入草地后，我打算按照安岗的要求，先循红一方面军的进军路线，然后转到红四、二方面的路线，横穿草地，尽可能全面地体会红军当年的艰苦，我觉得，这是后人的一份历史责任。

1985年8月8日 小雨

松潘县毛儿盖

今天经沙窝寨到达毛儿盖。

毛儿盖很有名气，不仅因为它是进入草地的大门，还因为1935年8月20日，毛泽东、周恩来、洛甫（张闻天）等中央领导和中央军委机关都是从这里出发，进入草地的。

毛儿盖地处松潘县城的西边，去东北方向的九寨沟风景区，走路需要4天时间。

过去我以为雪山里有草地，草地里有雪山，走到毛儿盖才明白：走完了夹金山、梦笔山、长板山（亚克夏山）、仓德山和打鼓山这五座雪山之后，才进入草地。

过去我在书上看到过松潘草地，得知文成公主去西藏时，也经过了草地，今天我才弄明白，松潘草地指的就是这块草地。不过，文成公主是从草地边缘经过的，那是山边的一条路。

毛儿盖如今是区委所在地，全区下辖20多个寨子，面积1000多平方公里。50年前人口2000多，现在已达3400多人，98%是藏族。今天的毛儿盖已成为一个乡场，我在仅有的五六家小店里转了转，发现牧民需要的日用品

这是现代为旅游而建造的碉楼，不仅矮而且石块是人工打磨的，位于成都以北200多公里的叠海。（罗开富摄）

基本齐备。在这里，我也买到了这两天准备不足的蜡烛、稿纸、圆珠笔、针线、火柴和香烟等。

也许是外面来人太少，我们一行的到来，又驮着电台，着实让当地热闹了好一阵。当地人很热情，有四五位牧民还向我们献了哈达，使我们因陌生而产生的孤独感一下子没有了。

毛儿盖是草地的大门，这是概略的说法，其实，从打鼓山下来进入沙窝，就是进入草地了。

从沙窝走40多里，才到毛儿盖区委所在地。这段路上，已遍地是草甸子，边缘都是山。

毛儿盖平均海拔3200多米，草甸子长得并不高，由于人烟稀少，我感觉像是到了荒郊。夜里很冷，不得不烤火取暖。不过想起此时，全国大多数地区正处于盛夏酷暑，我倒有些心安。

1935年7月9日，红军先头部队击溃了胡宗南部一个加强营，占领了毛儿盖。这时本应乘胜前进，直取松潘城，但由于张国焘向党争权，故意拖延北上时间，贻误了战机。为了统一认识，统一行动，中央政治局只好于8月4日至6日，在沙窝又一次召开会议。

沙窝我已到过两次：第一次是10天前从打鼓雪山上下来，第二次是今天。据了解，当时沙窝驻有陈锡联任政委的红四方面军第十一师，中央政治局会议就是在师司令部召开的。出席会议的政治局委员、候补委员有洛甫（张闻天）、毛泽东、朱德、周恩来、张国焘、陈昌浩、刘伯承、傅钟、凯丰（何克全）、邓发、博古（秦邦宪）共11人。会议议程有两项，一是一、四方面军会合后的形势；二是组织问题。在党中央的耐心教育下，经过大多数同志的说服与批评，张国焘最后不得不在会上表示同意中央的意见。会议一致通过了《中央关于一、四方面军会合后的政治形势与任务的决议》，重申了6月29日两河口会议确定的集中主力北进、创建川陕甘根据地的战略方针，强调要维护和提高党中央的威信，加强一、四方面军的团结，并号召与右倾机会主义作斗争。

会议还决定：增补陈昌浩、周纯全为中央委员、政治局委员，徐向前为中央委员，何畏、李先念、傅钟为候补中央委员；周恩来任一方面军司令员兼政治委员；陈昌浩和周纯全分别任红军总政治部主任、副主任。

▲红一方面军和红十五军团部分领导同志合影。前排左起：王首道、杨尚昆、聂荣臻、徐海东。后排左起：罗瑞卿、程子华、陈光、邓小平。

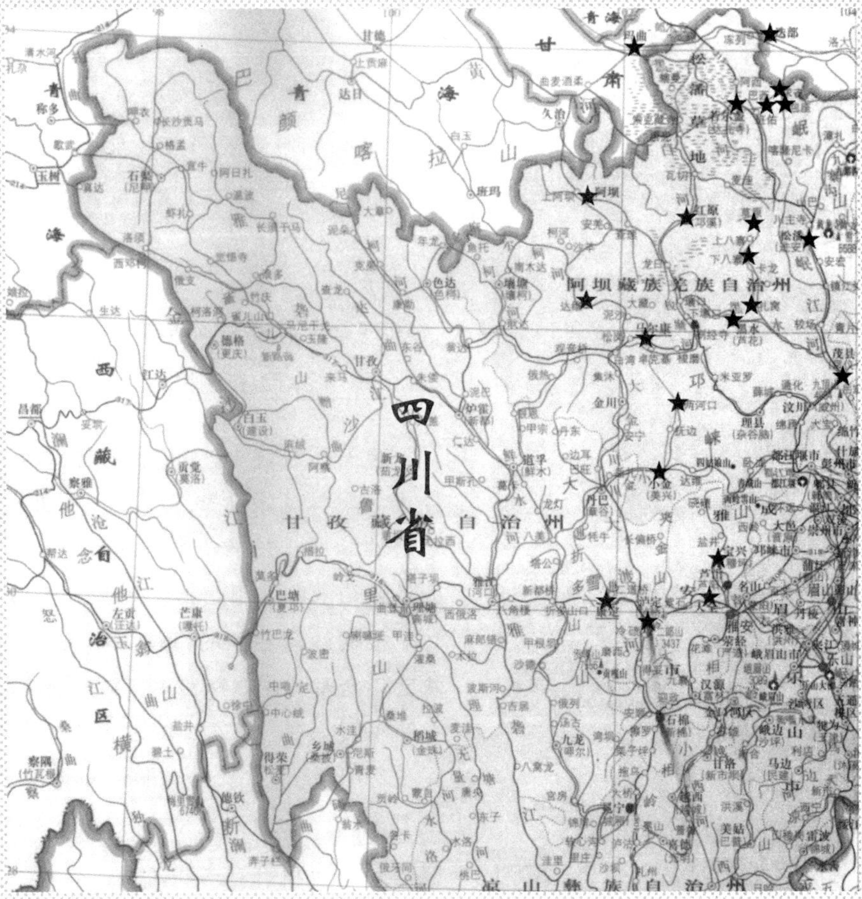

川北
（草地）

1985年8月9日~1985年9月6日

松潘县毛儿盖　叉沟　涅尼郎　后河　红原色地　邛溪　玛曲（甘肃省）　一棵树　日干乔　拉十才　麦曲河　敏至玛　三江口　小坡　一块石　班佑寨　达扎寺镇　热尔大草地　若尔盖

▲红军经过的草地，过去称为松潘草地。古时的松州城墙地处草地东北边缘，至今保存完好。（罗开富摄）

1985年8月9日　小雨

松潘县毛儿盖

明天，我将从毛儿盖北进草地。今天大家继续做准备工作，发电机和电台的调试，是准备工作的重点。我的任务是采访毛儿盖会议会址。

根据沙窝会议的精神，中央军委决定：全军分左右两路军，共同北上。右路军（一军、三军、四军、三十军、军委纵队一部及新成立的红军大学）由党中央、毛泽东直接率领，由徐向前、陈昌浩指挥；左路军（五军、九军、三十一军、三十二军、三十三军和军委纵队另一部）由朱总司令指挥，实际上由当时任红军总政委的张国焘率领。刘伯承总参谋长随左路军行动。并决定右路军以毛儿盖为中心集结，向班佑、巴西前进；左路军以马塘、卓克基为中心集结，向阿坝地区开进。还规定左路军到达阿坝后东进，至班佑地区向右路军靠拢，然后共同向甘南进军。8月15日至20日，左、右两路军的先头部队，分别按预定路线，向指定地区挺进。

根据左、右两路军共同北上的决定，8月12日，朱德、刘伯承率红军总司令部掉头南下，前往集结地卓克基。从这天开始，朱德、刘伯承等与毛泽东、周恩来、洛甫（张闻天）、王稼祥、博古（秦邦宪）、彭德怀、聂荣臻等战友分头行动，直到第二年10月三军会师后才重逢。

朱德在回忆与张国焘共事的这段日子里，曾经谈到，同张国焘共事，不是一件容易的事："当面张国焘他并不反对，却背后去阴谋来反对这个决议，不执行这个决议。"沙窝会议后，张国焘背着中央召开会议，提出要西出阿坝、向青海等偏远地区退却的错误主张。党中央 8 月 15 日致电张国焘指出："不论从地形、气候、敌情、粮食任何方面计算，均需即以主力从班佑向夏河急进。""只有北上才是实现党的政治主张的最好保证。"为了贯彻沙窝会议的决议，8 月 20 日，党中央政治局在毛儿盖的索花寨召开了扩大会议，即著名的毛儿盖会议。出席会议的有洛甫（张闻天）、毛泽东、博古（秦邦宪）、王稼祥、陈昌浩、凯丰（何克全）、邓发，列席会议的有李富春、徐向前、林彪、聂荣臻、李先念。周恩来因病，朱德、张国焘、刘伯承已去左路军，叶剑英带右路军先头部队先行，彭德怀率三军团殿后，均未参加会议。会议分析了敌我情况，讨论了当前的行动方针。会上，毛泽东正确分析了形势，提出红军应出敌不意，横跨草地，北出陕甘。会议根据毛泽东同志的报告，通过了《关于目前战略方针之补充决定》。

毛尔盖会议旧址，地处打鼓雪山下。（罗开富摄）

毛儿盖会议的会址，坐落在毛儿盖河畔的一个山包上，海拔 3300 多米。1982 年 7 月 7 日，四川省人民政府已把它列为省级文物保护单位。我在毛儿盖区区长李生庭陪同下，登上山包，眼前的会址，只剩下四堵石片垒砌的坚固屋墙。当地藏族老人告诉我们，这座屋子年久失修，房梁早就坍塌了。

细雨霏霏，我站在遗址前，久久地凝望着残存的四堵石片墙，不舍离去。77 岁的索花寨泽珠老人拉了拉我的衣角说："天快黑了，回吧，我们都不会忘记红军的。"

1985 年 8 月 10 日　中雨

草地叉沟

清晨，我们冒雨离开毛儿盖，向草地进发。

上午的路比较好走，是条泥泞的简易公路；中午在草原乡吃过午饭，再往前走，就看不到寨子看不到人了，在茫茫的雨中，只看见遍地的野草。走了 9 个半小时，只走了 70 多里。天已不早，雨越下越大，只好宿营。我们架设好电台的天线，支上帐篷，再砍来灌木，铺在草湿水流的地上作床铺。做完这一切，天已傍黑，我们全身淋得透湿，又累又饿。

宿营地周围的草有半人高，两边是小山，有溪流和枯树。向导尕革和彭德华不仅有辨认方向的本领，还有烧湿柴的绝活。他们用随身带的羊皮袋鼓风，很快点燃了湿柴，然后找来三块石头，支起铝锅，不一会儿就把马茶煮好了。草地平均海拔 3600 米左右，空气稀薄，大米饭不易煮熟，故我们离开毛儿盖时，没有带大米。区长李生庭亲手为我们烙了大饼，蒸了馍馍，切了一小袋牦牛熟肉。我们喝着马茶，吃着

▼四川红原县的一名藏族少年给即将进入草地腹心地带的罗开富一行送燃料，即干牛粪。（罗开富摄）

馍馍，心里热乎乎的。能循红军足迹走进草地，确是一件令人激动的事。

半个世纪前，党中央决定兵分左、右两路，进草地北上。右路军开路的先遣团是王开湘、杨成武率领的红四团。时任红一军政委的聂荣臻后来在回忆录中写道：“离开毛儿盖，就进入草地。草地可以说根本没有路……找到了一位藏族老太太当向导，在前边为部队开路。那位老太太有病，我们派人抬着她走。”今天，我们走的就是右路军北上的路线，现在已有了一条小路，通往红原县色既乡，大约有三天的路程。草地腹心纵深600里，我们将分别沿红军三大主力所经过的路线行进，需要在草地腹心纵横穿插，这样要比当年单路红军多费些时日，需走1000多里，约半个月的时间。

海拔高、天气冷，我们坐在火堆旁，一边烤湿衣服，一边议论着前边可能出现的困难。雨，一直下到凌晨。我们开始体会到当年红军过草地时体弱衣单，靠皮带草根充饥的艰难困苦。

茫茫草地中，除了我们三顶帐篷里有人，帐篷外有六头牦牛和两匹马，加上脚下刚发现的几条大蚂蟥，我还没有发现其他生命的存在。前半夜下雨，我还能听到一点雨声；想不到后半夜雨停了，我独自在一顶小帐篷里写稿，再也听不到任何声音，心里不由有点发慌：人真怪，身在城市，想安静；远离了人群，又盼热闹。

走出帐篷，平视远方，黑压压的一片，什么也看不见；抬头仰望，黑云一堆一堆的，不断翻滚，特别低，好像一抬手，就能伸进云中。四周静得出奇，自己仿佛不在地球上；正在此时，牦牛发出一声叹息，竟把我吓了一跳，不过这一吓，又把自己吓回了人间。

1985年8月11日　大雨

草地涅尼朗

今天走了9个多小时，沿途没有看到人烟，连树木都很少遇到，今天我们才发觉，行前没有预料到的困难一个个全冒出来了。

第一个问题是，进了草地，才发觉所带的电台输出功率太小，加上草地里雷电交加，气候变化多端，电波不断被干扰，对方接收困难。靠发收双方共同努力，从凌晨6点钟奋斗到上午8点钟，我进入草地后的第一篇新闻稿总算发出去了。

第二个问题是，我们带的干牛粪少了点，大家一致决定：在保护好电台的同时，必须保护好干牛粪。虽然向导有烧湿柴的本领，但从今天开始，已很难见到树木了。**此处海拔已到了3700米，向导说这里是分水岭，分的是黄河水和长江水：今夜我们还住在长江水系，明天再爬200米的坡，翻过山脊，那边的雨水就流到黄河去了。**夜里很冷，用干牛粪生火取暖，已指望不上，我们还要靠它烧水煮食物呢。雨不停地下，干牛粪极易受潮，今晚大家商量：如果明天再下雨，人只打伞，把雨衣腾出来，把已用塑料布包好的干牛粪再包上一层。

第三个问题是，缺饮用水。原来以为草地里什么都缺，就是不缺水，今天才发觉上了当：草地里的水大多不能喝，哪怕煮开了也不行，因为海拔高，沸点低。因为喝了这种水，我的肚子开始发胀，丹泊胀得更厉害。

丹泊真是个好兄弟，他小时候听父亲说过：进了草地里面，有的水哪怕是流动的，煮开了，也不能喝。所以他留了个心眼儿，水烧开后，自己先试喝。我实在太渴，偷着喝了一点点。他发现味道不对，过了一会儿，肚子有点重，就把水倒掉了。然后走了几百米，到一个山坡边去背了水回来，重新煮。我喝得少，几个小时就好了，他却遭了罪：我凌晨2点10分去他的帐篷，看到他还像个血吸虫病人，肚子胀得老大。我说："丹泊，听我话，明早用牦牛把你驮回毛儿盖，送医院去。""罗老师，快写稿去吧。"丹泊摸着自己的大肚子说，"不送你走出草地，我是死也不会离开你的。"我还能说什么呢？只是深深地叹了口气。

▼在草地里每天为作者发电稿至北京的阿坝州的熊文广（右）和杨政。（罗开富摄）

◀▲这是红军经过的草地边缘（西面）和青海交界的地方——黄河第一弯。也是长江和黄河水系的分山岭。石头上面还有后人为纪念红军写的“红军万岁”标语。（罗开富摄）

1985 年 8 月 12 日　阴

草地后河

好多人说自己到过草地，但问他们草地的深处究竟是什么样子，没有一个人说得清。这也难怪，草地的腹心位于红原县和若尔盖县境内，据红原县尹副书记说，自红军横穿草地以来，至今还没一个人横穿过。

我们进入草地已有三天，但据向导说，还只是刚沾了草地的“边”，因为至今仍处于松潘县境内。到了前边，还要换向导，然后才进入草地腹心的沼泽地。

虽说走了三天，只沾了草地的一点“边”，但我对草地已开始有点认识了：它同戈壁滩恰恰相反，戈壁里没有寸草滴水，而草地则遍布茸密的青草，流水满坑满洼。我们就绕道走，绕不过去的，我们就踩过去。有些水洼被二尺多高的青草掩盖，贸然走过去，就会出危险。

虽说水流遍地，但草地中间也还有不少小山，不论你是横着走还是直着走，只要在山边走，问题就不大。而山与山之间，不论怎么绕，总是要穿越一片沼泽，才能到达对面的山脚。穿越的地势若高一点，泥水只没住鞋帮；若遇到低洼地带，泥水有时就会没到膝盖。更讨厌的是蚂蟥太多，个儿还挺大，长短跟成人的小拇指差不多，比小拇指更粗更肥。不论怎么小心，我们每个人的腿上还是时常被叮上几条；即使把裤腿扎紧，它仍能穿过袜子，从脚背上下口。不过被咬多了，已没人大惊小怪，只是互相提醒，发现以后立即扯下来，鲜血淋淋地扔掉就是了。刚开始，有人还在伤口上擦些药膏，后来就顾不上了：一会儿上山坡，一会儿下沼泽，赶路要紧。奇怪的是，被蚂蟥叮咬后，只是痒得难受，稍微有点痛，但一般不会感染发炎。第一天我被叮咬后，傍晚发觉伤口有点红肿，擦了点药膏，过了一夜，第二天就没事了。大家说，这是因为沼泽地海拔高，空气稀薄，气候恶劣，细菌不多的缘故。

50 年前，红军右路军于 8 月 21 日离开毛儿盖，向草地进军。第一天宿营腊子塘，第二天宿营分水岭，第三天宿营后河畔。当时所谓宿营，就是坐在湿地上打个盹。8 月 12 日，我们离开涅尼朗，翻过分水岭，走 60 多里，在离后河不远的海拔 3600 多米的草地上宿营，亲身体会到了变幻莫

▶四川阿坝州若尔盖县的两位藏族老人帮助搜寻确定红军经过的路线，以便给作者提供正确的材料。
（罗开富摄）

测的草地气候：11 日凌晨，下雨，气温 5℃；早上 8 点钟，浓云密布，气温 12℃；中午，晴空万里，太阳晒得皮肤生痛，气温升到 37℃；当天半夜时刻，气温又骤降到 0℃，寒冷彻骨。这时我不禁想起了当年体弱衣单的红军，按理说，冻了可以烤火，但草地上遍地湿漉漉的，又很少有树木，能找点柴煮杯水喝，已属万幸；当年红军又缺乏粮食，真是饥寒交迫。在这样艰难的条件下，红军指战员毫不畏缩，而且充满了革命的乐观主义精神。

红军进草地过后河时，邓颖超正在患病，尽管后河宽约 10 丈，深约 3 尺，邓大姐照样走过去了；蔡畅曾留学法国，在后河岸旁，用法语高唱《马赛曲》，慷慨激昂的歌声，使大家增加了克服困难的勇气；还有康克清，她曾参加过一至四次反“围剿”，长征时任总司令部直属队政委，出入枪林弹雨之中。过后河时，她不仅背着手枪、皮包、粮食等，还背着自己的包袱、毯子。

今天我们过后河时，天帮忙，没有下雨，河水流速也不大，河水只齐腰深。我们把发电机、电台等架在马背上，赶着牦牛和马匹，涉水过了河。上了岸，大家冻得要命，上牙一个劲打下牙，有人不自觉地哼哼起来。丹泊提议：“反正冻得直哼哼，不如唱支歌，振奋一下精神，再搭帐篷。”大家一致同意。

1985 年 8 月 13 日　晴
红原县色地

今天是进草地的第四天。绕来绕去，竟碰到了与前几天所见不同的草地：前几天从此山走到彼山，要么是走在浅水中，要么是走在踩上去就会出水的草甸子上；而今天走了一天，一半时间是在沼泽中的草墩上跳。

据观察，这些沼泽原来也是一片草甸子，不知从何时开始，因千年流水的冲刷，草甸变成沼泽，仅留下了草根密集的泥墩。泥墩上长满齐膝深的青草；墩与墩之间距离不一，全凭自己的估计：跳得过去就跳，跳不过去就绕。这一绕，费的时间和体力就多了。比如前面一米有个草墩，若能跳过去，就一两秒钟的事情；如不敢跳，就得从横里去绕，有时还得退回去，转着圈去绕。为了前进这一米，有时得多花两三分钟。也有跳不准而落入水中的，不过也不会被陷得太深，这里的沼泽水深大多仅齐膝盖，偶

◀雪山草地地广人稀，一走就是十天半月。这是红原县一对老人望着儿子远行时的神情。(罗开富摄)

尔齐腰。最苦的是驮运东西的牦牛和马匹，有时它们也能蹦几个墩，但因负重，撒不开腿，常常蹦不准。有时即使蹦准了，也没有用，因为前蹄蹦到草墩上，后腿大多落入水中。后来向导干脆在前边为牲口趟路，牵着它们在泥沼中稳扎稳走，这样虽然又慢又累，但较安全。一天下来，大家都成了泥人，但庆幸的是终于走出了松潘县草地，进入了红原县草地，意想不到地见到了久违的村寨。

这个寨子名叫色地，红军经过时，这里是藏民临时放牧的夏天牧场，那时称为色既。这里海拔 3500 米。夜阑天晴，繁星点点，天空显得特别低。大家烤干了衣服，已近半夜，但大家竟毫无睡意，都在欣赏着平时难以见到的星空：星星又大又亮，好像全在闪动；平时看到的银河中的星星，都是模糊一片，这里，却看到了星层和星团，甚至可以数出许多小星星来。此刻，我们都忘记了疲劳，沉浸在"草地看星"的美妙和静谧之中。

我进了帐篷，写好稿，就翻开了随身带的史料，巧的是正好看到了一位名叫曙霞的老红军写的当年红军过色地（当年也称为色箕坝）的文章，登载在《中国工农红军第一方面军长征记》一书中，该文是这样记述的：

第四天，天亮出发。这一天过的地方真是"草地"了，举目荒凉，一片草野，四周矮山也不长一棵树木。一路腐质土浸满了污水，没有草根的地方，脚踏下去直没过膝盖；马儿经过处，淹没了四蹄，有时还陷下去拔不起来。我们的脚，从出发以来，都未曾干过。望着天空，总是经常呈着灰黑色，看不到一个鸟儿飞过，也听不到一个虫儿的叫声。我们一队走着，雄伟地走着，像是轮船在大海中，前面不见海岸。可是并不能减低我们前进的勇气，我们的勇气使得像大海一般的草地，一步步向后退去。在路上我和一个同志一路闲谈着。我说以后要怎样来描述这草地的情景呢？它的特点是有点像沙漠，只“水草”和“沙”不同而已。沙漠多旱，没有水，渴死人；草地多水，没有太阳，冷得厉害；如果有人说沙漠上可看到“蜃楼”，那么草地上却绝不能见到“海市”；过草地的人双脚未曾一时干，马的蹄痕也都淹没在水草深处。地虽然平坦，走路却很吃力，滑倒的人倒也不少。下午到达色箕坝，此地是三岔路口，右边可通松潘，左边到班佑。这里有很多草棚，草棚附近有屎堆，有死尸，我们都掩埋了，另外挖了厕所。棚虽名为“草棚”，却都是树枝搭的。我住的一个棚，比较大些，是靠着一棵大树，架了许多树枝，盖上一些树叶小枝之类而成的“树棚”。棚里睡了一个病员，他赤身盖着一张毯子，皮衣脱下做枕头，他已病到有气无声了。费了许久的功夫，在滴滴雨滴之下烧着了一堆火，烧开了一壶开水，给这个病员一碗，我自

记者过草地生活，十分艰险和辛苦。远处是为穿越草地中心沼泽地驮电台、发电机、帐篷、行李等之用的牦牛。（罗开富摄）

已冲了一碗炒麦粉吃。一个小同志烧热了一盆水，我和他同洗了脚，这是过草地四天中第一次洗脚了。夜间晴朗，但起了极大的东南风，冷得非常。

1985年8月14日　阴

草地邛溪

朝别色地，夜宿邛溪。

色地是个大寨子，坐落在辽阔草地里一个三岔路口边。红军长征时，称它为色既坝或色箕坝：往右可通松潘，往东北方向通若尔盖县的班佑，往左可通阿坝县。到了色地，我把杨成武送给我的《忆长征》翻了出来，当年他是红军右路军进草地先遣团四团的政委。他在该书里写道："经过四天艰难的行程，到了色既坝。……部队进入三岔路口，藏族通司双手合十祈祷，说是神灵保佑，他安全过来了。这个六十多岁、一头白发、心善面和、一路上很少说话的老头儿，做完祈祷，欣喜地告诉我们，色既坝是松潘通往阿坝的主要商道，当年他过草地，要不是遇上商队相救，恐怕也到不了这里。那真是九死一生了！如今红军这么多人，居然过来了，真是了不起。他竖起大拇指，连连称奇，而且把我们赞为神兵。"

在色地，杨成武收到了军团部发来的电报：

敌情通报：

> 敌薛岳部已抵天全、芦山，胡宗南部见我进入草地后，也火急赶到松潘，甘肃敌新编十四师鲁大昌部亦往北边压来，胡宗南所部一部队从西安开始往西北移动，马步芳部亦从西北往南移动……

根据敌情，红军必须抢先一步，走出草地。杨成武等率领的先头部队星夜兼程，又艰难地跋涉了3天，前后用了6天6夜，终于历尽艰险，到了班佑。8月17日傍晚，毛泽东在毛儿盖曾询问杨成武前往草地开路的情况。当杨成武汇报到已找到一个藏族通司，60多岁，并已准备了8个同志用担架抬着他，为先遣团带路时，毛泽东说："这样好，要告诉抬担架的同志稳当些，要教育大家尊重少数民族，团结少数民族。"毛泽东还说："一个向导解决不了大部队行军的问题，你们必须多做些写上'由此前进'

并附有箭头的路标，每逢岔路，插上一个。要插得牢靠些，好让后面的部队跟着路标，顺利前进。”

杨成武按毛泽东的指示做了，中央领导、军委机关和右路军用6天6夜时间，先后到达班佑。

我们明天要走的是另外一个方向：不是往东北方向去班佑，而是从色地先往西，然后从麦洼折向东北方向。前后要用15天，才能到达班佑。这是当年红二、四方面军北上，走出草地的行军路线。

张国焘分裂党、分裂红军：他一回到卓克基，就出尔反尔，命令左路军按兵不动。在党中央的一再催促下，此时左路军前卫红五军已进入红原草地，到了麦洼；朱德、刘伯承坚决贯彻沙窝会议精神，为早日向党中央率领的右路军靠拢，率大军也已进入麦洼一带的草地，前卫部队已进入日干乔、多玛大沼泽，再有几天，就可到达班佑，与右路军汇合。而此时，张国焘却借口草地河水上涨和缺粮，下令左路军退回阿坝、卓克基等地。

4天的风雨，4天的艰险，毛儿盖的两位向导尕革和彭德华今天和我们分别了，依依不舍之情，从早上到现在，还萦绕在我的心中：他们把我们移交给红原的同志后，在清晨的草地里，每人举起一碗奶茶，和我们一一碰杯，然后赶着牦牛，向东边走去：他们回去不走原路，而是去翻山绕水走大路，花的时间不会少。丹泊抓了几个干饼子，追上去交给尕革。此刻，我的双眼充盈着泪水，远远地看到尕革双手接着饼子，频频地点头，频频地挥手。我们朝着邛溪走去，我几步一回头，直到尕革一行变成了几个黑点，才快步追赶已走远的丹泊他们。

1985年8月15日　雨间晴

草地玛曲（甘肃省）

草地面积很大：南起刷经寺，北至四川与甘肃交界的郎木寺；东起松潘县的马蹄子，西至四川与青海交界的索克藏寺，共约2.2万平方公里。

在这两万多平方公里的土地上，红军经过时牧民没有定居点，只有少数几个夏季游牧的临时牧场。据当地几位70岁左右的牧民讲：当年在草地里，游来游去放牧的不过500至1000人。今天的变化是巨大的，3个数字可以证明：

一、在这两万多平方公里的土地上已新建了两个县：一个是红原县，面积8220平方公里，人口已有27029人；另一个是若尔盖县，面积10110平方公里，人口53050人。

二、过去，草地里没有大路，当然更没有公路，只有牦牛踩出来的几条小路；如今已有了一条南北向的四级公路，还有两条东西向的约200公里的普通公路。尽管这三条公路都是泥巴路面，晴天通，雨雪天阻，但毕竟大大改善了草地的交通状况。

我们从毛儿盖进草地，走了4天，到达色地。沿途所见，一片荒无人烟。色地往西至邛溪，有公路可通，我们今天穿公路而过，开始沿当年红四方面军穿越草地的路线前进。

红原县委、县政府很重视我的采访，在我到达色地前，做了各种准备：尽管经过多方寻找，还是没找到穿越过草地中心地域日干乔和多玛大沼泽的向导，但仍组织了6位藏族同胞与我同行，他们是：

红原县委宣传部副部长敏卓·阿塔尔，汉名蒋成华；
红原县色地乡党委书记阿布索；
红原县色地乡人武部部长马胡托；
解放军驻红原县中队战士兰木甲；
红原县人民医院医生曾维国；
红原县色地寨牧民秋托。

和我一起进草地、已走了5天的4位同志，今天继续跟我一起，向大沼泽前进。他们是：

阿坝报记者丹泊；
阿坝州邮电局报务员杨政、熊文广；
本报总编室编辑谢然浩。

安岗总编辑离开茂县时，把谢然浩留了下来，要他陪同我一起过草地：他和记者中心的申孝伯等是我的稿件编辑，安岗的意思是让他有一定的亲身体会，同时给我做个伴。

谢然浩是上海人，不到30岁。虽然年轻，但采写和编辑水平都很高。他已同我们一起走了5天，大家公认他能吃苦，话不多，做事实在。

早上7点钟出发，开始还能看到牦牛踩出来的小路；走了一个多小时后，不但看不到牦牛路了，而且连干燥一点的下脚地也找不到了：有时跋涉在沼泽中，有时在泥潭边绕圈子。进草地前，老牧民就告诫我，除了注意泥潭，还要注意雷电。果不出其所料：中午时还阳光灿烂，不久忽然风起云涌，电闪雷鸣，大雨倾泻。我们只能硬着头皮走，因为茫茫草地里无任何遮蔽之物。幸亏雷雨来得快，去得也快，不一会儿，又是晴空万里了。

太阳升到一竹竿高时，我们涉过水深没膝的玛曲河，在一块广阔的水草地上搭起了帐篷。这里海拔3550米，空气稀薄，寒风凛冽。幸好河岸上有不少低矮的柳树，树丛中有不少枯枝，不但解决了煮马茶的柴火问题，而且还可以生火御寒。大家围着火堆，浑身舒坦。但此时我总觉得一直忙着的搭帐篷、帮着架天线和给火堆里添柴的马胡托有点闷闷不乐：是想家？今早我们进沼泽地前，我看到马胡托的新婚妻子洛娃在落泪，他脸上也挂着泪花。我心里藏不住事，想问个究竟，但又觉得此时去问不太合适，只好作罢。

凌晨两点多钟，我写完稿，走出帐篷，看到丹泊和马胡托还在水草地上转。我问他们为什么还不睡，他们说在值班，防止豺狼侵扰。我说："走了6天了，没有见到豺狗和狼啊？"丹泊告诉我，今天不一样，虽然这

▼现在的草地边缘地带已通了简易的公路。（罗开富摄）

里没有人进来过，但毕竟离大路只有 80 多里，那一带经常有豺狼袭击牲口；今天我们人多，驮运行李的牲口也多，响动太大，豺狼嗅觉灵敏，很有可能夜里前来侵扰，不得不防。

这时，我忽然想起马胡托闷闷不乐的事来，悄悄问丹泊：“是不是洛娃怕马胡托被狼咬了？”丹泊悄声地对我说：“没得事。”

我总觉得有事。

1985 年 8 月 16 日　大雨

草地一棵树

越往草地深处去，沼泽越多；两天来一直下雨，今天下得特别大，更难找到落脚之处。阿布索说，我们已进入日干乔沼泽地的边缘了。

日干乔是藏语，意思是山和水草地相接的地方。它位于草地的中心，南距红原县城约 200 多里。1936 年 8 月上旬，红二、四方面军部分指战员从阿坝县出发，渡过白河，从红原县瓦切寨向东北方向行进，在去若尔盖县的班佑途中，经过了日干乔。**这里有草地中最大的山，也有茫茫无际的沼泽地。**

其实，只要雨一停，茫茫沼泽还是有“际”的：可以看到远处的小山坡，只是雨很难停下来。今天我们已跋涉了十个多小时，海拔仪指针已到了 3650 米，此时，多走十米也觉得十分费力。**这时我们意外地看到了一棵 3 米多高的老树。同行的藏族同志惊奇地说：从没听说过日干乔沼泽里能长树，何况这棵树直径有十多厘米，树龄少说也有五六十年了。**

既然能长树，说明此处不会常年浸泡在水里，我们遂决定在树边安营生火。

树的周围有一块四五十平方米的草地高出沼泽，另一块约一百平方米的草地虽然也高出沼泽，但里面却有横七竖八的水流。我们人马众多，只能在它上边搭帐篷了。三座帐篷搭好后，在四周挖上沟，让水从沟里流走，铺上油布，就有了床铺。

进草地以来，我每晚写稿的“办公桌”都是丹泊辛辛苦苦准备的：一共是 8 根棍子，竖打 4 根，在上面再绑 4 根作横档，然后把我带的人造革资料箱往上一架，就成了桌子；凳子就简单了，坐马鞍，很稳当。

▲这是进入草地后藏族向导丹泊为作者搭了拆、拆了搭，用了半个多月的办公桌（木杆上放置行李箱后方可使用）。（罗开富摄）

藏族同志考虑得很周到，让牦牛驮了好几块木板和棍子，以防在沼泽里找不到干燥的地方时，作垫板或架床用。今晚，这些东西都用上了。油布垫在干燥的地方管用，但垫在湿地上，到一定时候就会渗水。凌晨1点多钟，大家因油布渗水，不得不爬起来垫木板：虽然木板也是潮的，但不会渗上水来。敏卓和丹泊又专为我搭了一张高架床，方法同搭办公桌一样，我心里十分感动。

这些天，我慢慢喜欢上了牦牛，人们称它为“草地之舟”，真是名下不虚：是它们一步一个坑，驮着电台、发电机、床板、干牛粪、十多床棉被、粮食和锅碗瓢盆等生活用品；夜深人静了，就默默吃草。这些天，为我们驮东西的牦牛有七头，还有两匹马，也驮了一些东西。但马的任务主要不是驮东西，而是作坐骑：骑着它到山坡边找水源。

这些牦牛健壮高大，胸深体宽，头短额宽，角距大，尾似帚，四肢腹侧裙毛着地，体重在六七百斤。同行的藏胞告诉我：体格健硕的可达千斤左右。

据了解，远在大冰川时期，我国华北、内蒙古就有野牦牛分布；气候变暖后，野牦牛开始向寒冷的青藏高原迁徙。早在汉朝，就有藏族同胞驯养牦牛的记载。麦洼牦牛是我国高原牧区的著名畜种之一。红原县是纯牧区，只有2.7万多人，但全县饲养的麦洼牦牛有26万多头。目前，饲养牦牛是当地人的主要经济收入；从牦牛奶中提取的酥油，是当地人的主要食油；用茶、牛奶加酥油，能打成醇香四溢的酥油茶。

阿布索等人告诉我：麦洼牦牛虽然好，但基本上还是原始品种，经过改良，品种就更好了，产品的商品率和经济效益都能成倍提高：原始品种的母牛每天产奶3斤，改良品种的母牛每天可产奶13斤至15斤。但目前改良品种只占1.1%。之所以进度慢，是因为群众对品种改良的好处缺乏认识，引导工作也没有跟上去。当然，缺资金、缺技术，也是重要的原因。

1985年8月17日　晴

草地日干乔

从地图上看，我们今天应当进入日干乔沼泽地的中心。一大早，我们就收了帐篷出发了。

走的还是沼泽地，有了这些天的经历，大家对沼泽已习以为常了。走了大半天，涉过两条河，经过一些小山，脚下虽然没有路，但也没遇上大的泥潭。下午6时左右，我们进入了日干乔大沼泽地。这里海拔3445米，面积很大，草深过膝。开始时，沼泽里水不深，走得还算顺利；不久，就有人陷进泥潭，靠抓住草，好不容易才拔出腿来。又走了几步，更大的危险终于发生了：走在前边驮运电台、帐篷的马和牦牛忽然陷进了泥潭，它们越是挣扎，就越往深处陷；大家赶忙跑到前面，迅速将电台等重要物件卸下来，背在身上，然后抢救马和牦牛；没想到牛马没抢救出来，人却跟着都陷了进去；大家站在泥潭中，发觉身体在慢慢往下陷，只好移动着脚步，以免在一个脚坑里往下沉。蒋成华看着这支正在下沉的队伍，鼓励大家说："现在第一要紧的是不要慌，不要绝望，要首先保护好电台和发电机。"他和一些人用手托着电机，杨政、熊文广等头顶着电台，阿布索、马胡托等保护着粮食、衣被尽可能不浸水，丹泊扛着我的人造革箱子，在旁边照管着我。这时，不知谁说了句："实在不行了，还得留几句话吧？"要在平时，这句话纯属逗乐，可在此刻，谁都乐不起来。蒋成华说："现在想那些干啥，大家想办法要紧。"

牦牛腿短，没陷多深，就被泥水呛了鼻孔，突然发起性子，乱挣乱蹦起来。丹泊、阿布索都是一米八以上的个头，眼疾手快，趁势把一头正在发怒的牦牛从泥浆里往潭边推；这时又过来几个人，一起把它往上抬。牦牛乘势大发牛劲，死命往潭外爬，尽管连连从泥坎上滑下来，弄得土块连连下掉，但最后还是爬上去了；丹泊抓着牛尾巴，也被顺势扯了上去。蒋成华从泥潭里找到一团粗绳子，甩给了丹泊。丹泊把绳子捆在牛后腰上，吆喝它往前拉；绳子的另一头绑着各种物品，由人托着，陆续被拉了上去；然后各人拉着绳子，也陆续脱了险。

正当大家为经过一个多小时搏斗终于脱险而高兴的时候，不知谁突然叫了起来："坏了，还少一个人！"大家的神经一下又绷紧了：一数，少了谢然浩。阿布索是最后一个从泥潭里被拉起来的，他告诉大家别慌，泥潭里肯定没有，可能是走到前面去了。

我们一行 11 个人，加上 9 头牦牛和马匹，也算一支不小的队伍。虽然大伙儿一起走，但各探各的深浅，各跳各的草墩，有时靠拢，有时分散；有时上前，有时落后，很难时刻保持队形。我们往前走了一截，发现谢然浩果然走到前边，正在等着我们。

这时天已傍黑，我们小心翼翼，择路而行，中途又几次陷进泥潭。等我们拼尽全身力气，走到安全地带，见到谢然浩时，大家的那个高兴劲，真是无法形容。此刻，我们真正体会到了生命的宝贵，友情的珍贵；也更加怀念当年倒在草地里的红军先烈。

▼红军长征经过的草地腹心地带——日干乔大沼泽的边缘。（罗开富摄）

1985年8月18日　雨

草地拉十才

昨夜满天星斗，我们都盼望今天天晴，好晒一晒昨天被泥潭里的污水泡湿了的衣服和被子。昨天大家陷进泥潭，除了电台等重要物件没被打湿外，被子、大衣和干粮都湿透了。大家浑身泥水，夜里被高原寒风一吹，冷得直抖；用来生火的干牛粪也被泡烂了，昨夜只好把木板等劈了，用来煮水、烤火。谁知凌晨时分突然寒气袭人，不一会儿就刮起大风，下起大雨来。帐篷被吹倒了，周围是茫茫草地，连一棵小树也找不到。我们只好盖着湿被子、顶着湿帐篷，勉强熬过了一夜。

早晨，雨小多了。由于找不到灌木，只有齐膝深的青草，无法生火，大家整个上午都没有喝上开水，只能喝雨水。中午，雨停了。蒋成华找到了几丛小灌木，高兴得很。一会儿他又来了劲，要马胡托等人去找野葱、野韭菜，说要煮上海阳春面给我吃。我听了很惊奇，此时才知道，我们所带的几十把干面条，在泥潭里被打湿了，但中间部分还有几十根是干的。不一会儿，干面条煮熟了：这是一碗只放了几颗盐粒的阳春面，但别有风味。几位藏族同志非要我吃，而他们自己却吃着被泥水浸泡过的糌粑。

不过这种泥水糌粑也不多了，大家不能敞开肚子吃。

图为向导们在草地抢救驮行李陷入泥潭的牦牛。（罗开富摄）

大家半饥半饱，又上了路。走到下午4点多钟，一个个饿得头昏眼花。这时，走在前边的马胡托等人忽然兴奋地叫了起来：他们看到了一条小河，这下可以钓鱼充饥了。

当地人不习惯吃鱼，所以河里鱼特别多。大家把大头针一弯，把我补衣的尼龙线绑在拐棍上，再削一小粒我们带的腊肉，作钓饵，5至10分钟就能钓上一条；秋托性子急，干脆把腰间的藏刀拔出来，捆在拐棍尖上，往水里又劈又戳，居然也搞到了两条。

高原上鱼个儿不大，很少有筷子长的，看上去无鳞。有人抓起鱼就生吃，由于本来就饿得心慌，加上鱼腥味一冲，一会儿就反胃了。蒋成华、阿布索不愧是当领导的：昨晚他们拼着命披湿衣挨冻，悄悄地留下了几截木头，以备急用。此时他们看着大家难受的样子，就支起了大锅，集中中午拔的一捆灌木，劈了一截木头，用羊皮袋鼓风，终于把水烧开，没有油，更没有其他调料，我们只是打开塑料袋，往锅里倒了几滴盐（昨天，盐被泥潭里的水泡烂了），竟觉着满锅香气四溢。大家吃着鱼，喝着汤，都觉得这是有生以来吃到的最鲜的鱼。

傍晚时分，丹泊回来了。他走后不久，我才知道他离开我们的原因：昨天夜里，他和蒋成华、阿布索等人商量，都认为必须出去找粮，否则很难走出草地。他们判断，从宿营地往西，应是瓦切乡的大牧场，如果能找到牧民，就有办法了。丹泊单骑出发，奔波了一天，没找到放牧的人群，但见到了一座帐篷，里面只有一位老妇人：牧场搬走了，她留在最后，收拾东西，等人来搬运。她知道我们的遭遇后，很着急：粮食等已运走，身边只剩一两天的口粮，但她还是把所剩的生羊肉悉数给了丹泊。丹泊怕再走下去迷失方向，就策马循东北方向寻找我们。找到我们时，他基本上变成了泥人泥马。

晚上大家谈起了对红军过草地的体会，有三点值得一记：

一是据有关史料、回忆录和黑水等地烈士陵园的记载：红军三个方面军先后3次过草地，约1万人从此再没有走出来，主要是因缺粮缺衣，冻、饿而牺牲。

二是草地下边都是泥潭。根据我们近9天来的经历发现，泥潭不少，但大多仅陷到腰部。不过，它对红军来说，是一个很大的威胁：从江西出发以来，已有10个月，此时战士们体力消耗很大。我们11个人中，除了我，个个身强力壮，牲畜也腰肥体大，陷入泥潭，有足够的力气挣扎出来；而对一支疲惫的队伍来说，就是莫大的危险了。

三是没进草地前，我看到史料记载：胡宗南的匪军、军阀鲁大昌的骑兵曾在草地残害红军。当时我就想，那么多泥潭和沼泽，敌骑兵怎么进得去呢？今天，我才有点明白：草地不是一望无际的平川，里面也有丘陵和小山，山与山之间才是草甸子或沼泽地；小山大多为东西走向，敌骑兵就是在这些山脊上，堵截北上的红军。今天丹泊就是骑着马，沿着小山脊从东往西，然后往北越过几片沼泽地，又沿着山脊由西往东，找到我们的。

▼藏族同胞怀着对红军的深情，全力以赴帮助和支持作者采访。图为驮运电台的白马陷进草地日干乔大沼泽的泥潭后，敏卓·阿塔尔（中）、丹泊（右一）等正在抢救白马。（罗开富摄）

▲阿坝州黑水县雪山草地地区的红军烈士墓。（罗开富摄）

1985年8月19日　晴

草地麦曲河

走进日干乔，天天都有惊有险。燃料和粮食已经没有了，只能吞生羊肉。可惜生羊肉也不多了，这提醒我们：必须尽快走出沼泽地。

今天走了90多里，好不容易涉过齐腰深的葛曲河，又遇到了50多米宽的麦曲河。这条河正涨水，等水退了再过河，天知道要等到什么时候，因此大家决定，在完全断粮前，泅渡过去。过了河，就走出了日干乔大沼泽，进入了多玛大沼泽。两个沼泽之间一般都有丘陵相连，容易找到牧民。

到了这里，我想起了当年红军过草地的一段史实：1935年8月21日，党中央随右路军离开毛儿盖进入草地。这时从草地的另一端传来消息，左路军从卓克基出发到达阿坝地区后，张国焘借口葛曲河涨水和日干乔没有路、泥潭多，按兵不动，重弹“西进”老调。在这种情况下，党中央于8月24日电告张国焘，再次向他阐明北上抗日的重要性，令其率左路军速向右路军靠拢，并肩前进。

右路军前敌总指挥徐向前等同志也致电张国焘，力请左路军向右路军靠拢，共同北上。徐向前在发给张国焘的电报中指出，“主力合而后分，兵家大忌，前进所关”，“迟疑，则误尽中国革命大事”；当时左路军中的朱德、刘伯承等同志也力主向右路军靠拢，共同北上。为了弄清葛曲河是否真的涨水，朱德到达葛曲河边。据他的警卫员潘开元回忆：“朱德同志站在河边看了看，便叫我去试一试河水的深浅，虽然当天下了一点雨，河水涨了点，但是我骑马趟过了河又返回来，最深的地方也不过齐马肚子，队伍是完全可以通过的。朱德同志看到这种情况后，多次提出部队过河北上。可是，三天过去了，张国焘还是按兵不动。”

我们一行来到葛曲河边，心中充满了对老一辈无产阶级革命家的景仰之情。

我们涉过葛曲河，走了两个多小时，太阳下山前，才到达麦曲河边。大家开始分头准备，最难的是如何将电台等物品运过河。好在藏族同胞都是游泳好手，聪明过人，又能吃苦：在冰冷刺骨的河水中，他们用头顶，或是两人一边泅水，一边驭使着牦牛在水中驮运，来回好几趟，终于把发电机、电台、行装、书籍等全部搬运过河了。

过了麦曲河，我们就安营扎寨。现在最大的危险是找不到干牛粪，没有燃料，生羊肉也所剩无几。蒋成华说：“要死保罗记者不被饿着。”此前，每人每餐几片生羊肉，早已定量，而现在，几乎已无量可定了。河里有鱼，这些天仍捞着吃，但生鱼实在难以下咽。我觉得，此刻最要死保的是报务员熊文广和杨政，还有管发电机和摇发电机的秋托等人：是他们每天清晨摇动发电机，敲打着键盘，通过电波把稿件发出去的。今天我才了解到，我的新闻稿是从草地发到马尔康邮电局，他们接收后转到成都，然后再转到北京的。原来我还以为是直接发到北京呢。由于输出功率小，我们离马尔康越远，发报的困难就越大：开始几天，一个多小时可以发完；而这些天，速度越来越慢，有一次竟花了两个小时。隔行如隔山，大家也帮不上忙，但都知道，在这荒无人烟的地方，能把新闻稿用电波送出去，太不简单了。今天早上下了霜，杨政敲打键盘的手指冻得发红，头上却沁出了一层汗水，我知道这是因为着急，还因为饥饿。

说实话，每个人都有自己的任务，都不能饿坏。谢然浩很了不起，来了没几天，就很快克服了高原反应，不但不要别人照顾了，还主动做些杂事，后半夜起来帮我改稿，有时还帮着誊抄。经他改的稿，生色不少。

每到一地，我们总是先架天线。天线大拇指般粗，40 多米长，天线架子很重。有一天我们正在摸黑架天线时，旁边的两头牦牛一“收工”，便开始嬉闹起来，莽莽撞撞，撞到了天线的高铁架。在这千钧一发之际，阿布索、丹泊和马胡托等分头死死拉住了牦牛，死死托住了正要倒地的铁架。铁架是由几节铁棍套装的，阿布索一个不慎，原来就骨折过的拇指，一下子被挤压成了粉碎性骨折。

蒋成华是我们一行的党小组长，操的心最多。他今天要求趁着天晴，每个人在走路的同时，至少拣3斤枯草根；如遇到小灌木，大家就一齐动手。这一招真灵：太阳下山前，我们涉过麦曲河，就分头钓鱼、戳鱼、埋锅做饭。虽然盐不多了，但我们还有一块腊肉，切几片放在鱼锅里，既有了油，又有了咸味。40多条鱼，让我们饱餐了一顿，连汤都没剩一点。

夜里，我起草了给杨尚昆、聂荣臻等十多位老红军和安岗等人的汇报信，明早发出，让他们放心。

▼红军经过的川西北大草地——多玛大沼泽一角。（罗开富摄）

1985年8月20日　雨

草地敏至玛

今天又是一个晴天，我们沿着河岸走了8个多小时，就地宿营。

虽然已进入多玛大沼泽，相对来说，路也好走些，但仍看不到放牧的人，所以还是捡不到干牛粪，也没有看到一丛灌木。不过，枯草残根倒拾了不少，然后还是钓鱼、抓鱼，煮鱼、吃鱼。温饱解决了，劲头也来了：我凌晨1点钟写完稿，想不到5点半就发完了，大家就摸黑收天线，装机器，准备早点出发。没想到这时突然下起雨来，大家只好回到帐篷，决定等天亮再走。

身在草地，话题自然离不开草地。大家走了好多天，都有很多体会。大家都感觉到：草地对红军的最大威胁不是沼泽，而是缺燃料、缺粮食、缺衣被，少了这几样，过草地就十分危险。以我们自身的经历来说，虽然也遇到了泥潭，还因此而损失了干粮、干牛粪等，但我们比当年的红军幸运多了：一是进草地时大多身强力壮，即使陷入泥潭，还有力气爬上来；而红军进草地前就缺粮，哪有力气经得住泥潭的反复折腾？二是我们每人至少带了一条被子，还有毡子作褥子，尽管夜里没有火烤，但在零度左右的寒夜里，还不至于冻坏；而红军哪有这个条件？好多战士就是因为冻饿而牺牲在草地里。三是我们人少，虽然燃料没了，还可以靠枯草残枝生火，靠抓鱼充饥，而红军是千军万马，哪有那么多鱼可抓，那么多枯草残枝可找？

刚才翻阅史料和回忆录，其中许多材料也印证了我们的体会，现记述一二：

老红军黄良成在回忆录里谈到：在会理，我们住了一个星期，打草鞋、补衣服。有的衣服实在不能再补了，便把缴获地主、反革命的那些红绿大褂，拿了出来改一改穿。开始时，几个人穿还不觉得怎么刺眼，后来穿的人多了，五光十色太难看了，必须染一染再穿，可是当时又没有染料。怎么办呢？大家开动脑筋，把废电池里的碳棒取出来煮衣服，终于染成不红不绿的颜色。这样，我们又换上了一次新装。

红军从会理到进草地，其间历时3个半月。我细想了一下，这期间红军经过的地方，大多是人烟稀少又贫困的少数民族地区，不可能再换装了。正如杨成武在《忆长征》一书中所写的：“我们已经进入草地第四天了。

连日来风雨、泥泞、寒冷的折磨和饥饿的煎熬，使同志们的身体明显地衰弱下去了。战士的脸色苍白、蜡黄，身上的衣服破了，有的只剩下筋筋条条，有的感到两腿酸软无力，举不起步。……我们几个团的干部的乘马和所有的牲口也都抽出来组成了收容队，轮流驮送伤病员，但还是有不少同志倒下了。”

1936 年 8 月，红二、四方面军过草地，贺龙亲率第三十二军担负断后和总收容任务，走在草地的最后面。走在前面的红六军团刚进入草地，军团长陈伯钧、政委王震就给贺龙拍来电报，告知部队的粮食几乎全吃光了：“……模范师绝粮（已）12 天。”当贺龙率军到达葛曲河边，得知因饥饿、寒冷，有上千名指战员牺牲时，心如刀绞。他把自己省下来的一点炒面分给了大家，命令“活着的人，哪怕剩下最后一口气，也要想办法抢救战友”，发动大家寻找前面部队丢下的马、牛骨头熬汤，煮野菜、草根；在葛曲河边，贺龙自制鱼竿，发动大家钓鱼；后来没有河了，红军为了走出草地，杀了一批马匹。红二方面军的几位老红军向我说起此事时，至今还十分难过。他们说，贺老总十分喜欢他的坐骑，当我们的战士得知吃的马肉中有贺老总的战马时，都掉泪了。贺老总含着泪，挥着手说：“为了最后的胜利，我们要克服一切困难，坚强地走出草地。”

为了胜利，共产党领导的红军靠意志和毅力，终于走出了草地，付出了沉重的代价。这一切虽已成为过去，但我们后人却永远不可忘记。

红军长征经过的草地腹心地带——多玛大沼泽。（罗开富摄）

1985 年 8 月 21 日　雨

草地三江口

我在前些天的日记里写过，在草地里看不到“海市蜃楼”，想不到今天居然看到了类似“海市蜃楼”的奇观。它不是光线折射现象，而是真实的存在：一条条穿过绿草和红色野花的河道，像彩虹一样，呈“之”字形图案，伸向云草相接的天际。麦曲河、葛曲河和墨曲河，就是草地中被红花绿草掩映的三道“彩虹”。这三条河，红军当年都曾渡过。

从地图上看，麦曲河和葛曲河从红原平行由南向北流，麦曲河流入若尔盖境内后突然折向西，与葛曲河交汇，流入墨曲河。交汇之处，这就是有名的三江口。

▼红军经过的草地中心地带——多玛大沼泽。（罗开富摄）

今天，我们冒着大雨，沿麦曲河西行，来到了三江口。这里河面宽阔，水势平缓。我透过雨幕，看到岸边有许多牛羊在吃草，不禁一阵高兴：总算又见到人家了。

我们发现，很多牧民在远处惊奇地观望着我们。走近以后，他们弄清了我们是走红军长征路的，都争着邀请我们去帐篷里喝奶茶。丹泊对我说，藏族人十分好客，提出邀请后，客人如果不去，他们会不高兴的。于是，我们来到藏民罗波家。一碗奶茶刚喝完，又应藏民邦塔的邀请，来到了他家的帐篷。按照当地的风俗，客人来了，全家都要出门迎接，请客人先进帐篷。我进去后，按照丹泊的指点，往右边走。走到靠近床的地方，盘双腿坐在羊皮垫上。据说，左边是留给女客和主妇坐的。坐式也有讲究，男客最好盘腿而坐，其他姿势会被视为不礼貌。我和主人全家围坐成一圈，中间是两个别致的牛粪灶，一个烧茶，另一个烧牛奶。主人端出酥油、糌粑、白糖、红糖、水果糖来款待我们。丹泊介绍说，当地的规矩虽然比较严格，但对远道而来的客人，还是尽量宽容的。当地喝奶茶不习惯放糖，但女主人巴尔登递给我的奶茶里，就放了几匙白糖。见我一连喝了两碗，全家高兴得大笑起来。

围着熊熊炉火，我们边吃边谈。邦塔和他妻子巴尔登谈起家里的生产和生活情况，他们说实行责任制以后，牲畜多了，生活越来越好：全家7口人，有60头牦牛、80只羊，4匹马，单算牦牛一项，每头就平均值400多元；他们家住班佑寨，两个孩子都在读书，夏秋季是他们出来游牧的黄金季节；全家一年可向国家交售400多斤鲜牛奶，畜产品除供自己用外，还可同别人交换日用品。吃穿一年比一年好，收入也一年高于一年。现在愁的不是手中无钱，而是有钱买不到东西。巴尔登指着颈下的项链说，藏族妇女最喜爱戴珊瑚等装饰品，可就是买不到。

告别时，主人见我随身带着相机，便要我穿上漂亮的藏袍，戴上当地男子最喜爱的天津盛锡福礼帽，与他们全家照了张合影。

1985 年 8 月 22 日　大雨

草地小坡

进入多玛大沼泽后，前两天见不到人，从昨天开始，已见到牧民，大家的心里踏实多了。

日干乔、多玛两块沼泽地是草地的中心地带，我们今天从三江口出发穿越的，是多玛沼泽的腹地，又是放牧的禁地，见不到人了。所以，今天是我们进入草地 13 天以来最艰苦的日子之一。

今天走了 80 多里，其中 30 多里是跳着走的，20 多里是踏着污水走的：泥潭一个连着一个，为了不被陷进去，就得认准泥潭边密集的草根下脚，一步一跳，只有这样，才能保安全；有些地段浸满了污水，水下是腐殖质土，踏下去，泥水漫过膝盖，走起来，必须一步一拔腿，十分吃力。更糟糕的是，天下起了大雨。上面雨浇，地下泥泡，浑身难受。即使如此，不敢停步。

走了一天路，下了一天雨，我们连人带行李全都湿透了。晚上，雨下得更大，举目四望，到处湿漉漉的，找不到栖息处。最后，只好在一个稍高的背风处权且安身。地上满是牛粪和羊粪，同行的同志都争着把自己的油布让给别人，垫在牛粪上。我写稿时，有的同志把自己身上盖的雨衣拿过来撑起，为我挡风。

我们早上告别三江口时，巴尔登等两名藏族妇女背着用塑料布扎得紧紧的两筐干牛粪，让我们带在路上用；还给了我们一些糌粑、酥油茶等。巴尔登说："听老辈讲，红军'阿口'（藏语：叔叔）就因为没得烧没得粮，才牺牲了好多。今天下雨，你们捡不到干牛粪。"

有了干牛粪，今夜我们把咸肉骨头熬了汤，就着糌粑和找到的野葱、野韭菜，美美地饱餐了一顿。凌晨两点多钟了，马胡托和丹泊还十分兴奋，在我住的帐篷里窜进窜出，嘴里哼着进草地时的歌曲。我问："你们到底在哼什么呀？"他俩神秘地一笑。丹泊对马胡托说，告诉罗老师算了，都快走

◀红军长征经过的草地三江口。（罗开富摄）

出草地了。马胡托只好告诉我，他哼的是一支民歌。歌词由丹泊翻译如下：

我从小就听妈妈说，
想活命就莫进日干乔。
自古到今朝，
看到有的鸟儿进去了，
到如今……
还没有见风儿送出一片羽毛。

听了这歌词，我才恍然大悟：怪不得马胡托和新娘子洛娃分别时那么难舍难分，刚进草地的那天晚上，还一直闷闷不乐。我同他开起了玩笑："好小子，马胡托，你原来是怕死啊。"他却一本正经地回答我："冤枉了，我是担心罗老师走不出草地啊。"

1985年8月23日　阴

草地一块石

今天阴天，沿途很少遇到沼泽，走的基本都是草甸子，轻松多了。进草地以来，今天第一次在山边见到一米多长的一块石头，就在石头边搭帐篷住下来。从地图上看，明天再走6至8个小时，就能到达班佑。

昨天早上同巴尔登等藏民分别后，一路上又见不到牧民了。阿布索说，三江口水草丰美，草场宽阔，因此牧民很多，而他们是走另一条路进去的。

明天到达班佑，我们就告别沼泽地了。此时，我不禁又一次想起了当年红军过草地的艰苦卓绝，对革命前辈的敬仰之情油然而生。几天来，我一直在想，怎样才能把他们一一记述下来呢？凭我所掌握的材料和有限的能力，是很难做到全面翔实的。我只能零敲碎打，今天试着记述红军“四老”过草地的一些情况。

红军过草地的“四老”，即徐特立：58 岁；谢觉哉：52 岁；林伯渠：50 岁；董必武：49 岁。

徐特立是长征队伍中的最长者。长征出发前，他的头发就已斑白，牙齿脱落，当时任中央工农民主政府教育人民委员会副部长（部长是瞿秋白）。长征开始时，组建了一个中央工作团，董必武任团长，徐特立任副团长。到贵州黎平时，中央工作团整编为总卫生部干部休养连，徐特立任该连第一班班长。徐老一生艰苦朴素，长征路上，人们对他的评价是：“衣服自己缝，马儿牵着走。”从江西进湖南时，部队缴获了一件破皮袍，下摆很长，右边腋下开口，也没有袄领。看见实在没人要，徐特立领走了。穿在身上又肥又大，他便搓了根布条拦腰一系，大家说他穿上了“龙袍”。他说：为了胜利，只要有衣穿就行。一路上，他拾布条打草鞋，还送给战士们穿。徐特立在回忆进入雪山草地后的情景时曾说过：“自抵卓克基以后，我从脚上的鞋一直到头上的帽子，都是自己缝的。”

徐特立是毛泽东的老师，进草地后，毛泽东曾见过他两次：一次是在一条河边，毛泽东见他牵着马，正在吃力地跋涉，就问他为什么不骑马。他指指马背上的东西说：“红军大学三个学生病了，我给马找点事做，驮点东西，给学生们减点负担。”从瑞金出发以后，大家发现：徐特立常常拉着马尾巴走路。有一次，毛泽东在草地里见到他拉着马尾巴走，就问他：“为什么不骑着走啊？”徐特立回答：“骑有骑的好处，不骑也有好处，一是锻炼了意志和毅力，二是马瘦成这个样子，与其骑上它，同归于尽，不如互相拉着，还可能走出草地。”

谢觉哉，中华苏维埃共和国中央政府秘书长兼内务部长。长征出发后，他一直保存着“中华苏维埃共和国内务部”的印章。他认为，印章是红色政权的象征。在长征“四老”中，谢觉哉的身体是最弱的。进草地时，他正发着高烧，走一段就得坐下来，大口喘气。他身上带着药，但不肯吃。休养连的女战士找来医生，强迫他吃。别人问他为什么不吃药，他回答说：

▲徐特立

▲谢觉哉

▲林伯渠

▲董必武

“能坚持就不吃，留给病重的同志用。”

寒冷和饥饿，是红军过草地时最大的困难。每当休息时，谢觉哉就和战士们一起找枯枝草根，为大家生火取暖，还把自己的口粮分给战士们吃。几天后，自己的口粮袋空了，就找野草吃。徐特立看见了，就把自己省下的二三斤青稞送给了他。新中国成立后，谢觉哉不止一次说过：“要不是徐老给的那些粮食，我就没有力气走出草地了。”

长征前，林伯渠担任中华苏维埃共和国国民经济部部长。为解决缺粮问题，进草地前，中央决定设立粮食委员会，由林伯渠负责。他受命危难，恪尽职守，从各部队抽调5000多人筹粮、运粮。**当中央军委和红军主力翻越五大雪山，准备进草地时，林伯渠已筹集粮食近80万斤，可谓不辱使命。**但由于张国焘拖延北上时间，从7月中旬到8月上旬，中央不得不在芦花和毛儿盖召开了四次重要会议，以统一思想。在这一个月的时间里，千辛万苦筹集起来的粮食很快被吃光了，**林伯渠不得不开始第二次筹粮。再次筹粮，就更艰巨了。经过日夜操劳，林伯渠在十多天时间里，又筹集**

了40多万斤粮食，为红军走出草地，立了一大功。

董必武，中国共产党的创始人之一。红军长征时，任中央纵队总卫生部下辖的妇女队队长。整编后，任卫生部干部休养连负责人。休养连的任务之一是照料伤病员，兼雇请抬担架的民工，有时也参加打土豪、筹粮筹款等工作。阿坝州和红原县党史办、宣传部的同志向我介绍，他们征集到的董老过雪山草地的故事很多，其中两件印象很深：一件是董必武每到一地，首先是督促医生、护士给伤病员治疗，给他们烧水洗脚；与民工告别时，他都要亲自写张条子，证明他们已为红军服务过，吩咐后续部队再不要给他们派活，除非他们自愿。另一件是董老曾写过一本《长征纪事》：当年他看到色箕坝（即现在的红原县色地）海拔高，又寒冷，草却长得十分茂盛时，认为不可想象，值得研究。他在书中写道："行军中仓促一瞥，也无暇考察。革命胜利后，有专门人才来这地方考察一次，一定有许多适用于人类的东西发现出来。"

记到这里，我忽然想到了当年的休养连指导员李坚贞说的一句话："长征的胜利，可以说是共产主义理想的胜利。"在那样艰苦的条件下，董必武已想到了革命胜利后，如何研究和开发草地的问题，这正说明了千万红军英雄之所以能战胜难于想象的千难万险，是因为有远大的革命理想。所以说，长征的胜利，是理想的赞歌。

1985年8月24日　阴、大雨

草地班佑寨

一大早，我们捆绑好湿漉漉的帐篷，收拾好电台等设备，开始翻越长条山。

当年红军三大主力走出草地时，都翻过这座不太高的山，到达班佑。下午3点多钟，我们终于翻过了山头，望见了坡下草坝子上掩映在红柳丛中的班佑寨。当年红军饥寒交迫，历尽艰险，终于走出草地，在这里看到前方冒出几缕炊烟时，战士们都激动地叫起来："我们终于胜利了！""快向班佑前进啊！"此时，我遥望着班佑寨，同样感到兴奋。

进班佑寨，必先渡过班佑河。当我们走下山坡，向班佑河走去时，大雨猝然而至，劈头盖脸地倾泻下来。身上冷得发抖，我们只好把随身带着

▲草地边缘接近班佑寨的地方牛马成群。

的羊皮大衣穿了起来。还没走到河边，就看到两位骑马的藏族老人奔过来，高声喊叫："尔朵塔（即辛苦了）"。走近一问，得知这两位藏族老人一叫彭措，一叫亚科。他们说：早些天就听说我进草地了，好些天还没见出来，班佑乡的干部和牧民怕我出危险，就派人进草地寻找，现在已经走了6天了。大家天天在盼望着我们，他俩是专门在河边等候的。两位老人让我骑马过河，说蹚水要冻坏身体，也容易被冲走。我连连合掌，向两位老人道谢，并向老人说明，我是徒步走长征路的，不能骑马。他俩听明白后，就把我脱下的衣裤、鞋子、照相机等拿了过去，过河时，他们骑着马，在水中探路，并不时回头关注我们，连连嘱咐"小心"。我在水中冻得牙齿格格直响，但已经感觉到一股暖流，充满了全身。

我们走到离寨子还有一里多路的地方时，村里的老人、小孩几乎都冒雨奔了出来，一面道辛苦，一面争着献哈达。70岁的巴尔清老人紧紧拉着我的手说："我们敬仰共产党领导的红军，你是走红军路的，我们来欢迎你。"雨虽大，人们的热情却很高。69岁的泽旦老人抹着脸上的雨水对我说："等进了屋，我们再把好多心里话告诉你，通过报纸向老红军汇报吧。"

夜里得知，进沼泽地找我们的牧民还没有回来。事情是这样的：我们从毛儿盖进草地的时间，州里告诉了沿途的三个县，班佑寨也接到了县里的通知。对于红军过草地的时间，当地的老人都很清楚，他们以为我们走的是当年右路军的路线。等了七八天，还没见我们，就着了急，先后派出三组、每组四五人，骑着快马，带着干牛粪和粮食，去寻找我们。我告诉彭措、亚科等老人："都怪我们事先没有讲清楚，我们沿右路军的路线在草地里走了四天后，转到红二、四方面军的路线上去了。"坐在一旁的巴尔清老人听清了丹泊的翻译后，连连安慰我：“班佑人一生下来，就是同草地打交道的，放心吧。”

夜深了，雨还在下，风刮得很急。我望着漆黑一片的天空，心里默默地企盼，企盼那些还在草地深处寻找我们的藏族同胞，早日平安归来。

1985年8月25日　阴、大雨

草地班佑寨

班佑的周围除西边是一条望不到尽头的山脉，其他三个方向都还是草地。当地老人对我们讲，这里离走出草地还远得很呢。

既然还“远得很”，为什么好多书上都讲“红军走出了草地，到达了班佑”呢？今天，我才弄明白：虽然说班佑仍在茫茫草地之中，但对从荒无荒无人烟、遍布泥潭的沼泽地中走出来的人们来说，的确算是走出了草地：这里有红柳林和其他许多灌木，可作燃料，有粮食补充，还有了小路，不会再受泥潭的威胁。

◀红军走出沼泽地见到的第一个寨子——班佑寨。(罗开富摄)

▲走出草地到达班佑寨后，与向导丹泊的合影。

我从采访中了解到，当年红军经过时，全寨只有一二十户人家，住的是用牛屎糊墙、遮风挡寒的房子，一片荒凉景象；如今的班佑，已是一个占地2平方公里的寨子，牛屎房已被鳞次栉比的藏式木板房取代。寨内有代销店，有电话；寨外有连接成都至兰州的公路。全寨150户人家，家家屋顶上飘着袅袅炊烟，户户散发着奶茶的芳香。许多藏民都争着邀请我到家里做客。一位老人提议，让我先到当年见过红军的阿戛尔家去。

阿戛尔今年81岁，穿着一件紫红灯芯绒面的羔羊皮袄，下穿皮裤，头戴一块藏帕，很精神。我们走进一间铺着毡毯的大屋，盘腿坐下。老人激动地说："今天我们过上了这样幸福的生活，要是当年过班佑的红军能来看看，该有多好啊！"我环视室内，见墙壁上贴着各种彩画；靠墙堆着20多个皮口袋，里面装着酥油、奶渣、青稞和大米；屋子中间的火炉上，此时正煮着奶茶。

老人告诉我，旧社会，寨里的穷人连衬衣都没穿过，冷了用破羊皮裹身，饿了吃野菜当饭。

如今全寨已有800多人，牦牛6800多头，绵羊7000多只，马4900多匹。阿戛尔全家7口人，吃穿不愁，养了50多头牦牛、40多只绵羊。他一再说明，家里的经济状况在当地仅属中等水平。

老人说，生活好了，群众要求也高了：寨里人想盖新房，但很难买到木料；寨子旁边的班佑河上，最好能架座桥，因为牧场大多在河对岸，涨水时，人和牲畜过河有困难，有一次大水冲走了30多头牦牛，另一次冲走了30多只羊；群众还盼望吊在屋子中间的电灯早日亮起来。据我了解，群众盖新房买不到木料的原因，是当地木材供应指标太少；架桥的关键问题是要有人牵头，用群众自筹和上级适当补助的办法来筹集资金；当地一直用柴油机发电，后来机器坏了，电灯也就亮不起来了。目前县里水电很充裕，只因缺钱，架不了电线。

今天早上，雨下得很大。本来打算早点动身，但我实在舍不得在沼泽地里共过患难、给了我极大帮助的藏族同胞。若尔盖县的同志是昨夜赶来的，他们也搞不清我们什么时候走出多玛大沼泽。分手在即真是此时无声胜有声。敏卓·阿塔尔（蒋成华）、阿布索、马胡托、兰木甲、曾维国和秋托同我握手时，都泪花闪闪。大家在我的笔记本上，一一留下了真诚的祝福。再见了，我的藏族好兄弟。

但我仍迈不开脚步：我知道他们要绕道走公路，要赶着9头牛马走到色地，至少也要一个星期，我要看着他们备好干粮，打点好帐篷，然后再跟他们一起走一截，虽然不久他们将向南走，我将朝北走，我仍希望最后一次同时出发，作为永久的纪念。

趁他们收拾行李，记下这篇日记。

1985年8月26日　阴

草地达扎寺镇

昨天清晨，在班佑记完日记后不到半个小时，我同在草地中结下生死之情的藏族兄弟各奔南北了，心里一直很难过。幸得丹泊、杨政等人还在我身边，心里稍稍得些安慰。

从班佑到达扎寺镇，有公路可通，仅40余里。我们在公路上走了十多里后，又转入水草地。从沼泽地出来，走在这种草甸子上，简直是一种享受，一点也不感到累。这里的地貌，仍然是草地与山坡循环相接，山并不高。沿途看不到一个寨子，却已可见牧人的帐篷和牦牛。草地草山，都盛开着各色野花，一片连着一片。天低云暗，时阴时雨。风不大，一阵风过，青草和花朵摇曳着，似波浪般推向天际。这是我有生以来从没见到过的奇观，真是花的海洋、大自然的杰作，壮阔无比、绚丽无比！

我们翻过一座稍高的山时，发现花丛中还长着许多雪莲、贝母等。我们本想休息一下、观赏一下，这时却看到山下有几个人向山上走来。前来班佑寨接我的若尔盖县委宣传部刘禹竹分析说，他们可能是来寻找我们的。大家就顾不上休息赏景，直奔山下而去。彼此在山腰相逢，果如刘禹竹所说，大家分外高兴。来人中有一位6岁的孩子，名叫尹鑫，他一见到我，就牵着我的手，在前面领路。他成了我采访路上到今天为止最小的向导。

达扎寺镇是若尔盖县城所在地，红军经过时，这里就这一个寺庙，如今已有1000多人在此定居。今天要记的东西实在太多，我想先记下晚上县委书记向老红军献哈达的事：

献哈达是对客人表示诚心祝福的礼仪。自古以来，藏族同胞认为白色象征纯洁和吉利，所以哈达一般是白色的。当然也有其他颜色，但只是在特定的场合才用。

▲没有沿途各族人民的支持和帮助，作者是走不到陕北的。这是在草地腹心地带的沼泽里，历经九死一生走了15天护送记者走出草地的其中三位藏族向导：马胡托（左一）、秋托（左二）、阿布索（左四）。阿布索为抢救将被狂风吹倒的发报用的天线，右手大拇指粉碎性骨折，一直坚持走出草地才治疗。（敏卓·阿塔尔摄）

到了达扎寺镇，听说县委书记杨秋深入牧区去了，晚上才能回来。晚上约7点钟，我正要到食堂去吃晚饭，丹泊说杨书记来了，话音刚落，一位俊秀汉子就走进了我那狭小的房间。只见他一身肥腰、长袖、大襟的藏装打扮，腰间束带，佩着小铜刀，脚穿长筒皮靴，非常威武。在我诧异之间，这位汉子已把帽子放在胸前，向我鞠躬，我赶忙拄着拐棍站起来，向他鞠躬回礼，慌乱之中，彼此竟头碰了头。

来人正是县委杨秋书记。这时，他一转身，又去了门外。不一会儿，他走进来，双手捧着20多幅洁白的哈达，说代表全县人民，敬献给红军老战士。他拜托我把哈达带到北京，向红军老战士当面祝福。然后，他又拿出用哈达扎成的一束白花，请我带回北京，放到肖华同志的骨灰盒前。他说，在我们爬雪山过草地时，肖华逝世了。当年肖华同志在长征路上对各族人民的一片深情，我们永远忘不了，祈愿他安息。

1985年8月27日　阴

草地达扎寺镇

今天，我们同当年红军一样，在达扎寺休整。这里已不再只是一座寺庙了，1960年建县以来，县城已初具规模，各项功能基本具备，也有了招待所，尽管简陋，毕竟是土墙、石棉瓦盖顶。

县医院的大夫喇嘛州工作认真，医术也高，为我们每个人都检查了身体，然后又给我们打针、输液、吃药，忙了大半天。我在治病之余，翻阅了县里送来的报纸，其中有我们经济日报。从报纸上，我又一次体会到安岗总编辑和全体同仁对我的真诚关心。

本报8月10日的头版上，刊登了牟乃尧、丹泊从毛儿盖发出的专电，报道我“今日开始穿越草地”。这则消息说：“红军长征走过的雪山草地，长达3300里左右，横贯阿坝藏族自治州全境，是红军长征最艰苦的路程。”“阿坝州委、州政府对罗开富徒步采访长征路极为重视和关怀，为他提供了必要的资料。……阿坝州和黑水县邮电局为保证罗开富在渺无人烟、交通不便的草地顺利拍发电报，向他提供了通讯电台。为保证罗开富安全走出草地，松潘、红原和黑水县，还在生活、医疗等方面为他做了必要的准备，沿途各乡也将为罗开富提供多方帮助。离休在毛儿盖的红军战士阎光振，专门制作了一根拐杖赠送给罗开富，祝愿他发扬红军奋发进取的精神，征服草地。”消息最后说：“红军经过草地时，分别走了几条路，为反映和体验红军一、二、四方面军的艰难，罗开富将按一、二、四方面军走的路线都走一走（其中部分是重叠的）。这样，罗开富就要比计划多走500多里地。”

尽管看到这条消息已是半个月以后了，但我却感到分外亲切。走到班佑时，谢然浩已发出了我们走出草地的消息，但至今还没有见到报纸。我在这里见到的最近的报纸是8月15日的。8月12日，经济日报头版刊登了一条声明，全文如下：

> 本报讯　本报编辑部最近接到一些来信，反映在本报记者罗开富沿红军长征路线徒步采访期间，有人以罗开富同志的名义，或以罗开富的同伴名义，到他经过的地方采访，吃、住都不付钱等情况。为此，本报编辑部特作说明如下：
>
> 我报自去年10月16日特派记者罗开富从江西瑞金出发至今，从未同意让任何人与罗一起徒步采访，罗开富同志本人也从未介绍任何人去他采访过的地方采访。在罗开富同志采访过程中，除了当地的向导和新华社记者姜军、八一电影制片厂的同志、当地新闻单位的记者与他同行过一段路程以外，从未有任何外地人与他同行过。在采访长征路的途中，吃饭、住宿，罗开富同志都是付费的。
>
> 因此，我们在感谢长征路上的党政军领导部门和群众对罗开富采访给予支持与帮助的同时，也盼请各地注意：如有人以罗开富名义前来采访，请验明其证件和各种手续，不要轻信；如有人前来了解罗开富的行踪，请以《经济日报》发表的稿件中的地点和时间为准，并希望劝阻对方，不要制造麻烦。

1985年8月28日　阴

热尔大草地

我们生活在一个全民族奋力开拓的年代，到处都有锐意进取、为四化做贡献的同志。达扎寺镇北边热尔大草地里藏族医生尼玛，就是一个很好的例子。

尼玛是全国劳动模范、共产党员，今年60岁，现任阿坝州若尔盖藏文中学党支部书记。他参加工作20多年，在发掘、整理与研究藏医学方面，做出了突出成绩：整理出古典藏医《医方四续》一部，主持编辑了藏汉文对照的《藏兽医验方选》，获全国科学大会科技成果奖。

尼玛不顾年老多病，多次带领有关人员到野外考察，并到甘肃、青海等海拔三四千米的高山密林中采集草药。近年来，他共收集药材700多种，40多万斤；制成膏剂1.2万多斤，丸剂和散剂各7000多斤，针药9000多斤；还支援外地药材2万多斤。为了把自己的知识和技术传授给下一代，他有时把课堂设在海拔3500多米的高山上。1981年10月，阿坝州若尔盖藏文中学成立，尼玛担任校长；第二年县里又成立了红星农牧民文化技术学校，他兼任该校领导，并继续从事教学工作。几年来，在尼玛和其他教员的共同努力下，学校培养了大批人才，尼玛被评为全省热心抓农民文化技术教育的先进工作者。

我到过的藏族寺庙，都有许多藏药，有技术精湛的大夫。他们都给我看过病，用过药，疗效很好。通过这些天在藏族寺庙的所见所闻及对尼玛

◀藏医学已有两千多年的历史，它是我国传统医学的重要组成部分。藏族地区寺庙都有许多古典医籍、藏药，还有技术精湛的大夫。这是红军经过的若尔盖寺庙里的大夫向作者介绍医书。（罗开富摄）

的采访，我对藏医藏药有了几点粗浅的认识：

第一，藏医学已有两千多年的历史，它是我国传统医学的重要组成部分。公元前就有《论布嘎汤》的木刻版，上面记有“有毒就有药”的观点。公元7世纪松赞干布时期，创造了藏文，公元8世纪，著名的藏医学家玉妥宁玛·云旦贡布经过几十年努力，编著了古典医籍《四部医典》，至今仍是藏医的经典著作。一千多年前，文成公主和金城公主远嫁西藏时，曾带去大批书籍和工、技、艺人员，其中包括汉医书、汉医。《月王药诊》被带到西藏后，由藏族翻译家别如扎那译成藏文，使汉医和当地藏医实现了结合。

第二，藏医同汉医有相同之处，但也有自己的绝活。藏医告诉我：人体内存在着“龙”、“赤巴”、“培根”三大因素，藏医就是针对这三大因素对疾病辨证施治的。我了解到：“龙”就是汉语的“气”，“赤巴”就是汉语的“火”，“培根”是汉语的“水”和“土”，这是藏医与中医的共同之处；我从尼玛、喇嘛州和寺庙医生那里了解到一些皮毛：他们治牛皮癣有时用放血疗法，治疗瘫痪、肌肉萎缩、关节炎等常用药水浴、药物擦身等，疗效都很显著。喇嘛州说要用藏药和藏医调理、医治我的胃病、肝病，让我早日恢复元气。按计划，喇嘛州要陪我一起走出草地，进甘肃后再返回。想想还有十多天时间，我决定试试看。

第三，藏医学的故乡在中国，实践上、学术上均处于世界领先地位。藏文医书《火灸疗法》、《库藏百病医典》等约成书于7世纪末，后面世于敦煌，但先后被盗往国外，十分可惜。据介绍，被盗的这些藏医经典在国外已有影印件，国家正在设法购买。

1985年8月29日　晴

若尔盖达扎寺镇

白天外出采访，下午又回到达扎寺镇，仍住县招待所。我走进房间时，看到装在麻袋里的脏衣服都被洗干净了，三件破衣破裤子也都补好了。洗衣服的是卓玛，补衣服的是王玉琼，这使我十分感动。说实在的，她们还真帮了大忙，这些天，我几乎连洗手帕的气力也没有，成天只觉得累。

再过两天，我将前往巴西、求吉、包座，沿中央军委和红一方面军主力的路线和时间，北上甘肃。因此，我决定趁这些天有点空闲，有阿坝州委宣传部邓副部长和阿坝州、若尔盖县党史办的同志在身边 (州里的同志是三天前从马尔康赶来的)，研究点问题，并随时向党史办同志讨教。**今年1月29日，日本朝日新闻特派记者加藤千洋先生在贵州娄山关同我分别时，曾问过我两个问题：为什么当年中国共产党把军队称为红军？是什么时候开始出现这个名称的？我的文章里为什么只报道一、二、四方面军，而没有出现红三方面军？**近7个月来，我一直在向老红军和党史办的同志请教。现答案已得，整理如下，回京后，找机会告诉加藤君。

“红军”一词，源于1927年的“黄麻起义”：农民自卫军攻占湖北黄安县城后，县城有名的书法家吴兰陔先生撰对联一副，下联结尾一句为：“苍生济济拥红军。”1928年4月，朱德、毛泽东各率起义部队在井冈山会师后，党中央于同年5月25日发布了《中央通告51号——军事工作大纲》，明确要求：“可正式命名为红军，取消以前的工农革命军的名义。”1928年6月4日，朱德、毛泽东根据中央指示，正式把部队改称红军。至此，“红军”称号正式诞生。

从1928年5月25日中央通告51号“可正式命名为红军”开始，到改称八路军，其间历时9年零3个月。1937年8月25日，中央军委下达了红军改编为八路军的命令。全文如下：

> 南京已经开始对日抗战，国共两党合作初步成功。为着实现共产党中央给国民党三中全会红军改名之保证，使红军成为抗日民族战争的模范，推动这一抗战，成为全民族的抗日革命战争，

◀1937 年叶剑英（右）和李克农在西安。

以争取最后的彻底胜利，特依据国民党及南京政府谈判结果，宣布红军改名为国民革命军第八路军。

将前敌总指挥部改为第八路军总指挥部，以朱德为总指挥，彭德怀为副总指挥、叶剑英为参谋长、左权为副参谋长。总政治部为第八路军政治部，以任弼时为主任、邓小平为副主任。第一军团、十五军团及七十四师合编为陆军一一五师。以林彪为该师师长、聂荣臻为副师长、周昆为参谋长、罗荣桓为该师政训处主任、肖华副主任。二方面军、二十八军、二十七军等部，合编为陆军第一百二十师。以贺龙为师长、肖克为副师长、周士第为参谋长、关向应为政训处主任、甘泗淇副主任。第四方面军即二十七军、二十九军、三十军等部，改编为第一百二十九师。以刘伯承为师长、徐向前为副师长、倪志亮为参谋长、张浩为政训处主任、宋任穷副主任。以上之改编后人员委任照前总命令行之。各师改编为国民革命军后，必须加强党的领导，保持和发挥十年斗争的光荣传统，坚决执行党中央与军委会的命令，保证红军在改编后应成为共产党的党军，为党的路线及政策而斗争，完成中国革命之伟大使命。

中央革命军事委员会

主　席　毛泽东

副主席　朱　德　周恩来

1985年8月30日　雨

若尔盖达扎寺镇

读史料时，常发觉众说不一，甚至分歧很大。如今自己试着研究红军史，才体会到治史的确不易：红军长征只过去50年，许多当事人还在，有些史实都难弄明白了。**昨夜本想记下为什么没有红三方面军的答案，看了一些采访记录，又看了一些史料，觉得难以作出肯定的回答，只好作罢。从我目前掌握的材料来看，基本是两种答案。**

一种说法是：1930年1月以前，各根据地的红军已发展到10万人，中央军委遂于1930年1月研究红军的编制问题，打算将红军一、二、三、四军团

扩编为4个方面军。后因彭德怀任军团长的三军团已与朱德、毛泽东领导的一军团在湖南浏阳永和会合，合编成了红一方面军，因此红三方面军缺编。

▲抗日战争时期任八路军一二〇师政委的关向应。

另一种说法的根据是1929年5月25日的《中共六届二中全会政治问题报告记录》，该记录说，目前中国只有朱、毛、彭（德怀）的部队可以称为红军，其余如贺龙等都不能称为“红军”，只能算作红军游击队。虽然说中央军委（也有说是中央军事部）曾召开会议，决定统一军队的番号和编制，但从所有史料上都找不到中央和中央军委关于成立一、三、四方面军的指示，目前只发现成立二方面军的指示，而时间已是1936年7月5日。这个指示是由中央革命军事委员会发布的。指示内容为：长征到达四川甘孜的红二、六军团和三十二军组成红二方面军，贺龙为总指挥兼红二军团军团长、任弼时为政治委员兼红二军团政治委员、肖克为副总指挥、关向应为副政治委员；陈伯钧为红六军团军团长、王震为政治委员。

发布命令这一天，中央和中央军委的主要领导毛泽东、周恩来、洛甫（张闻天）等正在陕北安塞，听取刘鼎关于东北军情况的汇报。

据了解，1928年8月23日，朱德、毛泽东领导的红一军团和彭德怀领导的红三军团，在湖南浏阳永和市会合后，就受命第二次攻打长沙。为便于统一指挥，朱、毛、彭等自己组成了一方面军。据查对史料，对一方面军的组建当时在上海的党中央并没有予以承认，这从6天后即8月29日中央给长江局的信中可以看出来。信中说：“在现时一、二、三军团应成立总司令部组织。”

▲抗日战争时期任八路军一一五师师长的林彪。

红四方面军是1931年11月成立的。它也不是中央指示而组成的：当时红四军和新成立的红二十五军正计划合攻黄安县城，也是为了便于指挥，部队于1931年11月7日，在黄安县七里坪成立了第四方面军。徐向前任总指挥、陈昌浩任政委、王树声任副总指挥、曾中生为参谋长。

我觉得两种说法都有道理，而后一种说法，可能更站得住脚：因为按常理，如由中央统一规划组建方面军，第二个成立的红四方面军，就应当称为红二方面军了。正因为由于军事指挥需要，部队自行成立了一、四方面军，自然就空缺了二、三方面军；5年后，为了军事指挥需要，中央命令成立红二方面军；这个命令下达后的1年零1个月，红军改成了八路军，红三方面军自然就永远空缺了。

尽管一、四方面军不是按中央指示组成的，但毕竟已成事实；在交通和联络不便的情况下，方面军的成立，也便于中央指挥，所以后来中央也承认了这一事实。

1985年8月31日　雨

若尔盖县巴西

现在说是8月31日夜，其实已是9月1日凌晨3点钟了。

今天是十分忙碌的一天：白天走了一天，晚上到达巴西；再过几小时天一亮，又要出发，必须连夜卷铺盖、把资料打捆。**今天又是难分难离的一天：谢然浩、杨政、熊文广三人早上离开若尔盖，去了马尔康。**自月初以来，我们时刻在一起，在草地里共同经受了九死一生的考验。一朝分别，感情难以自持。一路上，他们事事帮助我，尽力让我多休息哪怕一分钟；为了能及时发出电稿，他们不知付出了多少心血。他们也舍不得离我而去：走到班佑后，又和我一起共同行进了6天。我们都觉得，一起踏着红军的足迹，共同征服沼泽地的经历和友情，是一辈子都难忘记的。

与他们分别后，我身边的老朋友又只剩下丹泊了。今夜我们住在巴西乡政府，丹泊给我送来了热牛奶，然后默默地为我安排明天的行程、整理用品。有他的帮助，我得以继续整理昨夜没有记完的有关情况和史料。

今天我才发现，我在报道中和日记中的一些提法，从严格意义上说有些是不确切的，如“红一方面军即中央红军”或“中央红军即红一方面军”，还有“红一方面军是从中央苏区出发的，所以亦称中央红军”等，实际上，二者是有严格区分的。

1928年8月23日，红一军团和红三军团在湖南浏阳永和市会合。两军举行联席会议，决定成立中国工农红军第一方面军。当时共有3万多人，朱德任总司令，毛泽东任政委。1931年11月7日，中华苏维埃共和国在瑞金成立；11月19日，中华工农兵苏维埃第一次全国代表大会选出了63人的中央执行委员会。11月25日，中央执行委员会任命朱德、彭德怀、王稼祥、周恩来、贺龙、毛泽东等人为中央革命军事委员会（简称中革军委）委员，朱德为主席，王稼祥、彭德怀为副主席；红一方面军总部被撤销，所属各部归中革军委直接领导。从这时起，红一方面军改称为中央红军。

第二年，即1932年6月，中共临时中央和苏区中央局决定恢复红一方面军总部：中革军委主席朱德兼总司令，总政治部主任王稼祥兼政治部主任。朱德、王稼祥和中革军委副主席彭德怀三人于8月8日发布通令，宣布奉中革军委命令，任命毛泽东为红一方面军政委。后来，遭到后方中央局反对，因此，10月26日，毛泽东第二次担任了69天的红一方面军政委之职被中共临时中央正式撤销，任命周恩来兼任此职。

1933年12月，李德以统一前后方指挥为名，建议并经中共临时中央同意，将红一方面军又改称中央红军。

1935年8月4日至6日，中共中央政治局在松潘毛儿盖的沙窝召开会议，决定恢复红一方面军总部，由周恩来任司令员兼政委。8月8日，中央红军又改称红一方面军。

因此，**红军1934年10月16日从瑞金出发后到1935年8月8日进草地前，应称为中央红军。我在写到中央红军在1935年8月8日以后的活动情况时，应称红一方面军。此处必须注意，再不能含糊不清。**

1985年9月1日　晴

若尔盖县巴西羊均俄寨

巴西地处若尔盖县东北部，原是一个山谷里七八个藏族寨子的总称，名不见经传；由于红军长征到达这里时，党内发生了一场惊心动魄的斗争，巴西成了中国革命史上又一个著名的地方。

现在的巴西设有巴西乡，辖15个寨子，共有1700多人，比红军经过时

▲党的十一届三中全会以来，长征沿途发生了巨大变化。
红军经过的若尔盖巴西电站外景。（罗开富摄）

增长了3倍多。**红军在此召开的政治局紧急会议（即著名的巴西会议），会址在距现乡政府所在地20多里的羊均俄寨。**

巴西乡距若尔盖县城60多里，距班佑不到40里，自然景观却大不相同：在草地无人区，见不到一棵树，在若尔盖县城，只见到几十棵人工栽培多年、仍长得没有人高的树，班佑寨也只有一片红柳林，看不到其他树，也种不出青稞和蔬菜；而进入巴西，树木就很多了，山上到处郁郁葱葱。在草地半个月见不到的粮食作物和蔬菜，在这里也见到了；青稞、油菜长得很好；大葱长得和山东产的不相上下。这里海拔比草地低500多米，尽管仍接近3000米，但已适宜种植青稞。目前正是收割季节，听当地人说，今年又是个丰收年。

红军长征时，按党中央部署，右路军从毛儿盖进草地，左路军从卓克基、阿坝一带进草地，然后在班佑和巴西一带汇合，共同北上。可是在左路军中担任领导职务的张国焘率部到达阿坝后，突然停止前进，并重提南下川康计划。中央立即电示张国焘：率部迅速北上。此时的张国焘原形毕露，竟企图危害中央，分裂红军。在这危急的情况下，党中央在巴西召开了紧急会议，决定立即北上，脱离险境。据当地同志介绍，中央政治局会议开完后，毛主席在此地起草了《告红军战士》通告。

会议旧址坐落在花红草绿的巴西河畔，背靠白云缭绕的大山。这一带山清水秀，景色宜人。同行的同志说，巴西会议旧址已列为省级文物保护单位，来这里瞻仰的中外人士很多。今天因巴西河涨水，桥被冲垮，我只好蹚水过河，来到海拔3050米的会议旧址：由于年久失修，原来的房屋只剩下几堵墙壁；门前是一片草地，长满了一种名叫人参果的野菜，当年红军曾把它当作食粮。藏族同志特地给我做了一小碗人参果，里面放了一匙白糖。他们说："野菜是苦的，放上糖，这就叫忆苦思甜。"当地同志告诉我，三中全会后，群众生活好了，曾计划自筹资金，自出劳力，再靠上级补助一部分，按原貌修复会址。当时省、州有关部门已拨了10万元，可后来这笔钱被县里挪去修了其他建筑物。

听当地人说，前些年这里没有私人餐馆，近几年开始有了几家。今天中午，我就是在一家名为"巴西饭店"、实只有两张餐桌的个体餐馆吃的饭。吃饭时，我向同桌的藏族顾客请教巴西地名的来历。许多人用不太熟练的汉语回答我，很难听明白。最后，一个名叫夺基的藏民在我的笔记本上，用藏汉两种文字写下了"巴尔吉"三个字，这下我才明白：巴西的原名叫巴尔吉。

巴尔，藏语的意思是英雄；吉，是幸福。巴尔吉原指包括巴西在内的一大片地区，有许多村寨。现在的巴西乡，就辖有15个寨子。1935年9月初，党中央率红军右路军长征到达这里，毛泽东住在牙弄寨；当时，周恩来因病，随红三军团住在另一个寨子里。红军中的汉族同志当时把巴尔吉河误称为巴西河，河两岸自然也就成了巴西地区。夺基说，藏族人民取的地名，如果汉译走了音，一般是要求改回来的。但藏族人民热爱红军，所以就接受了"巴西"这个地名。

1985年9月2日　晴

若尔盖县巴西牙弄寨

从地图上看，若尔盖县城东边的巴西、求吉、包座三个乡呈不等边三角形状，面积200多平方公里。半个世纪前的8月底，党中央率领右路军历尽草地的艰险，先后从毛儿盖到达班佑。9月初，右路军就是在这个不等边三角形地区集结，等待张国焘率左路军到来，共同北上。

当时，党中央领导机关驻在巴西乡的牙弄寨（红军称为阿西寨），右路军前敌总指挥部驻在离牙弄十多里的一座喇嘛寺里。我看到，两地之间，既有山坡路，也有草地间的小路，路比较好走。红三军（团）驻在离前敌总指挥部近20里的一个寨子里。红军到达巴西一带集结后，前敌总指挥部徐向前、陈昌浩已令红一军（团）一师为先头部队北上，向甘肃迭部县俄界方向探路前进。

巴西、包座、求吉地区紧邻北边的甘肃。我从史料上得知，当时，党中央到了这里后，很希望左路军马上赶到，以利部队快速北进。为了想出一个办法，使张国焘改变错误决定，尽快赶到，中央领导几乎天天碰头开会。

1935年8月24日，党中央从毛儿盖出发，进入草地的第四天，在色既坝（今色地）致电张国焘，再次阐述了北上方针的重要性，并晓以利害，指出："目前，箭已在弦，非进不可。"令他率领左路军迅速过草地，到班佑，与右路军并肩前进。

8月29日，党中央政治局到达巴西后，立即开会，制定了北出甘南的行动计划。9月1日，毛泽东致电张国焘，把这个计划告诉了他。可是张国焘仍无视自己亲自参加并表态同意的中央毛儿盖会议决定，不仅不直接给毛泽东回电，还于9月3日，张国焘用自己和以正在左路军的朱德的名义，致电徐向前、陈昌浩并转中央，反对北上。电报说，"再北进，不但时机已失，恐亦多阻碍"，左路军"决于明晨分三天全部赶回阿坝"。这时，朱德和刘伯承率左路军已到达葛曲河边，再有三四天，就可到达班佑。可张国焘借口葛曲河涨水，令左路军就地巩固阵地，备粮待命。9月8日，张国焘在命令左路军全部撤回阿坝、马尔康待命的同时，又电令已北上的中央军委纵队南下马尔康待命。

▲1938 年中共中央主要领导人在延安合影。前排左起，康生、毛泽东、王稼祥、朱德、项英、王明（陈绍禹）。后排左起：陈云、博古（秦邦宪）、彭德环、刘少奇、周恩来、洛甫（张闻天）。

当天，即9月8日夜，中央政治局在红三军（团）军部驻地开会，夜里10点钟，中央由7人联名致电张国焘，要他执行中共中央北进指示，电文如下：

朱张刘（伯承）三同志：

目前红军行动是处在最严重关头，须要我们慎重而又迅速地考虑与决定这个问题。弟等仔细考虑的结果认为：

（一）左路军如果向南行动，则前途将极端不利，因为：

（甲）地形利于敌封锁，而不利于我攻击，丹巴南千余里，懋功南七百余里均雪山，老林，隘路。康天芦雅名邛大直至懋抚一带，敌垒已成，我军绝无攻取可能。

（乙）经济条件，绝不能供养大军，大渡河流域千余里间，如毛儿盖者，仅一磨西面而已，绥崇人口八千余，粮本极少，懋抚粮已尽，大军处此有绝食之虞。

（丙）阿坝南至冕宁，均少数民族，我军处此区域，有消耗无补充，此事目前已极严重，绝难继续下去。

（丁）北面被敌封锁，无战略退路。

（二）因此务望兄等深思熟虑，立下决心，在阿坝、卓克基补充粮食后，改道北进，行军中即有较大之减员，然甘南富庶之区，补充有望。在地形上、经济上、居民上、战略退路上，均有胜利前途。即以往青宁新说，已远胜西康地区。

（三）目前胡敌不敢动，周、王两部到达需时，北面仍空虚，弟等并拟于右路军抽出一部，先行出动，与二十五、（二十）六军配合行动，吸引敌人追随他们，以利我左路军进入甘肃，开展新局。

以上所陈，纯从大局前途及利害关系上着想，万望兄等当机立断，则革命之福。

恩来、洛甫、博古

向前、昌浩、泽东

稼祥

9月8日二十二时

1985年9月3日　晴

若尔盖县求吉

一早离开巴西乡，沿巴西河向东北方向走了6个多小时，到达求吉乡。

这几天西北风已盛，我看到，河里静流处已结了薄冰。此时此地此景，不禁使我想起**1960年毛泽东在与斯诺谈话时说，与张国焘在草地里的斗争，是他“一生中最黑暗的时刻”**。

毛泽东所说的最黑暗的时刻，指的就是1935年9月9日夜至10日凌晨来自张国焘的武力威胁。地点在巴西及巴西至求吉的路上。

我昨夜在日记里记述了中央以7人名义致电左路军立即北上的情况。电报发出的第二天，即1935年9月9日，张国焘复电徐向前、陈昌浩并转中央。复电分甲、乙、丙三项，共讲了6点：前五点主要讲了反对北上、坚持南下的理由；最后一点是坚持“左右两路决不可分开行动”的观点。按他的意思，就是要党中央率领的右路军从巴西重返草地南下，与他汇合。陈昌浩与徐向前商量后，从前敌总指挥部策马来到中央机关所在地牙弄寨，将复电交给了毛泽东、洛甫（张闻天）和博古（秦邦宪）等人。

张国焘在给徐向前、陈昌浩复电的同时，又密电陈昌浩以武力挟持党中央：局势已发展到千钧一发的危急关头。党中央于9月9日晚在巴西召开紧急会议，当机立断，决定连夜率右路军迅速脱离险境，立即北上。这一果断决定，使党中央和红军避免了一场危难。

党中央的脱险，时任红三军（团）军长的彭德怀和前敌总指挥部参谋长叶剑英功不可没：9月8日，徐向前、陈昌浩以前敌指挥部名义给左路军的朱德、张国焘发电报，明确表示，“……我们意以不分散主力为原则，左路速来北进为上策，右路南进为下策……”。只隔了一天，即9月9日下午，彭德怀在前敌指挥部发现陈昌浩一改北上腔调，大谈南下阿坝好，就猜到肯定是张国焘给他发来了什么指示，要改变行动方针。**于是，彭德怀立即赶往毛泽东住处报告，为党中央应付突发事变赢得了时间。**两小时后，叶剑英秘密给毛泽东送来了张国焘密令陈昌浩危害党中央的电报，证实了他们的阴谋。

对于这段史实，时任前敌总指挥部作战科副科长的吕黎平曾回忆：“9月8日或9日午后，我去机要室看报，正逢值班机要组长陈茂生同志刚开始译一份从左路军总司令部发来的密电。我帮助他迅速译了出来。我俩看后，大吃一惊！原来是张国焘给陈昌浩的复电。我回忆电文的主要内容是：×**日电悉。余经长期考虑，目前北进时机不成熟，在川康边境建立根据地最为适宜，俟革命来潮时再向东北方向发展，望劝毛（主席）、周（恩来）、张（闻天）放弃毛儿盖方案，同右路军回头南下。如果他们不听劝告，应监视其行动，若坚持北进，则应开展党内斗争，彻底解决之。**他们企图用武力危害党中央。

1977年9月19日，《人民日报》刊登了徐向前写的《永远坚持党指挥枪的原则》一文，文章中写道：张国焘“并且发出密电，指使他的支持者，妄图裹胁党中央和一方面军全部南下，如果党中央不南下，就用‘武力解决’”。

在现代史料编刊社于1980年12月出版的《中国记事》一书中，作者李德也写道：张国焘坚持他的决定，“下达秘密命令”，要“制服中央委员会对他决定的抵抗，如果必要就使用武力。政治局害怕张国焘政变，决定独立行动，继续向甘肃进军”。

在这危急关头，毛泽东于9月9日晚来到前敌指挥部，征求徐向前的意见。徐向前当时也很为难，沉思片刻后说：“主席，两军既然已经会合，就不宜再分开，四方面军如分成两半，恐怕不好。”毛泽东听后，要他早点休息，遂告辞；随后，毛泽东又来到陈昌浩那里，征求了陈的意见，并再次强调北上的道理。陈昌浩说：“北进不一定就成功，南下不一定就失败。你的话有道理，张主席的话也未必没有道理，我看南下还是对的。”

▲叶剑英

这时的毛泽东，异常冷静，他对陈昌浩说：“既然要变北进为南下，书记处得开个会统一一下思想，做些准备。”

周恩来进草地以来一直病得很重，王稼祥这些天也病了，都在红三军（团）军部养病。**毛泽东借口要去同周恩来、王稼祥商量一下，与正在前敌指挥部的洛甫（张闻天）、博古（秦邦宪）一道，前往十多里外的红三军（团）军部。**

陈昌浩没有想到，这是毛泽东的金蝉脱壳之计。

刚才丹泊和若尔盖县宣传部的刘禹竹给我查到了当时的有关资料：1935年9月9日夜，党中央身边只有彭德怀、杨尚昆率领的红三军（团）的三四千人；林彪、聂荣臻率领的红一军（团）北上开路，已进入甘肃迭部县俄界，离这里有三天多路程；原红一方面军的红五军团、红九军团，已在7月21日中央政治局于黑水县芦花召开的会议上改为红五军和三十二军，被编入张国焘的左路军里。张国焘之所以敢如此放肆，妄图挟持中央，就是因为清楚党中央身边没有多少部队。

毛泽东等一到红三军（团）军部，立即召开政治局会议，即著名的巴西会议。会议分析了当前的危险局势，揭露了张国焘分裂党和红军、企图用武力危害中央的阴谋，一致决定：立即北进。

当夜12时，部队先后从巴西及其附近出发，红三军（团）担任后卫，毛泽东和彭德怀随红十团一起，走在后卫的最后。彭德怀问毛泽东：“如果他们扣留我们，怎么办？”毛泽东回答说：“那就只好跟他们南进吧，不过他们总会觉悟的。”

“毛泽东终于从黑暗的时刻里走出来了。”不知什么时候刘禹竹和丹泊走进来了，站在我背后，看着我写。他们这一说话，一下子打断了我的思路。我问他们怎么还没有睡？丹泊说：“迷糊了一会儿，现在天快亮了，老刘叫我一块来捣乱一下，让你赶快睡觉。再过三个小时，又要上路了。”我只好放下了笔。

1985年9月4日　晴

若尔盖县下包座

巴西、求吉、包座这个三角形地区位于班佑寨的东北方向，我今天从求吉走到了包座。这个地方是个山谷，但地势很高，山脚的海拔高度3300多米；这里有大片草地，山上树木很多。包座现为乡政府所在地，辖有十多个寨子。

包座有光荣的历史：1935年8月21日，党中央随右路军北上，从毛儿盖出发进入草地。胡宗南发觉红军北上意图后，急令敌四十九师向包座增援，妄图会同包座守敌，在上、下包座至求吉一线堵击红军。红三十军和红四军走出草地以后，于8月29日完成了对包座和求吉一线敌人的包围。31日下午3时，红军对敌四十九师发起总攻，经过7个多小时的激烈战斗，我军将敌5000多人全部歼灭，敌师长伍诚仁受重伤跳了河。**此役，我军缴获轻重机枪50余挺，长短枪1500多支，还缴获了大批部队急需的粮食、牦牛、弹药等物资，既使部队得到了很大的物资补充，又打开了向甘南进军的门户。**

包座战斗中，红军指挥所设在上包座与求吉之间的末巴山上，徐向前是战斗的总指挥。今天中午，我走到了末巴山下的达赖寨（即下包座），在藏族老人秋见措家吃了中饭后，下午上了末巴山。山上当年红军挖掘的战壕依稀可辨。此时，我站在徐向前当年指挥战斗的地方，不禁想起了他当年在历史的关键时刻，为党和红军立下的一个大功。

1936年8月31日，包座战斗结束。此时的张国焘，关心的不是此次战斗的胜利，而是自恃兵多，妄想篡夺最高领导权，正在找反对北上的理由，以图挟持党中央和右路军南下。他借口蒋介石此时已清楚我军北上的意图并已调敌至甘肃等地，于9月3日拟了一份电报，说北进“时机已失，恐亦多阻碍”，要“右路军乘胜回击松潘”（松潘在巴西、包座南面，走路需四五天时间）。

▲红四方面军总指挥徐向前。

老红军陈明义曾向我介绍过这份电报的有关情况。一个多月前，我在阿坝又见到了他。这位前成都军区副司令员是来勘定红军过雪山草地纪念碑建碑地址的。他告诉我：这封电报起草于葛曲河边的一座帐篷里。当时葛曲河确实涨水，但可以过；即使不能涉水过河，当时红四方面军也有舟桥队。张却以涨水为借口，命令部队停止前进，但遭到了朱老总的反对。我们参谋人员当时不可能了解那么细，但听到了张国焘和朱老总在帐篷里争吵的声音。张国焘声音很高，秘书长黄超的声音也不低，他们摆了许多不能北上的理由，想说服朱总司令。朱老总话不多，但态度很坚决：要服从中央决定，不能南下，何况再有几天，就能走出草地了。事后，听说张国焘发了一份朱老总坚决不同意签字的电报，接着就命令部队离开葛曲河，向南回阿坝。

当时，朱德是红军总司令，张国焘是红军总政委，拍板权掌握在政委手里。张国焘于9月3日以朱德、张国焘名义致电徐向前、陈昌浩转中央，反对北上，决定折回阿坝；9月5日，在返回阿坝途中，又电令正要北上的第二纵队就地巩固阵地，备粮待命；9月8日上午10时，张国焘给左路军下达了“……现在天更冷，再北进，部队必被拖垮。拟改道南打，……”的命令，部队一路准备向南经绥靖去崇化、丹巴，一路准备经懋功去天全、芦山、绵阳。

对于张国焘的出尔反尔，徐向前一直很反感，9月8日夜10点，他和毛泽东等7人一起致电张国焘，劝其北上。**9月9日，张国焘发来密电，指使他的支持者裹胁党中央和红一方面军南下，如果不从，就用“武力解决”。当夜，中央机关和红三军团从牙弄等地紧急北上。陈昌浩发觉后，来找徐向前，问他：“他们开拔了，我们是不是派部队去追?”徐向前沉思了一会儿，坚定地说：“哪有红军打红军的道理！叫他们听指挥，无论如何不能打！”**

徐向前给了陈昌浩一个坚决的答复，陈昌浩也同意了徐向前的意见，避免了红军之间的一场流血冲突。在历史的关键时刻，徐向前为党和红军立了一大功。

1985年9月5日　晴

若尔盖求吉

我本来计划明天从包座北上去甘南，后来听包座乡的同志说，阿坝州委书记阿登明天要赶到求吉来看我，不但代表州委、州政府，还代表四川省委、省政府。于是，我们决定，今晚赶回求吉住宿。求吉在包座的西北方向，从那里去甘南的路是红军三大主力北上先后都经过的。

包座以红军走出草地后在此打了一个大胜仗而闻名于世，两天来，它给我留下的另一个深刻印象是：这里的风景也十分的美。

我们今天走的是沿包座河而下这条路，走了50多里，沿途河水之清澈，令我无论是否口渴，都会时不时捧上一捧喝几口。两岸山峦重叠，树木森然。曲折的山道两旁，有放牧地，也有农耕地。阴历已是八月，蚕豆刚成熟，青稞已收割。放眼望去，一片碧绿。树木、庄稼、草地和谐相处，中有流水穿插，看不到一块黄土，真是青山绿水，化外天然。昨天和今天，时晴时雨。放晴时，我们头上的天空时常挂着彩虹；走在山腰时，彩虹的一大半又在脚下移动，远处的牛群、羊群在彩虹中追逐跳动。细雨中、云雾里，不时传来藏民驾牛犁地的吆喝声。这里大都是坡地，犁地都用双牛拉犁耙，两头牛的肩上横架着一根木棍，以使其步调一致。

包座既有江南水乡般的秀丽，又有高原山乡的纯朴。温饱问题解决后，已开始意识到环境的重要，他们强烈地要求政府采取措施，保护野生动物资源。

1983年4月13日，国务院发布了《关于严格保护珍贵稀有野生动物的通令》。这个通令受到了各族人民的衷心拥护，包座河沿岸群众的呼吁，就是很好的证明。我开始时有些纳闷：当地人既然有这么高的觉悟，为什么自己不去保护，而要向上级求援呢？经过采访，才弄明白：这一带山多林茂，地广人稀，动物资源十分丰富。近年来，外地人到这里打猎的不少，有的是猎奇，而有的则为的是赚大钱，竟在林中安营扎寨。他们的捕猎工具，不仅有枪，更多的是套索：在动物出没的路上、栖息的洞口、喝水的河边，都安上套索，动物们无论大的小的老的幼的，都难逃厄运。当地群众为了制止这些人乱捕滥猎，常常到山上去搜取套索。我在包座的达赖寨，曾看到群众搜来的套索：都是用粗细不等的铁丝做的，每副有二钱至一两重不

▲1935年9月5日，由鄂豫皖苏区长征到达陕北的红二十五军与陕北红二十六、二十七军在陕西永平镇会师，成立红十五军团。

等。正在这个寨办公的包座乡党委书记阿邦对我说，群众搜来套索，大多用来修屋、造畜圈，多余的就交到乡上。单是群众搜来套獐子取麝香的索套，交到乡里的就有六七百斤。

走到求吉乡后，该乡向我反映，今年一次就在山林中搜取了这种套索2900多根。

面对这种状况，群众多次向县里反映过，甚至把搜到的套索、獐子和抓住的猎人都送到县上，但至今也制止不了这种滥猎行为。据一些干部群众反映，主要原因有二：一是有些捕猎的人结团成伙，当地群众不仅撵不走，有时反而被猎人殴打；二是县里虽很重视，出了布告，也采取了一些措施，但终因全县1万多平方公里，仅5万多人，山高林深，管不过来，也不可能有那么多人去管。群众对此很忧虑，他们说，这种状况如不尽快制止，不仅动物遭殃，而且容易引起山火：这些人到处生火，煮饭取暖，人走火不熄。一位乡领导告诉我，20多年来，这里两个乡的上百万亩国有林集体林从没发生过火灾，如今真有点担心了。乡干部曾向县有关部门领导汇报过，得到的回答是：你们发动群众去撵，把这些人赶走么。这位乡领导说，要是森林被烧了，我们的脑袋可能都保不住，现在我天天都在提心吊胆。

据了解，这些到包座乱捕滥猎的外地人，绝大多数是阿坝州境内的。这种现象也不只发生在包座森林中，我在雪山上、草地中，都有见闻，有外地来的，也有本地人。阿坝州的动物资源十分丰富，常见的有大熊猫、黑颈鹤、梅花鹿、天鹅、白鹅、扭角羚、野牛、贝母鸡、马鸡、苏门羚、黑鹿等50多种珍稀的动物。近几年来，为保护动物资源，州县做了大量工作，也取得了一定的成绩，但很不平衡，有的县能很好地贯彻执行国务院的通令，有的县则做得差，乱捕乱猎的现象至今制止不了。为什么做得差？关键恐怕还是个作风问题：上级来了文件，开会传达一下，过一段叫下面报几个数字，向上一汇报，这件事也就“落实”了；而上级呢，也挺满意：行动快，有回声。我想，长此下去，看珍稀动物只有去动物园了；如果这帮偷猎者真的闹出个火灾，上级的调查组可能不得不深入下来了。为什么对群众的强烈呼吁却充耳不闻，不采取措施防患于未然呢？

1985年9月6日　阴

若尔盖县求吉

“开富同志，辛苦了，我是来给你送中央军委办公厅的贺电的，也是代表省委、省政府及我们州委、州政府来慰问你，为你送行的。”今天下午，阿坝藏族自治州州委书记阿登与我一见面，就热情地对我说了上面这番话。接着，他给我递上了几张经济日报和全国各地的来信。我从本报上看到了几条消息，其中一条是8月29日头版刊登的，消息题目是：**“中央军委办公厅电贺罗开富走出草地”**：

> **本报讯　8月28日，中央军委办公厅致电本报记者罗开富，对他沿红军长征路线徒步采访表示慰问和祝贺。**
>
> 几周前，罗开富在准备过草地时曾给杨尚昆、杨得志、何正文

等同志打电报，感谢老红军们对他新长征之行的关注，表示要坚持走完全程。中央军委办公厅的这封回电说：“祝贺你翻过雪山，走出草地，并向你致以亲切的慰问。望你发扬红军的革命精神，克服各种艰难险阻，胜利完成采访任务！”

读完这则消息，心情异常激动，它不仅表达了中央军委对一个徒步长征路的普通记者的重视、关注和关爱，也给我提出了更高的要求。俗话说：行百里，半九十。在那烽火连天的岁月里，老红军们都是一步一步走过来的，一仗一仗打过来的。他们比我更了解，越到最后，就越艰难。我决心按照中央军委对我提出的“发扬红军的革命精神，克服各种艰难险阻，胜利完成采访任务”的要求，坚持走完全程，采访好、报道好长征路。

同样弥足珍贵的是来自北京、江西、湖南、广西、云南、贵州、浙江、辽宁、湖北等省区市的信件和电报，这些函电都是发到州委、若尔盖县委办公室或宣传部门，请他们转交我的。我捧着这些函电，只觉得一股股热流涌向心间，它说明广大群众一直没有忘记红军踏出的英雄之路。我很敬佩这些发函电的人：我每天都在行进，能及时收到他们的函电，说明这些同志肯定对红军长征路线和行进时间有一定的了解和研究。虽然我没有时间回复，但我心里会永远记住他们的关心和鼓励，把今后的路走好，不辜负他们的期望。

我从谢然浩口中及与庹震的通话中得知，各地关心我采访行动的读者发到编辑部的函电很多。今天我看到了8月25日本报刊登的“罗开富顺利走出草地”的消息，心里很高兴。不仅感受到编辑部对一个记者的关心，更重要的是觉得这也是向关心我的读者致谢，请他们放心。我请丹泊抄下了这则消息：

罗开富顺利走出草地

本报四川草地班佑8月24日电　通讯员丹泊、记者然浩报道　罗开富今日中午顺利到达当年红军走出草地后到过的第一个寨子班佑。至此，罗开富顺利结束了为期十五天、比原计划多走六百多里的草地之行。

草地是当年红军长征途中经过的最为艰难的路程之一。五十年来，草地发生了较大的变化，有了公路和工厂，但当年红军一、二、四三个方面军经过的草地腹心地带，依然是荒无人烟。其中日干乔、多玛大沼泽的中心，至今仍被当地人们视为“禁区”。

罗开富本月10日从松潘毛儿盖进入草地时，正值他在贵州黎平采访时挫伤的左腿发炎肿胀，落地生疼。但他以惊人的毅力，冒着陷入泥潭的危险，先后徒步采访了当年红军三大主力走过的行军路线，涉过了红军渡过的墨曲河、葛曲河、麦曲河三大河流。

8月的草地正值雨季，罗开富在行军中几乎天天被雨淋得周身湿透。19日傍晚，罗开富步行九十多里来到因连续暴雨而涨大水的麦曲河边，为按时赶到河对岸宿营，毅然跳入齐胸的深水中，渡过了宽五十多米的麦曲河。他身体虚弱，当晚就发烧病倒了，但他不顾随行同志的劝阻，仍坚持写稿到次日凌晨。

▼藏区人民热爱红军，作者走出草地后，若尔盖求吉寺庙的嘛喇们爬陡坡、过冰河，到3公里以外相迎，作者为了感谢给他们拍了照片留念。（罗开富摄）

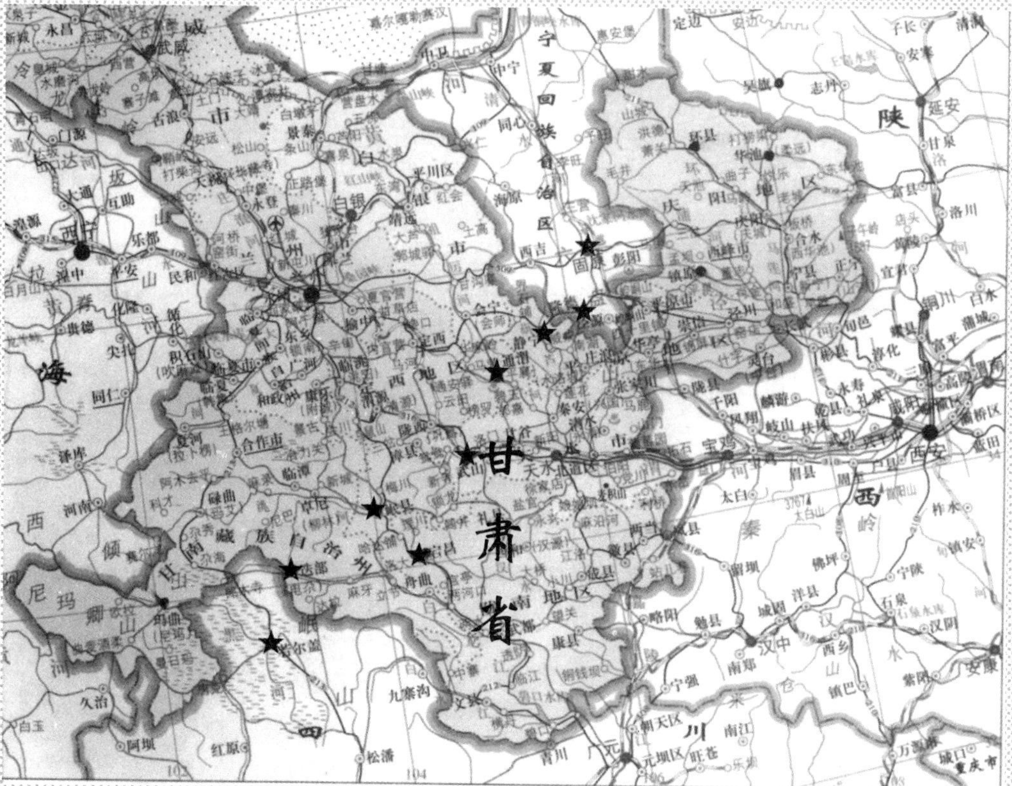

甘肃省

1985年9月7日~1985年10月4日

迭部县　宕昌县　岷县　宕昌县　岷县　武山县

通渭县　静宁县

1985年9月7日　雨

甘肃迭部县岗岭

一大早，从求吉出发，冒着雨，走90多里，经下黄寨，进入甘肃，沿着一条沟一条河，黄昏过后，走到迭部县岗岭寨。

我一路走下来发现，两省交界之处，大都是崇山峻岭，如福建与江西、江西与广东与湖南等的交界处。但要论险要，当数今天走的这一段：今天走了90多里，其中的50多里基本没有路，只有一条猎人踩出来的蜿蜒曲折的似路又非路的山道。这条时隐时现的“猎人路”在崇山峻岭中沿河盘旋。雨一整天没停，我们在一条绿色的、似乎永无止境的、只见一线天的沟里穿行。我们从猎人口中得知，这50多里长的“一线天”名叫达拉沟，沟底是一条白浪翻滚的河，发源于包座，自南向北流，属白龙江上游的一条支流。这条河有两个名字，四川人称包座河，甘肃人称达拉河。据达拉沟两头沟口的群众说，沿河这条路，只有当年红军走过，当地很少有人走这条路；崖上的栈道，大多是猎人们修的。我们今天的向导是求吉乡的藏族同志耿秋学，他曾因打猎往沟里走过一小段，马上就折回来了，以后再没进过。他说：“我们当时有三个人，一进沟里，着实吓着了，林那么深，草那么高，身边就是悬崖，打了猎物也捡不到，还会丢了命，犯不着，就再不来了。”

我们在沟里走了约25里，忽然看到了悬崖上的一条红军标语：“北上抗日，收复失地。”每个字约40厘米见方，历经50年风雨，字迹还十分清晰，标语是用黑炭调墨汁写成的。标语之所以保存得如此完整，主要原因是位置好：标语上边，一大块岩石伸向河中，使其避免了风吹雨淋日晒。另外，这里人迹罕至，也避免了人为损毁。我真佩服红军，在那么艰难困苦的情况下，仍然克服一切困难，努力宣传党的中心工作，值得我辈学习。

进入草地以来的28天里，今天是第一次见到红军标语，与我同行的若尔盖县委宣传部部长刘玉竹也十分高兴。另一位同行者、若尔盖人民医院医生喇嘛州说："这条红军标语能被我们发现，实在难得，实在让人高兴，可这是啥子省的地盘，还没搞清哟。"此时，一向话少的县公安局的尼玛开了腔："管他这个地方归哪个省的，反正是我们大家的共同财富么。"尼玛的话音刚落，喇嘛州就瞪起了眼，尼玛不解地问："你咋个啦？"喇嘛州说："你是批评我心眼小？我的意思是弄清归哪个省管，就有个责任保护的问题么。"我觉得他们讲得都有道理，打了个圆场，又披起雨衣上路了。

越往前走，坡度越陡，大概有75度吧。不仅陡，而且几乎没有下脚的地方，还危险得很：壁陡的几十丈高的悬崖下，是咆哮的包座河，我们不慎踩塌的一些朽木滚下河中后，立刻被卷进漩涡，顷刻间无影无踪。**红军当年走过的栈道，如今还在，远远望去，一线几十米，都插在石壁上，十分险恶。**因为栈道的圆木已朽，我们只好从栈道上边几十米的坡上，找攀手和下脚的地方，慢慢往前爬。离沟口不远的地方，也有红军走过的栈道，因为有人上山勘测、种庄稼等，这里的栈道已经加固，看得出作横档的圆木已更换过，上面铺着木板，还铺了些石子和泥巴。我们走在上边，虽然稳当，却觉得头晕。此时此刻，大家更加感到红军的伟大：真难以想像，他们带着那么多辎重，是如何走过这么长的险路的。

其实，当时红军面对的不只是自然环境的险恶，还有张国焘制造的险恶。王稼祥曾指出：张国焘反对红军北上，密令亲信妄图"用武力危害毛主席，分裂以毛主席为首的党中央"。毛泽东、周恩来、张闻天夜半时分，率部队悄悄离开巴西，经求吉北上后，徐向前明确表示，红军不能打红军，"无论如何不能打"，陈昌浩也同意了徐向前的意见。但是，后来陈昌浩还是派红四方面军副参谋长李特带了一个学生团和前敌指挥部的一部分人，骑马从巴西、求吉追了上来。夜色已深，关于这段史实，只好留在明天的日记中再记。

▲毛泽东、张国焘在延安合影。

1985年9月8日 阴

迭部县俄界

今天走到了著名的俄界。

俄界是甘南藏族自治州迭部县东南部的一个小村寨，地处岷山山脉中段。全寨只有29户人家，不到200人，除两人外，全部是藏族。这两人当年都是红四方面军的战士，因受伤，在翻越拉达河畔的山岭时又患了重病，被当地藏族同胞救护，得以生还，遂在当地安了家。他们一位是红四方面军七十团七连通讯员，名叫张连生，现改名为次日扎里；另一位是战士，名叫吴绍军。如今两人都已白发苍苍。我采访他们时，两位老人异常激动。张连生说："我们四方面军在徐向前总指挥领导下，本来在鄂豫皖把敌人打得哭爹喊妈，根据地越来越大。后来中央派来个张国焘当书记，不久根据地就丢了，他还不准下边提意见，谁提了意见，发现你不同他一条心，过些天就‘失踪’了。我们的连长就因为对他的军阀作风看不惯，有一次去上边开会，再没回来，后来听说是被砍了脑壳。”

吴绍军说：“那时我们是战士，上边的事不清楚，毛主席一直没见过，连徐（向前）总指挥也是在两河口会议上，才第一次见到毛主席，我们就更不用说了。可是两河口会议精神大家都听说了，两军团结打松潘，然后北上，大家都很拥护。后来不晓得张国焘搞啥子事，让我们走了一大半草地，又叫我们都回去，还说党中央不南下，把他们全抓回来，这就很反动了，要不得。因为党中央、毛主席是对的么。要是我们那时共同团结，马上去打松潘的敌人，就不用过草地了。这都是张国焘拖延了时间，敌人才有机会把重兵调到松潘一线，我们没得法了，只有草地一条生路了。我们四方面军和一方面军的两个（五、九）军团来回过了三次草地，我们一起跑出来当红军的十多个老乡，连我只剩下三四个人，其他的都饿死在草地了，张国焘有罪啊。”

吴老越说越激动，说到张国焘时，越来越愤怒。愤恨张国焘的不只是当年经受了无数困苦的战士，还有许多干部。今晚我在翻阅1981年第8期《中国建设》杂志时，见到一篇文章，上面有邓颖超对当时情况的回忆：“过了草地，住了房子，可以休息一下了。大家正高兴的时候，这天半夜两点多钟传来紧急行军的命令”，后来路上才弄明白，是“张国焘给陈昌浩发电报，要他武力解决毛泽东、周恩来、张闻天、博古（秦邦宪）等人，就是要把这些人抓起来……毛主席英明果断，带领一方面军，连夜赶路七八十里，摆脱了险境。”

邓颖超回忆的事情发生在1935年9月9日和9月10日晨，地点在求吉乡政府所在地至进拉达沟20多里山路上。这里海拔3000多米，当年的山路，现在已变成了公路。当年红四方面军副参谋长李特在这段路上追上毛泽东等领导人时，冲着战士们叫喊：“不要跟机会主义者北上，南下吃大米去。”

当时跟着中央北上的有红军学校的教员和学员、教员大多是红一方面军的，学员大多是红四方面军的。毛泽东劝阻李特，不要对学员大叫大喊，李特不听。毛泽东就把他拉到旁边一座庙里，不少学员也跟进来。这座庙至今还保存得较好，名叫求吉寺。毛泽东在庙里对李特说："北上的方针，是党中央早就决定的，张国焘举过手，可是他回到阿坝后突然变卦了。一军团开路，9月5日就先行到了俄界，我们现在北上，有什么不对?"

李特仗着张国焘兵多，自己又是张的铁杆心腹，多次打断毛泽东的话。毛泽东说："我要奉告你李特和大家，南下是没有出路的，别说吃大米，连青稞也吃不上，恐怕连命也不保，不相信走着瞧。"

李特惟恐学员被毛泽东说服，就继续胡搅蛮缠。他对学员大声叫嚷着："你们不要听毛泽东的，他是要把你们带到北边苏联去吃洋面包。"

毛泽东说："北上还是南下，请便。如果不愿和党中央一起北上的同志，可以等一等，我们先走一步。我相信，一年之后，你们会回来的!"

李特被毛泽东说得哑口无言，右手伸向腰间，似乎想掏枪。毛泽东平静地对李特说："还是小心点为好，彭德怀殿后，就要到了，他本来就对张国焘突然改变主意火气很大。"

彭德怀英勇善战，对党忠诚，个性刚烈，红军中无人不晓。李特听到彭德怀就要来了，吓得哪敢再动刀枪，只好尴尬地对学员们下令道："走，我们回去!"

毛泽东把李特打发走了。进入拉达沟后，部队加快了脚步，因为难保李特之辈不会再追上来了。

今天我参观了毛泽东在俄界的住所，那是寨口的一座二层小楼。我想，毛泽东住进这里后，他说的"一生中最黑暗的时刻"才算最后过去了。

1985年9月9日 晴

迭部县达拉

到目前，我已走了二万二千多里，沿途看到的森林不少，但算得上原始森林的，恐怕只有湖南汝城的延寿、贵州的黔东南、北盘江两岸、四川彝海等地，还有就是出求吉20多里，进包座河（也即达拉河）到岗岭的中间一段，有50多里，沿途都是原始森林。从岗岭到俄界，虽然山上林木不少，但大都是次生林了。俄界背靠着8个山头，有一个已被森工企业剃了光头，据说明年春天会补栽上小树。

俄界这个藏族寨子很美，村前是被许多古树和五色野花掩映的达拉河。据县城来的汉族同志说，当地的藏语倒装句比较多，比如喝茶，被说成茶喝；俄界之名也是倒装句，在当地藏语里，“俄”是山头的意思，“界”是数字8，俄界就因背靠8个山头而得名。

也有同志对我说，“俄界”是当年红军通司的音译，不准确，其实当地人称之为“高吉”。**在中国革命史上，尤其是红军长征史上，俄界已成了一个著名的地方，它的著名是因为1935年9月12日，党中央在这里召开了政治局扩大会议，作出了《关于张国焘同志的错误的决定》。**

迭部县党史办主任高巍是参加过抗美援朝的老革命，对工作十分负责，对红军经过迭部的史料，收集整理得很详细，我需要的有关史料，他手头几乎都有。我从他收集的史料中了解到，出席中央政治局扩大会的有：张闻天、毛泽东、博古（秦邦宪）、王稼祥、凯丰（何克全）、刘少奇、邓发。还有蔡树藩、叶剑英、林伯渠、杨尚昆、李维汉、李德及一军团的林彪、聂荣臻、朱瑞、罗瑞卿，三军团的彭德怀、李富春、袁国平、纯青，共21人。周恩来因病重，没有参加。

会议作出的决定是：

“一、四方面军的领导者与中央绝大多数同志的争论，其实质是由于对目前政治形势与敌我力量对比估计上有着原则的分歧。张国焘夸大了敌人的力量，轻视自己的力量，以致丧失了在抗日前线的中国西北部创造新苏区的信心，主张以向中国西南部的边陲地区（川康藏边）退却的方针，代替向中国西北部前进、建立模范抗日苏维埃根据地的布尔什维克方针。

二、张国焘存在严重的军阀主义倾向。他不相信共产党领导是使红军成为不能战胜的铁的红军的主要条件，不注意加强红军中党的与政治的工作，不去确立红军中的政治委员制度，以保障党在红军中的绝对领导。相反的，他以非共产党的无原则的办法去团结干部。他在红军中保存着军阀军队中的打骂制度，以打骂的方式去凌驾地方党的政权的与群众的组织，并造成红军与群众间的恶劣关系。他还以大汉族主义去对待弱小民族。这种军阀主义倾向是中国军阀制度在红军中的反映，他妨碍了红四方面军的发展。

三、由于张国焘的机会主义与军阀主义倾向，所以他对党中央采取了绝对不可容许的态度。他拒绝党中央对他的教育与帮助，组织反党小团体向中央进行公开的斗争；否认党的民主集中制的基本组织原则，漠视党的一切纪律，在群众面前破坏党中央的威信。”

据县党史办和村里老人确认，当年著名的“俄界会议”，即党中央政治局扩大会议，是在毛泽东住室和达拉河对岸的两棵白杨树下召开的。

今天由俄界走到了达拉。早晨离开俄界前，我又一次去看了毛泽东的住室，又站在河岸仔细打量了一番这两棵白杨树，它们约有20多米高，枝繁叶茂。当地的许多老人为我送行时，不约而同地告诉我，当年毛主席从住处过河，去两棵白杨树下开会、看书，走的是一座约两米宽的木桥。1976年，毛主席逝世的当晚突然来了一场洪水，把木桥冲毁了。9年过去了，我在河边看到，这座木桥的桥基，依然坚固地立在河岸边。

达拉乡所在地有个林场，傍晚还有人声传出；现在是凌晨3点，周围寂静得连缝衣针掉在地上也能听见。**人在寂静之中，想得就多：我在日记中写到1976年突然来了一场洪水，冲毁了俄界毛泽东喜欢走的木桥时，忽然想到这年的9月9日，就是在这天夜里，毛泽东逝世；而毛泽东所说的自己“一生中最黑暗的时刻”，就指的是1935年的9月9日之夜。9月11日毛泽东到了俄界，才脱离险境。**

联想太多，有迷信之嫌。其实只是一种巧合。

1985年9月10日　小雨

迭部县麻牙村

进入迭部县，已是第四天了。

迭部地处甘南，在青藏高原的东缘，岷山北麓，白龙江上游，是长江水源涵养林和甘肃省最大的用材林基地。最后一句话，让人觉得很矛盾。

长江上游的支流很多，涵养林也很多。不惟长江，我沿长征路采访，还几乎走遍了珠江、黄河水系的上游。俗话说，千条细流归大海。这些细流，都是靠大江大河汇入大海的。广大人民就是靠大江大河生活生产的。正因为此，我十分关注江河水源涵养地的生态环境。说实话，现在不毁林的地方已经很少了。用沿途一些向导的话说，现在山上森林的情况有几种：一是有森缺少林，指的是灌木多、乱砍滥伐后的树桩又冒出了新枝、间或漏伐掉的小树的林地；二是有林少了森，说的是山上大部分树木被砍伐了，东留一块、西剩几片高大树木，以应付上级检查；三是名为林地却见不到林，指的是剃光了头的山坡。近几年，泥石流、塌方等灾害越来越频繁，使大家开始认识到了森林的重要性，已开始种树了。高寒山区，空气稀薄，种树谈何容易？且不说难栽，即使成活了，也像南方人说的“千年黄杨长不大”，几年下来，看上去还是树苗。

不过我想，尽管长得慢，也得栽。这两天，我从俄界走到麻牙，看到沿途正在种树，最值得一提的是拉达林场。

拉达林场属迭部县林业局。今天早上，我在一座山上见到了林场场长陆放奎。他向我介绍说，雪山草地、直至泸定桥边二郎山等地的森工企业，大多是60年代建立的，主要任务是伐木，支援国家经济建设。一二十年来，这些森工企业为国家做出了很大的贡献，但同时也给生态环境造成了很大的损害。

陆放奎告诉我，党的十一届三中全会后，县林业局领导多次指出：红军长征经过时，这里是一望无际的松树老林，今后要在多为国家做贡献的同时，也要让山绿水清，把一个优美的环境交给后代。

我关心的是怎么个交法，陆场长告诉我，走改革之路，实行生产与经营、采伐与营林的经济责任制。看来，他没有讲空话大话：今天我在沿途看到，许多过去被剃光了的山头上，现已长满了一米高的树苗，这就是营林的成果。

今天从达拉到麻牙，再转个弯，北上经旺藏到腊子口，都是沿白龙江而行。行进之间，我一边看水，一边看山：江水翻滚，清澈透亮；山上高一片、低一层的林木不少，林间不时传来锯木声，不时可见许多大圆木震天裂地般地从山上纷纷滚下，冲入江中。

看到此处，我不禁隐隐担心：树木锯光了、滚光了，再滚什么呢？到时候往下滚的可能就是石头和泥巴了。别说涵养下游，就是上游当地人的生存，可能都成了问题。破坏了自然规律，必定要遭到惩罚。我曾看到过一份资料，苏联人喜欢吃鱼子酱，还曾用它来换外汇；沙俄时期还曾用它来换黄金。1958年修建伏尔加格勒水电站，阻断了鲟鱼迴游产卵的通道。没有了鲟鱼，也就没有了鱼子酱。1962年，苏联政府发布了禁止对鲟鱼实行工业捕捞的命令，并开始建设鲟鱼人工养殖场，但收效甚微。莫斯科人餐桌上的鱼子酱从此成了稀罕货，“鲟鱼出口”也成了历史名词。何况此鲟鱼非彼鲟鱼，莫斯科人发觉，在人工养殖环境中，鱼子酱的味道大不如前了。

鱼子酱毕竟是小食品，人们少吃也罢，而长江源头涵养林的保护可是件大事情。我祈盼锯木之声早点消失，小树小草快快长高。

1985年9月11日　阴

迭部县次日那村

次日那村是旺藏乡政府所在地，半个世纪前，毛泽东和他的战友曾在这里停留了三天。

这个村的村民都是藏族同胞。村子坐落在山腰上，山下是奔腾不息的白龙江。村子至江边，是一个几乎呈80度的陡坡。

毛泽东的住所在村子最里面。半个世纪过去了，这间房子除了桦树皮盖土的屋顶上的土添加过，桦树皮和油松木墙板，以及低矮的土坑等，都是原物，保存完好，足见藏族同胞对毛主席、对共产党的感情。

毛泽东在次日那村，向红一军团下达了“夺取腊子口”的作战命令。

今天是9月11日，50年前的今天，党中央再次致电张国焘，令其马上率部北上。电文如下：

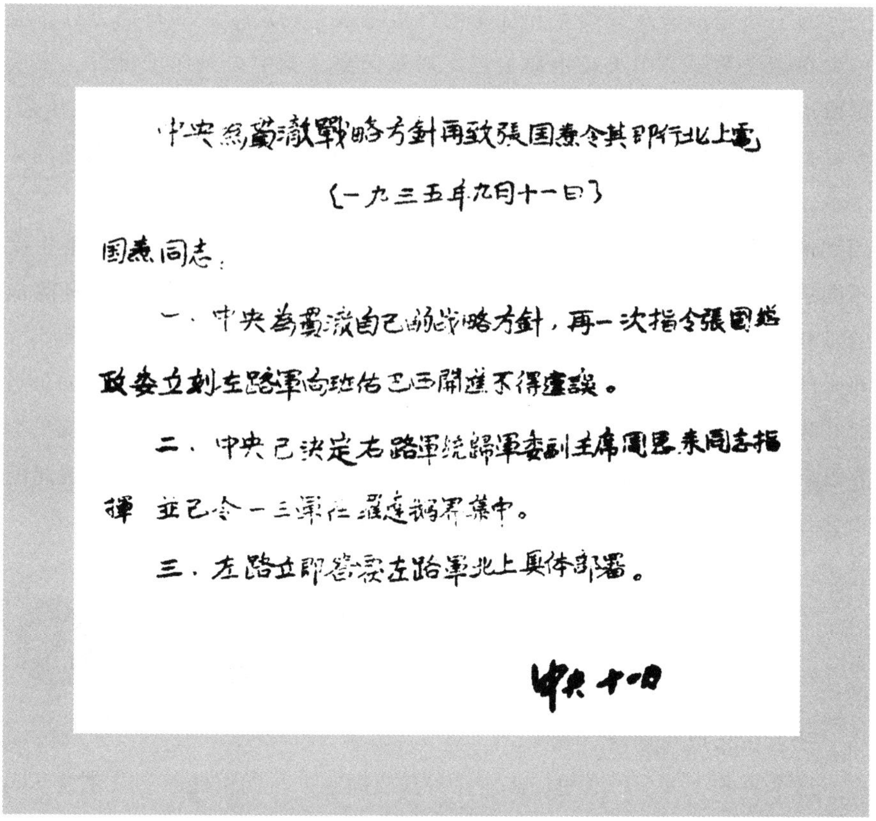

中央為貫徹戰略方針再致張国燾令其即行北上電

（一九三五年九月十一日）

国燾同志：

一、中央為貫徹自己的战略方針，再一次指令張國總政委立刻左路軍向班佑巴西開進不得違誤。

二、中央已決定右路軍統歸軍委副主席周恩来同志指揮並已令一三軍團在羅達俄界集中。

三、左路立即答覆左路軍北上具体部署。

中央 十一日

▲1935年9月11日，中共中央催促张国焘北上的电文。

国焘同志：

一、中央为贯彻自己的战略方针，再一次指令张总政委立刻率左路军向班佑、巴西开进，不得违误。

二、中央已决定右路军统归军委副主席周恩来同志指挥，并已令一、三军团在罗达、俄界集中。

三、左路军立即答复左路军北上具体部署。

张国焘接到电令后，不但置之不理，不给中央复电，还竟于9月12日，以红军总政委的名义直接致电一、三军团，命他们南下，“首先赤化四川，该省终是我们的根据地”。他还攻击北上“不拖死也会冻死”。

为了处理张国焘分裂党和红军的严重错误，确定今后的行动方针，党中央在俄界召开了中央政治局会议。对张国焘，党中央只作了批评，不仅保留了他的党籍，决定也只传达到中央委员一级。此举的深刻含义是什么？今日我翻阅《彭德怀自述》，觉得他分析得很好："毛主席在同张国焘的斗争中，表现了高度的原则性和灵活性。""一、四方面军分裂后，一、三军团到俄界会合，当晚中央召集了会议。有人主张开除张国焘党籍，毛主席不同意。说，这不是他个人问题，应看到四方面军广大指战员。你开除他的党籍，他还是统率几万军队，还蒙蔽着几万军队，以后就不好见面了。在张国焘成立伪中央时，又有人要开除他的党籍，毛主席也不同意。如果当时开除了张国焘的党籍，以后争取四方面军过草地，就会困难得多。就不会有以后二、四方面军在甘孜的会合，更不会有一、二、四方面军在陕北的大会合了。上述做法是在党内路线斗争中原则性和灵活性相结合的典范。"

1985年9月12日　晴

迭部县旺藏乡

今天在旺藏乡采访。

这个乡的十多个村寨里，都居住着藏族同胞。与四川红原、若尔盖不同的是，这里已是半农半牧区，除了种青稞、荞麦，还种油菜、蚕豆、豌豆等。村寨大多建在海拔3000米左右的高山上，村前寨后都种着许多树；但近山远岭上，林木却不多，庄稼已种上了不少山头。我在访问中了解到：牧民比农民的收入要高一些，从年均纯收入看，牧民在300元左右，农民在220元左右。一位名叫多吉才让的教师对我说："现在搞掉了极'左'的一套，政策对头，实行了生产责任制，激发了群众的积极性；党和政府处处关心着我们藏族人，除了对藏族孩子考学、交公粮、盖房等实行照顾外，还为我们修通了西到县城、北去兰州的公路，大家种的农作物、养的牲畜就值钱了。"

"若要富，先修路。"这是近些年刚解决温饱的农民的切身体会和迫切要求。我在旺藏乡看到，这里虽然还谈不上富，只能说开始解决了温饱，但建了公路，就送来了希望。修路的作用不仅体现在物质上，还体现在精神上：两位一年前去过兰州的小伙子向我谈起城里的情景时，至今还十分激动。其中一位名叫扎西的青年说："我们已组织了文化队，搞演出，活

◀草地牧区的小牛犊。
（罗开富摄）

▶1935年8月黄镇创作的《草地牦牛》图。

跃生活，还要办夜校，补文化，要办读报组。不了解外边的事，种什么、到哪里卖都晓不得。”

公路畅通了，邮路也畅通了。晚上，丹泊从乡政府找来了一大堆报纸。自7月10日进草地以来，我除在若尔盖县城看到三五份报纸、州委书记阿登到求吉给我送了几份报纸外，再没有见到过报纸。现在看到面前这么一大堆，那个高兴劲儿，真难用语言表达。可惜今夜没时间仔细看，又不能带走。高巍和丹泊说，这好办，我们看了后，明天在路上讲给你听。

写到这里时，才发觉丹泊坐在我的房里。我问他为什么还不去睡，他说：“高主任说了，有些东西应当抄到你的日记里去，以备以后阅查。”我问丹泊抄什么，丹泊说：“反正明早让你看就是了。”我只好就此停笔，把笔记本给他。

睡了一会儿，天亮时，我看到了丹泊抄在我笔记本里的资料，补记于下：

一、1985年9月9日，经济日报刊登了一则消息，全文如下：

甘肃省委书记李子奇就罗开富采访提出希望

本报兰州专电　记者杨战锋报道　日前，甘肃省委书记李子奇就罗开富进入甘肃境内采访发表谈话说，热烈欢迎罗开富进入甘肃采访，并预祝他顺利走出甘肃，进入陕北。

李子奇说，由于历史和地理等方面的原因，甘肃省红军走过的不少地方至今经济发展较慢，还没有富裕起来。有的地方甚至仍然处于贫困落后状态，连温饱问题也没有彻底解决。我们衷心希望罗开富同志既反映这些地方今天取得的建设成就，又反映这些地方在经济、文化建设和工作中存在的各种问题，反映人民群众的呼声和批评建议，帮助我们把红军走过的地方建设好。

二、1985年8月8日，经济日报刊登了老红军、原成都军区副司令员陈明义谈罗开富万里徒步采访的文章：

爬雪山过草地　说理想谈奋斗

老红军陈明义称赞罗开富万里徒步采访

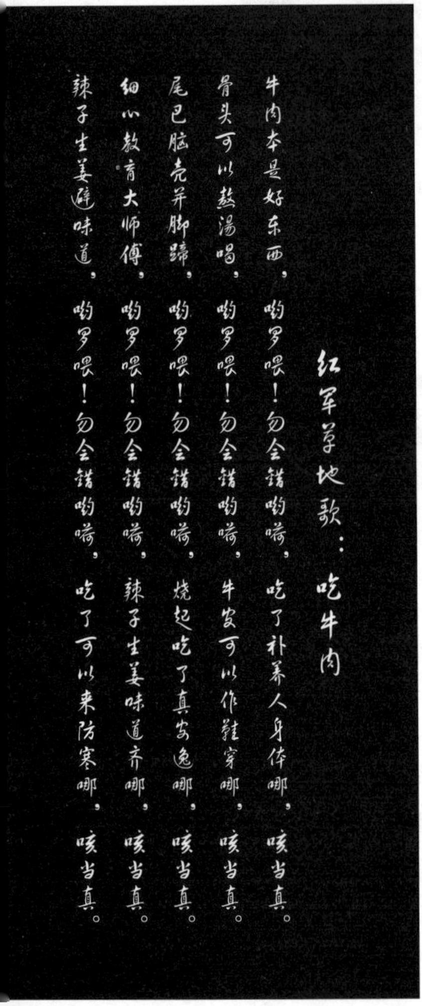

本报黑水专电　记者谢然浩报道“当年红军所以能粉碎敌人的围追堵截，跨越万水千山，战胜重重令人难以想像的困难，就是因为有理想，要北上抗日，建设新中国。今天我们建设四化，理想仍是我们的精神支柱。”在一座弥漫着鲜花馨香的庭院里，原成都军区副司令员陈明义同志同记者亲切地畅谈起来。

为纪念红军胜利长征50周年，中央拟在马尔康建红军过雪山草地纪念碑，陈明义同志为此专程去了草地，在回归途中与记者相遇。陈老1931年参加红军。他回忆长征途中人民对红军的支援时激动地说，我们的人民不但在物质上支援红军，还踊跃选送优秀儿女参加红军，绝大多数人连姓名也没留下就献出了宝贵生命。没有人民的这种牺牲，红军三大主力到达陕北是难以想像的。他加重语气说，今天我们要记住人民的这种贡献，就要多为人民办实事、多为他们排忧解难。

陈明义谈到他在途中遇到罗开富的情形时说，经济日报在纪念红军长征50周年之际，派记者沿长征路徒步采访，向全国人民特别是青年宣传当年红军的英勇战斗精神，同时反映长征路上人民的新生活，反映他们的呼声和要求，是一件非常有意义的事。我作为老红军战士，要感谢你们，并希望罗开富在途中代我们当年的红军向沿途人民问个好。

陈明义还说，当年范长江从草地开始，沿着红军长征路进行过采访。现在罗开富从瑞金开始，进行全程采访，了不起！从某种意义上说，罗开富是第二个范长江，我祝愿他顺利完成这一重大任务。

最后他对记者说：开富经过长途跋涉，听说体质有所下降。希望他在今后途中要注意饮食和休息，更要注意安全。在进草地时，要带全药物，带上氧气。同时也希望开富多反映红一、二、四方面军在党中央、毛主席领导下，同张国焘分裂主义作斗争，团结奋战，北上抗日的光辉历史。

三、1985年8月24日，经济日报刊登了老红军、原中国人民解放军副总参谋长何正文祝罗开富顺利走出草地的消息：

何正文预祝罗开富顺利走出草地

本报讯　**曾经参加过两万五千里长征的原中国人民解放军副总参谋长何正文22日对记者说，《经济日报》记者罗开富过草地的报道我看了，写得很生动。这些报道使我回想起当年长征路上过草地的艰难岁月。请转告罗开富同志，注意安全，依靠当地向导，尽快走出草地。**

何正文说，草地气候多变，到处是“沙发”地，踩下去，弹起来。沼泽地也很危险，一片草，一洼水，走不好就会陷下去。希望开富能找准道路，小心别陷入泥沼。我们老红军都盼着他完成二万五千里新长征，胜利归来。

何正文说：前些时，罗开富过草地前曾给军委领导同志和我来过一个电报，感谢老红军们对他的关注，表示了坚持走完全程的决心。他确实很了不起。请给他捎个话，过草地时，要带足食品、水、各种药品，必要时带上氧气。我祝他顺利走过这一段路程！

（钟欣）

1985年9月13日 晴

迭部县花园乡

昨天晚上我就估计到，今早丹泊起不了早。果不其然，7点钟我去看他时，他还没有醒来，手边放着我的笔记本。我看着他抄写的早上已补记于昨日日记中的资料，十分感动。正是靠老红军、沿途党政军领导的关心、鼓励，还有无数各族干部群众的帮助，我才能走到今天。算起来，沿途为我当向导的已有350多人，陪我走路、介绍情况并帮我背行李的各级领导和群众已达2000多人，还有200多名大夫曾为我治病，使我不至在路上垮掉。想到这里，我觉得自己是记者队伍中最幸运的人。

今天已从旺藏乡走到了花园乡。早上离开旺藏时，乡里转达了县里的一个电话，说是本报庹震打来的：安岗要我把雪山草地的情况，分专题回顾一下。还有4天，我将走出腊子口，也就真正走出雪山草地了，报社此时下达这个指示，很及时，说明安岗、颂甲、庹震他们不仅在关注，而且在研究着红军长征路。我计划从明晚开始，按要求陆续发回报道。

昨天和今天，我在旺藏采访了县领导和有关部门的负责人，觉得有必要把他们介绍的情况和自己的所见所闻记在日记里。迭部这个名字，我从来没听说过；这次进入俄界以后，才了解到，**迭部是一个十分古老而又年轻的县，党中央和红军三大主力长征，都经过了这里。**

迭部地处甘南藏族自治州东南部，南与四川阿坝州若尔盖县接壤；全县面积4800平方公里，人口4.6万多人；其中农村人口3.3万多人，98%是藏族。

据传说，古时候这一带四周全是高入云霄的石山，像铁箍一般，内外不能相通。后来有个叫涅甘达哇的山神路经此地，被石山挡住去路，他便伸出大拇指，捅开缺口，开出了一条通道，迭部之名因此而得：迭部是藏语大拇指的意思。迭部真正见诸文字的是《洮州厅志》，从中可以看到关于“周武帝建德六年（公元577年）始统有其地，乃置叠州”的记载。解放时，迭部分属其他县管辖，只剩下上迭区和下迭区；1962年，正式设立迭部县。

神话传说是源于现实的：山多路险，的确是迭部的一个特点。1935年9月，党中央率领红一、三军团北上，第二年红二、四方面军北上，都体验过迭部山道的艰险。1935年9月中旬，红军从俄界出发，出达拉沟，沿白龙江经旺藏和次日那及麻牙，北上去腊子口。途中，不仅走过栈道，还越过了许多险关，麻牙东北5里许、白龙江上的天险石门关，就是其中之一。石门关，当地也称九龙峡，当时仅一条绝崖栈道。据说商旅或农人一来到关门两头，都要高吹牛角和海螺示警，否则两头相向而行，行至中间狭窄处，便顶住了，两边均无法通过。如有牲口，还无法后退，只得将违例者之牲口推到白龙江里去。当年红军前卫部队过石门关，从下午一直到午夜，才全部通过。为安全起见，毛泽东和部分人员，从旺藏过白龙江上山，翻越次日那代和端秋、卡郎三座大山，前往腊子口。

我今天从旺藏出发到花园乡，走的是当年红一军团抢夺腊子口的路线。如今的交通已与当年完全不同了：沿途基本上是柏油公路；险要的白龙江上，隔不远，就有水泥桥，再不用去翻越高耸入云的卡郎山了。今天走了十多小时，我在沿途看到当地人对公路有着特殊的爱，哪怕有一点小塌方，路沟里有一点堵塞，马上就有人清理。我们走到石门关，天已全黑，我们看到，当地的藏族同胞为了填修公路上被山上大石头砸开的一个缺口，正在摸黑夜战。

当地人关心公路建设，也关心着公路安全。在这里，我曾经过一段很弯曲的泥泞路段。许多人告诉我，这段路由于又弯又窄，每年都有机动车翻入江中，近3年就有15辆。由于江水湍急，有一次，13个人连人带车翻入江中，连影子都找不到。当地群众多次反映，希望上级部门来人勘测，然后以公办民助方式改路，可一直没有回音。当地群众对我说，这一段弯窄路只有两公里多，却使那么多车翻进江中，要是早拓宽，光这些汽车的损失费就够修路了，也不会死那么多人。

看来修了路，并非万事大吉了。上级有关部门要深入下来，多听意见，及时改进，才能受到群众的拥护。

1985年9月14日　晴
迭部县花园乡

上午在花园乡走了几个村庄。

这里基本以农业为主，近山的树木早已砍光，地里种着荞麦等庄稼。听当地老辈人说：这个地方过去被称为银固花园，是一个林木葱郁、鸟语花香和泉水很多的地方。但今天，我只看到几家农户门口有几枝花，没见到森林和泉水。生态破坏了，本地人又不出去经商打工，生活之贫困，可想而知。我在一个村里采访时，看见几个小孩手上很脏，就问他们为什么不洗手？其中一个小孩对我说："妈妈说了，没水。"

50年前的今天，红一军（团）林彪、聂荣臻电令刘亚楼、黄甦、陈光、肖华，要求他们迅速向腊子口前进。红二师四团接受任务后，在团长王开湘、政委杨成武率领下，通过银固花园，全速向腊子口奔袭。他们的任务是：在9月16日黄昏前，赶到腊子口南。

50年前的今天，中共中央再次致电张国焘等，意在让张赶快醒悟，悬崖勒马，不要做历史的罪人。电文指出："一、四方面军目前行动不一致，而且发生分离行动的危险的原因，是由于总政委（张国焘）拒绝执行中央的战略方针，违抗中央的屡次训令和电令。总政委对于自己行为所产生的一切恶果，应该负绝对的责任。"

今天我想改变一下习惯，先写日记，后写新闻稿。因为报社要我写过草地的综合情况，我想先理出个思路来，在日记中写个提纲，然后再写成新闻报道。我计划写两个方面：一是草地的险恶与当年红军遇到的最大困难，二是草地的现状和今后如何开发。

今天我先整理一下关于第一个问题的思路：

红军经过的四川境内的草地，纵横两万平方公里。最危险的地段是中心无人区的沼泽地，3000多平方公里。沼泽地是因地势低洼、无处排水形成的。整个草地平均海拔3600米左右。它不是"风吹草地见牛羊"般的一望无际的草原，而是高原上的丘陵草地。四周是山，低洼地带就形成了大小不一的沼泽。日干乔、多玛等沼泽很大，一两天时间走不出来。草地里空气稀薄、气候寒冷，没有一棵树，一年不分四季，全年都是雨、雪、霜、雹。环境之险恶，难于想像。

红军过草地遇到的困难，除环境恶劣之外，还有以下几个：

首先是疲惫。就拿红一方面军来说，他们从江西出发，一路征战，且战且走；在遵义会议后四渡赤水，跨过金沙江，强渡大渡河，飞夺泸定桥。部队到达雪山时，体力消耗很大，营养极度缺乏，战士们疲惫至极。

其次是饥饿。雪山草地是藏、羌等少数民族聚居区，由于反动派的诬蔑宣传，红军过境时不少群众躲进了深山；加上近8万平方公里的土地上只居住着2万多人口，物产不丰，数十万大军普遍筹粮不足。特别是在过草地的时候，许多部队未进草地，即已断炊。而草地海拔在3600米以上，找不到一棵树，见不到一只鸟，根本谈不上沿途补充。人们通常以为草地的恐怖在于沼泽，其实，红军过草地时最大的伤亡并不在此，而在于饥饿。

第三是寒冷。草地里不时飞雪。8月份我穿越草地时，尽管带了帐篷、两床被子、棉大衣、高筒水靴，夜间写稿时，还是冻得发抖。当年红军缺衣、缺被、缺鞋，不少人进草地时穿的是单衣、草鞋，夜间只能背靠背或相拥着御寒，有的战士天亮时再也没有站起来。

据史料记载：饥饿的红军吞嚼着火烧水煮后的皮带、枪带、马鞍等，甚至在人粪、马粪中寻找没有消化的青稞粒。据统计，红军约有1万人没有从草地里走出来。

1985年9月15日　晴

迭部县朱立村

今天走到朱立村，进入腊子口乡。

朱立村仍在白龙江边，与花园乡不同的是，这里已属林区，是个鸟语花香的地方。

今夜整理昨天两个问题中第二个问题的要点，然后写新闻稿。

如今的草地，给我的一个印象是：除了沼泽地，草地上再不全是荒无人烟的无人区，四分之一的草地上有了定居牧民，四分之一的草地中心地带还无人涉足，余下的草地上有了游动牧民。

第二个印象是：当年不到1000人的草地上，60年代已先后建起了红原、若尔盖两个县，现有人口81000人。牧民的年人均纯收入是沿途最高的，达到460多元。我遇到的藏、羌同胞都说，这都是托共产党的福。

第三个印象是：变化很大，但也产生了一些新的问题，需要解决。一是由于草地只利用，不建设，片面追求牧畜数量，使草地出现退化现象。我沿红军三大主力路线，纵深穿越了整个草地，沿途凡穿越小道、公路时都看见，路两边几十里的青草，已被牛、马、羊啃得只剩下兜根。草长得茂盛的地方，只剩下沼泽地了，但人进不去，牲畜也进不去。目前，以草定畜势在必行；二是鼠害严重，沙漠化显现。除了沼泽地，在草地里随时可看到又大又肥的老鼠，它们到处拱土打洞啃草根，搅得草翻土露。草地大多是沙质土，雨水又多，长时期的雨刷水冲，一片一片草地成了沙漠。为什么老鼠这么多？谁也说不清。向导说，也许是因为它们的天敌少了。天敌是哪些？向导回答是豺和狼。从60年代开始打豺狼，打到现在，基本打光了，只有在沼泽地边缘，有的牧民还见到它们哭嚎着，彼此争夺着最后的栖息地。

我很喜欢开发这个词，有现代气息。截止今天，我已整整走了11个月，对开发这个词产生了不同的理解：沿途的原始风景区很多，当地许多有识之士最担心的，就是乱开发。他们大多出去参观过，发现许多景区就是因为乱开发，原汁原味没有了，自以为修整漂亮了，实际上给人的印象反而是又假又没味。草地开发，同样存在一个不能“乱”的问题，需要深入再深入，调查再调查。陪我进草地的先后有14人，走了半个月，近一半时间走的是沼泽地，泥潭遍布，有的陷进去几乎爬不出来。我后来得知，沿途有几个泥潭之所以那么深，就是因为60年代，人们为了排水和挖泥炭，在那里乱挖了一通的缘故。我想，草地今后肯定要走开发之路，但如何开发，应当实地调查，实地定方案，绝不可水多就排水，地下有泥炭就开挖。

总在山水林草间走，不由自主地琢磨起生态问题来。我发觉，自然界对人类的贡献是默默无闻的，它从来不用人们去感谢，只希望人们了解它、理解它、爱护它；如果你太不把它当回事，它就会惩罚你。而且，它们的惩罚是很有耐心的，有时让人们觉察不到是谁干的。比如，哪里有森林，哪里就有人去开发，所谓开发，就是砍树；遭到了反对，就用“伐一种一”搪塞过去。上级有关部门可能被搪塞，但自然界却搪塞不了；虽然它们不会说话，却会用行动来教训你：你把森林砍光了，洪水先冲你的地皮，然后冲你造的梯田，冲你的庄稼和房屋；你“砍一种一”，到时候小气候变了，雨水少了，让你种的“一”变成“零”。

我觉得，开发必须讲科学，自然界会报复我们的子孙后代，而它向我们索取的赔偿，往往比我们“开发”它得到的利益多得多。

1985年9月16日 阴
迭部县康多村

今天夜宿腊子口乡康多村，此处北距名扬中外的腊子口只有5里路了。

腊子口号称“峭壁连高峰，一堑锁咽喉”，是岷山的第一险关。进草地以来，周恩来一直病得很重，此时随彭德怀率领的殿后部队行进。50年前的今天，毛泽东已到达离腊子口20多里的黑多寺，领受攻打腊子口任务的红四团，于黄昏到达我今夜宿营的村。午夜12时，毛泽东和红一军团林彪、聂荣臻电告彭德怀、杨尚昆并转周恩来等，据红二师报告：“拉（腊）子口之敌约一营据守未退，该处是隘路，非消灭该敌不能前进。”

明天清晨是红四团攻下腊子口50周年纪念日（实际上此时已是9月17日凌晨3点钟了），当地县、乡、村的干部群众要去腊子口庆祝红军的胜利。半夜过了，村里人还很兴奋，不时有人来我房间，讲过去谈今天。这里仍是藏族村子，但因接近汉族地区，当地人大多能讲藏汉两种语言。他们告诉我，全乡十多个村寨，目前还没有完全解决温饱，让我这个远道而来

红军突破的甘肃天险腊子口。（罗开富摄）

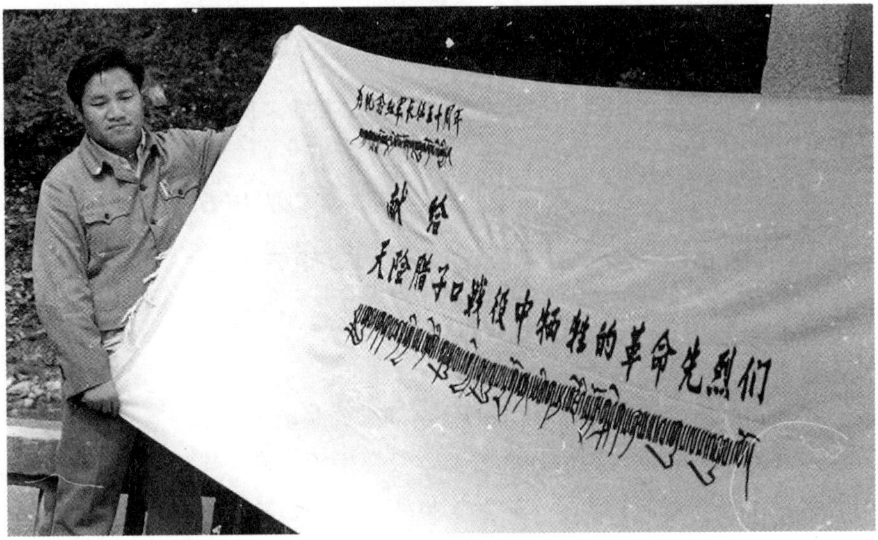

▲人民没忘记红军，红军也没有忘记人民。在红军突破腊子口五十周年的日子里，甘肃迭部县的人民在腊子口祭奠革命先烈。

的客人点煤油灯写稿，心里很过意不去。但大家坚信：现在是千好万好，党中央的政策最好，只要实实在在落实到农户家来，我们也能早日摆脱贫困。腊子口乡是林区，据干部群众反映，到目前为止，既没有集体所有林，更没有农户的自留林地。村上群众说，砍一棵晾晒麦子的杆子，也要罚款。乡、村一些干部说，随便砍树是不对的，但上级也应按党的政策办事：农民身处林区，土地少，粮也少，树没有，哪来钱？有的只好靠救济款买粮吃，我们认为，多少应划一点林地给农民。

康多村400多人口，今年吃了3万多斤国家供销粮。该村不通公路，全村用的煤油等日用品要到60里外的乡供销社去买。许多人没有去过县城，还有些人20来年没有看过电影。这里更没有报刊杂志，有线广播也不响。村干部也很少开会，上面来个什么人，说点什么，就是中央精神。

听了这些反映，心里很难受。我想，中央精神贯彻落实得好不好，应当有一套检查监督机制，我还想，都说现在干部多、公文多，实际上基层群众很少能看到上面来的干部，乡以下农村别说看不到应看到的“公文”，连公文的精神也听不到，这种状况应当早日改变。

1985年9月17日　晴
宕昌县大拉村

腊子口，是川西北通甘肃去陕北的必经之路，它是岷山山脉的一个隘口。这个隘口实际上是两座绝壁下夹持的一条河，宽十多米，水流湍急，漩涡很多。河的两岸是笔直陡立的悬崖绝壁，有七八十米高。周围是崇山峻岭，都被悬崖封死，无路可通。当年红军如果拿不下腊子口，不能从隘口中惟一的木桥上冲过去，就要被迫掉头南下，重回雪山草地；如果西进，就要绕道出青海，或东进渡嘉陵江上游，取道汉中或宝鸡去陕北，那样就踏进了敌人早已布下重兵的“口袋”。因此，红军只有突破腊子口，才有出路。攻打腊子口的部队是红一军团二师四团。

腊子口北距岷县100多公里。当时国民党地方军阀鲁大昌除在腊子口派重兵把守外，还在腊子口以南重重设防。9月16日这天，红军前卫团在向腊子口奔袭的路上，打垮了敌人两个营。先头部队当天下午4时许到达腊子口，开始与守敌展开激战。

▼甘肃腊子口战役纪念碑。（罗开富摄）

走近腊子口，映入眼帘的是陡壁悬崖对耸，如横空出世，让人万分惊叹。隘口仿佛是被刀斧劈开，两边是直立的绝壁。我测量了一下，隘口地面海拔为1923米。悬崖的峰顶上，云雾缭绕；悬崖夹峙的隘口一侧，是白浪翻滚的腊子河。据当地人介绍，当年红军攻打腊子口时，此处除腊子河边有一条小道，通向一座小木桥外，别无其他道路。敌人在这里设了两道防线，第一道在小木桥附近，第二道在木桥北两里多的朱立沟口。敌人在桥头顶端的悬崖上构筑了好几个碉堡，据守的敌人有两个营。

攻打腊子口时，红一军团政委聂荣臻和师长陈光等都到了前沿。在四团政委杨成武的指挥下，红军用一个连的兵力从正面进攻，夺取木桥，猛攻隘口；团长王开湘率两个连，沿右岸的峭壁迂回到敌人侧后，奇袭敌人。当夜12时攻击开始，到第二天即9月17日拂晓，我军终于占领腊子口。英勇的红军怀着对革命的忠诚和北上抗日的决心，用智慧、胆识和鲜血，在巍巍的腊子山麓，树立了不朽的丰碑。在这场战斗中，有一名苗族小战士立下了特殊功勋，但至今还不知道他的姓名。他是在贵州苗区入伍的，当时只有十六七岁。由于他是从贵州经云南进入川西北的，人们就给他起了个外号叫"云贵川"。他在家时采药打柴，经常爬大山，练就了一身攀登陡壁的本领。红军迂回敌人侧后，奇袭腊子口守敌时，这位苗族小战士捷足先登，攀上悬崖，然后将长绳从上面放下来，后面的同志一个一个顺着长绳爬了上去。部队攀到峭壁顶上，好似从天而降，打得敌人晕头转向，狼狈逃窜。红军长征期间，许多指战员为革命献身，没有留下姓名。这位苗族小战士就是其中的一位。我望着勇士当年攀登过的峭壁，心里久久不能平静。

70年代初，腊子口已修通公路。当年的小木桥没有了，河中尚遗留有6根木桩。隘口现已拓宽到20多米。隘口以南百米处，建立了红军攻打腊子口战役纪念碑。我在这里见到了迭部县委副书记沙拜次力，他正在纪念碑前敬献挽联。挽联是用洁白的宽幅哈达制成的，上面写着汉藏两种文字，上行是："为纪念红军长征五十周年"，中行是："献给天险腊子口战役光荣牺牲的革命先烈们"，下行是："甘肃省迭部县各族人民"。沙拜次力对我说："我们估计你今天会走到腊子口，全县人民准备了一幅哈达，请你带给军委办公厅，表达我们的心意，敬祝红军老战士吉祥如意，健康长寿。"

1935年9月17日拂晓，红军先头部队占领腊子口后，又攻破了敌人在关口北面约2里的朱立沟口设下的第二道封锁线，追击敌人，直到大草滩（现为岷县的三草滩）。50年后的同一天，我同高巍、丹泊等人循着红军足迹，经朱立沟，在曲折的小道上走到朱立村，又经过三座独木桥，夜宿大拉藏族村。

时值中秋，我从千里岷山第一险腊子口走到大拉村，在沿途50多里的行程中，饱览了山间的美景：既看到了黄色的迎春花和紫色的兰花，还看到了秋季结实的牛奶果、黄泡等十多种红果。有的一串串挂在树上，似玛瑙；有的在树杈上长成一堆，近看好像透明的琉璃球，远看又好像一团火。这里是北方，却长着成片的箭竹。树丛中溪水潺潺。在朱立村背后，有好几处地下涌泉。村前村后，还不时看到藤缠树的景观和尽染层林的红叶。群峰被云雾环绕，若隐若现。云海之中，不时露出迎客古松和长寿云杉。在一片青桐林中，木耳很多。行路当中，脚下不时碰到香菇和地菌。

这一带居住的都是藏民。他们对树木花草都精心保护。对外地来客，他们不善于热情外露，而是用行动表现出来。你不论走到哪家，主人都把最好的东西给你吃，把最暖和的炕让给你。我来到朱立村时，大人们大多上山劳动去了。离开村子二里多，忽然有几个孩子追了上来。一位名叫久代久的13岁小孩，走到我们身边，拉着我们的背包说，叔叔，让我来背。我们说，路还远，你天黑回不来。他说，不怕，你们背得太重了。经再三哄劝，他们才回去。

这一带民风淳朴，天蓝水清。只要有山，必有溪水；只要有溪水，两边的树上必有鸟儿成对成双或成群地飞来飞去。不远处就是雪山，与云海、温泉、瀑布、森林、河流、草地融为一体，风景之美，出乎我们每个人的

▼红军攻进腊子口后，就在腊子口内架桥向秦岭（即陕北）前进。这是红军当年架桥打下的木桩。

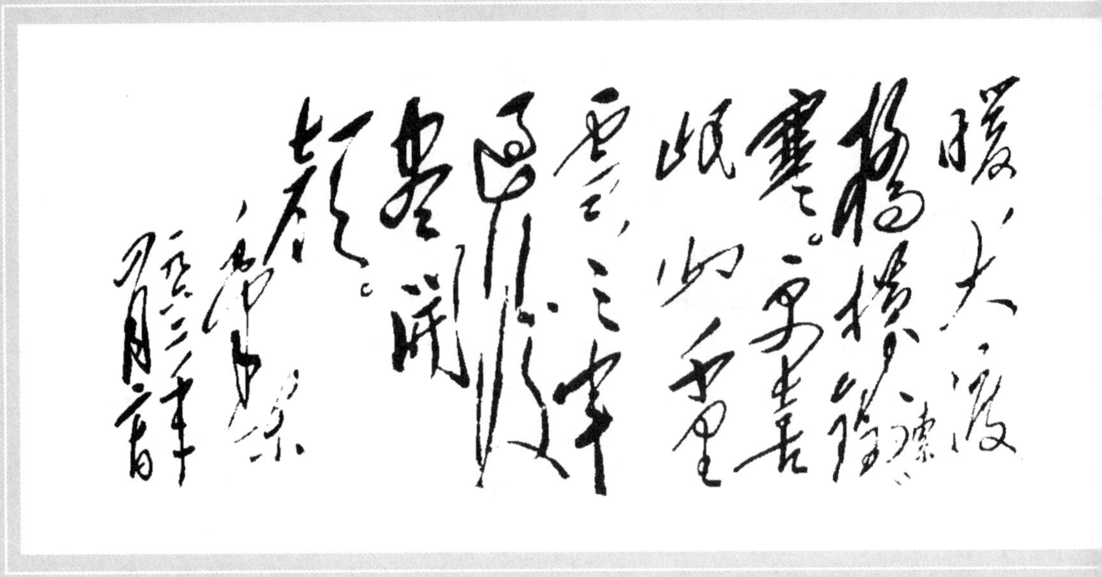

想像。这里很少看到村寨和人，更看不到外来人。据久代久说，长这么大，还是第一次看到我这个戴玻璃（指眼镜）的。我在腊子口，也没有看到几个游人，那里除了一座纪念碑，几里路内没有其他任何建筑物，游人到这里来，吃住都成问题。不过我相信，这里今后肯定会成为旅游区。

1985年9月18日　大雪

岷县鹿原里

半个世纪前的今天，党中央率红一军团先后离开腊子口，翻越大雪纷飞的岷山（当地称大腊山），到达鹿原里。50年后的今天清晨，我和四川阿坝报记者丹泊、甘肃迭部县党史办主任高巍等人，沿着红军北进的同一路线、用同样的时间，走80多里，也翻过了岷山，到达鹿原里。

巧的是，今天海拔3000多米的岷山上，也是雪花飞舞，遍地皆白，放眼四望，银峰波连，壮观非凡。我不禁想起了毛泽东气壮山河、辉映千古的诗篇：《七律·长征》。下了雪山，回望银装素裹的山峰，想着那“更喜岷山千里雪，三军过后尽开颜”的壮丽诗句，想着红军经历的千辛万苦，也想着自己循着先辈足迹徒步采访的日日夜夜，竟百感交集，难以自持。

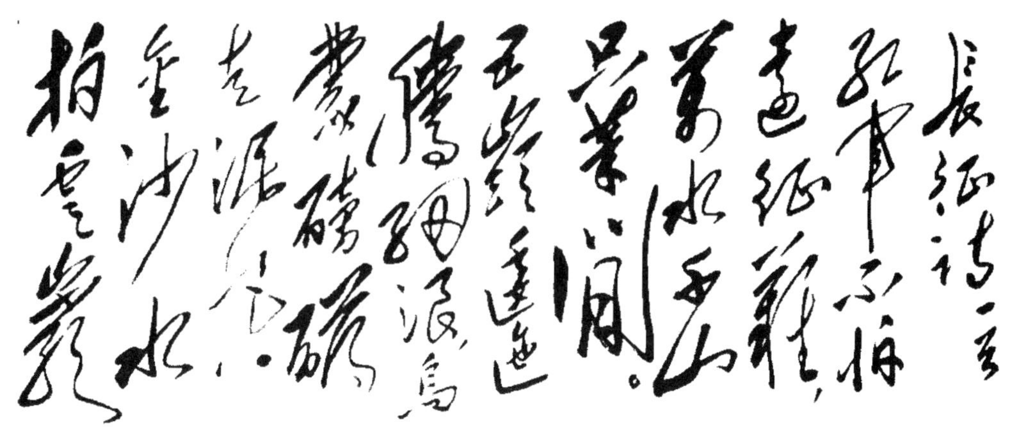

七律
长征

红军不怕远征难，
万水千山只等闲。
五岭逶迤腾细浪，
乌蒙磅礴走泥丸。
金沙水拍云崖暖，
大渡桥横铁索寒。
更喜岷山千里雪，
三军过后尽开颜。

毛泽东

岷山位于青藏高原东部边缘，是由大致呈西北至东南走向的两列平行山脉组成的，北起甘肃岷县以西，南至四川岷江发源区，西起赛银滩至尕海滩盆地东缘，东至甘肃宕昌县岷江、四川南坪县黑河塘和松藩县雪宝顶一线地区，面积约2万平方公里。在行政区划上，岷山山地分属甘肃省甘南藏族自治州和陇南地区以及四川阿坝藏族自治州，共分属10个县，大多数地方留下了红军三大主力长征的足迹。

大军北上，进军陕北，必须翻越岷山，而翻越岷山的第一险关就是腊子口，既然“峭壁连高峰，一堑锁咽喉”的险关已突破，前面就是物产相对于雪山草地要丰富得多的哈达铺。摆脱了张国焘要“武力解决”党中央的险恶境地，一代伟人毛泽东此时心潮澎湃。一些回忆文章说，毛泽东的《七律·长征》就是在翻越岷山后的当夜挥毫而成的。我请教过的老红军，也都持这种说法。因为第二天就到了哈达铺，紧接着就是中央领导开会，着手整编部队，精力、心情和环境就跟此时不一样了。

鹿原里，不大的村庄，美好的名字。夜深了，我同丹泊、高巍仍在与村里人一起，谈论着毛泽东的《七律·长征》。至于此诗作于松柏常青、苍山碧水间的鹿原县一说，毕竟只是分析，作不得史证。

1985年9月19日　晴

宕昌县哈达铺

哈达铺是宕昌县西北的一个重镇。党中央率红军于50年前的今天到达哈达铺后，召开了重要会议，作出了进军陕北、把长征的落脚点放在陕北的重大决策，并改红一方面军为“陕甘支队”。

从1934年10月16日傍晚，中央红军（进入草地前，改为红一方面军）从江西瑞金以西的于都河出发算起，到了哈达铺，红军已走了11个月零3天了。在这11个多月里，红军一直在寻找落脚点。长征开始时，称为战略转移，计划到湘西去同红二、六军团会合，建立新的根据地。因敌强我弱，到了湖南通道，转兵去了遵义。然后决定过长江去四川，同红四方面军会合，在川西或川西北建立根据地。直到1935年5月初，中央红军渡过金沙江、党中央召开会理会议时，仍决定去同红四方面军会合，在川西或川西

▼1935年9月22日，毛泽东在哈达铺团以上干部会议上说：“感谢国民党的报纸，为我们提供了陕北红军的消息，那里不但有刘志丹的红军，还有徐海东领导的红军，还有很大一块根据地。”这是保持原貌的哈达铺邮政代办所。（罗开富摄）

▲哈达铺周恩来旧居。

北创建根据地。两军在懋功会师后，中央政治局召开两河口会议，进一步统一战略思想，认为川西北的松（藩）理（县）茂（县）地域道路狭窄，利于敌人封锁，不利于红军反攻；又是少数民族地区，粮食、衣被、武器等都缺乏，不利于补充；再说此时敌人已占领夹金山以南地区，向东过岷江也不可能，敌人已集结130个团的兵力；往西北走，更是艰难。最后决定北上到川陕甘去。总之，**究竟到哪里落脚，一直没有定下来，党中央在哈达铺决定落脚点放在陕北，意义十分重大。**

党中央在哈达铺作出决定的原因，许多史料都有阐述。其中比较一致的说法是得益于几张国民党的报纸。从这些报纸中，党中央得知陕北有刘志丹、徐海东领导的红军及他们建立的当时最后一块革命根据地。1935年9月22日，毛泽东在哈达铺团以上干部会议上说："感谢国民党的报纸，为我们提供了陕北红军的消息，那里不但有刘志丹的红军，还有徐海东领导的红军，还有很大一块根据地。"

究竟是谁把国民党的报纸送给毛泽东的？当地党史办花了很多功夫，到目前止，也还没有一个统一肯定的说法。在这里，我听到一个比较"新鲜"的说法：党中央率红军进入雪山草地3个多月时间里，中央领导很难看到报纸，许多重大消息是从敌人电台里截获的。所以毛泽东到达鹿原里后，曾亲自召见过将要前去哈达铺侦察的红一军团侦察连连长梁兴初、指导员

▲哈达铺红军干部会议旧址。

曹德连，要他们到了哈达铺后，别忘了找点报纸。

当地党史办的同志对我说，还有一种很大的可能是，毛泽东、张闻天自己找到的报纸。我觉得这种可能性也是存在的。今天我走了80多里到达哈达铺后，尽管很晚了，还是去参观了一些革命旧址。在哈达铺下街小河沿（今长征路东侧）一座二层木楼的院子里，我见到了毛泽东、张闻天共住的后院正房，左间住毛泽东，右间住张闻天。此座土木结构属古民宅建筑，已有近百年历史。此房是“义和昌”药铺，前院为临街铺面，后院为正房。“义和昌”的斜对面近30米的地方，就是当时的邮政代办所，两间50多平方米的铺面，至今保持原貌。毛泽东、张闻天进出住室都要经过邮政代办所，这两位都是关心世界大事的领导人，自己进去找报纸的可能性也是有的。其中一个重大佐证是，我在当地红军长征史纪念馆中，看到一份1935年9月28日陕甘支队出版的第三期《前进报》上面，刊登着9月22日张闻天写的《发展着的陕甘苏维埃革命运动》一文，文章中大段引述了国民党几种报纸上发表的有关红军情况。我读着张闻天的文章，想着毛泽东提及“国民党报纸”的讲话，觉得毛泽东、张闻天自己去邮局收集报纸的可能性很大。不过，这也只是自己的判断，还没有第一手证据。

1985年9月20日　晴

宕昌县哈达铺

金风送爽，难得好天气。哈达铺人家的房前屋后，大丽花、美人蕉、菊花争奇斗妍。今天正逢赶集，四乡八邻推着架子车，赶着牛马猪羊，背着各种农副产品的农民，把哈达铺挤得热闹异常。

戰士

一九三五年九月廿日

向北進攻——勝利的開始

英勇頑强的……部

奪取拉子口的模範英雄

▲1935年9月20日，红一军团《战士报》刊登的红军攻破腊子口的消息。

纪念红军长征胜利到达哈达铺50周年座谈会，在毛泽东、张闻天当年的住地召开。我在会上采访后，就同县委宣传部副部长程兆瑞等人去参观镇上的关帝庙。50年前的今天上午，中央政治局常委会议在毛泽东与张闻天住室的堂屋里召开；当天下午，中央在关帝庙召开团以上干部会议。会上，毛泽东作了重要讲话，宣布党中央向陕北进军和整编红一方面军为“陕甘支队”的重大决定。

1935年7月21日，根据中革军委《关于一、四方面军组织番号及干部任免的决定》：红一方面军一、三、五、九军团番号，依次改为一、三、五、三十二军建制；沙窝会议上，中央决定分左、右两路军北上过草地。右路军由前敌总指挥徐向前、政委陈昌浩、参谋长叶剑英率领，中央随右路军行动。所率主力部队是原红一方面军的红一、三军团和红四方面军的四军、三十军。部队到达巴西后，四军、三十军由包座重返草地，到达阿坝；左路军由红军总司令朱德、总政委张国焘、总参谋长刘伯承率领，主力部队由红四方面军除编入右路军的两个军外的所有部队和原红一方面军的红五、九军团组成。整个左路军，加上接受张国焘命令由包座返回的两个军，直到第二年8月，又重过草地北上。

遵义会议确立了毛泽东在全党的领导地位后，张闻天、周恩来、朱德、王稼祥等都团结在毛泽东周围，形势越来越好。两军会师后，如果按照政治局一致通过的计划，马上集中力量，打通由松藩北进的道路，红军就不用进草地了，还可少爬两座大雪山。

可是张国焘，为了一己之私，不惜分裂党、分裂红军，贻误了战机。为了大局，为了团结，党中央对张国焘采取了教育、等待和有原则忍让的态度。直至后来张国焘密令心腹危害党中央，党中央才在俄界作出了《关于张国焘同志的错误的决定》。毛泽东在俄界会议上指出：中央同张国焘的斗争，是两条路线的斗争，是布尔什维克主义与军阀主义的斗争。毛泽东还说：张国焘代表着发展的军阀主义倾向，将来可能发展到叛变革命，这是党内空前未有的。

到了俄界，党中央身边只有约8000名红军指战员，根据形势，俄界会议决定整编部队。到达哈达铺，整编工作完成，正式宣布是在关帝庙的大坪地上。

▲彭雪枫

关帝庙早已被毁，大坪地仍保持着原样。半个世纪前的今天下午，毛泽东站在这块坪地一端由泥土垒起的台子上，向团以上干部作了关于行动方针与任务的报告。毛泽东指出：民族危机在一天天加深，我们必须继续行动，完成北上抗日的计划；现在中央准备到陕北去，那里有刘志丹的红军。他号召大家振奋精神，继续北上。

▲邓发

毛泽东作完报告，即代表中央宣布整编决定。他说："为了适应新的形势，中央决定部队改编，组成中国工农红军陕甘支队，由彭德怀同志当司令员，我兼政委，下属三个纵队。"红一军团改编为第一纵队，红三军团改编为第二纵队，军委直属部队改编为第三纵队。

改编后的支队和纵队主要领导成员是：支队司令员彭德怀、政治委员毛泽东、副司令员林彪、参谋长叶剑英、副参谋长张云逸、政治部主任王稼祥、副主任杨尚昆；一纵队司令员林彪（兼）、政治委员聂荣臻；二纵队司令员彭雪枫、政治委员李富春、副司令员刘亚楼、政治部主任罗瑞卿；三纵队司令员叶剑英（兼）、政治委员邓发、副政治委员兼政治部主任蔡树藩。

▲张云逸

宣布整编决定后，毛泽东说："同志们，我们目前只有8000多人，人是少了一点，但小有小的好处，目标小点，作战灵活性大。人少，不用悲观，我们现在比1929年初红四军下井冈山时的人数还多哩！胜利是一定属于我们的！"

彭德怀接着讲了话，他说："毛泽东同志讲得很明确。我要讲讲继续作战的问题。过去我们一直只同两条腿的敌人作战（步兵），现在我们要同六条腿的敌人作战了（骑兵）。当前的敌人有'三马'，即马步芳、马步青、马鸿逵的骑兵，还有东北军的骑兵部队。我告诉同志们，骑兵并不可怕，打起仗来，马的目标大，容易瞄准。骑兵只要下了马，就大大地削弱了战斗力，比步兵还好打。骑兵宿营时，下了马鞍子，是最好袭击的，特别是

▼1985年9月20日，作者（左二）在哈达铺向县、镇领导了解当地农民生产生活和脱贫致富情况。（韩尔明摄）

夜间。我们要发挥英勇机智、出奇制胜的特长，消灭敌人的骑兵。在打骑兵的同时，还要经常准备打敌人的步兵。当面敌人有东北军、西北军，蒋介石还可能很快利用铁路交通运兵截击我们。我们要争取迅速同陕北红军胜利会师。”彭德怀的讲话，把红军北上将与敌骑兵作战的问题提上了议事日程，随后，部队很快掀起了与骑兵作战的训练热潮。

党中央在哈达铺作出的决定，意义重大深远。今天我看到了老红军肖华1978年重返哈达铺时写的一首诗：“红军越岷山，哈达大整编。万里云和月，精兵存六千。导师指陕北，军行道花妍。革命靠路线，红军飞满天。”

1985年9月21日　阴

宕昌县哈达铺

沿红军长征路采访，看到的革命文物很多，但原物原貌保留得最完整的地方，当数哈达铺的下街村一条街。

这条街集中了毛泽东、周恩来、朱德、贺龙、任弼时、彭德怀、徐向前、聂荣臻等许多领导人的旧居，还有据说当年中央领导人在此找到报纸、决定落脚陕北的“邮政代办所”。最难得的是三点：一、这是红一、二、四三个方面军都经过了的一条街；二、这是红军三个方面军长征中走过的最长的一条街，全长1200多米；三、这是保留原貌最完整的一条街。当年叫下街村，现在仍叫下街村；当年全街382家店铺，现在仍然是382家；除了一所新建的小学，整条街的建筑基本为原貌。因此，人们称这条街为“中国工农红军长征第一街”。

这条街分为上街和下街，宽十多米。沿街绝大多数是土木结构的木楼瓦房，平房、二层楼居多，大多有60年至100多年的历史了。毛泽东、张闻天住在上街右侧一座老房子里，建筑面积460多平米，整个格局还是当年的风貌。

下街的小河沿东侧，有一座建筑面积380平米的二层木楼瓦房，楼上是当年周恩来的住室，陕甘支队司令部也设在这座楼里。这座楼也有100多年历史了。

下街最古老的建筑物是被称为张家大院的一座四合院，建筑面积350多

▲甘肃哈达铺是红军长征一、二、四方面军都经过的地方。这是作者在哈达铺采访曾帮助过红军的老人。

平米。党中央经过的第二年，即1936年8月上、中旬，红二方面军爬雪山，过草地到达甘南，在哈达铺活动期间，总指挥部就设在这里；贺龙、任弼时、肖克、刘伯承（1936年8月，刘伯承调红二方面军工作）、关向应都住在这座四合院里。

在这条街上，我还参观了红四方面军朱德、徐向前等领导的住室和指挥部。参观后，感想颇多：原以为当时这一带“苦甲天下”，想不到还有这么多盖得起深宅大院的人家。毛泽东在进哈达铺的前一天晚上8时，即9月18日，就告诉彭德怀、彭雪枫、李富春，要“部队严整纪律，没收限于地主及反动派，违者严处”。看来这些富裕人家还不是地主或反动派，所以红军都以礼相待。我看到的院子都很大，红军住进去后，并没有把住户赶走，如我刚才提及的张家大院：我用脚步量了一下，建筑面积约有750多平方米；红军住院西，建筑面积350多平方米，院东仍由房主住着。我想，在当时军事行动需要绝对保密的情况下，红军领导人仍和老百姓住一个院子，这既说明了当时的军民鱼水情，也说明红军是真正相信老百姓的。相信老百姓，就是相信自己，相信自己的事业会受到老百姓的拥护。这是真正的自信，真正的力量。谁拥有了这种自信，得到了这种力量，谁就是不可战胜的。

1985年9月22日　雨

宕昌县八力村

▲1985年9月22日，作者到毛泽东长征时在哈达铺的住室采访。（韩尔明摄）

甘南下雨，十分难得。今天冒着中雨，走到了八力村。

行前，向哈达铺红军纪念馆馆长韩尔明要了不少党史资料。他左腿有疾，拄着双拐走路，这些天，一直陪着我。多年来，他尽自己所能，广泛收集红军长征史料，特别是红军经过哈达铺的原始资料及复印件。他给我的印象是热爱党，热爱红军，工作认真负责。今夜，我继续翻阅他让我带在路上看的资料。我发现：50年前的今天，张闻天撰写了《发展着的陕甘苏维埃革命运动》一文，博古（秦邦宪）也写了一篇《陕西苏维埃运动的发展与我们支队的任务》文章，都发表在陕甘支队1935年9月28日出版的第三期《前进报》上。

写到博古（秦邦宪），自然又想到了李德和凯丰（何克全）。遵义会议前，由于博古（秦邦宪）、李德的错误指挥，中央红军从江西出发，经过三个月的行军作战，到达遵义时，已从八万六千多人锐减到三万余人。**党中央在遵义召开了政治局扩大会议，确立了毛泽东的领导地位，撤销了李德的顾问和博古（秦邦宪）的军事指挥等职务。对这个决定，博古（秦邦宪）表示保留意见，李德、凯丰（何克全）则坚决反对。**

实践是最能教育人的，在后来的长征岁月中，博古（秦邦宪）等三人都看到了毛泽东的军事才能和政治才能，服气了，在不少关键时刻，都站在毛泽东一边：遵义会议后，博古（秦邦宪）、凯丰（何克全）作为政治局委员，仍参与中央的领导工作。在两河口会议上，他们两人和列席会议的李德，都支持党中央北上的主张；在张国焘密谋“武力解决”党中央主要领导人的危急时刻，他们与张国焘作了坚决的斗争。当李特带了一个团从巴西追到求吉，对毛泽东又喊又叫时，他们都先后站出来，制止李特的狂妄举动。

他们三人的过与功，自有历史评说。我想，评价故人，应当考虑到当时的历史背景：在那种艰险无比、胜败难分的情势下，给一把青稞，可以救活一条命；帮着讲一句话，就是一种强大的支持力量。

今天尽管七拐八弯找村庄采访，路走得并不多，只70多里，不过觉得很累，心情也不大好。心情不好的原因，是与丹泊等四川同志分别了；特别是因为在他们行前，三个月来同我形影不离、给了我真诚支持的丹泊，又被我狠狠地批评了一顿。当时我们都落泪了……一想起来，现在还十分难过。

我这次采访，是严格按当地党史办提供的当年红军长征的行进时间和行军路线进行的。比如说：党中央和红军主力在某县活动或行军5天，这个县的有关部门就打电话或派人告诉下一个县，在第六天的某时某地交接。贵州遵义市公安局的刘中宝和我同行了三个月，发觉我的体力和身体抵抗力一天不如一天，再往前走，最大的威胁是得传染病。因此，他写了一张

▶作者重走长征路，沿途共近百家媒体对他进行了采访，这是特地赶到哈达铺采访作者的甘肃电视台记者们。

字条，要求一站接一站传下去。字条大意是：罗记者到了以后，用不着大酒大肉招待，他已累得吃不下东西，不时靠输液维持体力。但有一点恳求：希望保证被褥干净。

丹泊、高巍、阿帕（迭部县藏族向导）和医生等5人9月19日傍晚把我送到哈达铺，与当地接待人员交接后，我去了乡政府，他们则去乡供销社的旅社休息。

吃晚饭时，丹泊他们来了，一脸的怒气。还没等互相打招呼，丹泊开口了："哪个接的罗老师要来的电话？"坐在我身旁的宕昌县宣传部一位副部长连忙回答说："是我，是我。"话音刚落，高大健壮的丹泊立即冲过来抓住他的衣领，拖到了墙边，将他往墙上猛撞，怒吼着："我让你只知道吃，该办的事不办！"我连忙冲过去，拖开了丹泊，并严厉地批评了他。丹泊理了理藏袍和长长的腰刀，一边说，一边滚落了热泪："罗老师，不是我不讲理，我们三天前就在电话里跟他们说得清清楚楚，请他们把被褥弄干净一点。刚才我们去看你的床铺，发现枕头上、被头上都是污垢。我们几个刮了好一阵，油泥还是刮不干净。"

丹泊他们没吃晚饭就回旅社去了。20日早上分别时，丹泊给我留下了一个要求和一段话。这个要求是想把一本本报内部刊物《经济报人》第五十期带走，以作纪念：上面有一篇本报记者部主任庹震写的文章，题目是《我们的学习榜样罗开富》。这份杂志是安岗7月底来看我时带来的。丹泊说："杂志我带走了，但给你抄了一份庹震的文章。请罗老师一定要答应我，哪天太累了，吃不消了，就把它当作日记记下来，这是历史，很珍贵的。"

▶丹泊（右一）陪同作者86天，在草地中走了4000多里后又陪了2000多里一直送到哈达铺。这是8位藏族向导陪作者翻越上、下170多里的打鼓雪山后的合影。

世界上珍贵的东西很多，但对我来说，最珍贵的莫过于友情。今夜我又一次读着临别时丹泊的留言，心中充满着思念：

罗老师：

明天就要分别了，我们相识在四川，离别在甘肃，“别老师不胜依依，忆草地深情难忘”。这次我这位藏族记者为有这样好的机会陪罗老师翻雪山过草地，行程4000多里而感到高兴。但我遗憾的是，在老师生活最艰苦、生病的草地里照顾得不够，请老师原谅我，愿今后再有相处之机来弥补。

在同老师一起的日子里，我学到不少好东西。您采访深入，工作认真和吃苦精神对我今后工作帮助极大。我一定努力工作，做一个合格的新闻战士。

再见吧！我尊敬的老师，在最后一个月里，千万要慎重，一路多保重。

祝老师吉祥如意！一路顺风！

陪老师翻雪山过草地的《阿坝报》记者（藏族）丹泊

留于甘肃宕昌县哈达铺乡的供销旅社

1985年9月20日早

读着读着，我的眼角又湿了，心里又在呼唤：“丹泊，我的藏族好兄弟！”

1985年9月23日　阴\雪

岷县闾井乡

党中央率领整编后的红军陕甘支队离开哈达铺后，经八力乡，翻过海拔2932米的直拉梁子，进入了现属定西地区的岷县。当晚，毛泽东等中央领导在闾井村（现乡政府所在地）宿营。半个世纪后的同一天，我也离开八力乡，翻过直拉梁子，走70多里可通架子车的山道，夜宿闾井乡政府通讯员小年的房间。

今晚我看到的闾井，再不是个小村庄，而是300多户人家的大集镇。入夜，在不太明亮的灯光里，还有集市交易，这是我自进入雪山草地、到达甘南以来从没见过的景象。我看到，集市上交易的大多是药材当归。

这些天，我在进哈达铺、过八力乡、到闾井村的路上，不时闻到扑鼻的异香，香气来自田野里见不着花朵、只长有尺把高伞形枝叶的药用植物。这种植物就是当地人称为“药师”的当归。

我过去曾听人说过，质量最好的当归是岷归，想不到岷归的产地，就在我昨天离开哈达铺，经牛家、大舍、理川、木耳、八力等地到闾井沿途一带。我一路上看到的紫秆绿叶的当归，目前正是成熟期，霜降过后，即可动土收获。当地群众40%左右的经济收入，都是靠种植当归。今年当归长势很好，农民谈起来都很高兴。

为何叫当归？说法不一：一说是因其性能而得名，如《医学辞典》解释说，“当归因能调气养血，使气血各有所归，故名当归”；第二种说法是因当归是妇女用药，被引申为思夫归来，故而得名，《本草纲目》就持这种说法；第三种说法是因附会风雅而得名，如晋人崔豹《古今注》上就有“文无一名当归也”之说。

无论名字的来历如何，当归作为药用的历史已经十分悠久，这是毫无异议的：我国古代最早的词典《尔雅》，以及现存最早的药物学著作——《神农本草经》，都有当归的记载。野生当归，我在岷山山区曾看见过；当归的种植始于何时，目前尚无定论，但从《三国志·姜维传》一书来看，至少已有1700多年历史了：姜维与母亲分别日久，其母写信要他归家，姜维答曰“良田百顷不在一亩，但有远志不在当归也”。岷归早就备受世人称赞，唐人苏恭所撰《新修本草》上说：“当归今出当州、宕州、翼州、松州，以宕州者为最佳。”唐时的宕州，就是现在的宕昌，故哈达铺一带被人们称为“千年药乡”，当之无愧。

药好能招万里客。当地人向我介绍，过去，全国各地药商为求购岷归而千里奔波，南洋和旅居世界各地的炎黄子孙视岷归为珍稀之物。如今，政策好，岷归产量提高，药乡人民收入增多，但又产生了新的问题：当地群众反映销路不畅，大量积压。乍一听，似乎当归多了，其实不然。我做了调查，应当说当归是又多又少：哈达铺乡年产60多万斤，国家收购20万斤左右，自销约30万斤，的确积压了一些；但我在哈达铺药材收购站了解到，质量好的，有多少收多少，尤其是可供出口的，更缺货。可见关键是质量问题，现在积压的，大多数质量差。看来当地要靠药致富，还得把提高质量放在第一位。

还有一个问题值得重视：当地没有制药厂，完全靠卖原料。这不仅影响收入，也影响销路。当归含有香精、醇剂、糖分、挥发油、水溶性生物碱和维生素等多种成分，根据归头、归身、归尾、全归的不同用法，有补血、活血、破血、润血等多种功能。岷归更是因产地气候土壤水质之独特而具上乘质量。据有关史料记载：岷归在1400多年前，就已成为名贵的贡品。当时的宕昌国王梁弥博之所以能受到梁武帝的赐封，上贡岷归是重要原因。经过1000多年的精心培植，岷归质量日臻完美。如今人们生活水平提高，对滋补药品、药膳、药饮等保健品有了需求，是不是能在这方面做点文章呢？不过，仅靠当地的财力和技术是难以做这篇文章的。今天清早，我离开八力村时，见到宕昌县县长王学信，他说，为扩大当归的药用和滋补领域，我们自己正在努力，也盼望有关单位给予支持；同时，我们还希望杭州、广州等地的制药厂能到宕昌开设分厂，赚了钱，他们拿大头，当地拿小头。

1985年9月24日　晴

岷县元更地村

今天才得知，**昨天翻过高耸入云的直拉梁子，就进入了黄河水系，告别了长征路上地处长江水系的最后一个县——宕昌。**

据资料记载，宕昌、岷县一带的群众十分热爱红军。这从红军领导人的来往电报中也可看得出来：1935年9月18日，为通报北上情况，彭德怀、李富春、林彪、聂荣臻在哈达铺致电正在四川阿坝的朱德、张国焘、徐向前、陈昌浩等，电文说，我们执行中央决定，连日击溃鲁大昌师，缴获甚多，于昨17日占领距岷州、哈达铺各30里之大草滩。此地物资丰富，民众汉回各半，十分拥护红军，三个半月来脱离群众的痛苦现在改变了。请你们立即继续北进，实现中央战略方针。

第二年，即1936年8月，红二方面军长征北上。在红军帮助下，哈达铺、理川和宕昌县成立了区、乡、村苏维埃政权，还组织了游击队。红军离开时，宕昌4000多人参加了红军。红军离开后，许多苏维埃干部和游击队员被敌人杀害。这些天，我行进在这块热土上，对当地的父老乡亲肃然起敬：他们的父辈或60岁以上的老人，大多为中国革命做出过贡献。我注意到，这里的老百姓生活还比较贫困，年人均纯收入只有150元左右。除了自力更生，很需要外地能给予真诚的支持。当地很希望能引进采矿冶炼、建筑建材、工程设计、食品加工、水利电机、公路桥涵和医生、教师等各类人才；对外地与当地合资联办企业，将给予政策优惠。

这些天，我在沿途看到一件很新奇的事情，这就是放养生猪。从来只听说放羊、放牛、放马，没听到有放猪的。在我的印象中，猪一般是圈养的；放出来，也最多只是在房前屋后转转。前些天，我就看到山上有放猪的，当时不大在意；昨天翻山，雪下得很大，又看到一些牧猪人赶着五六十只或二三十只一群的猪，到背风地去吃草。它们一点也不怕冷，迎着雪花，一面拱食，一面甩着小尾巴。仔细观察，发现这些猪同外地的不同：体形略小，毛色纯黑，头小耳朵小，颈短后肢长；还有个特点是嘴巴又直又长。**据当地人介绍，这种猪动作灵敏，合群性好；它们吃的是蕨麻草：吃完茎叶，还在土里拱吃草根，因此得名“蕨麻猪”。**

我在沿途一些地方曾见过蕨麻草，但没有岷县、宕昌这一带多且茁壮鲜嫩。据一些干部和农民介绍，这里的蕨麻猪都是放养，让它自己找草吃，只在冬春喂一点饲料；母猪每窝产仔8至12头，11个月左右育成，可宰净肉80至120斤，不算五花肉，净瘦肉率在50%左右。我在这里吃了两次蕨麻猪

▶在缺水的甘肃岷县，一位小儿童为罗开富递上了一杯清水，感动得罗开富赶快蹲下来对他说：“这是为我长征采访加的油。”

肉，不仅发现瘦肉多，找不到净肥肉块，而且皮薄肉嫩，味道鲜美。据介绍，著名的“陇西火腿”，就是用蕨麻猪做的。

由于饲养蕨麻猪成本低、经济价值高，近几年发展较快，仅闾井乡就有六万头左右。但是据反映，目前仔猪卖不掉，全县有30多万头仔猪，只能销出十多万头。这是什么原因呢？据了解，这种猪是当地人经过长期选育才形成的品种，只适合当地水土，外地人若买这种仔猪喂养，且不讲其他自然条件，单就蕨麻草而言，就没处去找。如果喂饲料或圈养，它的肥肉就要增多，肉的质量就要下降。另外，全县36万多人，去年人均收入只有110元，猪肉销量有限，也影响了仔猪销量。当我和当地人谈起外地正研究瘦肉型猪时，一些人说，我们岷县、宕昌好多地方都可以发展蕨麻猪，若是外地城市要买瘦猪肉，我们可以大量供应，要是能成为固定的供应基地，那就更好了。据了解，岷县离兰州仅200多公里；离陇海铁路也不远，而且有公路相通。如果外地城市考察后给予一定投资，既可扶持农民致富，又让城市居民吃到更多的瘦肉，岂不一举两得？

1985年9月25日　阴

武山县滩歌乡

从进入俄界算起，50年前的今天，党中央率陕甘支队进入甘肃已半个月了，但一直没有进过县城：这一带地广人稀，既有高山，也有丘陵，还有平地，县城都不是必经的关隘，因此没有必要去攻打县城；另外，红军走到这里时，人数少，目标小，敌人少有阻拦，进军比较顺利。偶尔遇到军阀鲁大昌的一些部队，我先头部队三下两下就将其消灭了。

黄河是母亲河，生活在她的怀抱里的人民聪明厚道，又勤劳善良。这些天，当地人民的这些优良品质一直在感染着我，今夜，我把昨晚和今早亲身经历的三件事记下来，以作留念。

这三件事都发生在昨天夜宿的元更地村。

这个村只有26户人家，地处偏僻。村里老人们对我说，自他们懂事起，印象中村里只热闹过两次，即1935年和1936年红军北上在村里宿营。这里方圆上百里都还没通电，而我背的蜡烛前天晚上就用完了，昨天走了一天，路上又没有遇到商店，因此，昨夜只好借了盏煤油灯写稿。写了不到一个小时，两位老人送来了4支蜡烛和两只陶瓷碗。他们把碗倒扣在桌上，把蜡烛点燃，立在碗底上，然后把煤油灯拿到门外吹灭了，转身对我说：“哪能让煤油味熏你啊！”说完就走了。事后，同行的岷县县委宣传部长王靖国告诉我：这4支蜡烛是全村总动员才找到的。乡亲们说，煤油灯亮光弱，又呛人，别苦了客人。

在岷县期间，县委报道组的任浩礼每天凌晨都为我誊抄新闻稿。今晨1点多钟，小任睡在炕上觉得热乎乎的，我坐着写稿，也觉得屋里暖烘烘的。小任说：“不睡了，反正快要誊稿了。我要出屋去看看，这么早，谁在为我们烧炕。”小任说的早，指的是季节早：当地烧炕，一般要到寒冬腊月。我早就听说，当地人把柴豆比作金银（豆指土豆，当地主食）：满山光秃秃的，找不到柴火，靠挖草根晒干，用作烧炕取暖。因此，不到天寒地冻，当地人是舍不得烧炕的。向导高宠珍、武兴华就对我说过：柴豆比金银，柴对金，豆对银，柴比土豆难找。缺烧的，国家不管；缺了粮，国家返销，可见柴的珍贵。小任进屋告诉我，烧炕的人找到了，是一位叫王福娃的姑娘。小任说：“我叫她不用再放柴了，现在还不是冻人的天气。她不但不听，还对我说，你不冻，那个干瘦的写字的人可是个病人，总不能让他冻着。”

从口音里，村里人猜出我是南方人，今天早上，村民张雅文给我送来一碗蒸米饭。我知道，当地主食是面食和土豆，大米很难找，一般要到过年过节才有少数人家能吃上。所以我只剥土豆吃，把米饭留了下来。特别是看到围上来的孩子们的那种眼神，我更不忍心吃了。一位姓王的大娘忙着把小孩往外赶，又拉过一个不肯离开的四五岁的孩子哄劝着：“尕娃子，快告诉叔叔，我们有米饭吃。”小孩还算听话，被王大娘推走了。我永远忘不了小娃子离开时咬着小食指的神情和回头对我说的一句话：“叔叔，我吃过一次大米（饭）。”

1985年9月26日　晴

武山县鸳鸯镇

今天从武山县的滩歌乡走到了鸳鸯镇。我今天不得不加快行进速度，因为当年红军陕甘支队的行军速度加快了。

从史料上看，尽管张国焘图谋分裂红军，但中央还是在耐心等待，希望他能幡然悔悟，率领左路军跟上来。在我先头部队连日击溃敌鲁大昌师，占领大草滩，距哈达铺只有30里时，彭德怀、李富春、林彪、聂荣臻还致电朱德、张国焘、徐向前、陈昌浩等人，通报了胜利进军的情况，请他们立即继续北进；占领哈达铺的当天，即9月19日，中央又致电张国焘等，再次令其北上。可是张国焘仍执迷不悟，不是复电重弹要一军（团）、三军（团）“速归”“南下”旧调，就是不回电。中央等了几天，仍然不见左路军的到来。**后得知张国焘不仅不北上，还于9月15日在阿坝格尔登寺大殿召开川康及红军中党的活动分子会议，会场外竟挂起了“反对毛、周、张、博北上逃跑”大横幅；会场内，张国焘在讲话中不断攻击党中央，鼓吹“只有南下才是真正的进攻路线”。既然事已至此，党中央即率领陕甘支队，向陕北进军了。**

两军会师后，由于张国焘从中作梗，延误了攻打松潘的计划，使敌人有了喘息机会。蒋介石妄图把红军封锁在马尔康一带的雪山区，把当时所能用的部队都压了过来。但蒋介石做梦也没想到的是：红军竟进入沼泽地，突破了封锁。当蒋介石发现红军已进入甘肃时，手中的嫡系部队不是远在千里之外，就是固守在某个地域，没有统一的指挥。所以，半个世纪前的今天，蒋介石为阻挡红军北上和打击陕北红军，在西安成立了国民党西北“剿总”。蒋介石自兼总司令，张学良任副总司令并代行总司令职权，统一指挥陕西、甘肃、宁夏、山西等省的军队。同时，在我陕甘支队北上必经的西（安）兰（州）公路和平（凉）宁（夏）公路上设置了封锁线。

走在长征路上，翻阅着史料，我更加佩服毛泽东、周恩来等人的战略眼光：每一步棋，都比蒋介石高一着。按当时的行军速度，再走五六天，红军就可突破西兰公路。此时此刻，只有约八千壮士的陕甘支队，抢到时间，就是胜利。

由于急着赶路，加上这些天天气寒冷，我去年12月在贵州黎平高洋雪山上摔断的左腿，此时痛得迈不动了；另外，这些天餐餐吃土豆、面条，又吃不到青菜，倒了胃口，感到身体又像病了似的发软。我这一发软，无疑又给地方上增加了麻烦：岷县锁龙乡乡长何建武、闾井乡副乡长王玉清把我送到鸳鸯镇，今早同我告别时，特意到镇上买了两个甜麻饼，说是让我换一下胃口；今天晚上，在我吃晚饭的时候，我那积了一大堆的脏衣服、破衣服被王菊英、陈珍琴、王富红三个女青年拿去缝补浆洗了。她们还托房东转告我，让我放心，明早我上路前一定把衣服送回来。我怎么会不放心呢！

今天高烧，无法再记。

1985年9月27日　晴

武山县盘林村

武城山横亘绵延几百里，大气磅礴，武山县因之而得名。史书上说，三国时邓艾拒姜维于武城山，邓艾兵多兵强，困姜维如铁笼，故后人也称武城山为铁笼山。其实，铁笼山范围小得多，当地人告诉我，它只是指鸳鸯嘴到蟠龙山下渭河岸边的一段山岭。

蟠龙山东面是甘谷、天水，西边是陇西、临洮。红军进草地后，蒋介石虽然还摸不清红军的具体去向，但也猜出大致是往北。所以在8月底就开始在这一线构筑封锁线，先后调来国民党王均所率的第三军、于学忠所率的东北军第五十一军，还有地方军阀鲁大昌的新编十四师，在此驻防。

陕甘支队突破敌人设置的这道渭河封锁线，又一次展示了毛泽东和他的战友们的军事指挥才能。

其实，毛泽东当时也有点着急：身边只有一张甘肃军事地图。于是，除了设法找到宁夏、陕西地图，毛泽东和彭德怀司令员从哈达铺出发前后，就每天向侦察科了解敌情，以确定行军路线。从哈达铺出发前，一纵队参谋长左权就遵照毛泽东、彭德怀指示，派侦察科找了向导，在大部队前方一百至一百五六十里外调查敌情，摸清行军路线，使中央得以了解情况，及时实施了派出部分兵力东去礼县佯动，西去威逼岷县县城的行动计划。礼县往东北走，是甘肃东南重镇天水，离陕西很近；岷县往北去是陇西，系兰州东边的门户。这两处均为要隘，一旦被红军突破，东边的西安、西面的兰州就岌岌可危，故敌人急忙派重兵死守。当时甘肃绥署主任朱绍良就“料到”红军重点是攻天水，其次是陇西，因此把重兵都调到这两个地方来。朱自以为得计，还报告蒋介石“吾人明了匪情，对付自易”，蒋介石也以为这道防线“固若金汤”。敌人万万没有想到：红军陕甘支队于9月26日拂晓前后，从天水至陇西中间的武山县域，跨过了渭河这道天堑。过河时没有遇到阻拦，过了河，才被山上守敌发觉，守敌又是打机枪，又是放迫击炮。我军已过了渭河，本不想理会他们，看他们枪炮放得急，决定给他们一点教训：彭德怀派出两个连去打了几枪，攻了一阵，山上守敌就被吓得作鸟兽散了。

第二年，红二方面军长征北上，也经过了武山，途经县城东北鲁班山、炉子山等地；红四方面军北上，也经过了武山，走的路线与陕甘支队大致相同，停留时间约半月，主要是为了筹粮备衣。由于一年前红军过武山时，对老百姓秋毫无犯，还教训了“刮”民党和民团地痞，所以这次红军过武山，许多群众冒着生命危险，主动帮助红军。我走进武山，沿途听到不少故事，见到不少当事人。今夜，我记述一下在山丹见到的马世成。从他的身上，可以看到老百姓当年是怎样拥护和支持红军、红军又是怎样不忘老百姓的。

1936年农历七月初七，徐向前率领红四方面军一部进入武山境内，当时才20多岁的马世成发动群众为红军筹粮运粮，还冒着生命危险，跟随红军攻克了土豪藏居的山洞。当时正值深秋，渭河水深齐腰，他多次背着受伤和患病的红军过河。红军在山丹乡活动了40多天，马世成和其他农民仅在渭河村就为红军筹粮两万多斤。红军北上后，不少帮助过红军的群众惨遭敌人残害，马世成死里逃生，改名换姓，在陇西等地东躲西藏了9年，1945年才在鸳鸯镇上找到了落脚处。过了不久，解放军一名侦察员来到鸳鸯镇，马世成又为他作掩护。侦察员走后，敌人来抓马世成，他又逃脱了，到处流浪，直到解放，才定居下来。1984年6月，马世成到北京，看望当年在山丹乡筹粮的红军九十一师民运科科长。这位老红军名叫鲁瑞林，他见到马世成，十分激动，称赞他为了革命，舍弃了一切。马世成说，红军为解放百姓，从不顾及自己的生命，我们学习红军，为红军做点事情，是应尽的责任。

马世成现已70多岁了，头发花白、身体硬朗，说起往事，十分激动。

他告诉我，红军打胜了，进城做了官，但对老百姓还是那么好。他说：“当年我去看鲁科长，还有点怕他认不得我了，不光是过了48年，人家还当过省委第一书记、大军区副司令员。想不到秦秘书给他通报后，鲁科长顾不得正在住院，连忙颠巴颠巴地下楼来接我。还像当年我们得了粮一样，高兴得互拍肩膀。鲁科长亲自为我安排住宿后，就和我聊起来。想不到48年过去了，他和我还是有谈不完的话，和当年一样，一直谈到深夜。我离开北京时，车票、饭食都安排得好好的，我们还像当年一样，难舍难分。虽然都老了，眼睛里还都有泪光呢！”

1985年9月28日　晴

武山县榆盘乡

“葡萄美酒夜光杯，欲饮琵琶马上催。醉卧沙场君莫笑，古来征战几人回？”

这是唐代诗人王翰的《凉州词》。没想到，我在武山县，竟见到了载誉至今的夜光杯；今天早上，我还上了出产夜光杯玉料的蟠龙山。

夜光杯的生产厂家，在红四方面军北上时征集过粮食的山丹。我在山丹玉器厂参观时，见到了几种夜光杯，造型和色彩都很独特：有的涂上了欲滴的翠绿，有的布满花纹，如脆金碎玉般纤细，有的通体明亮，玲珑剔透。其中又以双龙杯为最佳：此杯的杯面突出处有一寿字，两耳刻有龙头，如双龙戏珠，典雅大方，极有古趣。陪同采访的县报道组组长王鼎告诉我，夜光杯十分名贵，已被国家用作国礼。1982年尼泊尔比兰德拉国王访问我国，我方就曾以双龙杯相赠。

姜太公钓鱼，稳坐钓鱼台，这句俗语大家都很熟悉。渭河，就是传说中姜太公钓鱼的地方。古书上说：“姜太公八十钓渭滨。”可见其身体之健康，举止之沉稳。周文王早慕姜太公之名，遂请其八十出山，传为千古美谈。传说中的姜太公的钓鱼台至今犹在，位于蟠龙山下的渭河之滨。我急着赶路，没有去看，只是远远望了几眼。钓鱼台所在地，就是陕甘支队50年前涉水过渭河之处。这里河面宽阔，眼下正值枯水季节。据老红军回忆，红军过渭河时，没有架桥：河面虽宽，河水不深，仅齐大腿。中央领导和全体指战员，都是涉水过的河。我今天看到的渭河，河面比过去更宽了，

▲1985年9月28日，在甘肃武山榆盘乡大李家沟村，这个孩子的妈妈放牛去了，作者给独自在家的小孩子洗手。（王鼎摄）

河水却更少了：河床上裸露着鹅卵石，河心水面不过五六十米宽，水也不深。当年红军涉水过河的地方，如今已新修了一座300多米长的公路桥。今天早上，我和武山县委副书记王国济、县党史办主任单渊，还有王鼎和向导周金宝一行五人，沿陕甘支队足迹，进入红军曾在此教训过敌人的费家山区，然后经过陇西县的草滩和霍家沟等地，又进入武山县境，夜宿榆盘乡。

今天虽没去看钓鱼台，却去看了出产玉料的蟠龙山。我到山上得知，因蟠龙山靠近鸳鸯镇，这里的玉料统称鸳鸯玉，又称蛇蚊岩。我看到的玉料是绿色的，色泽透明，纹理均匀，质地细密。据采料工和技术员介绍：生产夜光杯的玉料，数蟠龙山的最好，抗压抗折，可琢性极好。它有深绿、淡绿、墨绿、苹果绿、葱白等十多种颜色，各色中又有浓淡之分。武山的鸳鸯玉储量丰富，开采方便，但过去一直没有发展起来。党的十一届三中全会以后，当地才开始重视起来，不但生产出传统的夜光杯，还增加了新的品种，如玉琢戒指、玉珠、玉棋和碧玉石板等装饰品及建筑材料，有的已开始出口。但据我观察，玉刻品种不多，产量更少；蟠龙山上，采矿的农民稀稀落落。这表明，当地的玉产品开发，尚大有潜力可挖。这里紧靠陇海铁路，运输方便，如果能增加花色品种，设法打开销路，就能为农民致富打开门路。如果能招聘一些美术设计人才，产品将会更加丰富多彩，走俏市场。

1985年9月29日　阴

通渭县榜罗镇

榜罗镇名气很大，但镇子不大，镇上仅一条黄土路，坑坑洼洼的。据当地老人讲，别说50年前，就是十多年前，镇上还大多是土墙土屋顶房。但时代毕竟在变，我今天在镇上见到的瓦房和二层楼房，已近一半了。

榜罗镇的出名，主要是因党中央曾在这里召开政治局常委会议；毛泽东在连以上干部会上，作了当前形势和任务的报告。

迭部县党史办高巍曾向我谈过，俄界会议作了几个决定，其中一个决定是在靠近苏联的地方建立根据地；宕昌县哈达铺红军纪念馆的韩尔明也曾告诉我：哈达铺会议作了几个决定，其中一个决定是派谢觉哉、毛泽民去新疆建立交通站，设法打通国际关系。对于这些史料，我一直没有写到日记里去。并不是不在意，而是对这些决定还没有想明白。因为在这之前，我曾看到1935年7月出版的《红星报》第二十五期上的一篇社论，题目是“以进攻的战斗大量消灭敌人，创造川陕甘新苏区”。文章谈到：两军会师后，“已经造成了打大胜仗，创造广大的新苏区的有利条件”，摆在两军面前的任务“是下定决心，用进攻的战斗，争取与敌人决战的胜利，创造川陕甘新苏区”。虽然没有点明到哪个具体的地方去建立新苏区，但从“川陕甘”三个字推想，应是三省交界处大片相连的地方，而不是靠近苏联的地方。今天到榜罗镇，看到一些资料，又听了县党史办丁存章、王学华的介绍，才总算弄明白：**中央在榜罗镇召开的政治局常委会议的一个重要决定，就是改变俄界会议关于去靠近苏联的地方建立根据地的决定，确定把中共中央和陕甘支队的落脚点放在陕北。**

这个重要决定是1935年9月27日作出的，意义很重大：目的地更明确了，就是陕北。这段史实给了我两点启发：一是做事得有两手或两手以上的准备；二是必须随时了解情况，根据变化了的形势及时调整计划，在复杂多变的环境中尤其应如此。

第二天，即9月28日，陕甘支队在榜罗镇召开连以上干部会议。毛泽东在会上讲了五个方面的问题：一、日本侵略北方的严重性；二、陕北根据地和红军状况；三、北方可成为抗日新阵地的经济政治条件；四、避免同国民党军作战，迅速到陕北集中；五、严格整顿纪律，宣传我军北上抗日的意义和注意扩充新战士。

今天是中秋节，但天阴，赏不了月，遂决定同今天一路同行的通渭县的何锦江、张永生、张子玉去农家看看，我想了解一下，这里的农村是如何过中秋的。走进一户人家，主人十分热情。一位大妈找来高低、大小不一的木凳，让我们坐下后说："你们坐一会儿，我去烙月饼，你们一定要尝一口。"烙月饼？我觉得很新鲜。坐了一会儿，我按捺不住好奇心，去了厨房。只见在昏暗的灯光下，老人正忙着，我看见她的手往上一抓，往下一拉，又往油瓶口上一擦，就往热锅上擦了起来。我定了定神，终于看明白了：大妈拉的是吊在空中的一根线，线头上捆着一点棉花，擦的是瓶口的油。大妈见我看得认真，好像是自言自语，又似乎在向我解释："食油定量，不定量也没钱买，这么擦一下锅底，烙的饼子不照样香么。"

我们随后又走了几户人家，都是擦油烙月饼。现在天快亮了，我仍没有睡意。我夜里曾问县里的同志，为什么不组织点月饼下乡？得到的回答是：县城里也只有两种月饼，再说，即使送下来，好多人也没钱买。我想，要是我没走长征路，这些天可能正在城里，采访今年供应的月饼花色品种有多少等题材。要是有人告诉我，在一些偏远的农村，农民烙面饼当月饼，有客人来才在锅里擦点油，我可能不会相信。深入是记者的责任，这句话千万别忘了。

1985年9月30日　晴

通渭县城

▲抗日时期的中央中共军委副主席周恩来。

党中央率领陕甘支队进入甘肃以来，进的第一个县城就是通渭。今天，我踏着先辈的足迹，在同一时间进了通渭城。

从榜罗镇走进县城，我感受到了通渭的历史悠久和深厚的文化底蕴。据了解，秦代长城遗址，在今天的通渭境内还保存有250多里。我在路上和城边看到，不少地段的城墙还保存得比较好。我还发现，红军长征路线大多与古长城平行。在树木葱茏的村庄里，在县城洁静的街道旁，我见到：老百姓家的堂屋里，都挂有笔力苍劲的对联或绘画；街道旁当地人书写的店铺名号，也透露出书法的功力。这一切，都体现了黄河儿女的文化素养和生活情趣。

通渭县党史部门对红军在当地活动的资料收集得比较多。**我在这里得知，自进草地以来，周恩来一直生病，到了通渭，才开始恢复健康。**在这里，周恩来设法用电台恢复了与红二、六军团中断了两个多月的联系。

周恩来进草地时，到底生了什么病？我一直没有搞清。到了通渭才弄明白：周恩来于1935年8月上旬的一天，突发高烧，退不下去。当时中央医院院长傅连暲随红军总部去了卓克基，而周恩来等中央领导却在沙窝。毛泽东当晚去看望周恩来，当即命令红一军团连夜派来最好的医生，给周恩来看病。经诊断，确认为肝炎，且已转为阿米巴肝脓肿，急需排脓。长征路上，部队的医疗条件极差，幸得医生医术高超又高度负责，千方百计进行治疗，几天后，周恩来终于脱离了危险。**进草地时，周恩来是被人抬着走的。他凭着坚强的毅力，在医生的精心治疗和邓颖超的悉心照顾下，逐渐恢复了健康。**

在周恩来生病前的7月18日，中央政治局在四川黑水县芦花召开常委会议，讨论组织问题。为了团结为了大局，周恩来主动让出中国工农红军总政委之职。**张国焘任总政委后，第一件事就是控制中央红军各军团互相联**

系的电报密码本，连各军团和军委的密码本，也都收缴到了红军总部。彭德怀在回忆当时的情况时说：我在完成接引红四方面军主力和迎接徐向前的任务，回到芦花军团部时，军委参谋部将各军团互通情报的密电本收缴了，连一、三军团和军委毛主席通报密电本也收缴了。从此以后，只能与前敌总指挥部通报了。与中央隔绝了，与一军团也隔绝了。

红一、三军团后来只得自编电报密码，以互通情报并与中央联系。但中央与红二、六军团的联系密码却在红军总部，而当时的红军总部被控制在总政委张国焘手里，所以中央一直没有同红二、六军团联系上。周恩来一直惦记着这件事，到了通渭，他身体稍好一点后，不得不用明码与任弼时联系，居然联系上了。不幸的是任弼时并不知道当时党中央在雪山草地里发生的事情，而明码又都是代号、暗语等，他还以为红军总部和党中央在一起。他一直不知道与红二、六军团联系的不是党中央，而是张国焘。直到第二年，即1936年7月初，红二、六军团长征到达四川甘孜，与红四方面军汇合后，才弄明白是怎么回事。

1985年10月1日　阴
通渭县城

今天一早，县医院车虹宇医生又来给我治病了。昨晚，她就给我打了针，吃了药，今天高烧有点退。她说，按常理，得了肝炎的人累不得，现在既然你已经习惯每天走路熬夜了，累一点问题也不大，但如果营养跟不上，仍很危险。她提出要跟着我，为我输几天液。我同意她的看法，但不想输液，因为没有时间；再说，边走路边输液，太累人。我对车医生说，多打几支葡萄糖就行了。她考虑了一下，最后同意了。打针时，因我两只手臂上都是针痕，无处下针，急得她头上沁出了汗珠。

今天是国庆节，做完治疗后，我来到街上，看见了国旗。国庆，年年过，国旗，常常见。可今天，我的心情却不一样。我想起了一首歌，歌词的一句是："共和国的红旗上有我们血染的风采！"过去听，很激动；今天听，仍然激动，体会却深刻了很多：为了共和国升起这面红旗，多少共产党员和革命者献出了鲜血和生命。

夜静更深，发走新闻稿，我还在想，长征路上，有谁说得清，到底牺牲了多少人！就拿中央红军来说，出发时86000多人，在桂北湘江突破敌人设置的第四道封锁线后，只剩下30000余人。其中殿后的红五军团三十四师为了保护党中央、保护军委纵队、保护战友越过湘江，奋力与敌激战三昼夜，最后陷于数十倍于己的敌人的包围之中，弹尽粮绝，全军覆没，但没有一个人投降。据当时的花名册，三十四师共有5000多将士。

▲罗荣桓

中央红军长征出发前25天、即1934年9月21日组建的红八军团，是由中央警卫师和二十师等组成的。出发时，军团共有10922人，周昆任军团长、黄甦任政委、唐浚任参谋长（后张云逸）、罗荣桓任政治部主任。11月27日至12月1日，红八军团在突破敌人设置在广西全州、灌阳段湘江的第四道封锁线中，打得英勇顽强，自己损失也很惨重，减员很多。12月12日，在贵州黎平中央政治局会议上，红八军团番号被撤销，所剩部队全部编入红五军团。

中央红军和红四方面军在雪山会师后，混编为左、右路军，共同北上。领导左路军的张国焘违抗中央北上的正确决定，竟于1935年9月15日下达命令，约10万人的部队南下天全、芦山到甘孜。在这些地区，部队屡遭挫折，仅约半年时间，部队即锐减到4万多人。第二年，部队北上途经甘肃岷县，在攻打县城天然屏障二郎山的战斗中，红军伤亡人数就达1000多人。

红二、六军团（后改编为红二方面军）于1935年11月19日从湖南桑植出发，开始长征后，一路夺关斩将，杀开血路。在1936年3月23日与敌人争夺云南宣威虎头山的一场战斗中，我军将士英勇顽强，沉重地打击了敌人。我红十七师五十团政委段兴焘、四师十二团团长钟子廷等率部冲入敌阵，以锐不可当之势，打得敌人四散而逃。在冲杀中，段兴焘、钟子廷多次受伤，一直坚持指挥战斗，直到生命的最后一息。十一团政委黄文榜等一些优秀指挥员，均在这场战斗中牺牲。

沿着长征路走过来，我还深深地感受到，后人没有忘记先烈：我在沿途看到，每个县都有红军烈士墓；我经过那里时，基本上都是50年前红军英勇牺牲的当天，我每次都看到人们捧着鲜花、糕点、米酒和哈达，向烈士鞠躬致哀。

我坚信，后人永远不会忘记他们，永远不会让红旗褪色。

1985年10月2日　晴

通渭县陇川乡

早上离开通渭县城时，我又一次仰望挂在招待所门口的红旗，再一次默读了“神州此日正高秋，大业中兴歌盛世”的对联。我想，这个位于甘肃东南部，在900年前宋朝神宗元丰年间就置县的通渭，一直“苦甲天下”，只有到了中国共产党领导下的新时代，才真正开始了大业中兴。

红军长征曾四次经过通渭：

第一次是红二十五军为配合主力红军北上，在军长程子华、政委吴焕先、副军长徐海东率领下，于1935年8月进入通渭；第二次是当年9月，毛泽东、彭德怀等率领的陕甘支队在通渭活动了7天；第三次是由朱德、张国焘、刘伯承、徐向前、董振堂等率领的红四方面军，于1936年9月进入通渭；第四次是1936年10月，以贺龙、肖克为指挥，任弼时、关向应为正、副政委的红二方面军经过了通渭；这个县的23个乡，都留下了红军长征的足迹。**通渭城是红军陕甘支队走出草地后占领的第一座县城，据一些红军老战士回忆：半个世纪前的9月29日晚上，红军先锋连在县城文庙街小学举行晚会，毛泽东在晚会上朗诵了著名的《七律·长征》诗。**

▲旷继勋

提起红军长征，我们对红一、二、四方面军三大主力很熟悉，但对另一支劲旅红二十五军则了解得不多。因此，我自进甘肃以来，一直注意收集和整理红二十五军在战略转移中的英勇事迹。在通渭，我又了解到不少史料，它使我进一步认识到：**红二十五军的战略转移，在红军长征史上占**

有重要的地位，它有效地牵制了敌人的力量，积极地配合了红军三大主力特别是中央红军的军事行动。

红二十五军始建于1931年10月，属红四方面军建制。军长旷继勋，政委王平章，辖第七十三、七十四、七十五三个师。由于张国焘实行错误的战略方针，鄂豫皖根据地第四次反“围剿”失败。1932年10月11日，鄂豫皖分局和四方面军总部率红十、十一、十二师，红二十五军的第七十三师和少共国际团，共2万多人，15000多支枪，从四姑墩地区出发，向陕南川北地区转移。

红四方面军主力转移后，敌人继续以十几个师的兵力，对根据地进行疯狂的“围剿”，妄图彻底消灭留下来的红二十五军一部和摧毁革命根据地。鄂豫皖省委为了挽救危局，保卫革命根据地，于红四方面军主力离开后的第19天，即11月29日，在黄安县檀树岗召开军事干部会议，决定重新组建新的红二十五军，吴焕先任军长，王平章任政委，下辖第七十四师、第七十五师及一个特务营，共约7000人。

1933年7月，鄂豫皖三省边区“剿匪”总司令刘镇华，调动了14个师及4个旅共十多万人，对我鄂豫皖根据地发动了第五次“围剿”。我红二十五军全体将士在群众的支援下，狠狠打击了敌人。后因敌我力量悬殊，我军未能打破敌人进攻，被迫转移到皖西北地区。9月，红二十五军又向鄂东北转移。在通过横（川）麻（城）公路时，遭敌袭击，建制被分割：第七十五师由吴焕先等率领突围到鄂东，仍保留红二十五军番号；第七十四师由徐海东率领，退回皖西，与在皖西北坚持斗争的红八十二师，合编为红二十八军，全军2200多人，徐海东任军长，郭述申任政委。1934年3月，吴焕先率领红军向东转移，与徐海东会合于商城。4月16日，两路红军合编为红二十五军，军长徐海东，政委吴焕先，仍辖第七十四、七十五两个师。

在此之前，鄂豫皖省委曾派成仿吾到中央汇报工作，要求派军事干部到鄂豫皖去。周恩来决定派程子华去。1934年6月，程子华离开中央苏区瑞金，经汕头到上海，然后前往鄂豫皖。8月28日，程子华到达鄂东北。9月，红二十五军奉命改编，军长程子华，政委吴焕先，副军长徐海东，参谋长李季英，政治部主任郑位三。11月11日，鄂豫皖省委在河南省光山县花山寨召开第十四次常委会议，郑位三在会上传达了程子华带来的周恩来的口头指示。会议决定：省委率领红二十五军实施战略转移，开始西征。留下省委委员高敬亭和部分武装，重新组建红二十八军，在鄂豫皖边区继续坚持斗争。

▲吴焕先

1934年11月16日，红二十五军和鄂豫皖省委从罗山县殷家湾、何家冲一带出发，开始了长征（当时称西征）。整个队伍除军直属队外，下辖第二二三团、二二四团、二二五团和手枪团共4个团，2980人。12月，部队进入陕南，开创了鄂豫陕游击根据地。第二年即1935年7月，为配合红军主力北上行动，红二十五军挺进甘肃。9月7日，部队到达陕北革命根据地的保安，军部到达延川县永坪镇，与刘志丹等领导的陕北红军胜利会师，结束了自己的长征。这时，红二十五军全军有3400多人。不久，与陕北的红二十六军、红二十七军合编为红十五军团。徐海东任军团长，程子华任政委，刘志丹任副军团长兼参谋长，高岗任政治部主任，郭述申任副主任，下辖七十五师、七十八师和八十一师，全军团共7000多人；同时，中共西北工委和鄂豫陕省委合组为陕甘晋省委。

天快亮了，但通渭县党史办丁存章和王学华、县宣传部何锦江、县办公室张永生等也都没有睡，都在忙着给我找资料。他们希望我把红二十五军的有关史料简录在日记里，今后找起来方便。我向他们表示感谢，向导张子玉说："我们只和你走几天，大不了几个晚上少睡点觉。能把红军的史料整理好，留给后人，值得。"

我记完后，向大家提议，靠着睡个把小时再赶路，不然大家都会吃不消的。

1985年10月3日　晴

通渭县蔡家铺

我的采访方式是：每进一个地方，一是看，二是听，三是翻。所谓翻，就是翻阅当地的古今资料。前些天，我看到通渭县1981年5月普查地名的资料上，有“自然植被差，水土流失严重，无天然林”的记载。我进入通渭以来，正值深秋，看到的却是绿茵茵齐整整的草地，以及杨柳依依杏叶红的林带，可见该县近几年面貌变化之大。有两组统计数字很能说明问题：1950年至1983年全县累计植树19.7万多亩，种植多年生牧草78万亩；1984年和1985年两年植树11万多亩，种草53万亩。可见通渭植树造林力度之大。

过了哈达铺，我就发觉沿途不少的山全秃了顶。心里一直在想：水土流失如此严重，这里的人们什么时候才能摆脱贫困呢？

通渭的绿色让人振奋。明早我就要离开了，今天，县委书记张子芳来和我道别，我就县里的种草植树和群众生活等问题对他进行了采访，下面记录的是他的谈话：

“我县的种草种树只是开始，确实没有什么经验。如果要我讲，就给你讲讲红豆草在我县扎根开花结果的情况吧，也许可以看到我们种草植树的认识和实践过程。十一届三中全会后，省草原工作队为探索按自然规律和经济规律办事，以种草起步，来调整农业内部结构。畜牧师王素香来到我县，搞种草养畜试验，从1980年开始，在申家山村种植红豆草。这种结籽杆高的草又名驴食豆，是多年生深根性豆料牧草，牲畜爱吃，肯长膘。由于根瘤多，改土能力强，尤其在干旱地区，红豆草产量稳定。

“但任何事物都有一个认识过程。开始一提种草，有人就说：人是吃粮的，不是吃草的，过去全党全民抓粮食，还吃不饱肚子；现在种草，靠什么吃饭？我县1980年只种植80亩红豆草，但经济效益不错。我们就因势利导，采取各种形式教育干部群众，使他们不断提高认识。到1982年，除了申家山村，还增加了曹家川村等4个点，共种植了720亩。1983年7月，胡耀邦视察甘肃，提出了种草种树的战略方针。这使我们坚定了信心，1983年就种植红豆草3000亩。我们通过总结推广典型经验，在省地帮助下，搞以点带片，由片到面，红豆草很快被推广开来，去年和今年，共种了53万多亩。

"种植红豆草，收到了显著的经济效益和生态效益，一些地方的穷困面貌开始得到改变。申家村过去是有名的山秃、地瘦、民穷的地方，近几年，他们通过种草兴牧，以牧促农，从贫困中走了出来：今年全村光种草养畜的收入就达12万元，人均700多元，粮食自给有余，已经解决了缺粮、缺燃料、缺饲料、缺肥料的困难。全县由于种草多，大牲畜发展到8.1万多头，比历史上最高水平的1957年增加了近万头。种草还为贫瘠的土地培养了肥力：据试验，种了4年红豆草的地轮作胡麻，在同样条件下，平均亩产比原来增加40%左右。凡是种草多的地方，尽管粮地面积压缩了一些，但单产都提高了，这正是由于草多畜多肥也多。原来吃粮靠返销的平襄乡曹家川村，虽然压缩了一些土地种草，但大部分农民粮食自给有余。1984年，全县像曹家川村这样种草的点已达120多个；到了今年，全县各乡村都已普遍种草了。除了种草养畜，今年红豆草产籽约有140多万斤。除了留种，群众出售草籽的收入就有200万元左右。由于多种草，植被比过去大大增加，促进了生态环境的保护。"

听了张子芳的介绍很受启发：**在西北干旱贫困的地方，只要积极调整农业结构，走种草养畜、植树造林的路子，变农业生产的恶性循环为良性循环，改变面貌是大有希望的。**

1985年10月4日　晴

静宁县甘沟乡

今天是我进甘肃以来，走路最多的一天：天黑了，我又走了3个多小时，共走了120多里，夜宿甘沟乡。

50年前的今天，毛泽东随陕甘支队一部和中央机关进入静宁，住在界石铺、甘沟等地。在这之前的10月2日，我陕甘支队右纵队在静宁以西击溃敌人，突破敌人设在西（安）兰（州）公路上的封锁线，并控制了西兰公路东西长十多里。

早上离开的通渭蔡家铺属定西地区，夜里住宿的静宁县甘沟乡属平凉地区，这里离著名的六盘山已不远了。在静宁境内，看到人们正在收割荞麦，冬小麦已是一片青青；也看到人口稠密的村庄里，电灯已进入了农民家。

▲这是作者行进途经宁夏与甘肃交界处，捧起蒲河水解渴。（徐新学摄）

静宁县位于六盘山西侧，历史悠久，早在新石器时代，黄河流域出现氏族公社，这里就有人类生息繁衍。西汉以来，静宁先后有“成纪”、“阿阳”、“陇干”之称。元朝大德八年（公元1304年），改德仁州为静宁州，有平静安宁之意。辛亥革命后，静宁州改为县。其实，过去这块土地上，从来没有宁静过，不是兵灾就是匪患。今天我在静宁县境，还不时看到村庄周围山顶上的小土城，面积30亩至80亩不等，当地人把它称为堡子，是解放前群众为防土匪而筑的。解放后，这些堡子没有用了，里面大多种上了农作物；特别是近几年，静宁县真正有了安宁，充满朝气。过去到处是光秃秃的黄土山坡，连吹来的风由于夹着泥沙，看起来也是黄的；如今不时可以看到连片的绿地，近几年栽下的杨树、柳树林已一望无际。在地里劳动的人们脸色红润，不少人穿着整洁，以至被我误认为是回乡休假、参加冬种的城里人。

甘肃18个贫困县之一的静宁的变化确实喜人。我发觉，这种变化不仅是在物质上的，还表现在精神面貌上：我所经过的30多个村庄，都比较清洁；农家院子里不是牡丹、芍药盛开，就是菊花、大丽花含苞欲放；现在正值收获季节，但宽阔的西兰沥青公路上，却看不到翻晒农作物的现象，农民把在公路上晒东西视为不文明行为。今天，我告别当年军长陈伯钧、政委王震等同志率领的红六军团曾宿营的蔡家铺村，中午进入静宁县境后，就与《平凉报》记者徐新学同行。夜里，我们又赶了近30多里路。晚上沿途经过村庄时我们看到，大人们有的在灯下劳动，有的在收听广播，而孩子们大多在灯下看书或做作业。据了解，这里的农民对孩子读书抓得特别紧。他们逐渐认识到，要摆脱贫困，必须掌握文化科学知识。当地农民说，我们静宁现在是读书竞争。1977年至1984年的8年间，全县考取大专院校的学生480人，而今年一年考取大专院校的就有244人。

不过，县里的教育事业困难也不少，主要是缺师资少学校。我们参观了甘沟中学，发现教室严重不足，尽管教研室也改作了教室，有的班仍有70个学生。我在教室后排的坐位上坐了坐，看不清黑板上的字。我在学生寝室看到，3块单人床板上，要睡9个高中学生。一些同学告诉我们：真是被挤怕了，一人翻身三人醒，夜里上趟厕所回来，就挤不进去了。据反映，这所学校是县重点中学，条件还算好的。全县有4万多平方米的教学危房，老师边上课还得边提防房屋倒塌。去秋的一天，杨桥小学的一位老师正在上课，看到教室屋顶开裂了，立即组织学生疏散，当43名学生刚跑出教室，屋顶就塌下来了。

我就这些问题，询问了同行的县有关部门同志。他们认为主要原因是群众过去一直很穷，孩子上学的少，学校也就少；现在上学的孩子多了，矛盾就出来了。1965年全县适龄儿童入学率仅29%，今年已达到93%，而学校却没有增加多少。县里财政收入有限，尽管教育经费已占财政支出的一半，但仍远远满足不了需要。据介绍，由于教师缺，教室少，目前小学生能升中学的只占五分之一左右，初中升高中的约占四分之一，群众对此意见很大。大家盼望上级有关部门能采取一些特殊政策，尽早解决农民孩子读书难的问题。

今夜，我给庹震发了一封电报，向他报告：我将很快翻越六盘山，19日到达陕北吴起镇，是否继续发稿，发什么样的稿，盼于10日前致电宁夏固原县宣传部转告我。

宁夏回族自治区

1985 年 10 月 5 日~1985 年 10 月 9 日

隆德县　固原县　彭阳县

1985年10月5日 晴

宁夏隆德县联财铺

今早离开甘肃平凉地区的静宁县甘沟乡，走100多里，夜里到达宿营地——宁夏南部隆德县的联财铺村。这里距六盘山脚仅80多里。

静宁是党中央率陕甘支队第一次进入甘肃时经过的最后一个县。当年陕甘支队从这里进入宁夏，翻越六盘山，然后又进入甘肃，向陕北进军。

半个世纪前的今天，毛泽东和他的战友们正行进在这条路上。途中，部队遇到了敌人的阻拦。在葫芦河东岸的先圣庙一带，我先头部队击溃阻拦之敌一个营，为主力红军翻越六盘山打开了通道。

联财铺，是西北高原上的一个普通村庄，人口不多，夜里静得出奇。今天，我途经静宁的甘沟、新店、祁川三个乡，这三个乡的乡长分别是李克和、王智华、马守忠。按理说，他们陪我进入宁夏后，就可以回去了，我身边有向导李向壁，但他们坚持要作为向导送我到联财铺；而进入静宁以来一直与我同行的县委副书记王守元、宣传部长胡国钧、副部长高世祥、党史办谢仲魁也坚持同样的想法，于是大家一起到了联财铺。宁夏隆德县政协副主席张正达、县委宣传部部长张勤等此时都赶来了。两县同志交接后，由于隆德县同志再三挽留，静宁的同志遂都留了下来住一宿再回去。

联财铺，是乡政府所在地。大家在乡党委副书记马正祖和王学钦、张伟等同志安排下，都住了下来。虽然挤了一点，大家却觉得很高兴：两个县虽是近邻，平时也难得有机会聚在一起促膝夜谈。何况50年前的今天，党中央率红军长征刚好经过这里，大家觉得，今天是一个最好的纪念日。

我的工作习惯是：走到一个地方后，先根据自己掌握的有关资料，就想了解的问题进行采访，采访完，再进一步核对史实。今夜，我在翻阅有关史料时，发现**张国焘就是在半个世纪前的今天，公然分裂党分裂红军，**

▲到达陕北的红一、二、四方面军团以上干部在甘肃宫合镇合影。

▲到达陕北的红四方面军一部。

另立了“第二中央”。

1935年10月5日，张国焘在四川理番县卓木碉（今马尔康县）召开高级干部会议，公然另立“中共中央”“中央政府”“中央军委”和“团中央”，并通过所谓“决议”，非法宣布“开除”毛泽东、周恩来、博古（秦邦宪）、洛甫（张闻天）中央委员及党籍，并狂妄地下令“通缉”；对杨尚昆、叶剑英“免职查办”。参加这次会议的徐向前后来回忆说：“另立中央的事来得这么突然，人们都傻了眼。”张国焘要朱德表态，朱德说，红军是个整体，天下都知道我们这个“朱毛”，现在要我这个“朱”去反对“毛”，我可做不到啊！再大的问题，都是红军内部的问题，可不能叫蒋介石看我们的热闹。尽管如此，张国焘为了扩大伪中央的声势，还是强行宣布朱德为“中央委员”“中央政治局委员”“中央书记处书记”。1960年11月9日，朱德在回忆当时的情况时说：“我按党员规矩，保留意见，以个人名义做革命工作。”红军总参谋长刘伯承也持和朱德一样的态度。当时，在张国焘的煽动下，会场乱哄哄的，你一言，我一语，责备和埋怨中央的气氛，达到了高潮。保留意见，其实就是反对，但由于朱德、刘伯承在红军中的崇高威望，张国焘还不敢马上对他们加以迫害。不过朱德不久就被派到前线去打仗，刘伯承被调到红军大学去工作，他的总参谋长职务实际上被解除了。

为什么张国焘另立“中央”的阴谋能一时得逞？我刚才与静宁、隆德的同志讨论后，大家一致认为：张国焘心狠手辣，杀害了不少反对自己的人，连红四方面军参谋长曾中生也不放过。由于张长期推行这种高压政策和“我就是党”的愚民政策，致使正义一时难于伸张，一些干部和战士被蒙蔽了。

1936年1月22日，中央政治局通过了《关于张国焘同志成立第二“中央”的决定》，指出张国焘的这种行为无异于自绝于党和中国革命，决定在党内公布政治局在俄界作出的《关于张国焘同志的错误的决定》；1936年6月6日，由于党中央的多次劝说、批评、教育和斗争，加上从苏联回来的林育英以共产国际名义提出建议，以及朱德、刘伯承、徐向前的不懈反对，张国焘无可奈何，只好取消了伪中央；**1936年10月9日，红二方面军、红四方面军在甘肃会宁与红一方面军会师，宣告了张国焘分裂主义的最终破产；1937年3月27日至30日，中共中央在延安召开政治局扩大会议，张国焘在会上作了检讨；1938年4月4日，张国焘叛变革命，投奔国民党；4月18日，中**

共中央宣布开除他的党籍。至此，这场惊心动魄的斗争画上了句号。

张国焘到了最后，已是众叛亲离，人心丧尽：他逃跑时随身只带了警卫员张海一个人，但当张海发觉他是叛党投敌时，也不愿跟他走了。

毛泽东与张国焘同是中国共产党的“一大”代表，在复杂的革命斗争环境中，二人在对待党与枪的关系上的不同态度，体现出忠诚党的事业与投机革命的区别。实践，是检验信仰的试金石，实践告诉我们：党必须指挥枪，我们的事业才能无往而不胜。

1985年10月6日　晴

隆德县城

宁夏南部，有一条大致为南北走向的狭长山脉，它向南穿越甘肃省最狭窄的部分，进入陕西省，直插渭河北岸，把我国黄土高原分割为陇东高原和陇中高原两部分，**这就是红军二万五千里长征途中经过的最后一座大山——六盘山。**

毛泽东、彭德怀等率领的红军陕甘支队1935年10月7日登上六盘山主峰，然后长驱直入，乘胜前进。半个世纪后的10月6日，我也走到了六盘山下的隆德县城，计划于同一时间去攀登坐落在隆德与固原交界处的六盘山主峰。

秦代，隆德属朝那县，汉代属月支道。1949年8月3日，全县解放，属甘肃省。1958年9月，划归宁夏。面积1000平方公里，许多地方留下了红军的足迹。第一支翻越六盘山的红军长征部队是程子华、吴焕先、徐海东率领的红二十五军：这支部队于1935年8月17日攻下隆德县城，全歼守敌一个营，随后翻过六盘山去了陕北。今天，我从联财铺乡出发后，按红二十五军东进攻城方向，走8个多小时，进了县城。联财铺是我进隆德的第一个乡，从这里出发，经过了神林铺、沙塘铺与山河乡之间的几个村庄，沿途一派北国深秋风光。放眼望去，山少沃野多，泥墙灰瓦的村舍和笔直平坦的村道，掩映于绿柳之中；绿茵茵、寸把高的冬小麦望不到尽头；在绿色之中的黄土地里，不时可以见到农民在挖土豆；在沃野的两边，可以远远地看到山。这里的山，相对高度并不显眼，大多是波浪式的丘陵。山上，一派迷人景象：深红、浅红、玫瑰红、胭脂红、霞红、紫红的红叶点缀着山峦，望不到尽头；红叶的上面是湖水一样湛蓝湛蓝的天空和羊群般舒卷

到达陕北的红一方面军一部。

的白云，从白云边射下来的金澄澄的阳光，不时会变得五颜六色。蓝天、白云、阳光，与山间红叶、沃野中麦苗一起，组成了隆德大地绚丽多彩的深秋。

黄土高原的深秋是美丽的，黄山高原的人民也很勤劳：我今天走过的地方，除了少数地方因高寒或多灾，群众还没有解决温饱外，大多数地方的群众已不愁吃饱肚子了。不过，群众也有愁事，就是口袋里缺钱。这倒不是因为当地人没有东西可卖，而是没有人买，也没人搞贩运。我在这里看到，豌豆多得喂猪；脆甜的苹果3角钱一斤，随便挑；各种药材堆在屋门口或房梁上。我经过沙塘乡时，看见一位农民拉着一辆架子车，车上装着400多斤土豆。他名叫宋志忠，见到我们，以为是走山串村跑收购的，就问我们要不要他的土豆，4分钱一斤，还可以帮着运到县城去。由此可见流通之不畅。

我是傍晚走进隆德县城的，进城时，两条街道上还有灯光和行人，但很难见到开门的店铺，只有几个小饭馆开着，里面也很少有人进餐。据我了解，唐朝诗人王维的《使至塞上》诗中，有一句“萧关逢候骑”。萧关就在六盘山麓，即今日隆德县城也。可见1200多年前，这里就是交通要道了。过去的一个关隘，现在已发展成了一座县城，而且城边已有了一条宽阔的

▼这是作者在六盘山下给为他指路的群众拍下的照片。（罗开富摄）

▶在六盘山，作者和当地向导一起查看地图。

公路，连接着西安和兰州，地理位置实在不错。如果能进一步解放思想，采取切实措施，加快流通和城镇建设步伐，这里一定会热闹起来。

明天一早要去爬六盘山，就此停笔。

1985年10月7日　雨

固原县青石嘴

50年前的今天，毛泽东、周恩来、博古（秦邦宪）、洛甫（张闻天）等率领陕甘支队，翻越六盘山，前往固原。途中，我军在青石嘴消灭了来犯的何柱国东北骑兵军一部，缴获战马100多匹，随后就组建了陕甘支队的第一支骑兵部队：把红一纵队侦察连改为骑兵侦察连，连长梁兴初，副连长刘云彪。

六盘山并不太高，海拔只有2928米，但看上去，却巍峨无比。这主要是因为四周的丘陵海拔低，显出了它的高大。从山脚仰望，只见一条突兀而起的山脉直刺天空，完全被云层吞没，看不到主峰，很有点神秘莫测，

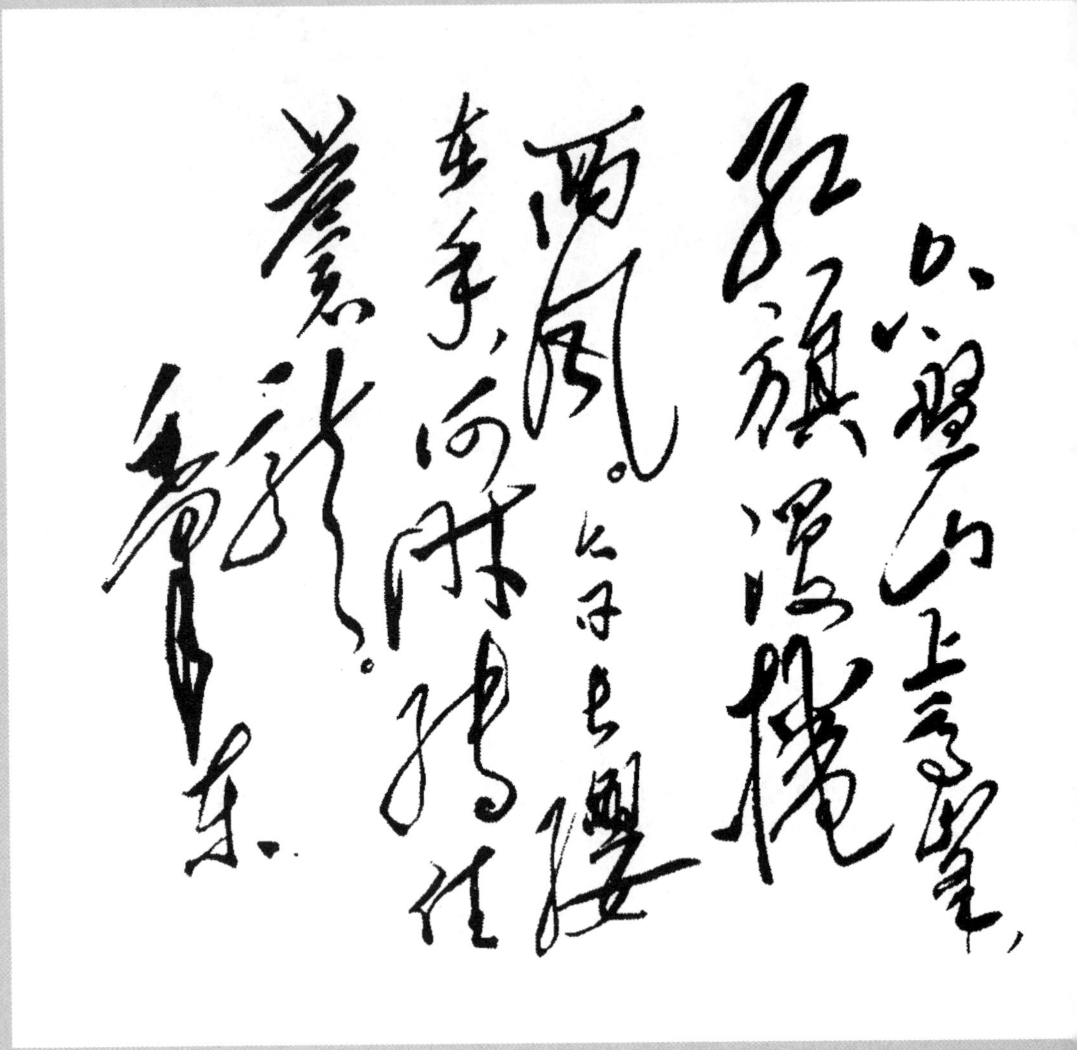
六盘山上高峰，
红旗漫卷西风。
今日长缨在手，
何时缚住苍龙？
毛泽东

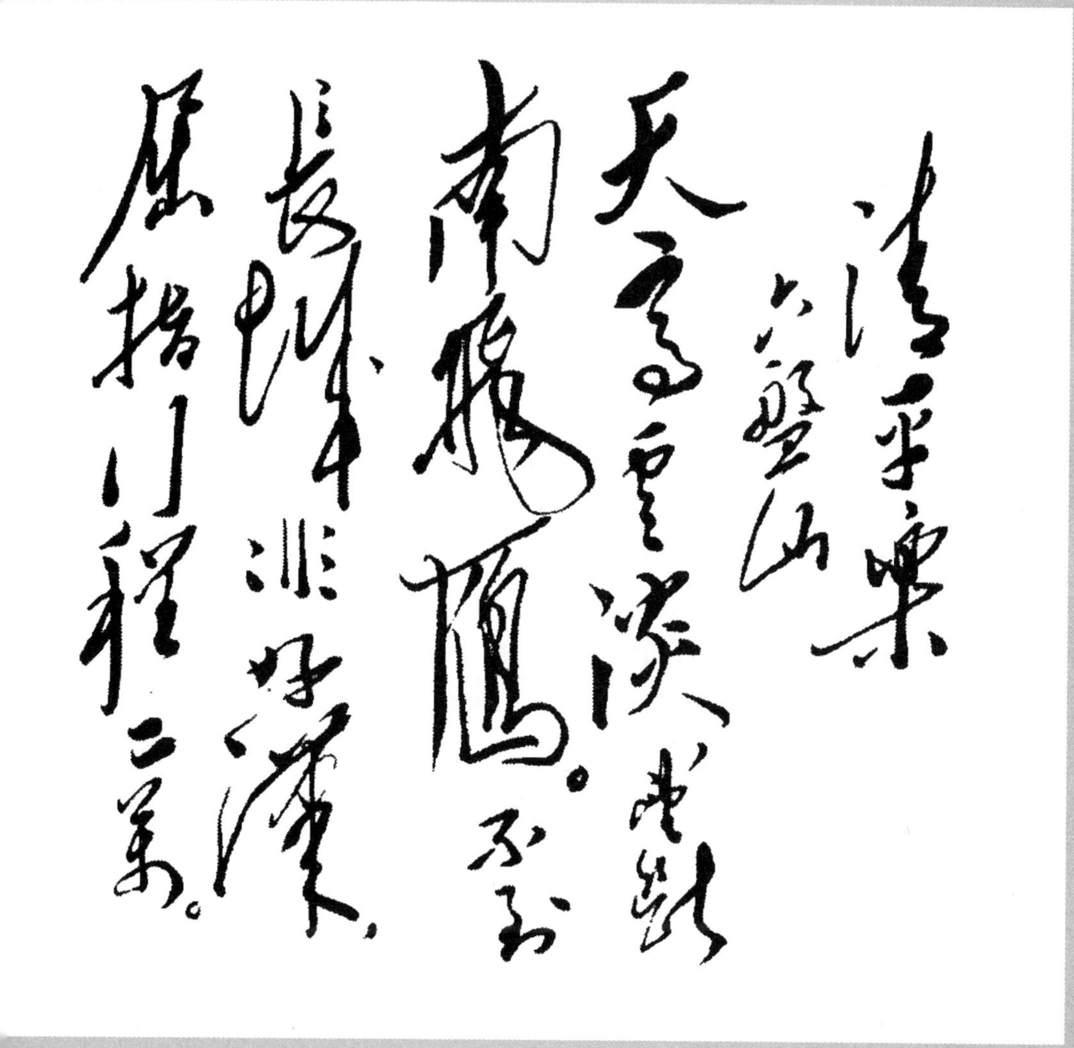

清平乐
六盘山

天高云淡，望断南飞雁。不到长城非好汉，屈指行程二万。

六盘山上高峰，红旗漫卷西风。今日长缨在手，何时缚住苍龙？

毛泽东

令人生畏。如今山上已有一条宽阔的公路，连接西安和兰州，当然，也有小道。我上山时，走的是红二十五军当年攀登的小路；下山时，走的是党中央率领陕甘支队行进的路线。登上山顶，极目四望，想起了毛主席“六盘山上高峰，红旗漫卷西风，今日长缨在手，何时缚住苍龙”的词句，其志向之远大，气魄之雄伟，让人敬仰。

六盘山并不是因为山路盘旋六个大弯而得名。要论弯道，何止六个，上山和下山的小路公路都必须通过主峰，共有三四十个盘旋弯道。据当地人介绍，过去山上有鹿，人们顺着鹿的足迹走，走出了盘山小道，所以称之为鹿盘山；后来取“鹿”字的谐音，改为陆盘山；再后来为书写方便，又改成了六盘山。现在的山上，早就没有鹿了。不仅看不见鹿，除了在南坡还能见到几棵大树和近几年种的落叶松，沿途还见不到几棵树，只见到少量灌木。

六盘山的气候，素有“多见云雾少见天”之说。山腰以上，云遮雾障，几米之外，看不见人。山上没有村庄，除了穿过公路时见到汽车，没有见到行人。沿当年红军走过的山路行进，上山好走一些，下山的路却很陡，有些地方还很滑，只能拄着拐棍，一步一步慢慢移。

爬上主峰后，下山就是固原县。按照两县事先的约定，在两县交界处即主峰上办理交接。没想到的是，固原只来了县委宣传部干事方维忠一个人。光靠我们两个人，行李、资料等实在背不动，何况正下着雨。我们两人正在发愁，隆德县来接陪我爬山的同志回城的汽车到了。隆德的同志主动提出把我的行李装上车，让司机先送到青石嘴，再回来接他们回城。

因为今天得走100多里，我和大家一起啃了点干馍，就匆匆告别了。当我和方维忠在小道上走了几里路再回头时，看到山上的6个人影还在小雨中伫立着，望着我们，有的还挥着手。我也高举手臂挥动着，我永远忘不了冒雨陪我爬上六盘山主峰的张正达、张勤、惠国生、王玉勤、曹钦池和梁继军这6位隆德县的同志。

黄昏过后，我和方维忠终于走到了青石嘴。路上耽搁了不少时间，主要是因为方维忠不认识路，只好根据我带的红军行军图“按图索路”，在山上绕来绕去。我的这张图是隆德县绘制的，隆德境内比较详细，出境到了固原，就简略了，只标明了大概方向和经过的几个大山沟。我们在雨中边找边走，啃着已被打湿的干馍。方维忠很着急，心里觉得过意不去。他告诉我：“原以为你来采访长征路，也只是走走看看，通公路的地方，前一站会有车送，所以连向导也没准备。”我安慰他说：“既已如此，大不了今天在山上过夜，山上没有树，不会有野兽。”

去年9月26日，我离开北京时，报社记者部负责人胡连璞送给我一只指北针，就用这只指北针辨别方向，摸索前进。途中遇到坎太高，崖太陡，我们就拉着手，摸稳了岩石或抓稳了灌木再走，虽然有惊无险，两个却都变成了泥人。

山上没有村庄，见不到人，也就找不着向导。快到山脚时，在地图上标注的一个叫堡子滩的地方，遇到了农民刘占德。他放下农活，给我们带了20多里路，因为家里有急事，就回去了。我们离青石嘴村还有十多里路时，柳林村的两位农民摸着黑，把我们送到了青石嘴村。晚上，我们住在回民杨登华家里。他全家十分热情，给我们煮饭、烧水、烧炕，忙得不亦乐乎。

今天是我半个月来走得最累的一天，也是今年以来第一次没有向导带路的一天，还是我采访长征路以来第一次住在回族同志家里的一天。杨登华的家十分整洁干净，他妻子冯秀梅拿出了新棉被和新褥子放在炕上，又打来了一桶热水，还为我们准备了两盏煤油灯。进了他家，我和方维忠就像回到自己家里一样，一天的疲劳都被驱散了。

1985年10月8日　阴
彭阳县城

今天走了9个多小时，赶到了彭阳。

清晨，我躺上炕不久，就听到隔壁杨登华老两口起了床，为我们做早饭。**临走时，冯秀梅送我一顶回民白帽，她说，回汉一家亲，全靠共产党。要我戴着回民帽到北京，代他们向老红军问好。**我理了理已三个多月没剪的长发，戴着帽子上路了。

昨晚，青石嘴村的群众就已听说，我们没有向导带路，今早出发时，马云龙老人主动要求当向导。路上，老人谈起了他亲身经历的一段往事。

红军越过六盘山后，驻扎在青石嘴村一带的敌骑兵团，妄图阻拦中央红军北上与陕北红军汇合。1935年10月7日，毛主席在六盘山北麓的一个山坡上，亲自部署了攻打青石嘴的战斗。部队接到命令，没有来得及吃午饭，就像猛虎下山一般扑向敌人。敌人万万没料到红军来得这么快，还来不及解开缰绳上马，就当了俘虏。

战斗结束后，一部分队伍进青石嘴村休息。马云龙和哥哥马云山，把一位14岁的小红军战士迎进家里。兄弟俩和小战士的年纪不相上下，彼此之间很谈得来。家里穷，拿不出什么东西慰问小战士，哥哥马云山就用吃剩的半个荞麦馍来待客。小战士拿不出钱，不敢吃。马云山说，我们都是小孩，你敢打白军，功劳大。把荞麦馍硬塞到小战士手里，非让他吃不可。小战士饿极了，就啃了一口。这时恰好连长进来，问小战士付钱了没有，小战士说，我错了，我就去找钱来赔。连长看着又累又饿的小战士，心里很难过，对小战士说，你知错就好，但是不付钱就吃老百姓的东西，还是要按纪律给你处分。连长的话，被马家兄弟听到了，他们连忙跑去告诉大人。一会儿，村里的老人都来了。马云龙的父亲对连长说，请看在我们老人的面上，不要给孩子处分了。连长说，我们是共产党领导的军队，不管谁违反了纪律，都是要受处分的。老人们要求连长处分马家小兄弟俩，因为是他们破坏了红军的纪律，接着就向连长跪下求情。连长赶忙把老人扶起来，然后把小战士拉到身边，从口袋里摸出一个铜板，命令他交给马云龙的父亲。

马云龙老人回忆往事，泪水盈眶。他说，早先不知道共产党是干什么的，红军来到青石嘴后，大家才知道，他们是为人民打天下的。红军离开时，村民十里相送，难舍难分。大家相信：这样好的党，这样好的军队，一定会得天下的。他还说，前些年党风被“四人帮”搞坏了，群众很痛心；近两年党风有了好转，大家都很高兴。

夜宿彭阳县广播局招待所，请人找来了报纸，又到邮电局发了稿。路上经过的几个乡，大多没有乡邮电所；唯一一个乡有邮电所，但只管接转电话和收发信件。想买盒火柴，先是找不到地方，后终于找到了一个小摊，又得知买火柴要搭一包固体酱油，只好作罢。到下边走一走，体会一下，发觉基层与基层之间的差距太大了。

1985年10月9日　晴

彭阳县赵山庄

半个世纪前，党中央率领的陕甘支队行进到这一带时，时间抢得很紧，几乎是日夜兼程。今天清晨，我就上路了。离开县城后，沿着红军的足迹，向东北方向行进。途中经过毛泽东等中央领导停留过的乔渠村，吃了点干粮，又摸黑赶了20多里，夜宿赵山庄村，住在赵国柱家的窑洞里。

夜里，点上蜡烛，写完新闻稿，又想起了早上辞别的彭阳城。

红一方面军在哈达铺整编后，成立了红军陕甘支队，下辖纵队和大队。其中一、四、五的三个大队的大队长分别为杨得志、王开湘和张春山，政委分别是肖华、杨成武和赖传珠。他们率部在青石嘴击溃敌骑兵一个团后，接着就向彭阳进发，为中央机关和后续部队开路。在我的印象中，老红军在文章和谈话中回忆起这段历史时，都谈到：打了敌骑兵后，部队经过了一座白杨城，城里只住有四五十户人家，实际上是个小村庄。白杨城在哪里？我今早出发时，又同县政协主席王安郡、统战部部长陈强等进行了核实，答案是：红军当年经过的白杨城，就是今天的彭阳城。

我从《辞海》上看到，红军经过的白杨城，过去确实是座城池，而且很古老：一千多年前，这里就设过丰义县衙。世事沧桑，古城后来逐渐衰落，人口越来越少。由于它地处宁夏与甘肃平凉交界的边远山区，城墙年久失修，塌落尘土，惟剩白杨越长越高，故人们称它为白杨城。

解放后，白杨城回到人民手中，很快焕发了青春。与我同行的县有关部门的黄宗道、瓮志罡、蔺建勋和县委副书记张效琪等告诉我，彭阳县是两年前新建的。白杨树近几年被人砍光了，遂定“彭阳”这个谐音字为县名。

彭阳是红军长征路上最年轻的县，还可能是南方来的红军战士第一次住窑洞的地方。在此之前，路上很少见到窑洞，见到的只是类似“猫耳洞”大小的土洞，是当地人放牧时躲雨用的，洞里仅能容下一人。

我借宿的赵国柱家6口人，有5孔窑洞，他家把最好的一孔让给我住了。洞内很宽敞，约有30平方米，摆的是新家具，壁上张贴着年画，小书架上，还放着许多书籍。

新建县城，村里人都很高兴。许多人不知道我夜里还要写稿，前半夜到我住的窑洞来聊天的人很多，话题主要是新县城。见县领导也在，村里人还提出了意见，认为县城建设得太慢了。有的说：“国务院1983年批准建县，都快两年了，现在去看，还只是个乡场。”有的说：“我们一辈子都没上过戏院、电影院，想不到县城建了两年，还见不到戏院、电影院的影子。”

我今夜了解到，彭阳全县目前还没有设一个镇，大家全指望着县城早建好，好看看广播里讲的“城镇”究竟是个什么样子。这使我又一次体会到，记者不能只往交通发达的地方跑，偏远地区虽然新闻少，但很有必要下去看一看。和农民在一起，你会受到触动和教育，也会真正懂得：为他们鼓与呼是记者的责任。

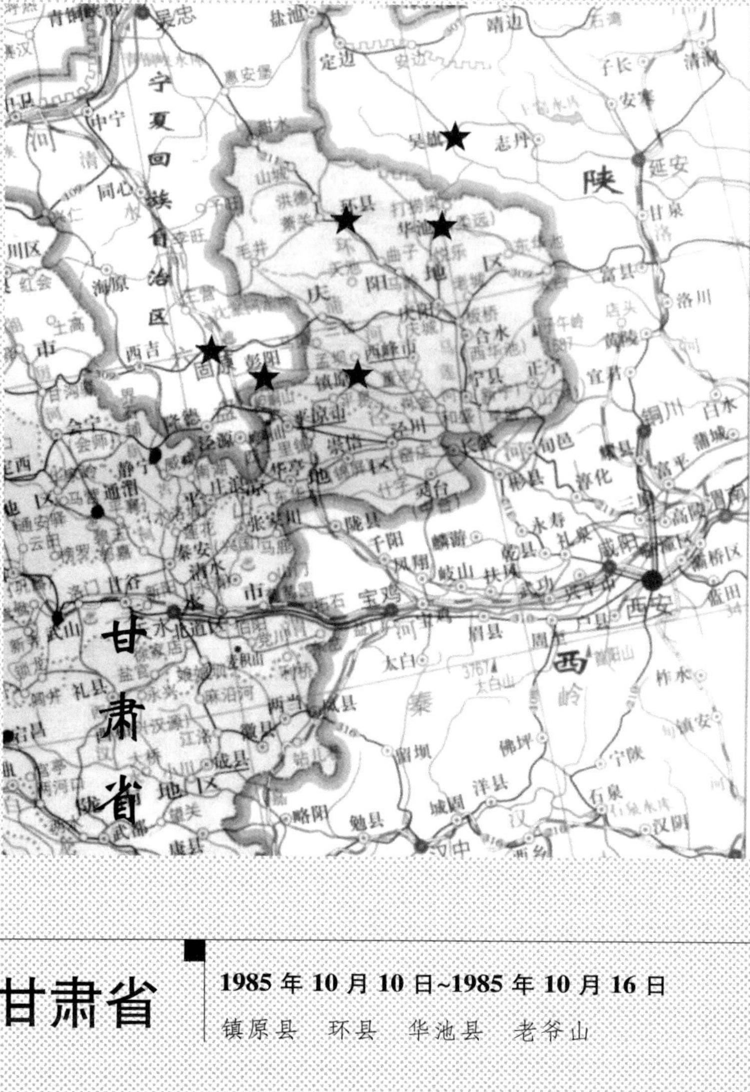

甘肃省

1985 年 10 月 10 日~1985 年 10 月 16 日

镇原县　环县　华池县　老爷山

1985年10月10日　阴

甘肃镇原县三岔村

50年前的今天，党中央率领红军陕甘支队离开宁夏，第二次进入甘肃。这一天，红军从宁夏彭阳县陈家湾出发，行90多里，夜宿甘肃镇原县三岔。三岔是个大村庄，到了这里，就离开了六盘山区。

50年后的同一天同一时刻，我也走到了三岔。红军的一些回忆录谈到，出了六盘山区，就接近陕北苏区了，在附近的村庄里已能看到陕北红军写在墙上的标语。有的老红军还谈到，红一纵队还在当年的这一两天，收到过陕北红军发来的欢迎电报。

三岔，现在是乡政府所在地。我走到这里后，**乡领导刘志敏告诉我：三岔乡是中央红军从江西出发后，与陕北红军最早接上头的地方。陕北红军曾派人在此迎接毛泽东、周恩来、彭德怀等领导，并给毛泽东等领导送来了刘志丹的亲笔信。**刘志敏还领我去村里，看了中央红军与陕北红军接头后召开会议的屋子。这是一幢三间平房，至今保存完好。据介绍，这个会址是经县党史办反复查对核实才确认下来的，等进一步充实有关史料后，将对外开放，供人们参观和瞻仰。

所带史料有限，对这段党史，一时还难于搞清来龙去脉。当地介绍的情况和提供的史料，有一定根据，可是，**从我目前所掌握的陕甘支队进军时间和红十五军团活动情况来看，当时，党中央还没有与陕北红军联系上。**红二十五军长征到达陕北后，于1935年9月18日，与刘志丹等领导的陕北红军胜利会师，接着就合编为红十五军团。10月1日，红十五军团组织了甘泉的崂山战役，激战6小时，敌一一〇师直属队和两个团全部被歼，敌师长何立中和参谋长被击毙。10月25日，红十五军团又南下攻打富林桥，消灭了东北军一〇七师的4个营，俘虏了六一九团团长高福源。打完这一仗，部队在欢庆胜利的时候，才得知党中央率中央红军（陕甘支队）于6天前，即10月19日到达了吴起镇，赶忙派陕甘晋省委副书记郭洪涛和军团政委程子华前往迎接。

战争年代，什么样的事都会发生。陕北红军早就派人寻找中央红军，可能性也很大；有些独立行动的部队，如当时陕北的红军独立师，都有电台，他们给陕甘支队发电报，也完全有可能。这些情况不是我在路上一时半会儿能弄得清楚的，只能先把所见所闻记录下来再说。

1985年10月11日 雨
环县演武乡

今天有两个向导同行，他们都是山区的农民。走了整整一天，从镇原走到了环县。

越来越靠近陕西，我的心情很激动；向导们也对自己生活在陕甘宁边区感到自豪。一路上，大家谈得最多的是刘志丹。

晚上在演武乡安顿好后，我从专程从县里赶来的党史办主任王双位那里得知：进入环县，就进入了当年的陕甘宁边区了。1936年6月，环县成立了红色政权，习仲勋是第一任县委书记。

▲刘志丹，陕北根据地创始人之一，1903年生，1936年4月14日，时任红二十八军军长的刘志丹率部东征时，在战斗中牺牲。

“陕北有个刘志丹”。我自小就从书上、从歌中知道刘志丹的名字。我在哈达铺时，看到了1935年9月20日毛泽东在团以上干部会上所做的报告。毛泽东在报告中指出：民族的危机在一天天加深，我们必须完成北上抗日的原定计划，首先到陕北去，那里有刘志丹的红军。从那以后，我开始注意刘志丹的情况。趁今夜有空，我一面向王主任请教，一面查阅史料，打算把刘志丹的情况记个大概。当时全国只剩下一个革命根据地，它就是陕北。这块根据地成了中央红军的落脚点，为中国革命做出了重

▲谢子长，陕甘边革命根据地创始人之一、中共西北工委和西北军委负责人。1934 年 8 月，在指挥陕北反“围剿”中身负重伤。1935 年 2 月 21 日，因枪伤恶化逝世。

大贡献。刘志丹作为陕甘宁革命根据地和西北红军的创建人之一，功不可没。

刘志丹1925年入党，第二年，进黄埔军校第四期步兵科学习；毕业后参加了北伐，曾以国民革命军第二集团军总司令代表的身份，前往豫西，收编刘镇华的军队。

大革命失败后，冯玉祥的部队逮捕了刘志丹。在被押送武汉的途中，刘志丹设法逃脱，辗转一个多月，来到上海；后从上海又回到了陕西。1928年5月，刘志丹与谢子长一起，领导渭华起义，成立了西北工农革命军。后在秘密开展革命工作中再次被捕，囚于彬县。在狱中，刘志丹坚持

▼参加陕甘革命根据地斗争的部分同志合影。前排左起第二人王世泰，第二排左起第三人吴岱峰，第三排左起第一人郭洪涛。

▶陕甘革命根据地的赤卫队。

斗争，后被营救出狱。

1931年9月18日夜，“九·一八事变”爆发，日军以自己制造的柳条湖事件为借口，炮击东北军驻地沈阳北大营。在蒋介石、张学良“绝对不抵抗”的命令下，近20万东北军全部撤入关内；不到一周，东三省全部沦陷。面对蒋介石的不抵抗政策和日本帝国主义的嚣张气焰，刘志丹和谢子长等组织了西北同盟军；1932年2月，改为中国工农红军陕甘游击队，刘志丹先后任副总指挥、总指挥等职；年底，根据中央决定，陕甘游击队改编为红二十六军；不久，刘志丹遭到“左”倾冒险主义领导迫害，被剥夺了指挥权；1933年8月，陕甘边红军临时总指挥部成立，10月间，刘志丹被任命为副总指挥兼参谋长；过了一个月，红二十六军恢复建制，刘志丹任四十二师参谋长，后任师长；第二年即1934年，率部挺进陕北，配合谢子长领导的陕北游击队与敌作战，粉碎了敌人的“围剿”，使陕甘边和陕北根据地连成一块，刘志丹任陕甘边革命军事委员会主席；1935年8月，红二十五军长征到达陕北，与陕北红军组成红十五军团后，刘志丹任副军团长兼参谋长。他和徐海东、程子华一起，率部予敌人以沉重打击；在陕甘支队即将进入陕北前的9月中旬，刘志丹因陕甘晋省委的错误“肃反”被捕；党中央于10月19日到达陕北吴起镇后没几天，刘子丹得以释放；第二年，即1936年4月14日，他作为红二十八军军长率部东征，在攻占中阳县三交镇战斗中中弹牺牲。党中央赞誉他为“群众领袖，民族英雄”。

刘志丹牺牲时只有33岁。他出身于陕北保安县，为纪念他，1936年，中共中央决定将保安县改名志丹县。

沿着红军长征足迹，再走8天，我将进入吴起镇。时间很短了，但觉得

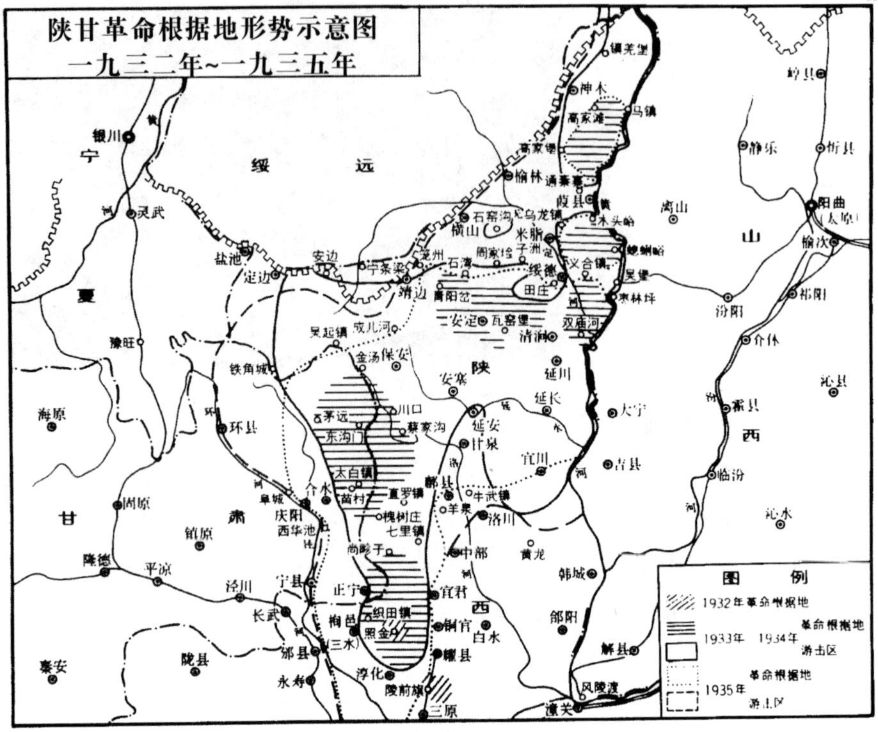

应记的东西还很多：为了民族的解放，不知有多少中华儿女前赴后继，献出了宝贵的生命。对于英雄们的事迹，我能多记一点就多记一点，这不仅是为了给后人留下史料，同时也是为了激励自己。

1985年10月12日　阴

环县合道乡

今天由演武乡的农民傅作明、韩维礼引路，傍晚走到了合道乡。

这些天除向导外，几乎没有人陪同，这虽然对了解当地的情况有影响，但也给我提供了一个思考的空间。趁今晚不太冷，身边有蜡烛，桌面较大，资料也摊得开，我想把红军长征的情况简要归纳一下：

（一）红军三大主力和红二十五军的长征：

红一方面军：从中央苏区瑞金、闽西等地汇集于都河畔，于1934年10月16日傍晚渡过于都河，开始长征，1935年10月19日到达陕北吴起镇。出发时总人数86859人，到达吴起镇时还有7000多人（也有人说6000多人），行程二万五千里。需要说明的是，红一方面军出发时有五个军团和军委、中央两个纵队。在过草地前，红五、九两个军团和军委纵队中的部分人员划归左路军，后来被迫南下川康。如果加上这部分人员中第二年才到陕北的人员，整个红一方面军到达陕北时还有9000多人。

红二方面军：1935年11月19日从湘西出发，转战湘、鄂、川、黔、滇、康、青、甘、宁、陕10省，历时11个月，行程一万六千多里，于1936年10月19日到达甘肃会宁将台堡、兴隆镇，与红一方面军会师。出发时，部队有2万余人，会师时，有8000余人。

红四方面军：从1935年3月28日西渡嘉陵江开始，到先头部队1936年10月8日抵达会宁的青江驿、界石铺，与红一方面军第一师会师，其间经历了三过雪山草地的艰难历程，历时19个月。出发时8万多人，会师时，有12000余人。

红二十五军：1934年11月16日从河南罗山县出发，1935年9月18日，在陕北延川县与刘志丹等领导的红军会师。出发时2980余人，艰苦转战10个月，纵横鄂、豫、陕、甘等省，会师时，有3400多人。

中国工农红军的长征，是一部可歌可泣的英雄史诗。几支红军劲旅都经过了无数激烈的战斗，战胜了数十万敌人的围追堵截，冲破了敌人一道

作者（右二）在红军经过的甘肃环县采访。

▲经过长征到达陕北后的邓颖超。

又一道封锁，取得了一个又一个胜利。尽管受到张国焘分裂主义路线的干扰，红四方面军仍取得了一系列重大的胜利。广大指战员在粉碎了敌人围追堵截的同时，以对党的一片忠诚和英勇无畏的精神，粉碎了张国焘分裂党分裂红军的阴谋。三大红军主力最后终于于1936年10月22日，在甘肃会宁胜利会师。

（二）人们都说，长征是中华民族优秀儿女的壮举。但参加长征的女同志究竟有多少呢？据我不完全统计，共有两千多名。其中还有一位是缠足的“三寸金莲”。

红一方面军参加长征的女同志有蔡畅、邓颖超、康克清等32人，其中由组织决定转到地方工作的有彭儒、陈碧英等4人，其他28人全部走完了二万五千里。

红二方面军参加长征的女同志有李贞、陈琮英、周雪林等12人，都胜利到达了目的地。

红四方面军参加长征的女同志最多，有张琴秋、林月琴、汪荣华等两千多名，曾编为妇女独立师。其中王泽南大姐走得最辛苦，用一双小脚三过雪山草地，走完了长征。

◀1938年朱德夫人康克清(右)与毛泽东夫人贺子珍合影。(斯诺摄)

▲作者采访原红七路军女战士。

红二十五军参加长征的女同志有周东屏、戴黄敏等7人。

我翻阅着有关史料，感受着她们英勇善战、不畏艰险、不怕牺牲的精神，心中不禁发出赞叹：参加长征的老大姐们，你们是中国妇女的光荣，也是中华民族的骄傲。

1985年10月13日　雨

环县木钵乡

50年前的今天，红军陕甘支队正以两路纵队通过环江，向东北方向前进。毛泽东随一纵队行进，途中致电随二纵队行进的彭德怀："须准备与可能来之骑兵作战。敌少则消灭之，敌大则钳制之，而从其隙乘夜通过该线。"

为了跟上当年红军的行进速度，我和向导走了一个白天，夜里又冒着寒雨继续行进，并涉过环江，夜宿环县木钵乡。算下来，今天共走了110多里。

今天的向导是合道乡政府安排的，是两位青年农民，名叫黄国礼、王文恩。我们三人翻山越沟，在羊肠山道上走了90多里就天黑了；又走了十多里，到达红军当年曾横渡过的环江边时，已伸手不见五指，只听到江水的奔流。雨还是下个不停，我的手电筒照出去，只见雨帘，却照不见渡口，看不到村庄，也找不到走向江底的路。两岸都是崖壁，离水面足有50多米高，我们只好在崖上绕来转去。后来终于找到了一条下江的路，顺着崖壁摸过去，才下到河滩头。深秋的陇东，河水寒峭，两位向导为了找一条能踩过去的水路，在江水里东踩西探，令我敬佩和不安。过河时，他们都争着要背我过去，这使我更加不安，赶紧脱下鞋袜，挽起裤腿，朝墨黑的江水里走去。当我们三人手牵着手，摸黑涉过30多米宽的环江，爬上岸时，都是一身稀泥大半身水了。

对赶夜路的人来说，水是个很大的障碍；但通过对宁夏南部和陇东陇西的采访，我对水却有了深厚的感情：上述地区都是严重缺水的地方，不仅降雨少，而且由于沟太深，水很难取上来。这些天，向导都说我有运气，能遇到雨。可是，雨一来，遍地是水；雨停了，水都下了沟，地面留不住。要想从沟里取一碗水上来，有的地方得爬下爬上一个多小时，故当地有“山高水远，三人一碗”之说。我在宁夏的彭阳山区，常常看到人们赶着毛驴驮水的困苦情状。赵寨村的农民赵应祥对我说：“我们吃水要到甘肃去驮，不少人家约有三分之一的人力和畜力花在了驮水上。”为解决这个难题，党和政府曾提供大量资金，帮助农民打井，修建引水工程，解决了部分地区的饮水问题。但因财力有限，大部分地区的人畜饮水问题仍未得到根本解决。以彭阳县为例，全县还有6.3万多人、2万多头大牲畜、8.9万多只猪羊的吃水，得到3里至20多里的远处去驮运，耗费了大量的劳力。

不少干部和群众认为：要解决缺水问题，一是要兴建扬水和引水工程，二是要抓好打井和打水窖的工作。目前，国家还不可能拿出大量资金来修建扬水引水工程；即使修建了扬水引水工程，由于当地地势高低不平，每个山梁上都有村庄，也不可能解决每家的饮水问题。因此，最现实的办法是打水窖。

环县是甘肃18个干旱县之一，我经过了该县的4个乡，印象很深：这里的山更高，沟更深，但是没有看到驮水的群众。原来，这里凡是能打出水的地方，家家户户都打了井；打不出水的地方，也都打了水窖，用来拦蓄雨水和积雪。打水窖和挖井差不多，窖口直径约80厘米，底部直径约1.5米，中部直径约4米，窖深也在4米左右。一个水窖一般蓄水十多立方米，能供给45人一年的饮水。

我今夜宿营的木钵乡，已挖水窖2000多个，水井100多口，平均每户两口。据乡里的同志介绍，1982年以前，当地群众也到远处驮水，现在这个长期没有解决的人畜饮水难的问题已经基本解决了。乡党委书记蔡生宝说，十一届三中全会以来，我们为了腾出更多的劳动力发展商品生产，就发动群众打井打水窖。县委和县政府每年都把组织群众打井打水窖的工作列入计划，并制定了相应的措施。为了让农民认识到打井打水窖的好处，乡里派干部下去做宣传，搞示范。今年县里要求木钵乡打210个水窖，目前已超额完成了。据了解，宁夏和甘肃的干旱地区都有打水窖的历史，群众对此易于接受。目前的问题是水窖数量还不够，已有的水窖还不能解决浇地问题。但通过打水窖，至少已把大批劳力畜力从驮水中解放出来了。

1985年10月14日　晴

环县攀家川

50年前的昨天，毛泽东随一纵队到达环县洪德城，致电随二、三纵队进军的彭德怀：“明日到耿家湾（不含）以南地区宿营，后日与一纵队平行路东进。”我走到了耿家湾以南的樊家川。现太阳刚偏西，趁休息时间，记上几笔。

刚才，我请向导何宝有等帮忙找一个村庄，村名叫河连湾。我很想去看看，因为那里是红二师四团三连毛振华连长牺牲的地方。

自走上长征路以来，毛振华连长留给我的印象很深：是他率勇士在雪花纷飞的暗夜渡过乌江，在敌人鼻子底下潜伏下来，有力地配合了强攻部队夺取滩头阵地，为突破乌江立了大功；在天险腊子口，又是毛振华连长率勇士翻山开路，迂回到敌人背后，为红军突破天险腊子口立下头功。**我在沿途纪念红军长征展览馆里，不止一次看到当年出版的《红星报》上，登载着英雄毛振华的名字和事迹。**

这么一位誉满全军的英雄，却在50年前的今天，在打河连湾村头一个土围子时，被地主武装的冷枪击倒了。毛连长在长征路上，已经走了363

天，就在离他所向往的陕北吴起镇只剩下5天路程时，却不幸倒下了，实在让人惋惜。

今年5月29日，我在泸定桥见到了毛振华连长当年的团政委杨成武将军，他对我说，红军进吴起镇有好几路，如果你走河连湾，代我去看看毛连长。当年我们在他的坟头树了一块木牌，上写“毛振华同志之墓”。在墓前，二纵队司令员彭雪枫、政委李富春等，都悲痛地脱帽致哀。

我靠在一个土堆后面，虽然背着风，耳朵里还是被灌了一层从大漠中刮来的沙尘。天很冷，只见何宝有迎着寒风，双手捂着嘴巴一边呵气，一边还在找人问路，很让我过意不去。

我抬头东望，空中只有狂风卷起的黄尘滚滚，什么也看不见；但我知道，几百里外就是吴起镇，那是红军历尽艰险后的落脚点。从落脚点，我又想起了长征的起点瑞金：8万多红军将士依依不舍地告别中央苏区，开始了漫漫长征，完全是王明（陈绍禹）错误路线造成的恶果。中国革命的道路，因此而变得更加曲折。

许多人感到很奇怪：**党史上老提王明（陈绍禹），可为什么一直只闻其名，不见其人呢？沿途也有不少人问我，红军长征前后，王明（陈绍禹）到底在哪里指挥？我的回答是，在莫斯科。**

为什么要把党和红军的许多重大挫折都记到远在莫斯科的王明（陈绍禹）的账上呢？这是因为王明（陈绍禹）在1931年10月17日赴苏至1937年11月29日回到延安的6年间，一直在莫斯科任中共驻共产国际代表团团长。在电台没有中断的日子里，王明（陈绍禹）一直遥控着中共中央的所有决策。遵义会议之所以得以召开，一个重要原因是中央红军过了湘江后，与共产国际的电台失去了联系，致使王明（陈绍禹）无法直接指挥和下达指示。如果电台没有中断联系，长征的结果也许又是另一个样子了。

据我掌握的史料，王明（陈绍禹）的上台也是很可笑可悲的。1925年，苏联为纪念孙中山，创办了中山大学。1925年10月28日，21岁的王明（陈绍禹）出国去莫斯科留学。由于王明（陈绍禹）能吹会拍、见风使舵，很快得到当时中山大学副校长米夫的赏识。第二年4月，王明（陈绍禹）回到上海，组织上让他去一个卷烟厂任党支部书记，他不肯去，后来去了沪东区委，任干事和《红旗》报编辑。1930年1月，王明（陈绍禹）在参加工联会议时被捕，为了获释，供出了党的接头地点。后来由共产国际驻中国代

▲王明(陈绍禹)

表花重金把王明（陈绍禹）保释出来，中共中央因此给王明（陈绍禹）警告处分，调他到全总任秘书。

1930年夏，党内出现了以李立三为代表的“左”倾冒险主义路线，受到共产国际和党内很多人的反对。1931年1月7日，中共六届四中全会在上海东方旅店召开。王明（陈绍禹）的观点本来与李立三的“左”倾思想是相同的，但他在会前得知情况后，为了往上爬，就开始摆出了反“立三路线”的架势，在会上慷慨陈词，成了反“立三路线”的英雄。由于米夫代表共产国际操纵会议，王明（陈绍禹）这个连中央委员都不是的一般秘书，竟在会议上当选为政治局委员。在这次会议上，向忠发当选为总书记。6个月后，向忠发被捕叛变，王明（陈绍禹）成了党中央总负责人。又过了3个多月，即1931年10月中旬，王明（陈绍禹）要去共产国际当中共代表团团长，就把权力交给了中山大学同学、24岁的博古（秦邦宪）。在那个时期，共产国际的指示，就是“圣旨”。**博古（秦邦宪）于1931年10月18日当上党的总负责人以后，无论大事小事，都向王明（陈绍禹）汇报请示。这种脱离实际的教条主义的指挥，给中国革命带来了严重的危害。**

▲向忠发

1985年10月15日　晴

华池县桥川乡

早就听说，毛泽东在延安曾写过一幅“面向群众”的题词，今日在农民徐向福等人的向导下进入华池县，我才了解到：这幅题词，是毛泽东1943年1月底写给当时的华池县县长李培福的。

红军到达吴起镇后，李培福带领全县人民，在支援红军、保卫陕甘宁边区的斗争中，做出了重大贡献；在大生产运动中积极带头，和群众同生死、共患难，受到群众拥护，并多次受到上级的表扬。今天在华池县，我看到了1943年2月3日《解放日报》的影印件，上面刊登了毛泽东的题词和介绍李培福事迹的文章。

都说西北的城池古老，这话一点不假：这些天经过的村庄，看到的什么城什么铺，都有悠久的历史。华池在南北朝的西魏时期置县，因古华池水而得县名。红军长征没有进华池县城，所以我也只能在距城50多里的北岭间行进。虽没看到华池古城的古奥，却看到了这块古老土地的风貌民情。

我在华池县看到的河流，大多由北向南；土地皆呈黄色，千沟万壑，盘旋曲折；沿小路行进，不时得穿梁、登峁、跨沟；由于水土流失严重，小路不时被山上滑下来的黄土所掩阻；当地食粮以小麦、糜子、谷子、玉米、荞麦为主，高粱、黄豆、黑豆等次之；这里自然灾害较多，过去长期处于贫困之中，党的十一届三中全会以来，群众生活才发生了较大的变化。我在一家农民的窑洞休息时，77岁的王老大爷让孙子送来白面馍，非要我吃不可。他说，尝一口吧，不容易啊，要不是三中全会政策好，老百姓哪能吃上白馍馍！

目前，华池农民绝大部分已基本解决了温饱问题。1979年前，桥川乡只有6000余亩牧草；近几年通过总结经验、大力推广，全乡种植了5万多亩牧草。草多畜多，今年全乡单是牧业的现金收入，人均就达50元。生活的改善，使群众信心更足，要求进一步发展商品生产的呼声很高，但由于交通不便，商品生产受到了很大的影响。我在华池境内，大多行走在狭窄的小道上，有些地段坡陡路滑，十分难走。当地同志认为，上级有关部门应该关心一下这里的交通问题。在国家财力有限、暂时修不了公路的情况下，由地方想些办法，把一些难行的狭窄小道改造一下，还是可以做到的；这里土质不好，长期受雨水冲刷，有些窑洞容易坍塌；农民们正在研究建房，但是既缺砖瓦，又缺技术；这里缺医少药，群众治病难的问题也较为突出。群众盼望各级领导干部多深入山区来看一看，帮助群众切实解决一些生产和生活上的困难。据反映，近几年分配到县里来的医务人员和教师很少，而外流的却很多。1980年至1984年，全县通过各种渠道调出去的教师有48名，现在只剩46名大专生了。县城里重点中学的英语、生物、地理、政治、历史等课已没有专职教师。畜牧业也严重缺乏专业人才。当地干部群众希望上级部门能多分配一些大专毕业生到县里来，还希望大专院校、科研技术部门能帮助他们培训人才。

1985年10月16日　雪

老爷山烽火台

今天中午1点多钟，我下深沟爬悬壑，终于登上了坐落在陕甘交界处的老爷山。此山海拔1774米，北边约200里外，就是宁夏地界。

我们爬到山顶，迎来了今年当地的第一场冬雪。透过纷纷扬扬的雪花，我看到了蜿蜒曲折、依山势而修筑的秦代长城，无休无止般伸向远方。我在长城上走了一阵，看到了烽火台，发现烽火台的石质和勾砖缝的原料与用黄土夯筑的长城不一样。同行的华池县委宣传部长曹向阳及徐向君等人告诉我，该烽火台是宋代范仲淹在此做官时修筑的。

老爷山，是红军长征进陕北翻越的最后一座高山。站在山上，眺望黄土高原，气势磅礴，风光无限。我要求在烽火台遗址停留一会儿，我想算一算，记一记：到今天为止，我已走了整整一年时间。**在这一年中，我渡过了24条大河，翻越了18座高山，经过了红军攻占过的60多座城池；在这一年中，我还饱览了大量的历史文化古迹及少数民族独特的风土人情。我觉得，从自然和人文风景角度看，长征路又是一幅巨型的色彩斑斓的迷人画卷。**

山多，是长征路的特点。从中央红军出发时经过的第一山瑞金云石山，到长征终点吴起镇的平台山，红军途经的著名大山有五岭、苗岭、大娄山、乌蒙山、横断山、五大雪山、岷山、秦岭。这些山除了气势磅礴的共性外，

又各具特色：五岭逶迤多姿，苗岭水绿峰峻，大娄山奇峰争出，乌蒙山行云走雾，横断山重崖叠嶂，岷山集北方之雄、兼南方之秀，雪山奇姿异态、冰清玉洁，六盘山粗犷古朴又神秘莫测。在红军经过的名山中，还有相传安葬舜帝的湖南九嶷山、历来兵家必争的四川二郎山等。大山之中，风光无限，如贵州兴义的石林，四川泸定贡嘎山的冰川，国内最长的溶洞贵州多缤洞，保存完好的地震遗址四川茂县叠溪海子，以及文成公主去西藏和亲和女诗人薛涛被流放时留下足迹的四川松潘山区等，都是罕见的奇景。

红军长征路上有20多条大河：萧水、湘江秀丽天成，大渡河龙腾虎啸，金沙江滩险流急；在乌江，可见“峰与天相接，舟从地窟行”的奇景；渡赤水，在山影波光中可闻川黔两岸的民歌。长征路上，除名山大川外，还有千姿百态的湖泊。其中有充满天然情趣的大凉山彝海，有波岛引鹤、杨柳依依的贵州桐梓小西湖，还有许多堰塞湖、风蚀湖、天池、海子等。长征路上，还有我国最大的瀑布黄果树，以及各地大小不一、各具特色的瀑

▼吴起镇的两个姑娘上山为作者送花，时值腊月，以松枝代花。

布。其中声、色、形俱美的要数地处雪山草地间的黑水县卡龙沟瀑布。它掠过一层层的石阶，向下飞泻，好似从白云中奔来。由于水帘经过的石质色调不同，水中苔藓植物颜色各异，形成了千层彩练，蔚为奇观。贵州“有山皆有洞”，洞中有众多的暗河。这些暗河有的有头无尾，有的有尾无头，有的可行船，有的细如沟。**长征路上的饮料泉、浴疗泉很多。**尤其值得一提的是贵州贞丰县城和周围农村遍布的清泉：当地布依族、苗族群众大都显得健康清秀，据说就是因为喝了这种泉水。

红军长征所经之地，还有许多古都、重镇、关隘遗址。从岭南第一关梅关，湖南、广西交界的永安关，广西的白茅关，贵州的紫金关和娄山关，四川的猛虎岗，甘肃的腊子口，到宁夏的六盘山，共十几道险关。在古郡中，值得一提的是古夜郎国：它究竟在贵州什么地方，还没有定论，但红一军团经过的桐梓夜郎坝，则是已经考证确认的唐代夜郎城遗址。这里有古老的建筑和几人合抱的古树，还有古色古香的街道和著名的太白龙泉。

长征路是红军用忠诚和鲜血踏出来的革命之路，也是祖国大好河山中的一条锦绣之路。

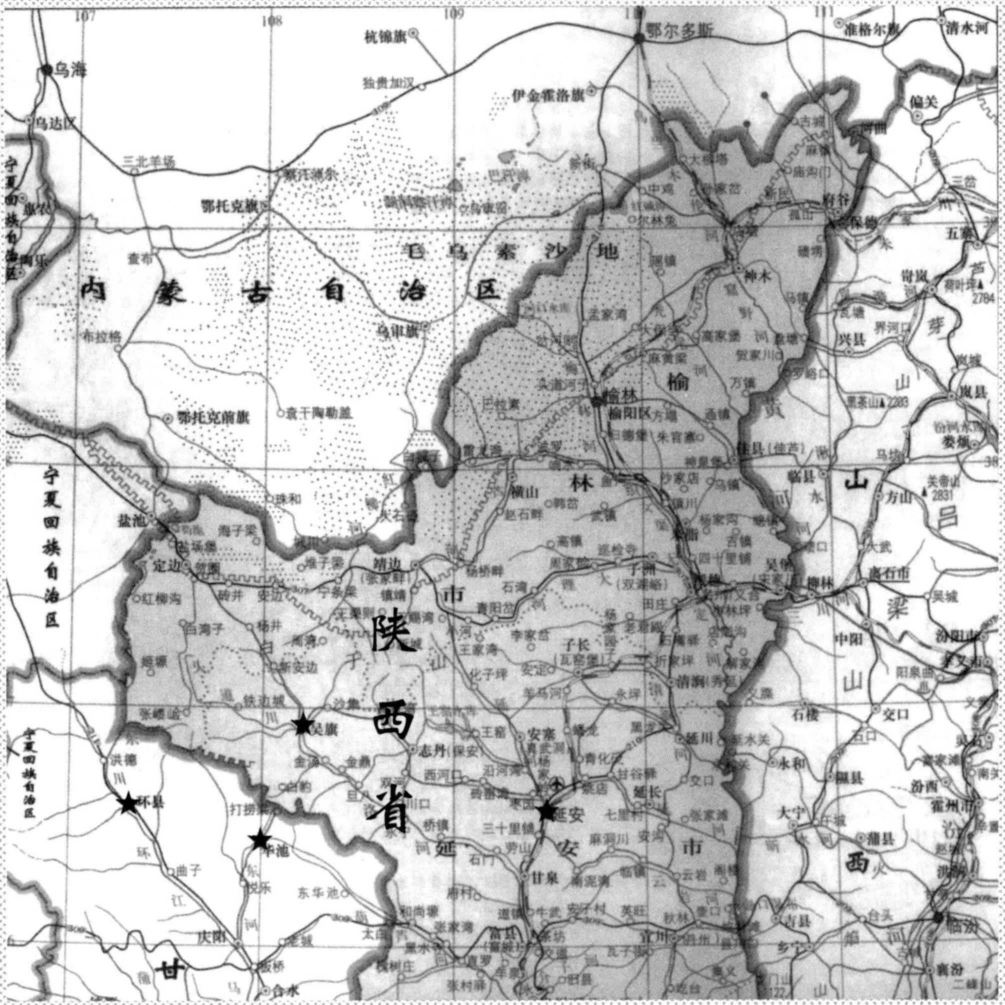

陕西省

1985 年 10 月 17 日~1985 年 10 月 19 日

吴旗县　吴起镇

1985年10月17日　雪

陕西吴旗县庙沟乡

这些天的向导，一直是甘肃华池县徐背台村的徐向富和章贵州。他们的朴实品格和吃苦精神，深深地打动着我。我很喜欢他们，原计划请他们伴我走到终点，没想到，昨天翻越老爷山、进入陕西不久，延安就派人到路上来接我了。徐、章二人对我也依依不舍，今天又送我到了庙沟乡。

这里的人们同样是那么朴实热情，刚才我写完新闻稿后，去隔壁看望即将分别的徐、章两位向导，发现乡亲们把向导和我的衣服都洗了，挂了一屋。徐、章二位此时正坐在暖和的炕上，用塑料纸包着烙饼，为明天回家准备路上的干粮。看见他们被安排得很好，我心里多少得到了一点安慰；但想到明天就要分别，心里又添了一分惆怅：在二万五千里的征途上，徐向富、章贵州可能是我最后两位向导了。

回想起来，在徒步长征路的途中，陪我走路并介绍情况的干部、群众有2800多人，但真正的向导只有490多人。他们不仅领着我翻山越岭，涉水过河，还背负着我沉重的行李并千方百计为我的采访创造条件。尤其是进入陇东一带后，陪我走路的县、乡干部少了，基本上只有向导与我同行。农民向导那种认真负责的精神，叫人感动：在风雨中爬山时，他们在前面拉着我，下沟时，又在后边拉着我；每到一地，他们把我安顿好后，就很认真地请当地乡、村政府打“收条”。拿到了“收条”，才肯回去。我看到，有的收条上写着，“收到罗开富一个和四个包”，有的写着，“人和东西送到，特此证明”。为什么要打这样的收条？我从向导那里弄明白了：我一个多月前进甘肃时，省委书记李子奇就讲了话，欢迎我进甘肃沿红军长征路采访，要求各级领导给予支持和保证安全。这条消息，报纸登了，电视放了，电台播了，影响很大。有些乡、村干部怕向导把我弄丢了，负不起这个责，就交待向导，一定要拿回收条，以示证明。可惜农村里没有复印机，而收条又不能给我，我无法作为资料收存。我只弄到了一张盖着乡党委、政府公章，要求“接收”方开具收条的通知单。我觉得很有点意思，决定把它记在日记里。通知单原文如下：

环县演武乡党委：

兹有我乡派专人陈登荣、高等平、芦继明、马秉福送来沿红军长征路线独步考察的经济日报社记者罗开富同志，携带皮包四个，草帽一顶，请接收，并回复收据。

镇原县三岔乡党委、三岔乡政府

1985年10月11日

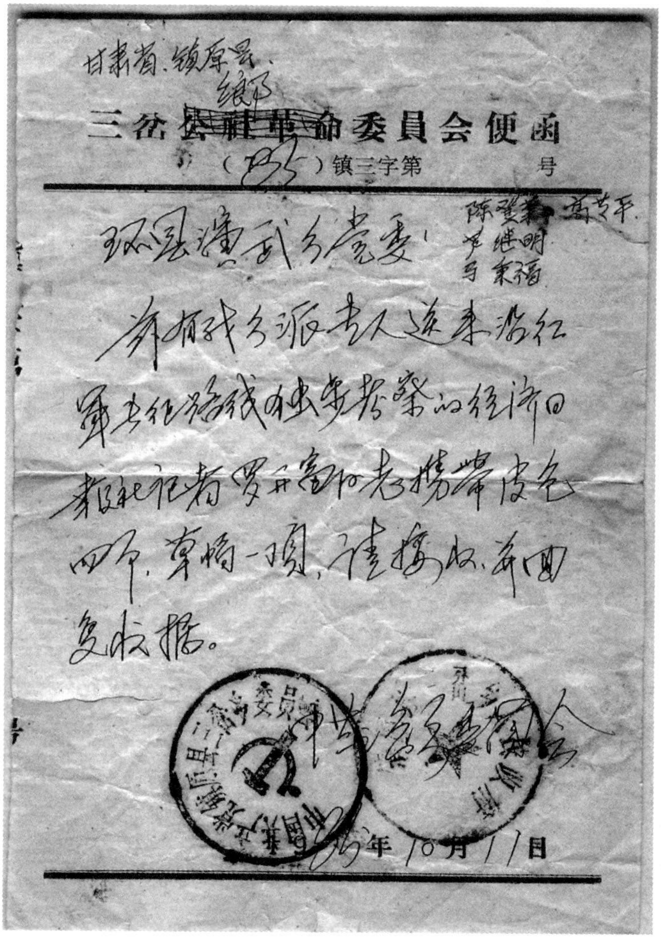
甘肃省、镇原县

三岔乡委员会便函

（85）镇三字第　号

环县演武乡党委：　陈登荣　高等平　芦继明　马秉福

兹有我乡派专人送来沿红军长征路线独步考察的经济日报社记者罗开富同志携带皮包四个，草帽一顶，请接收，并回复收据。

85年10月11日

◀镇原县三岔乡「四个包」的收条。

◀这是作者步红军之路走完二万五千里的最后一段，即走在吴起镇前的庙沟至沙坬子的路上，心里充满了兴奋。走在他旁边的是陪同之一：延安地区广电局的李志强。
(延安日报 赵卫东摄)

我想，没有沿途许许多多可敬可爱的父老乡亲的支持和帮助，靠我独自一人，不可能走完二万五千里，也不可能写出一篇篇报道。再过两天，我将走到终点，此时此刻，我不禁想起了起点：去年10月16日傍晚，我于半个世纪前中央红军长征的同一天、同一时刻，从瑞金以西的于都河畔踏上了征程。当天夜里给我引路的，是邱勋志、谢登泉两位青年。天很黑，他俩把我夹在中间，一边一个手电筒探路，把危险留给自己。风雨中，他们争着把我的资料袋抢去背在身上。走到祁录山，小邱在前面开路、打蛇，小谢和猎人吴金元则走在后面，防范野猪侵袭。

去年12月20日，我在贵州黎平结冰的山间小道上不慎摔倒，左腿小腓骨骨折，疼痛难忍。当地的胡炳益、吴庭玉、欧阳昌美三位同志护送我上路。遇到悬崖，他们怕我摔下去，几乎是抱着我的腿向前移动；并坐在雪地里，为我用药酒擦腿按摩。进入剑河县时，顾先球、王秀海两同志自始至终架着我，直到走出结冰的地段。

今年10月9日傍晚，我和宁夏彭阳县两位同志走到孟塬乡山里时，迷了路。我们着急之间，遇到了一位名叫杨荣生的农民赶牛回家。当他得知我们还要赶夜路时，立即转回身为我们带路。我让他先把牛赶回家再来，他说什么也不肯。他说，50年前红军走的这段路我最熟悉，没有红军，哪会有今天的好日子。这位农民一直伴我们走到天黑，上了大路，他才转回去找牛。

红军长征经过的地方，大多地处偏僻，有些地方至今仍人烟稀少。无论在雪山草地还是深山老林，向导总是千方百计让我吃好睡好。在打鼓雪山上，我们爬了两天。山上没有人家，风雪又大。在这种恶劣的环境中，藏族向导泽华找到了一个破牛棚，把我安排在能避风雪又较干燥的地方睡觉，而自己却迎风挤偎在门旁。

沿途为我引路和陪我同行的，不仅有少数民族同志，还有解放军干部战士、公安人员、医生等。在爬第一座大雪山夹金山时，因为不适应高山环境，身体过度疲劳，我昏昏沉沉地跌坐在乱草丛中，要不是已走在前边的解放军军官杜宝玉又折回来找我，把我及时扶起，后果不堪设想。在大渡河安顺场，农民彭玉华和当地公安局的郭生康驾着小船渡我过河，风大浪急，船被卷到200多米以外。他们沉着冷静，勇敢顽强，终于把我安全送到了对岸。我受了风寒，胃病复发，四川冕宁县医院和乡里的医生怕耽误我的行程，与我一同上路，一边当向导，一边为我打针治疗。我在走出大凉山，到大渡河，再到泸定桥这段日子里，胃病、肝病复发，病得真不想再走一步。石棉县医院的范明弟医生白天伴我走路，为我打针输液；夜里在我床前打地铺，守着为我治疗。在江西、湖南的五岭，在贵州与云南相接的乌蒙山区，在四川、甘肃的横断山脉和千里岷山，每当遇到悬崖峭壁或雨雪天气路滑难行，都是向导们在前开路，确认没有危险了，再让我通过。

越是接近终点，越是心潮澎湃，越是难忘沿途为我付出了辛劳的父老乡亲。**向导中年纪最大的是71岁的湖南蓝山退伍老红军曾德明，最小的是只有6岁的四川红原县尹鑫。**这个小孩，冒着风雨，为我引路6里多。我还难忘贵州黎平县宣传干事韩鸿周：他为了在湘黔边界上接我进贵州，在荒无人烟、冰冻三尺的大山中，孤身一人等了我十多个小时，不幸被冻伤。后虽被侗族乡亲发现救起，但一条受伤的腿被冻坏，落下了终身残疾。我忘不了为我能安全走出雪山草地而推迟3个月婚期的藏族好兄弟丹泊。我也忘不了遵义的刘中宝：他伴我四渡赤水，南渡乌江，跋涉乌蒙山区。等他三个月后把我送到云贵交界，回到遵义时，热恋的姑娘提出同他分手。一个月前，我在哈达铺收到了刘中宝的来信，他说已离开了遵义这块伤心之地，去东北另找工作。

想记的实在太多太多，记着记着，双眼浸满了泪水……我只能再写一次：沿途曾帮助和支持我的父老乡亲，谢谢你们，我永远忘不了你们！沿红军长征路徒步采访，虽然只有两天就要结束了，但你们的深情厚意，将永远铭刻在我的心中。

1985年10月18日　雨
吴旗县沙坬子村

越往黄土高原深处走，越觉得山高沟深，不成其“原”了。据史料记载，地处黄河流域的陕甘宁，古时植被是十分茂盛的，周秦以前的陕北还是“林草并茂”。秦汉时期由于过度开垦，草原受到了严重破坏。到了唐宋，草原面积日益缩小，人们开始迁往森林地带。明清以来，滥垦滥伐有增无减，草场被开垦殆尽，森林受到毁灭性破坏。以后水土流失日益加剧，广阔平坦的原野逐渐变成了支离破碎的千沟万壑。

今天从庙沟走到沙坬子，沿途平地不多，到处是大小沟壑。崎岖的羊肠小路十分难走，翻一条深沟至少需一个小时。和我同行的是从300多里外赶来的《延安日报》记者赵卫东、延安地区广播局李志强。他们既当向导，

▶作者快走到吴起镇的前一天，即1985年10月18日，在庙沟的一个小山包上了解一位专业户的苦衷。

▲陕北民居。

又当挑夫，夜里还为我誊抄稿件。今夜，他们在烛光下采访了我。我们谈了很久，蜡烛点去了两根，但他们仍不肯去睡，还要继续采访。此刻，我想说的话很多，但又不知道从何说起，我最想说的是四句话：没有安岗这样大气魄的总编辑，我不可能有机会走长征路；没有沿途那么多人的支持、帮助和老红军的关心、鼓励，我不可能走通长征路；没有报社各位领导、各部门处处为我着想和沿途兄弟记者站的周密安排，本报头版“来自长征路上的报告”的专栏不可能坚持一年多；可惜的是自身的业务和身体素质较差，稿件大多没有写好。

刚才，赵卫东说我谦虚，其实我说的都是心里话。长征，在历史上是前所未有的，早已成为不朽的英雄史诗。它不仅是我党我军的光荣和骄傲，也是中国无产阶级和中华民族的光荣和骄傲，在国内外产生了深远的影响。斯诺在《西行漫记》一书中写道：

“不论你对红军有什么看法，对他们的政治立场有什么看法……，但是不能不承认他们的长征是军事史上伟大的业绩之一。”“与此相比，汉尼拨经过阿尔卑斯山的行军看上去像一场假日远足。另外一个比较有意思的比较是拿破仑从莫斯科的溃败，但当时他的大军已完全溃不成军，军心涣散。”**“在某种意义上来说，这次大规模的转移是历史上最盛大的武装巡回宣传。”是“激动人心的远征史诗”。史沫特莱在《伟大的道路》一书中称赞说：“长征是军事史上独一无二的事件。”**对于这一在中国和世界军事史上独一无二的事件，我能有机会沿着当年事件发生、进行到胜利的原路完全走了一遍，确实是一大幸事，但留下的遗憾也很多，如深入调查不够，如事前研究不够等。从记者的职业要求来看，我对沿途日新月异的变化，报道得也不够。惟一能安慰自己的是：已经尽了最大的努力，终于把红军走过的原路走通了。

1985年10月19 雪
陕西吴起镇

十月里来秋风凉，中央红军远征忙，
星夜渡过于都河，古陂新田打胜仗。
十一月走湖南，宜临蓝道一齐占（注），
冲破两道封锁线，吓得何键狗胆寒。
十二月里过湘江，广西军阀大恐慌，
四道封锁线都突破，势如破竹谁敢当。
一月里来梅花香，打进贵州过乌江，
连占黔北十数县，红军威名天下扬。
二月里来到扎西，部队改编好整齐，
发展川南游击队，扩大红军三千几。
三月打回贵州省，二次占领遵义城，
打坍王家烈八个团，消灭薛吴两师兵。
四月里来向南进，打了贵阳打昆明，
巧妙渡过金沙江，浩浩荡荡蜀中行。
五月里来泸定桥，刘文辉打得如飞跑，
大渡河天险从容过，十七个英雄姓名标。
六月里来天气热，夹金山上还积雪，
一四两个方面军，懋功取得大会合。
七月进入川西北，黑水芦花青稞麦，
艰苦奋斗为哪个，为了抗日救中国。
八月继续向前进，雪山行军不怕冷，
草地从来少人过，无坚不摧是红军。

九月出发潘州城，陕甘支队东北行，
腊子口渭河安然过，打了步兵打骑兵。
二万里长征到陕北，南北红军大会合，
粉碎敌人新围剿，统一人民救中国。

（注：“宜”指宜章，“临”指临武，“蓝”指蓝山，“道”指道州。）

上面的文字，是半个世纪前的10月，陆定一、贾拓夫合编于吴起镇的《长征歌》。50年后的今天早上，我从沙坬子村起程，沿着中央红军进军路线，向吴起镇进发。

雪花在飘扬，路程在缩短，离吴起镇只有20多里了。这时，沙坬子村金玲小姑娘的父亲骑着自行车赶了上来。他叮嘱我当心路滑，然后就飞骑赶到前面的河边。这是一条水流很急的小河。我来到河边时，只见他正在急流里拣石头，垒磴子。原来昨夜下过大雨，河水上涨，他担心我过河困难。我踏着石磴过了河，紧紧握着他冻紫的双手，连声道谢。他摇摇头，深情地对我说：“两万五千里的终点就要到了，前面再也没山没水拦着你了，你放心走吧！”

吴起镇地处陕甘两省交界处，北与当时的定边县苏区接壤，东南与赤安县（即原保安县，今志丹县）苏区相连，是西北（包括陕甘边区和陕北）革命根据地的边缘地区。半个世纪前的10月19日上午，红军一纵队先期到达吴起。下午，二、三纵队行进到吴起镇以西的王畔子村时，尾追的敌人骑兵突然奔袭而来，截断了三纵队后卫团的两个连及收容队。这两个连的战士都是富有战斗经验的干部团学员。他们沉着应战，很快击退了敌人，在天黑前赶上了纵队主力。到傍晚，中央领导机关和毛泽东等中央领导全部进入了吴起镇。

吴起镇是洛河的发源地，历史悠久。相传它先属夏朝九州之一的雍州，后以战国初期魏国大将吴起的名字命其名。红军到达前，吴起没有设县，只称吴起镇。1942年，陕甘宁边区政府决定成立吴旗县，县城设在吴旗镇。据史料记载，150多年前，这个镇“一月九集市”，集市贸易十分繁盛。清朝咸丰五年（公元1855年）洪水为患，街道被冲殆尽；后来又屡遭战乱，镇子实际上已不存在，仅余镇名。红军到达时，这里已变成只剩七户半人家（有一家是光棍）的小山村了。如今的吴起镇，已经有7500多居民。当我走到当年

▲1985 年 10 月 19 日，作者结束了 1 年零 3 天的徒步采访行程，和 50 年前中央红军的同样时刻到达陕北长征终点。这是作者行进在吴旗镇前的洛源桥上。作者走到陕北吴起镇时，赶来采访的国内外记者有 50 多家，右二为陕西电台记者赶来采访。（尹大明摄）

赤卫军欢迎红军前卫部队的枣树湾时，即已看到了吴旗县城，正掩映在白杨树丛中。红军当年渡过的头道川、乱石头川两条河的交汇处，已架起一座100米长、十多米宽的新桥。县长朱根武和县委副书记张儒生在桥边告诉我，要进吴旗城，先过这道河。这座桥叫洛源桥，是今天刚落成剪彩的。

走进县城，看到好多座三四层高的楼房，楼后有窑，窑上盖房，房后搭棚，布局显得井井有条。街上人来人往，大姑娘、小媳妇穿红挂绿，小伙子穿着制服，一派朝气蓬勃的景象：这里正在举行红军长征到达吴起镇50周年的纪念活动。

我刚在一家窑洞前停下，吴旗县县长朱根武、党史办主任李海生、宣传部副部长李志清和广播局白晓云、白晓玲等就分头给我送来了100多件全

国各地读者的信件和电报。当我读到瑞金县委县政府的贺电时，我流下热泪，电报上写着："开富同志，我们热烈祝贺您胜利完成长征路徒步采访任务，我们再一次用红军喝过的米酒为您祝贺。"

二万五千里终于走完了，而且是按50年前中央红军长征的同一时间和同一地点完成的。今天，我激动得不知是否喝了水，是否吃了药。夜深了，现在静下来，才发现脚上还穿着满是泥水的解放鞋和毛袜子，已被我的皮肤烘干了。多日来，都是在蜡烛和煤油灯下熬夜写东西的，现在看着15瓦的灯泡，直觉得晃眼。打开日记本，不知道写什么好。白天，我从来自北京、西安、延安等地专程来看望我的同志口中得知，各级领导和本报的安总，还有外国记者，都在延安等着我。心里很激动，但又局促不安：真不知该怎样向他们汇报。

天快亮了，我还是睡不着，坐在灯下，翻阅着有关史料、书籍等。忽然眼前一亮：我在《聂荣臻回忆录》和杨成武《忆长征》等书上，看到了毛泽东在长征胜利时的总结讲话。我决定把讲话抄录下来，作为日记的结束语。

50年前的今天，毛泽东、彭德怀等中央领导率陕甘支队进驻吴起镇后，又于10月30日率军离开吴起镇，11月2日到达下寺湾，11月4日到达桥庄，11月5日到达象鼻子湾。中央在象鼻子湾召开了全军会议，毛泽东、周恩来、彭德怀等领导参加了会议（11月4日，洛甫（张闻天）、博古（秦邦宪）率领中央机关前往瓦窑堡，未参加会），会上，毛泽东在热烈的掌声中对长征作了总结。他说：

“从瑞金算起，十二个月零二天，共三百六十七天，战斗不超过三十五天，休息不超过六十五天，行军约二百六十七天，如果夜行军也计算在内，就不止二百六十七天。”然后，他扳着手指头说：“我们走过了闽、赣、粤、湘、黔、桂、滇、川、康、甘、陕，共十一个省，根据一军团的统计，最多的走了二万五千里，这确实是一次远征，一次名副其实的、前所未有的长征！”

二万五千里中，红军占领了几十个中小城镇，筹款数百万元。扩红数千人，建立了数百个县、区的苏维埃政府，我们走遍了五岭山脉、苗山、雷公山、娄山、云雾山、大凉山、六盘山，渡过了于都河、信丰河、潇水、湘水、清水江、乌江、赤水河、北盘江、金沙江、大渡河、白龙江、渭水河，经过了苗、瑶、彝、回、藏等兄弟民族地区。我们完成的空前伟大的远征，是历史上从来没有过的。

▼作者徒步采访长征路归来时，在报社大门口受到安岗（右一）总编辑等人的欢迎。

“长征是历史记录上的第一次，长征是宣言书，长征是宣传队，长征是播种机。自从盘古开天地，三皇五帝到于今，历史上曾经有过我们这样的长征吗？十二个月光阴中间，天上每日几十架飞机侦察轰炸，地下几十万大军围追堵截，路上遇着了数不尽的艰难险阻，我们却开动了每人的两只脚，长驱二万余里，纵横十一个省。请问历史上曾有过我们这样的长征么？没有，从来没有的。长征又是宣言书。他向全世界宣告，红军是英雄好汉，帝国主义者和他们的走狗蒋介石等辈则是完全无用的。长征宣告了帝国主义和蒋介石围追堵截的破产。长征又是宣传队。他向十一个省内大约两万万人民宣布，只有红军的道路，才是解放他们的道路。不因此一举，那么广大的民众怎会如此迅速的知道世界上还有红军这样一篇大道理呢？长征又是播种机。他散布了许多种子在十一省内，发芽、长叶、开花、结果，将来是会有收获的。总而言之，长征是以我们的胜利、敌人失败的结果而告结束。**谁使长征胜利的呢？是共产党。没有共产党，这样的长征是不可能设想的。**中国共产党，他的领导机关，他的干部，他的党员，是不怕任何艰难困苦的。谁怀疑我们领导革命战争的能力，谁就会陷进机会主义的泥坑里去……”

“同志们，**长征我们胜利了，但是损失也是巨大的，中央红军从江西苏区出发时有十万人，现在大约只剩下一万人了，人数虽少些，但留下的都是中国革命的精华。现在中央红军又与陕北红军、陕北人民一起，担负着更艰巨的任务，我们今后要更好地团结一起，共同完成中国革命！”**

附录

罗开富同志沿红军长征路线徒步采访，并把他每天所写的《来自长征路上的报告》刊登在经济日报上，他的举动和文章引起社会强烈反响。当时，国内外许多报刊、电视和广播中都对此事作了刊播，现转载其中一部分报刊文章、摘录部分读者信函，以飨读者。

附录一：社会反响——部分媒体文章转载

附录二：读者反馈——部分信件信函摘录

附录一

社会反响

——部分媒体文章转载

这是一本相当不凡的新闻集

这是一本相当不凡的新闻集。

说它不凡，是指它突破了新闻采访写作的一些常规。

罗开富同志是一位中年记者，他用一年时间走了两万五千里的长征路，每天发给编辑部一篇新闻。读者天天看，从而认识他，喜欢他。

现在，新闻集出版了，在祝贺的同时也联想到一些新闻改革的问题。

我们不是缺少名记者吗？名记者是可以培养出来的。办法之一就是放手让记者到困难的地方去，到矛盾尖锐和情况复杂的地方去，到党、国家和人民需要了解情况的地方去，到人民最需要上下通气的地方去。给记者一点主动权，让他去倾听，去观察，去对话，去思索，然后写成新闻，让广大读者评价记者作品的社会效果。凡是读者认可的，就有可能成为名记者。一张报纸，一年出一两个这样的记者，大概是可能的。

我们报纸不是因为题材狭窄、公式化、缺少特色而作难吗？靠给记者压任务、定指标、下定额，都解决不了问题。如果放手让记者根据党的路线、方针、政策，按照实际情况决定写什么和怎样写，鼓励他们勇敢而准确地反映人民的呼声和愿望，真实地把群众的喜怒哀乐写了出来。记者把自己干的新闻工作同自己的理想、追求和奋斗目标结成一体。记者发挥了自己的优势和特长，必然会给报纸增加特色。

新闻改革意味着在各个方面的突破。允许人在自己的岗位上冒尖，就是一种突破。我们办报不能容忍平庸和千人一面。要办出特色，就要敢于放手让自己队伍的尖子冒出来，不管他是有文凭还是没有文凭。没有尖子就没有报纸的特色。而特点，在一定意义上可以称之为一张报纸的生命。新闻改革，应当着眼在建立名记者、名评论员、名编辑、名通讯员的队伍。这是一门硬功夫。报纸的特点只有靠人去创造。

有位同行问我，如何评价索尔斯伯里的《长征新记》和中国记者的长征报告。我说，第一不要去比。索是老前辈，是世界的名记者。他写长征的重点是写中国共产党在长征时期的政治的思想的斗争。他运用材料的方法和取得材料的来源是独特的，在许多方面值得学习和思考。第二中国记者也有自己的特点和长处。**一个人一步一步走了两万五千里长征路，用新闻形式再现当年红军伟大的长征，从而填补了历史上没有报纸对红军作系统的真实报导的空白。也反击了当年反动派在报纸上对红军长征的污蔑和歪曲。同时，再现长征历史的新闻会给今天进行四化新长征的人以启示。**更有现实意义的是，走长征路，采访了中国西部（西南和西北地区）。党的三中全会以来这个地区有了进步和发展，人民是高兴的。但是，许多地方仍然贫困和落后，还有妨碍商品经济发展和人民致富的各种因素。为中国西部经济、文化的开发大声疾呼，是时代对记者对舆论界提出的严峻课题。我们能为参加这一工作而感到自豪。

一个记者徒步走两万五千里路有没有必要？对于持怀疑态度的同志，只能这样劝告：请把这本新闻集从头看到尾吧，相信会得出有益的结论。

愿今后有更多的记者到中国西部、到祖国名川大山、到贫困地区采访，多有几部书出版。

安岗

1986年11月于北京

开富，祝贺你！

——致罗开富同志的慰问电

开富：

听说你已胜利翻越夹金山，大家很高兴，热烈祝贺你！当年英雄红军走过的雪山，又由你在走完一万六千里长征路之后徒步走过来。全国新闻界为有你这样的一位战士而自豪。

你沿着红军长征路线已经走了二百四十多天，每天你的一篇报道，牵动着许许多多读者的心。报社全体职工强烈感受到你的伟大共产主义理想和艰苦顽强的拼搏精神。我们要向你学习。

雪山过去了，前进路上还有草地，还有险关，还会有这样那样的困难。请善自保重。继续发扬红军的大无畏英雄气概，征服困难，走完全程，胜利到达目的地。“六盘山上高峰，红旗漫卷西风”，愿红旗为你引路，愿当年的伟大的长征不断为你增添力量。荣誉属于忠诚于党的新闻事业的战士！

经济日报社全体同志

1985年6月20日

新长征　新启示

庹震

新闻界评论说，他是在一年时间里行程最远，发稿最多的记者；

他说，这是我二十年记者生涯中收获最多的一年；

日本记者加藤千洋说，在中国，不，在世界上今天用“脚”长途采访的记者，可说就是他了；

他说，很辛苦，也很愉快，我的成功是和全国读者与沿途群众的鼓励、帮助所分不开的。

他，就是《经济日报》记者罗开富——一个一年时间走完二万五千里路、发稿三百多篇的全国优秀新闻工作者。

人生的道路曲折而漫长，闪光的时刻往往是瞬间。对一个人来说，一生可以闪几次呢？他的路：荆棘，荒野，雪山，草地，泥沼……他所写文章的主人翁：老革命家、红军战士、普通老百姓……罗开富用笔和脚，将闪光镌刻在1985年的时轮上。

现在，罗开富这个名字叫响了，他成了名人。工人、农民、战士、教师、学生都知道他，烈士后代、港澳同胞也知道他。而他却对人说，我还是我，一个党和人民培养多年的普通记者。给我新的任务吧！

有人说，都八十年代了，用“脚板”采访，汽车、飞机不坐，值得吗？爬行在崎岖山道上的罗开富喘着粗气、饿着肚子、擦着汗水说：“值得，我找到了红军精神！”

是的，罗开富发表的一篇篇“来自长征路上的报告”，为人们再现了红军精神，使人们亲切地感到红军精神犹在，激励着亿万人民在发扬红军精神，建设社会主义四个现代化的新长征中有所作为！

从某种意义上说，新闻是有价值的，它对社会心理的向导和民族意识的转换起着一定的作用。也正是从罗开富采写的这一篇篇新闻稿中，从这些新闻稿带来的社会反响上，使我们对新闻的作用和功能、新闻的社会心理效应等问题的认识有了新的启示。

我们还从罗开富同志身上真切地感受到：一个优秀的记者，应是脚踏实地，不畏艰险，全心全意为人民服务的记者。“艰苦奋斗炼就第一流记者，深入实际写脚底板新闻”，这应该是对罗开富的高度评价，也应是对广大新闻工作者的有力鞭策。

刊于《新闻三味》1985年第12期

他是真正的“干人”

——记在长征路上采访的罗开富

新华社记者　姜军

一

假令每张《经济日报》拥有五名读者，那么，就应有将近一千万人熟悉罗开富这个名字。从去年10月17日起，人们差不多每天都在《经济日报》一版下半部分的一个固定栏目里读到他的文章。这个栏目就是：《来自长征路上的报告》。

也是在去年10月17日《经济日报》刊载一篇《为罗开富送行》的小言论，向读者宣布：罗开富将徒步跋涉二万五千里长征路，“深入报道当地经济建设的成就，以及当地人民群众如何继承革命传统，开创新的生活和精神面貌，并反映他们的要求和呼声”。文中还说：“我们不忘过去，要从50年前中国工农红军的长征中汲取勇气、力量和智慧。”

或许有人记得，去年6月14日，胡耀邦同志在会见美国《纽约时报》著名专栏作家哈里森·索尔兹伯里时，说了这样一句话：“中国虽然正在进行现代化建设的新长征，人们依然可以从中国红军的长征中汲取勇气、力量和智慧。”

长征是中国革命的伟绩，中国共产党人的骄傲。索尔兹伯里年高76岁，已沿长征的部分路线采访了一万一千公里，准备写一部有关红军长征的书。我们也应该有自己的记者循着这条可歌可泣的历史轨迹，进行深入细致的采访报道。

1984年10月16日，《经济日报》42岁的记者罗开富，背着一大包资料及日常用具，从江西瑞金开步出发了。50年前的这一天，中国工农红军中央纵队的部分人马也是从这里迈出万里长征的第一步的。

伴随着罗开富的脚步，生动而有内容的稿件源源而来。越来越多的读者一拿到当天的《经济日报》，目光便首先投向一版下部分那块别具特色的专栏，他们从中看到一幕幕历史，一幅幅现状，听到了喜悦的倾诉和急切的呼吁。到今年2月10日我在云南威信县找到罗开富为止，他已行程七千里，采写报道百余篇了。

二

我握住罗开富的手，觉得他的手软弱无力。他面容黑瘦，颧骨高耸。陪同的同志说，他因为每天走山路，大量出汗，汗衫上已看不到白色盐渍，用舌头舔舔，一点咸味也没有了。

罗开富疲惫不堪地斜靠在床上，说："咱们是同行，实话告诉你，我身体现在虚得很，累得头直晃。"

我为他担忧，还有一万八千里呀！

他说："当然，人是血肉之躯，吃的五谷杂粮。但是我有信心。"

威信县医院给他输了三个下午的盐水。2月12日，离开威信时，他露出了笑容——那种战士的自信的笑容。

我还看到了从未见过的一幕：晨雾中，威信县县长手捧一面仿制的红军军旗，一位盛装的苗家妇女捧着色彩鲜丽的苗族绣花衣裳和飘带，郑重地交给罗开富，并用美好的言辞祝他走完长征路。县医院一位年轻医生送给罗开富两百袋专配的保健饮料。接着，罗开富穿着一双当地老红军战士赠送的草鞋，向众人告别。人们执意一送再送，罗开富千辞万谢，最后留下七八人立在坡下目送罗开富远去。县委副书记、副县长等四五人坚持一直送到20多里路外的四川境内。四川的几位同志又早已在半路上等候，一阵欢呼，迎了上来。

老罗悄悄对我说："看到了吧，这就是人民对红军的感情。一个罗开富有什么了不起？没有他们，我连这儿也走不到。"

三

上山的时候，罗开富总是走在第一个。

他有时用手杖戳着路边的一些绿茵茵的野菜，叫出它们的名字，把它们说得像佳肴名馔一样馋人。他会坐在老百姓的火炉旁，一边脱下鞋袜烤脚，一边和老大妈亲亲热热地聊天。我见到他吃的最香的一顿饭，是在一家不相识的农民家“讨”的炒剩饭，还有一大碗酸菜汤，几根红辣椒。他一连吃了三大碗饭，而同行的另一位同志却觉得难以下咽。

《经济日报》总编辑安岗称他为“真正的干人”（“干人”，是旧时贵州一带对穷人的称呼）。他的名字“开富”，富有“开门见富”的意思，这是上小学时，老师见他破衣烂衫的可怜，好心替他取的。编辑部之所以派他进行这次“长征”采访，看重的正是他出身“干人”的优点：能吃苦；对人民有强烈的感情。

在广西2000多米高的飞鸟难见的老山界上，他累饿交加，饥不择食，只好吞吃随身带的罗汉果止咳冲剂、速效感冒片和生姜晶，只剩下一包酵母片不敢吃掉。

然而真正漫长和无可避免的磨难并不是这些。

从江西瑞金到陕北吴起的二万五千里路程绝大部分是山路。罗开富已经在这不到三分之一的山路上拄断了一根竹杖，摔坏了一架照相机，挫伤了左腿膝关节软组织，半路换的一条铁手杖，也生生磨短了一寸。

乌蒙山区的山路，差不多总是泥泞的。上山时，心脏猛烈地跳动，大口地喘息。老罗说：“谁嘴巴长得小谁倒霉。”汗水一层一层地湿透衣裤，但路稍一平缓，冷风吹来，又要赶紧把脱下的羽绒服裹紧；下山路滑，神经十分紧张，一个趔趄一身汗；一步踩滑，就手舞足蹈，老罗称之为“跳舞”。他的腿挫伤过，一下坡就疼痛不已。等傍晚到了目的地，浑身一放松，疲劳袭来，话都不愿说，凉湿的内衣紧贴身上寒噤阵阵。

这正是罗开富采访、写作的时候。深夜一两点钟，湿衣尚未捂干，又去捂又冷又潮的被窝。次日凌晨7时许，被窝正好温热，可是又该起身去继续“长征”了。

在遵义，专程赶来采访的日本《朝日新闻》记者加藤千洋曾问过罗开富：“你现在最大的困难是什么？”

老罗答道：“睡眠不足。”

在遵义时，前来看望他的总编辑硬拖他去看一场电影，放松一下。片名还没有映出，他已沉沉入睡了。

四

睡眠不足，干劲却十足。“干人”对人民有感情，他忘不了自己的使命。

罗开富是个谈笑风生、诙谐百出的人，在最泥泞难行的路途中，他会自编一套他所谓的“单口相声”，一面模仿一种虚伪而自私的官僚腔调，一面加以冷潮热骂，把我们逗得乐不可支，忘掉了一身困乏。他以前和妻子一起散步时，常常逗得他妻子笑着蹲在路边起不来。

得到他的允许，我看到了他的妻女辗转寄来的几封信，满纸是思念之情。他不是铁石心肠人，总编辑到湖南看望他时，伴行多日的同志洒泪别去时，他都落泪了。谈到妻子和女儿，他也深深动情。但离家百余日，他只寄回三封信。哪有时间啊！

他的时间和感情，绝大部分已经奉献出去了。他奔走、跋涉，他苦苦思索；他拖着疲乏之身采访，采来欢欣与忧虑；他半夜振笔疾书，写出感怀和期待：“有粮有猪有竹子，缺钱缺肉缺筷子”（江西大余县），“收取五花八门费，苦了卖猪售粮人”（广东南雄县），“信息隔山外，毛竹烂山里”（湖南汝城县），“富裕农民有远见，请教师，办学堂；翁安教育经费缺、少桌凳、多危房”（贵州翁安县），“采访落水，更知群众过河难；计划造桥，寒暑两易未落实”（四川叙永县）……

在一篇题为“半岩鸡的启示”的报道中，他写到一种三百多年培育历史和独特营养价值的鸡。那是在2月13日中午，我们走到四川叙永县分水区的枧槽苗族乡。午饭后，乡里同志告诉我们，他们有个丰岩村，据传说吃了那里的鸡可以长寿。经县有关部门鉴定，那种鸡确有一些特殊营养价值，丰岩村里高寿的人也确实比较多。他们说，刚才我们吃的就是丰岩乌骨鸡。

罗开富十分注意地听着，并刨根问底。那天我们要走110多里路，中午又匆匆上路了。走出一百多米，老罗忽然转身叫住送行的人，高一脚低一脚地跑回去，说道：“希望你们回去请些懂管理的人好好经营一下丰岩鸡，把它作为你们乡的拳头产品打出去。我看到你们这里资源都很丰富，但交通跟不上，老百姓家底又薄，最好能用一些容易见效的办法积累资金。丰岩鸡就是一大优势，很容易发展。”他抓住对方的胳臂，恳切地说：“我的意见不一定对，但我的心是热的。我可以帮你们在报纸上扬一扬名，你们自己千万要重视起来！”

他的心是热的，温热如熨；有时又是“冷”的，“冷”得不近人情。在四川古蔺县，听说有位省里的总经理下来一趟，竟要县委、县政府、人大常委和政协“四套班子”去接时，他拍案而起；在贵州翁安县某区，吃一顿早饭，有二十来人作陪，还摆了两桌酒席，他一怒之下，拂袖而去。

“老百姓最恨那些拿人民的钱吃吃喝喝的家伙！”他恨恨地说。原来“干人”感情的冷热和老百姓是相通的。

五

《经济日报》编辑部不曾想到，罗开富自己也不曾想到，沿长征路徒步采访这一举动会在社会上引起那么强烈的反响。

许多老红军热情为罗开富题词、题诗、赠书或发表谈话。中央军委常务副主席杨尚昆说道：“苏联作家绥拉菲莫维奇写了一部《铁流》，在世界上有影响。……长征是更伟大的铁流，写长征很有意义。”全国政协副主席杨成武把自己写的《忆长征》一书赠给长征路上的罗开富。全国政协委员谢飞代表邓颖超、蔡畅、康克清等当年红一方面军的15名长征女战士激动地说：“悠悠五十载，沧海变桑田。可那些在革命最艰难的时候帮助过红军的父老母亲们，我们没有忘记。请罗开富同志捎句话：我们也想念大爷、大娘、大哥、大嫂们！”

有关部门和社会各界也纷纷提供支持和援助。中国人民保险公司为罗开富办理人身意外伤害保险，通知罗开富沿途经过的各地保险分支机构积极为他的健康和安全提供保障，并为他的采访工作和生活提供便利。中国农业银行发出通知，罗开富在沿途可按特殊规定手续随时到各县支行预借所需费用。邮电部电信总局向有关省、市、自治区及其所属邮电部门发出公电，要求为罗开富提供电讯特别服务。

广州电冰箱工业公司和广州软管厂向罗开富赠送了太空衣、羽绒背心、长征鞋、电筒电池、洁银牙膏和生力饮料；广州南方橡胶厂赠送了出口的优质运动鞋；天津运动鞋厂送来了为罗开富特制的旅游鞋。

至于沿途人民满怀深情地送给在北京的老红军、送给《经济日报》编辑部的以及送给罗开富本人的大大小小的纪念品，简直是难以数计，我在罗开富那里看到一份准备寄回编辑部的清单，是今年元月6日至2月16日这40天里收到的纪念品的登记单，密密麻麻地写满了一张信笺。

善于重温历史的民族是一个成熟的民族。罗开富，这位全国一级优秀新闻工作者、《经济日报》驻云南记者站前站长，他就适时地表现了这种可贵的民族意识。

作为一个记者，罗开富对自己的《来自长征路上的报告》并不满意。他希望能够写得再“深”一点，试了几次，仍是摇头，深为苦恼。他必须在今年10月19日走到陕北吴旗县，即50年前中央红军与陕北红军胜利会师的吴起镇。走路与写文章，时间都很紧，这个矛盾，如何处理呢？

“五岭逶迤腾细浪，乌蒙磅礴走泥丸”。走过了这一段，前面还有更为难行的横断山脉、雪山草地。路正长，文章也正长。罗壮士，前程保重，祝愿你写好中国新闻史上这值得纪念的一页！

刊于1985年《中国记者》第三期

日本记者笔下的罗开富

翟滨　康健　译

《经济日报》编者按：日本《朝日新闻》（晚刊）1985年2月15日在第三版用相当大的篇幅，刊登了该报驻北京记者加藤千洋访问本报记者罗开富的长篇报道，题目是《向“长征”之路挑战——中国经济日报记者罗君》。全文如下：

在中国，不，在世界上今天用“脚”长途采访的记者，可说就是他了。

42岁的罗开富，是总社在北京的中国全国性的经济报纸《经济日报》云南记者站的记者。他的雄心，是用一年的时间，单身独步走中国革命史上著名的中国红军长征之路。这条路长达一万二千五百公里，是比横贯美国大陆一个来回还要长的路程，而且山峦重叠、谷深流急、草地潮湿，再加还要沿途采访，每天向北京用电报发稿，真可谓是一条辛苦的旅程。

他的出发地是中国南方，当年红军根据地江西瑞金。去年10月16日，也就是50年前毛泽东、周恩来等中共革命家和红军战士长征出发的当天，罗开富的“新长征”开始了。

随后，他穿过湖南、广东两省，越过广西壮族自治区的崇山峻岭，到达了曾做过“三个月红军首府”的贵州省遵义市。我就是今年1月末在这里找到罗记者的。

“为什么现在要‘长征’?”我问。

“在云南时，我有一些在山区少数民族地区采访的经验，再说我正当年，在报社可以说是身强力壮的，是善于步行喽。”罗记者用脚敲着地，笑了。

罗记者是两年前开始构思“长征”计划的，随后他收集了不少有关资料和地图，做了必要的准备，并向报社提出了方案。去年6月，中共中央总书记胡耀邦在会见为采写中国红军长征而访华的《纽约时报》记者索尔兹伯里时说：“中国虽然正在进行现代化建设的新长征，人们依然可以从中国红军长征中汲取勇气、力量和智慧。”报社总编辑安岗听到这个消息后，很快批准了罗开富的“新长征”计划。

“当然，现代化建设的‘长征’与红军战士的困难相比，性质完全不同。但红军不屈不挠的奋进精神，永远是我们学习的榜样。再说，老根据地和长征沿途人民今天的生活变得怎样了？他们对党中央有哪些要求、建议？等等，这些都是我所希望采访的。”

他说，在中国农村，由于实行了“劳动致富”的生产责任制，很多土地肥沃、耕作条件好的农村，不断涌现“万元户”，出现一派形势大好的佳话。可是那些条件不好的山区情况如何？作为记者，实在有必要实地了解。

罗记者每天的日程排得极满。他上午7点起床，7点半吃早饭，然后去附近邮局打电报发稿，随后就上路了。中午他在沿途的老乡家吃饭，这是绝好的采访机会。下午继续步行到日落，每天平均要走35公里。

晚7点左右，在老乡家边吃饭边采访。他一般是在夜深人静的11点后开始写稿，“因为笔头慢”，所以常耗到凌晨2点。

“那你每天只能睡三四个小时啊？”

“和背着沉重的武器装备与行李，连夜间也要行军的红军比，这可是上了‘天堂’呢！不过我还是因为睡眠不够，发过三回烧，脚上磨了泡，疼的滋味不好受……”罗记者说，为了不让血泡妨碍走路，他就把感冒时用过的口罩裹在流血的脚上，坚持前进。

罗记者介绍说：“看来还是交通不便的山区生活变化缓慢。但基本上都通了电，以前吃的是玉米杂粮，如今全都换了大米。有的农民还买了电视，可惜高山挡住了电波，无法收看。在贵州的一个苗族山村，五六十个姑娘穿上了最好的衣服，把我送到村头。”

罗记者发回的《来自长征路上的报告》，每天在发行量二百万份的《经济日报》一版上连续刊登。有报道山村副业生产活跃起来的，有呼吁尽快制订措施、防止乱砍滥伐山林的，还有描述夜市的热闹场面的，等等。

他的报道很有读者。罗记者有时刚到村里，就收到不相识的人寄来的邮包，里边有手工织的袜子和激励他的书信等。送给他的东西多是旅行用品，鸭绒坎肩、运动服、登山鞋等等，多是广东省的读者和报社同事们送的。他那根非常好使的铁手杖和珍重地放在书包里的布鞋，是一位曾迎送过红军的70多岁的老人送给他的。

在遵义，罗记者受到安岗总编辑和从云南来的夫人鲁萍的慰问。夫人为烟瘾很大的丈夫带来了云南特产的香烟和衬衣，还有十三岁的独生女儿菲菲的亲笔信。

遵义是1935年1月15日至17日中共中央政治局召开扩大会议即“遵义会议”的地方。在这次历史性的会议上，结束了王明（陈绍禹）左倾路线的统治，确立了毛泽东的领导地位。

为纪念“遵义会议”50周年，30米高的红军烈士纪念塔最近在市内建成。罗记者带我走在这条街上，一边为我当向导，一边介绍了他从前的生活经历。他出生在浙江省湖州一个贫农家里，7岁时家乡解放，在当时的童心里充满了喜悦，“因为自己非常爱红军，高中毕业后，我就参加了人民解放军”。

红军到了遵义，长征仅仅走完四分之一的路程，而这以后的路才是最艰难的。要飞越长江上游的金沙江和大渡河，还必须爬过5座四川境内海拔5000米的大雪山。他的报道已经写了9万字，相当于长篇小说的一个分册。

他说：“如果身体不出问题，我将在今年的10月19日，也就是红军第一方面军到达长征目的地的同一天，到达我这次‘长征’的终点——陕西省延安市附近的吴起镇。”

在山边的一条小道旁，我拿过罗记者汗渍斑斑的采访笔记本，写上了一行我的临别赠言：“一路平安。”

原载《经济日报》1985年3月7日

单身独步“长征”路

方译

《经济日报》编者按：此文原载日本11月4日《朝日新闻》，是该报驻北京记者加藤在延安采访本报记者罗开富后写的，应读者要求，全文译载如下：

延安（中国　陕西省）11月3日电　加藤特派员　彪炳史册的中国工农红军二万五千里长征之路，被一位中国记者用一年的时间征服了。这位记者就是《经济日报》的罗开富（四十三岁）。在此之前，他用细致的笔触描绘了沿途山村市镇的变化，每天用电报或电话发回编辑部，以“来自长征路上的报告”为题连载了三百多篇。中国新闻界公认他是“在一年时间内行程最远、发稿最多的记者”。

此番雄心勃勃的长征是去年10月16日从位于中国南部的江西省瑞金首程的。1934年的同一天，毛泽东、周恩来率领的长征部队从瑞金出发，作为主力的第一方面军于1935年10月19日到达延安西北部的陕西省吴旗县(当时叫吴起镇)。罗开富取同一路线，途中经江西、广东、湖南、广西、贵州、四川、云南、甘肃、宁夏、陕西等十省及自治区，直抵吴旗县。随后，并把采访的足迹延伸到抗日战争中中国共产党的根据地延安。

在延安，罗开富见到了先期到达的妻子鲁萍（三十八岁）和经济日报总编辑安岗。“很辛苦，也很愉快。”他说，“这是我二十年记者生涯中收获最多的一年”。

听上去很轻松，实际上他是尽了全力的。一路走的几乎全是山路，在如此恶劣的条件下，每天平均要走三十五公里，加上采访、写稿以及利用偏僻地区的通讯设施发稿，不胜其劳，体重从六十八公斤减至五十六公斤。每天只睡三四小时，肝脏和胃因而都受到影响。今年年初，罗开富在贵州省内的雪径上不慎摔折了右脚的趾骨，他是强忍着疼痛坚持到底的，真可说是“满身疮痍”的行军。

“我的成功，是和全国读者与沿途居民的鼓励、帮助分不开的。”罗开富说。回顾今年夏季越过的长征途中最大的难关——四川省腹地海拔近五千米的雪山以及荒无人迹的大草地——时，他着重强调了藏族青年向导的支持。

沿途收到读者来信二百余封。在吴旗县，更有包括当年长征参加者拍来的上百封贺电、贺信在等待他。

一路上，他采访了一千二百余人，采访笔记有十二本。拍摄了上千幅照片。沿途印象最深的是，“即使偏远的山村，衣食住问题也已基本解决。”“当然”，他接着说，“少数地区人均年收入仍只有一百二十元（约合一万日元），有些村落至今尚未通电。但我通过采访亲眼证实了：几百年来一直未能解决的基本生活问题，因这几年政策的改善而得到显著的改观。山区人民的心情是很振奋的”。

罗开富发回的报道，在发行二百万份的《经济日报》的头版，以花边形式连续刊出，随着刊出回目的增加，影响日益广泛，所载内容，并不纯粹是报喜，也有批评地方干部的官僚主义、国营商店的不正之风、深夜举宴、白日昏睡不起的村干部以及十名村干部中竟有三人是文盲、且又是高龄者，和中央“干部年轻化、知识化”相距甚远的现状等等。

罗开富总共发了三十多万字的稿子，相当于两部长篇小说的含量，《经济日报》拟在近期内把它和部分读者来信一起汇编出版。

原载《经济日报》1985年11月13日

附录二

读 者 反 馈

——部分信件信函摘录（以时间为序）

罗开富记者：

肖华同志的《长征组歌》，我找了一位同志抄了一份，供您参阅。抄的人字迹潦草，请谅。

与您接触时间很短，发现您有着许多优点，很值得我们学习。

你是建国三十五年最辛苦的记者，深望您保重身体，一路顺风，胜利达到目的！

致以

崇高的敬礼！

江西信丰县委办主任　黄育才

1984年10月24日深夜

罗叔叔：

……

黎平下着一片白茫茫的雪，你朝着白皑皑的雪（走去），挥手告离众人，走上了征途，我们的眼里流下泪水。你有着勇士的斗志，有着一股勇往直前的力量，在冰天雪地的路上，……冒着寒气刺骨的冷风，但愿上帝保佑你，平安到达。

湖南通道侗族自治县　张晓玲　唐利芳

1985年1月10日

各县委、州委各部委、州级各部门党组（党委）、省、州属企业单位党委（总支）：

《经济日报》记者罗开富同志受经济日报之派、受红军老战士之托，沿五十年前的红军长征路线全程徒步采访，于六月二十一日翻越夹金山到达我州，……途经小金、马尔康、红原、黑水、松潘、茂汶、若尔盖七县，采访两个多月，以大量的事实，朴实、生动地报道了雪山草地的昨天和今天，为雪山草地人民鼓与呼。到八月三十一日止，《经济日报》共发表了罗开富同志发自我州的报道四十八篇，牵动着全州七十三万各族干部和群众的心，鼓舞着我们发扬红军长征精神，克服各种困难，坚持改革，把红军走过的雪山草地建设得更加美好。

州委、州政府领导对罗开富同志来我州徒步采访十分重视……现将《罗开富同志在报道中对我州的批评、建议节录》发给你们，请将整改情况随时报告州委。

中共阿坝州委办公室、宣传部

1985年9月1日

日本《朝日新闻》1985年2月15日，在《向长征之路挑战》一文中写道："在中国，不，甚至在世界上今天用'脚'长途采访的记者，可说就是罗君了。"

日本《朝日新闻》记者　加藤千洋

1985年9月1日

罗开富同志：

咱们是素昧平生的同行，……我是您"来自长征路上的报告"专栏的忠实读者。从经济日报为您送行，直到您走完两万五，我每天的第一件事，就是打开《经济日报》，找罗开富。我时常担心，您的报道突然消失，留下一串省略号。怀着这样的心情，"跟踪"您一年多，终于盼来了您到达延安的消息，这使我欣喜异常。

山西工人日报　陈凤鸣

1985年12月2日

编辑同志：

每当我看罢贵报罗开富记者的报道，我的心总是久久不能平静……以他的精神为源泉，信心为动力，我这颗将要熄灭的火焰……经过他的重新点燃，会再重新燃烧起来的。……我们的罗开富记者，在你的精神鼓舞下，会有许多像我一样失去信心的青年在平凡的工作中做出不平凡的事迹。

河南唐河县　申英超

1986年1月10日

编辑同志：

……贵报记者罗开富同志沿红军长征路，进行艰苦的徒步采访——这在中国新闻史上是一大创举，将永留史册。……他的写作风度不凡，每篇报道有其独特的写作风味。看了罗开富同志的报道，给人一个感觉就是，历史——今日——现实浑然一体，阐述问题透彻，反映问题开门见山，看后使人解渴。

他的采访报道，不但是新闻，而且是一部翻天覆地的变化史，乃至三皇五帝以来华夏的变迁史，至少是五十年中国大地的变化史。

甘肃省西峰市　冯智慧

1986年1月14日晚11时

老罗：

真想你啊！大家一别，我每天都提心吊胆。感谢上帝，你总算成功了，我为你庆幸，也向你祝贺！

……你走过的地方，相处过的同志，他们永远不会忘记你，你的足迹，深深地刻在了人们的心坎上。他们时刻都在想念你。

……你临过雪山之前给编辑部的电话，报上登载后，看了嫂子要陪着你爬雪山那一段，我掉泪了。我感谢嫂子在关键的时候，给了你巨大的精神安慰。

贵州黎平县委宣传部　韩鸿周

1986年1月15日

罗老师：

……

我从您身上看到了军人的气质：坚强、刚毅、不怕牺牲！……在我看来，意志，是你长征的精神支柱！……我努力从你身上汲取对我们这一代人有启迪的东西，我用心理学家对意志特征的分析，去重新审度（读）你——“罗干人”。……我写你的目的就是想让青年人从你身上汲取勇气、力量和智慧。

南京政治学院新闻系　王民平

1986年4月10日

罗开富同志：

倘若不是天遥地远，我很想与你当面交谈。

长征路途的风土人情使我耳目一新，老区人民对红军的深情厚谊令我激动不已，而你对老区人民的要求和建议的急切呼吁，却发人深省……我下定决心要把你的《报告》作为我的毕业论文的课题。

江西大学新闻系八二级　谢卫群

1986年4月30日

罗开富同志：

当年您这个“铁脚记者”重步长征路，而今坐在电视机旁看《长征之路》，感触一定很深吧。谢谢您一年前的壮举，这一脚踏实地的行动，感动了许多长征老战士，鼓舞了更多的年青一代。

广州市环市路天胜村××号　夏群建

1986年9月8日

罗付（副）总编：

……

在当代中国您是首次沿着长征之路走完的第一个记者，我们虽未见面，但您每天平均走70里路的艰难成（程）度从25000里这个阿拉伯数字来看是个伟大人物。

浙江日报　张序仁

1986年10月28日

开富老战友：

偶翻《经济日报》“来自长征路上的报告”映入眼帘，大名鼎鼎的罗开富，正是我老战友的名字。阔别二十年倍感亲切，每刊必读，形成了我一年多来的日常需要。……人类历史上绝无仅有的万里长征毕竟是我们从历史书本上得来的教育和知识。而半个世纪后的今天，有我的战友，重蹈着历史的奇迹，不能不令人心潮澎湃，其豪情壮举无不溢于言表。

黑龙江勃利县机械厂（老战友）　陈岐山

1986年11月26日

开富记者：

……

二万五千里“长征”在您的脚下，徒步完了。多么艰苦的行军生活啊。雪山、草地、千山、万水，您能一个个跨过，多少个困难，在您的身上一个个克服了。……要走完这么多的路程，是历史上的创举，没有第二个。

在《经济日报》上我看到了自己的名字，我骄傲、自豪，因为我随着您，也“长征”了一天。

甘肃省环县合道乡文化站　王文恩

1987年4月20日

罗老师：

……

与您当今的“范长江”式名记者交往，是此生有幸！您这“鲁迅”式人物，交往我这“润土”式朋友，我感到无比欣慰！

黑龙江　侯学林

1987年4月

经济日报社编辑部：

敬读了该报的“来自长征路上的报告”后。深为罗开富同志的伟大行动而感动。这个报告是经济发展年代的壮举，是中华民族的新长征的赞颂之歌。

罗同志的壮举，向国内外人民宣布，中华儿女是有能力战胜任何困难的。

昆明电器仪表厂　周绍林

1988年5月

罗开富同志：

实在从报纸上得不到有关你的信息，我10月27日写了题为《寻找罗开富》的信。……

或者是由于“同姓一家”，或者是由于在职业、爱好上有相似之处，或者是由于你超人的举动所产生的魅力，像磁石般地吸引了我。

宝鸡市金台区　罗瑧

1988年12月5日

经济日报社罗开富同志：

开富同志，您是一个很了不起的人民记者，不怕千辛万苦，徒步采访了2万5千里红军长征路上的人民。把党对人民关怀、人民不忘党的恩情交织起来，做好了党的喉舌、人民的通信者之重要人物。

……我们要求的，您很关心的关于当年红军长征时“四渡赤水河”之一土城长征桥，已于八七年初开工，现已大工将完。可在八九年底完工通车，特向您汇报如此。这里人民感谢您，为建桥之事放在口里，记在心里，……给予土城建桥的支持，现已成了事实。

红军长征路线上友人（贵州习水县）　赖名成

1989年5月10日

经济日报编辑同志：

国庆40周年前夕，我到四川叙永县石坎区去，得到一个令人吃惊的消息，解放40年了，这个区只有一个记者来采访过一次。这个记者就是经济日报的罗开富同志。

四川泸州市委宣传部　赵世一

1989年10月

罗开富老师：

您是我仰慕、尊重的新闻界前辈。

作为中国人民大学新闻系的一个进修生，我有志于中国现代新闻界人物的研究工作。您丰富的新闻阅历，特别是具有传奇色彩的长征采访纪行，促使我把您列为重要的研究对象。……

具体来说，我目前希望买到您已出版的所有文体集……

中国人民大学新闻系　汤文浩

1995年1月2日

尊敬的罗开富记者：您好！

我是含着眼泪读完了你写的《难忘的艰苦历程》一文，长征是伟大的，没有长征的伟大胜利，就没有中国革命的成功，也就没有强大中国的今天。

在那艰苦的战争年代，在那充满困苦的长征路上，没有报酬，没有索取，更没有讨价还价，如果有的就是一种不怕远征难的奋斗和无私的奉献和牺牲精神。在我们今天的社会主义经济建设事业中，更需要这种长征精神。在现今不少人“一切向钱看，做一件事首先想到报酬多少”的事在我们身边随处可见。真挚地希望长征精神再回到我们的身上、我们的身边和我们的岗位上。

多谢了，罗记者，您使我们回忆起长征……

多谢了，罗记者，您使我们深思现在……

如果有幸，希望再读到你11年前写的长征报道。诚望《经济日报》能再刊您写的那些文章，让我和更多更多的人去长征一次。

祝

安好！

珠海经济特区广汉发展公司　张方军

1996年11月11日于珠海

罗开富记者：

……

我是经济日报的常年读者，尤其对你的文章爱不释手，仔细拜读。你的文章是那么的自然，那么感人，那么有力，那么寓意深远，那么催人呐喊，让我一个业余爱好者真想用我的笔像你一样歌颂平凡的人。……若能得到你的文学指导，真是使我万般感激。

福建省泰宁县工业路××号　姚瑞荣

1999年9月17日

尊敬的罗开富编辑同志：

……

11月8日中央电视台《新中国第一个记者日（节）》特别节目中，没有出乎我的预料，在荧屏上果然第二次看到了您。我感到很高兴。第一次见到您，那是在十五年前，为纪念红军长征五十周年，您沿红军主力军（包括领导机关）长征路线时间的赤水河畔相见。

……（当我）汇报完后，一位群众在门口向您发问说：“罗记者同志，土城渡口是红军四渡赤水河的渡口之一，红军当年四渡赤水河还有浮桥，五十年后的今天，土城渡口连浮桥都没有了……”当时，您斩钉截铁的说：“这件事情，我今晚就汇报（报道），同时也给你们贵州省政府反映一下。”……

……当年您即将走完长征路的时候，修建土城渡口大桥的号角已经吹响了。……一年半时间，土城渡口大桥终于建成了。……一个有责任心的记者的一篇文章，可以使一个地区产生巨大变化……

我已是67岁的人了，今天给您写这封信，其目的是以此向您表达崇敬的心情。如果您收信，能在百忙中回上只言片语的信，是我晚年最为幸福的事。

贵州省习水县　胡敏福

2000年11月9日

开富兄：

请你原谅我不能在信中称呼你为“罗总”，因为，一九八四年十二月，我在黎平县城采访你的时候，我是称呼你为老罗的。……你执着的事业心和勇于吃苦的精神，十六年来一直鼓舞着我，激励着我。我一直以你为榜样。

贵州黔东南日报　文志光

2000年11月21日　于凯里

罗老：

我是陕西省安康地委党史研究室一名工作人员，偶然从中央电视台节目中得知您在前些年全程走完了长征路，非常感动。我目前正在业余研究长征史，许多地名校不准，不知能否将您采访后形成的出版物寄一本，以学习和研究。

陕西安康地委党史研究室　陈　平

2000年11月22日

罗总编：

……看到你在1月21日给发的稿子，我都惊呆了。在人们认为“拿钱买文章”的环境中，你竟然在不认识我的情况下，分文不取毫无条件的给这么快发表，更坚定了我“高层并不都是高傲无下”的信念，你的人格更加鼓励我努力研究理论的信心。

山东高青县委党校　李红英

2月18日

尊敬的罗伯伯：

……

您是以您的生命来执著于自己的事业的，让我肃然起敬，好几次潸然泪下。……您日记的语言真切随和，……读完书，掩卷沉思，我仿佛看见您穿行在长征路上，让我至今无法平静。

复旦大学研究生　陶志峰

2002年2月4日

尊敬的罗老师：

我来自西藏的阿里地区的一个小山村里，我刚到北京感觉非常不适应，生活上，学习上都感到很吃力。但今天听了您的报告，我知道了其实我没有克服不了的困难，您的讲话给了我非常大的鼓励，感谢您！我会在北京学习知识，今后带着东西（回）我的故乡，为家乡、为祖国付出我的一臂之力！

北京大学的藏族学生　白玛吉宗

2003年11月12日

罗老您好：

看了您写的“红军长征追踪”后很受感动和教育，您那坚定的信念，不怕苦的精神以及惊人的毅力是长征精神的继承和具体体现。我们现在的青年一代也应该向您学习，要让长征精神代代相传。

河南安阳文峰区中华路　任家庄

2004年4月10日

罗总编：

您好，我是卢成锡，您的一名特殊读者。……

在今天这样一个信息化、市场化的时代，再次提及长征在许多人看来，似乎是毫无意义。在七八十年代之后的人们脑海里，更是越来越模糊、遥远，值得庆幸的是，有另外一群人，正在以他们自己的方式诠释着长征。

……十年前，在您的带领之下，在全国掀起了长征的大讨论，使得长征之后的五十年之际，其精神和事迹被得到有力的发扬与继承。我们这一代人读过之后的确受益匪浅。

读者　卢成锡

2004年5月22日于武汉

2016年10月21日，习近平总书记在纪念红军长征胜利80周年大会上讲述了本书“半条被子”的故事，来自全国各地的读者纷纷留言，以下信息摘自作者收到的短信及微博留言：

短信：

“半条棉被”的故事上《新闻联播》了，没想到是头条！作为《东方之子》的编导能采访您是我一生的荣耀，尤其是在红军长征追踪馆看到我的作品在那里反复播放，荣耀之外我还感到庆幸，幸好那期节目在技术和内容上是拿得出手的。执着一念，做好眼前的事，这是您给我人生的最大启迪！

——万茵

罗老师您好，我是央视记者鲁彬，今天总书记长征讲话提到了您半条被子的故事，我们《新闻联播》想采访一下您，因为时间非常紧张，所以希望明天早上九点之前能够采访到您，讲一下您当时的故事以及对长征精神的理解，因时间紧急，望能理解配合，在您熟悉的环境即可，谢谢！

——鲁彬

昨天在人民大会堂，我现场听到习近平总书记讲了这个故事（“半条被子”的故事）。

现在很少有人知道罗开富，他从经济日报常务副总编辑岗位退休已有十多年了。但31年前，他全程徒步重走长征路，并每天在《经济日报》头版撰写“来自长征路上的报告”，轰动全国，很少有人不知道。

我当时大学毕业不到半年，新华社的领导让我去采访罗开富。我花了三四天时间在云南威信的山沟里找到他，然后陪着他在云贵川三省交接的乌蒙山区跋涉了11天。每天白天走路，晚上写稿，写完后再找当地邮电所把稿子用电报发回报社。当时是春节期间，山里湿寒，每天夜里睡下时被子是湿乎乎的，早晨起来被子还没焐干。他走了369天到达陕北吴起，我在吴起看着他一步一拐走过来。经济日报总编辑安岗也专程赶到吴起等候他。

他这一路，虽然与当年长征完全不可同日而语，但今天的年轻记者也是难以想象。

我们今年组织“长征路上奔小康”网络媒体“走转改”活动，开幕式请来罗开富，他给记者讲述当年采访的经历，还讲了“半条被子”的故事和他的感悟。他说，徒步长征路对我是一次精神洗礼，我要用事实告诉人们什么叫共产党，什么叫红军！共产党、红军就是自己有一条被子，也要剪下半条给穷苦百姓的人。

这次活动相当成功，我们组织了百余家网站、897名记者编辑接力重走长征路，历时两个月，累计行程2.9万多公里，发稿26.5万条，累计点击量超过110亿，其中微博阅读量10.8亿。

什么是杰出的记者？就是矢志不移地挖掘、跨时空传递具有历史价值信息的人！

——姜军

由瞭望周刊社与中央党史研究室第一研究部共同遴选推荐10本书，第6本《红军长征追踪》是一本“走出来”的日记,记录了作者从1984年到1985年徒步重走长征路上368天的所见、所闻、所思，提出并解答了一系列值得深思的问题。唐烈恭祝您保重身体，平安健康，幸福快乐！

——唐烈

微博留言：

怀着感动的心情阅读了“半条被子”的故事，这是一部反映军民鱼水情深的历史，如今重温一部红军长征史！感激罗总编徒步重走长征路，采访到、收集到这样感人的有深刻革命教育意义的故事！悠悠五十载，沧海变桑田，我们缅怀先烈，更加激励我们爱国的热情，珍惜幸福生活的来之不易！

——素芬

这个故事太感人了！时光穿过八十年悠悠岁月，那情景仿佛又一次展现在我们这些后人面前！共产党在那血与火的斗争中所以能无往而不胜，就是因为有从红军时期就形成的爱人民为人民的情怀！

——黎水湾

党所领导的军队为什么叫着人民的军队？因为她始终是为了人民的。因为是为了人民，所以我们的军队能不断发展壮大，战胜了所有的敌人，也真正践行了自己的建军宗旨！军民团结如一人，试看天下谁能敌?!

——王振

读完半条被子的故事，很受感动。眼含热泪又读完第二遍。在那艰苦的岁月，红军和老百姓心连心！那三位女红军和那位老奶奶的丈夫让人挂念！上了前线，或又在哪里牺牲了。祝愿老奶奶和三位女红军以及她的丈夫在天堂相逢。

——笑口常开

第三版后记

"80年来，世界范围内关于红军长征的报道和研究层出不穷，慕名前来寻访长征路的人络绎不绝。国际社会越来越多的人认为，红军长征是20世纪最能影响世界前途的重要事件之一，是充满理想和献身精神、用意志和勇气谱写的人类史诗。长征迸发出的激荡人心的强大力量，跨越时空，跨越民族，是人类为追求真理和光明而不懈努力的伟大史诗。"

2016年10月21日，习近平总书记在纪念红军长征胜利80周年大会上的讲话中，高度概括了红军长征的划时代的伟大意义和在世界历史上的巨大影响，使我心灵上受到极大震撼，也感到分外亲切。也可以说，我就是被这一伟大史诗所深深感染的一个，也是那络绎不绝的人中的一个。

在32年前的1984年，正是在纪念红军长征胜利50周年的日子里，我遇到了一个难得的机遇，《经济日报》同意我徒步重走长征路。使我有幸从1984年10月16日至1985年10月19日完全按照当年红军长征的起始时间和原路线用脚走完了二万五千里。

在368个难以忘怀的日日夜夜里，我体会着长征路上革命前辈所经历的难以想象的艰难困苦，感受着红军坚定的革命使命的远大理想。我每天平均走70多里，每天发一篇新闻稿给本报在头版专栏里登载，同时还记一篇日记。新闻稿已于1987年由**经济日报出版社**结集出版了，书名是曾任我军代总参谋长、老红军杨成武上将题写的《来自长征路上的报告》。

我在重走长征途中每天写下的日记结集成的《红军长征追踪》（上下册）于2001年6月也由**经济日报出版社**出版，由曾任国务院副总理、国防部长、老红军张爱萍上将题写了书名。5年之后这套上下册于2005年10月又再版。

2016年11月初，**经济日报出版社**通知我，这套书读者需求量很大，得赶紧再版，而且，要我写一篇第三次再版的后记。我知道此次又一次再版有一个非常重要背景，是10月21日，习近平总书记在纪念大会上提到了

“半条被子”的故事。总书记在讲话中唯一提到的这个故事，在社会上引起强烈反响，许多读者熟悉了总书记讲的这个故事是与我当年在重走长征路有关，纷纷要求了解长征红军当年的更具体的一些情况。而记载之中的《红军长征追踪》（上下册）这本书在市场上已很难找到了。

习总书记说：“一部红军长征史，就是一部反映军民鱼水情深的历史。在湖南汝城县沙洲村，3名女红军借宿徐解秀老人家中，临走时，把自己仅有的一床被子剪下一半给老人留下了。老人说，什么是共产党？共产党就是自己有一条被子，也要剪下半条给老百姓的人。同人民风雨同舟、血脉相通、生死与共，是中国共产党和红军取得长征胜利的根本保证，也是我们战胜一切困难和风险的根本保证。”

这个故事是我沿着长征的足迹于1984年11月7日在沙洲村，向徐解秀老人采访并于当晚记下的并以8日湖南宜章电头刊发于1984年11月14日的《经济日报》一版，后收在《来自长征路上的报告》一书中，在《红军长征追踪》一书中对采访经过作了较详细的叙述。我压根也没想到，总书记会在这么庄重的大会上讲到这个故事，而且讲了这个故事后，全场掌声雷动，经久不息。之所以全场掌声雷动，这个道理，也正如总书记紧接着又深刻阐述的“中国共产党之所以能够发展壮大，中国特色社会主义之所以能够不断前进，正是因为依靠了人民。中国共产党之所以能够得到人民拥护，中国特色社会主义之所以能够得到人民支持，也正是因为造福了人民”。当然，我也知道这是对我们每一个络绎不绝追踪长征路的人的肯定，也是激励和鞭策，更是指引和召唤！

党在召唤我们，走好今天的长征路，是新的时代条件下我们面临的一个重大课题。我们仍然应该用长征精神照耀奋进之路。相比于战争年代的烽烟四起、危急重重，今天的我们少了生与死的考验、血与火的洗礼，但改革深水区的难关、转型调整期的阵痛，仍需我们呕心沥血；相比革命时代的艰苦卓绝、血雨腥风，今天的我们少了封锁突围困境、贫穷匮乏难题，但利益格局纠结复杂、多元声音鼓噪喧嚣，仍需我们不辞艰辛。中国共产党人的“赶考”远未结束，长征精神永不过时。我们面对的仍然是具有开创性、艰巨性、复杂性的事业，更需要伟大精神的支撑，以理想划定坐标，以信仰振奋心灵，以意志创造奇迹。

写到这里，不由我的心绪又回到了32年前，回到了长征路上，真有说不完的感动和感谢。

是时任《经济日报》总编辑的安岗果断拍板决定才让我有机会重走长征路，是编辑部的领导和许多同事日夜操劳审改稿件，是行政后勤部门及时做好各项服务工作，才使“来自长征路上的报告”专栏（除周六）每天能和读者见面，并产生了很大社会影响。

是沿途2800多位陪同、向导和党史办同志的辛劳，还有240多位医生边走边为我治疗、护理，才确保我能按时按原路线走到红军长征的终点陕北吴起镇，并每天写一篇新闻稿和一篇日记。

是当时还担负着党、政、军重要职务的聂荣臻、杨尚昆、邓颖超、肖克、杨成武、张爱萍、何正文等30多位开国元勋和老红军在我走上征途后不久，就纷纷在报纸上发表谈话或题词鼓励我坚定信心，勇往直前，并要沿途党、政、军有关部门给予实实在在的支持和帮助。

是两次再版为我的《红军长征追踪》一书作序的经济日报出版社社长韩文高，充满着对红军的真情实感和对历史的责任担当，用生动、亲切和接地气的语言向读者介绍这套书。

……

善于重温历史的民族是一个成熟的民族。懂得感谢、感恩是为人之本。众多读者和曾帮助过我的人永远怀藏在我心中，激励我在有生之年为宣传红军长征精神和红军的丰功伟绩而竭尽绵薄之力。

此时此刻，我也没有忘记向读者致歉。由于我的思想水平和写作水平所限，加之每天要平均走70多里路，还要写一篇稿件，记下当天日记，实在有点力不从心。因此文中还有不当之处和疏漏之处，我诚恳地期待读者继续对本书给予批评和指正，以便再作补充修正。

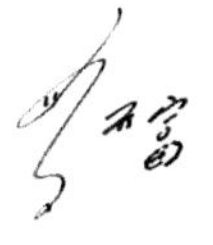

2016年12月1日